U0016981

倫理學與教育

皮德思（R. S. Peters）——著

簡成熙——譯注

Ethics and Education

目次

第一篇　「教育」的概念

譯序

簡成熙

皮德思與同僚們在1964年底成立「大不列顛教育哲學學會」時，筆者亦於是年初呱呱墜地，筆者於1982年進入大學時，皮德思於次年正式退休。歐陽老師雖早已完成《教育哲學導論》（1973），但對台灣學子而言，可以說在我這個年代，英美分析的教育哲學，仍具新意且感覺仍位居主流。尤記歐陽老師在1988年間蒞我高雄師院（高雄師大前身）教育研究所演講〈觀念分析學派的教育思潮〉，正式開啟了我個人對教育分析的興趣，當時就自許有朝一日能有機會譯出《倫理學與教育》。個人生命、學術成長與英美分析哲學的情牽之路，也饒富生趣。

本書正式初譯是承李錦旭兄在1989年的邀約，當時，台灣正解除戒嚴後不久，是我在高師大攻讀碩博士學位之時，台灣對世界各思潮（特別是左派思潮），展現了蓬勃學習的朝氣活力，也謝謝錦旭的信賴，知曉我對分析感興趣，特別委派我這份艱鉅任務。其實，我力不足以承擔，當時只感於文字的典雅深邃，確有相當理解上之困難。筆者於1991年赴屏東師院（屏東大學前身）服務時，也斷斷續續，但也一直束之高閣，十數年來總希望有留英同道能正式譯出，然1990年代以後，分析的教育哲學在英美有退潮之勢，譯者1995年先譯出美國J. F. Sotis之《教育概念分析導論》（*An introduction to the analysis of educational concepts*）時，

Sotis即曾在中譯版中坦言,分析在美已不再居中心地位,對照他在1971年全美教育哲學會上的豪語,「我們在場的都是分析哲學家」,令人唏噓。或許,也是這個原因,中文世界一直未有人嘗試。有鑑於此,筆者在2010年向國科會(今科技部)正式提交「彼特思倫理學與教育經典譯注計畫」(NSC-100-2410-H-153-020-MY2),為期二年,於2011年8月後正式展開譯書期程,歷經展延審查修正,也由於原出版社George Allen & Unwin已不再版,多次版權申請,石沉大海,今Routledge重新印出,列「經典復興論叢」(Routledge revivals)之林,該論叢是Routledge揀選過去旗下一百二十年來影響深遠的人文及社會科學作品。感謝聯經團隊,總算正式取得合法授權。

　　譯者已為讀者針對本書做了導讀,在此,不擬贅言,只想為年輕讀者再提出二點心得:其一是《倫理學與教育》成書於1966年,今許多耳熟能詳的政治或倫理理論,當時都尚未問世,如羅爾斯(J. Rawls)之《正義論》等等,熟悉今學術主流的後現代、後結構思潮、女性主義、批判教育學等文風的年輕讀者,要有一份同情理解的耐心,讀者若想在本書獲得許多嶄新實質的論點,恐怕會失望;不過,也是譯者殷殷期盼的第二點,讀者若能放慢腳步,特別是第一、第二章,對「教育規準」(criteria of education),「教育即引領入門」(education as initiation)的分析,當能逐漸體會分析的精髓。

　　台灣的學子慣常以背誦皮德思教育三大規準為能事,殊為可惜。譯者期待學子能深切體會,「分析」對我們華人而言,其實並不容易,能藉著閱讀本書而細細體會分析的智性喜悅。

　　譯者在譯書的過程中,譯注到底要扮演何種功能、詳細到何種程度?譯者斟酌再三,最後的考量點是為利於初學者,相關的

哲學人名給予簡單提點，拜網路之賜，讀者自己檢索應沒有太大之問題，故從簡；由於中英文表意不同，對於原書文句比較繞口的地方，譯者也簡單予以闡釋；有些皮德思字裡行間反覆出現的重點，如倫敦路線接納進步主義的教育「方法」，但拒絕以此反對傳統教育「內容」，譯者也會加以凸顯；另有些內文，涉及英國背景，如學制、報告書及各法案等，也簡單敘明；此外，原書輕描淡寫，但與倫敦路線息息相關的重點，譯者會補上一些學理重點，協助讀者加深加廣掌握原書旨趣，如皮德思論述傳統學科的內在價值，譯者就補上了赫斯特（P. H. Hirst）知識的「形式」（forms），以幫助初學者融會貫通。譯者也適時對比台灣教育之發展，如相關師範教育發展等，鼓勵台灣讀者據此拉近理論與實務之鴻溝。歐陽教在1970年代，介紹業師時，以「皮德思」稱之，在台廣為流傳，故仍維持其名。「教育即引領入門」，舊譯為「教育即啟發（導）」，類此重大改變原委，也在譯注中呈顯。總之，譯者期待譯注能畫龍點睛，協助讀者，又不至於喧賓奪主於正文，至於是否真能完善於此，就有賴讀者同道指正了。

為了使本譯著更為完善，譯者也請台灣同道協助校訂潤飾，分別是第一章（黃藿）、第二章（單文經）、第三章（但昭偉）、第一篇附錄（李奉儒）、第四章（王嘉陵）、第五章（李奉儒）、第六章（方永泉）、第七章（蘇永明）、第八章（但昭偉）、第九章（林建福）、第十章（單文經）、第十一章（蘇永明）。這些同道好友，不僅指出了原稿的錯譯部分，有些人甚至重譯了部分段落（如黃藿、但昭偉等），令譯者銘感五內。科技部也先後有三位匿名審查人，提供卓見，其中一位也代為指出了許多疑義之處。東北師大的魏柳英、李春影同學在來台交流時，也認真閱讀全書，提出許多寶貴建議，當然，全書的錯誤，仍應由譯者完全

承擔，與前述潤飾者無涉。譯者在此要為沒能完全按前述意見修正，謹向同道致歉。譯者也感謝屏教大教育研究所李建居同學、英文系鄧荷棠同學、教務處黃淑婷助理等協助最初的文書處理。聯經編輯黃淑真，不僅多方協助、備極辛勞，也針對部分譯稿提出修正意見，特此致謝。

獲得正式翻譯核可的2011年底，皮德思高齡與世長辭，哈佛的謝富樂（Isreal Scheffler, 1923-2014）也接著離世，這兩位在上個世紀60年代各自引領英美教育哲學巨擘的凋零，是否象徵分析的教育哲學之終結？譯者認為，二人開山立派締造分析取向教育哲學所凸顯「澄清論證」之風格，本就是西方哲學之精神，是二人正式帶入且強化教育哲學探索園地，而形構了今英美教育哲學論述樣貌。

今天，即使不獨尊分析的學者，也無法忽視他們當年念茲在茲，致力掃除語言表述混亂之呼籲。我們於今驀然回首間，當年號稱哲學革命皮德思等的教育主張，竟是如此傳統、理性與典雅。後現代反理性論述高漲及數位科技無遠弗屆的今天，雖居主流且成為常態，從承先啟後的觀點來看，或也值得年輕讀者重溫分析的理性傳統。誠摯地希望這份譯著能為華人世界理解西方教育哲學貢獻棉薄之力，還望讀者不吝指正。本譯著付梓之時，蒙歐陽老師關心，特別提供他私藏的當年與皮德思、赫斯特、懷特夫婦等之珍貴留影，見證倫敦路線與台灣的歷史縱深，相信所有台灣學子，都與有榮焉（編注：因版權問題，最後無法收錄這張照片，特此致歉）。

最後，若允許本譯著作私人的用途，我要獻給已辭世的雙親，先嚴四川簡大明先生，先慈台中蔡梅花女士，他們正像萬萬千千的中華父母，畢生為子女幸福奔波。大姊簡俐麗、二姊簡美

玲、小妹簡安君（小慧），同胞姊妹，從小在台相互扶持，共同
度過愉快童年。我自己的家庭，嬌妻雅齡，讓我完全無後顧之
憂，妳的獨立，也讓身為丈夫的我欣賞放手之餘，反失去了起碼
的呵護，謝謝妳的擔待。琮庭、佳誼，我的兩個可愛孩子，妻子
與孩子共同給了我溫暖幸福的居家生活。

2017 年 6 月 30 日　於屏大教務長辦公室

導讀

壹、緒論

　　皮德思（R. S. Peters, 1919-2011）是20世紀二次大戰後英國教育哲學的開山大師，受當時分析哲學盛行的影響，提倡以「概念分析」（conceptual analysis）的方法，在倫敦大學（下稱倫大）教育學院與一群同僚子弟，共同致力於教育用語的澄清，時人譽為「倫敦路線」（London Line），不僅使教育哲學的學術建構受到英國皇家哲學會的認可，也讓教育哲學成為師資培育機構最核心的科目之一，不遑多讓於哈佛大學教育研究院的謝富樂（I. Scheffler, 1923-2014），二人共同締造了英美教育分析哲學（analytic philosophy of education）的一片天，廣泛影響全世界。不過，在1980年代以後，無論是在方法論上，或是在教育概念上，英美教育分析哲學也飽受來自女性主義、後現代主義、後結構主義、多元文化主義等教育學者的批評。千禧年之後，倫敦路線自皮德思以降之教育理念，雖然其第一代弟子不斷推陳出新，卻似乎欲振乏力，且幾位傑出第一代弟子也陸續凋零，如狄阿典（R. F. Dearden）及麥克羅荷林（T. H. McLaughlin, 1949-2006）等。當年引領風騷的歲月不再，令人唏噓不已。就在皮德思辭世前，他當年一手創辦的刊物《教育哲學期刊》（*The Journal of Philosophy of Education*），有一份紀念專號，後由Cuypers與Martin（2011）

合編出版成專書。稍早之前，第一代弟子戴根哈德（M. A. B. Degenhardt）在SAGE《教育哲學手冊》中，即曾緬懷即將消逝的哲人皮德思（Degenhardt, 2010），讓我們在習慣後現代紛擾、解構、去中心化、邊緣游擊的陣地氛圍中，還能夠重新領略這位當年革命色彩濃厚又深具古雅風格的哲學家。若說1960年代是「見山是山」的開山時期，到1990年代接近人去政息的「見山不是山」，乃至2010年後的餘韻繚繞，倫敦路線分析的教育哲學典範能否反璞歸真「見山還是山」，恐怕不只是學者們單純舞文弄墨式的學術操演，更應是我們所有關心教育者對所處時代的深層思考了。美麗、哀愁與淡定，應是皮德思與倫敦路線五十年來的寫照。

　　《倫理學與教育》是皮德思最重要的著作之一，筆者在本導論中，擬大致按照原書架構，予以鋪陳。首先，不能免俗的先介紹皮德思的生平大要，歐陽教（1988）、林逢祺（1992）、洪仁進（1998）的大作都提供了方便的法門。在第參節，筆者就個人的體會，列出皮德思學說時代背景的三個重點，一則協助讀者掌握時代背景，再者，也先聚焦於皮德思教育的基本立場，希能有助於讀者快速掌握皮德思學思大要。在第肆節中，則交代《倫理學與教育》一、二章〈教育的規準〉及〈教育即引領入門〉，這是皮氏最核心的教育概念。《倫理學與教育》第二篇「教育的倫理學基礎」，則見諸第伍節的討論，我僅列出皮氏最鮮明，也最引起批評的地方，即皮氏企圖證成各種程序原則如平等、自由、考量益趣（interest），尊重人等的法寶──先驗式論證（transcendental argument）。第陸節則鋪陳社會哲學中，皮氏所關心的「社會控制」─權威、懲罰、民主等概念。皮氏之著成於1966年，羅爾斯（J. Rawls）的《正義論》尚未問世。讀者以今天所累積的社會或政治哲學來審視皮德思，可能覺得過於素樸、

了無新意。筆者仍然期待年輕的讀者能以一種「同情理解」的立場，來回味前賢的哲思。

現在，就讓我們一起進入皮德思的教育哲學之旅。

貳、皮德思其人學術事功

一、皮德思生平大要

根據皮德思（1974）的大作《心理學和倫理發展》（*Psychology and Ethical Development*）一書，吾人大致可以瞭解皮德思一生大要，Cuypers 與 Martin（2013）最新的著作，則另有一完整的介紹。他於 1919 年 10 月 31 日生於印度 Uttar Pradesh 州首府 Lucknow 市，從小由祖母一手帶大，青少年時期曾進入英國「公學」（public school）克列夫頓學院（Clifton College）就學。1938 年，皮德思進入牛津大學皇后學院就讀，主修古典文學，1942 年獲得文學士學位。可能受到其本有宗教的影響以及牛津當時的哲學氛圍，皮德思在牛津時期，已廣泛涉獵宗教與哲學之著作。二次大戰期間，納粹軍靴幾乎踏遍全歐，更對倫敦發動史無前例的大轟炸，皮德思在二次大戰爆發後加入「教友派救護團」（Friends Ambulance Unit），在倫敦協助救護傷患，他也同時加入「青年援護組織」（Friends Relief Service），協助失學青年。在戰爭末期，皮德思就倫敦從事社會服務之便，也同時在倫敦大學伯貝克學院（Birkbeck College）哲學與心理系攻讀博士學位，並於 1944 年在松曼西（Somerset）的史迪卡文法中學（Sidcot Grammar School）教授古典文學。爾後，皮德思為了專心準備博士學位考試，辭去中學教職，在梅斯（C. A. Mace）的指導下，1949 年以〈心理學

探究的邏輯地位〉論文獲得哲學博士學位。1949至1958年間皮德思在伯貝克學院擔任全職講師。皮德思自承在攻讀博士學位時，曾在哲學心理學的探索課程中遇到瓶頸，是哲學大儒巴斯摩（J. Passmore）鼓勵其運用巴伯（K. Popper）之科學哲學觀來評論當時科學心理學的走向（Peters, 1974, pp. 13-4）。他在《倫理學與教育》中，多次引用巴伯之論點，也應其來有自。而梅斯的動機學說，也直接促成皮德思哲學心理學的成就，如動機、情緒等心靈哲學之概念探究。

在伯貝克服務期間，皮德思的學術事功值足稱道者有三。其一是他在1958年《動機的概念》（*The Concept of Motivation*）的出版，標示著皮德思哲學心理學與教育的關聯，其二是與班恩（S. I. Benn）合著的《社會原理與民主國家》（*Social Principles and the Democratic State*），也算是當時社會哲學或政治哲學的佳作，在《倫理學與教育》的第二篇、第三篇重點，均已見諸端倪。其三是1956年4月至1959年1月，皮德思受英國國家廣播公司（BBC）的邀請，就權威、責任、道德教育、教育目的等主題展開系列演講，不僅刊載於《聽眾》（*The Listener*）雜誌，日後也集結成專書（Peters, 1959），更受到當時哈佛大學教育研究院謝富樂的注意，於1961年邀皮氏擔任訪問學者，對他將往後的研究重心從哲學心理學轉向教育哲學應有推波助瀾作用。而皮氏也把握機會，終能引領風騷，開山立宗。

皮氏於1963年接受倫大教育學院（Institute of Education）艾爾文（H. L. Elvin）院長（Director）[1]之邀請，繼任首任倫大教育

1　倫大教育學院的最高主管是「院長」（Director），至於Dean主要負責碩、博士班的學術行政事務，本文以下也譯為「教育研究院院長」。感謝但昭偉、王嘉陵的指正。

哲學講座教授（The Chair of Philosophy of Education）雷德（L. A. Reid）榮退後之遺缺，有關倫大教育學院的發展，也不妨在此長話短說。溯自19世紀1888年克羅斯委員會（The Cross Commission）建議設立三年制的師資訓練學院（Training College），也建議加強師資培育機構與一般大學的聯繫（Gordon, 1990）。倫大於1902年正式成立教育學院。亞當斯（J. Adams）、南恩（P. Nunn）、克拉克（F. Clark）等碩儒在20世紀二次大戰勝利前均曾擔任院長，已為倫大教育學院奠立堅實的學術基礎。1945年傑佛瑞（G. B. Jeffery）擔任院長時，分別聘請社會學巨擘曼海姆（K. Mannheim）、比較教育學者羅維斯（J. A. Lauwerys）等學者蒞院，更在1947年聘請原阿姆斯壯學院（Armstrong College）的傑出哲學家雷德擔任教育哲學講座，徹底強化了倫大教育學院的學術基礎（Dixon, 1986）。從以上簡要的敘述，我們可以大致瞭解皮德思在1963年接任倫大教育哲學講座時的榮譽及使命。皮氏的博士學位及在倫大伯貝克學院的研究方向正介於哲學心理學及社會哲學之間，假以時日，他應該也可以在哲學心理學領域內一展長才。或許有機會承襲倫大教育哲學講座雷德榮退後的職缺，這份榮譽及使命感是皮德思「轉換跑道」的學術動力。而皮德思也不負眾望，以哲學心理學及社會哲學的專長，在分析哲學方法的加持下，開啟「倫敦路線」教育哲學的新頁。

皮氏在1963年以〈教育即引領入門〉（Education as initiation）作為講座就職演說，不僅強化了概念分析的教育哲學方法論，也具體的提出了一套承繼西方博雅教育傳統，特別是自啟蒙運動以降西方自由民主的現代教育理念，影響深遠。也是在1963年，英國高等教育研究委員公布《羅賓斯報告書》（*The Robbins Report*），建議將原三年制師資訓練學院改制為「教育學院」。

1964年工黨執政，也支持此一改革，皮氏藉此機會賦予教育哲學學科在師資培育課程及教育學術的一席之地。皮氏以個人之學術魅力廣邀同道，共同致力於教育哲學學科（discipline）的建置，無論是職前師資培育、教師在職訓練或是研究所階段的學術專研，教育哲學園地一片欣欣向榮。這或許也是教育哲學在20世紀全世界師資培育課程發展中，最受重視的時期之一。

　　也是在1964年底，皮氏及同道師友門生正式成立「大不列顛教育哲學學會」（The Philosophy of Education Society of Great Britain），定期出版論文集，也吸引了國際學生的加入。臺灣師範大學榮退的歐陽教教授，即曾在1965年負笈英倫，親炙皮氏等學者，使台灣教育哲學得以同步於英國。為了提供當時眾多學子、在職進修教師可以上手的讀物，皮德思與其同僚赫斯特（P. H. Hirst）率多為文。皮氏更以他個人的學術聲望，廣邀純哲學領域學者共同探索教育哲學議題，《教育的概念》（Peters, 1967）及皮德思、赫斯特和狄阿典（1972）師徒三人合編的《教育與理性發展》（Dearden, R. F., Hirst, P. H. & Peters R. S.），均為顯例。此外，皮氏主編的《教育哲學》（Peters, 1973），被列入「牛津哲學論叢」之一，也標示著教育哲學的學術建構，已初步獲得了哲學界同道的認可。另一項可觀摩的事實是在1973年9月，「大不列顛教育哲學會」與「大英皇家哲學會」（The Royal Institute of Philosophy）合辦以「教育哲學」為主的年會，倫敦路線狄阿典、艾略特（R. K. Elliott）與庫伯（D. Cooper）等精銳傾巢而出，充分與瓦納克（M. Warnock）、泰爾福（E. Telfer）、黑爾（R. M. Hare）、葛利菲斯（A. P. Griffith）等專業哲學家互動，亦可看出，自皮氏擔任倫大教育哲學講座後的努力，十年已卓然有成。

　　皮氏以卓越成就於1966年獲頒「全美教育學術獎」（American

National Academy of Education），1971年又繼任倫大教育學院的研究院院長（Dean）。此外，他也在加拿大、澳大利亞、紐西蘭等昔日大英國協之國度發揮其影響力，深深影響了澳紐等國1960年代以後教育哲學的走向（Kaminsky, 1993）。1983年皮德思以健康因素退休，雖獲聘為榮譽教授，但從大英《教育哲學期刊》內容來看，皮德思未再為文，且不僅未曾過問學會事務，也鮮少與會。1980年代以後，皮德思的旋風似不再，只有Cooper（1986）及Haydon（1987）的紀念文集餘音繞梁、空谷傳音。此外，1990年代以後，倫敦路線更飽受多元文化、女性主義、後現代思潮之批評。雖然，英國的教育學術圈以及當年倫敦路線的機關刊物《教育哲學期刊》的諸多鴻文，後學們並未指名道姓直接批評皮德思之主張，不過，從亞里斯多德取向、馬克思批判教育學論述及後結構取向諸多學者之論述的字裡行間，仍可看出對皮德思當年過度強調「理性」之不耐（Blake, Smeyers, Smith, & Standish, 1998, 2000, 2003）。2010年SAGE出版《教育哲學手冊》。昔日門生戴根哈德詮釋皮德思是一位「博雅的傳統大師」（Liberal traditionalist）。就在皮氏辭世前一年，2010年10月號的《大英教育哲學期刊》有重溫皮德思之專號，並集結成專書《今天重讀皮德思》（*Reading R. S. Peters*）（Cuypers & Martin, 2011）。而二氏意猶未盡，又合寫了皮氏專書，計分八章，分別對皮德思生平與重要學思，如分析的教育哲學典範等（第一章）、教育、目的與教育過程的概念（第二章）、引領入門及教育人意涵（第三章）、教育的倫理學證成（第四章）、博雅教育、生活品質與師資培訓（第五章）、道德教育與個人自主（第六章）、情緒與理性生活的教育（第七章），最後以客觀評估皮氏分析典範及其影響作結（Cuypers & Martin, 2013），可算是皮氏學術事功最新的蓋棺

論定。有關皮氏生平年表及重要學術事功,見文後附錄一。

二、皮德思原著一覽

根據統計,皮氏至1983年退休止,共撰寫13本著作,主編8本專書,發表73篇論文(Peters, 1981, p. 8)。有關皮德思所有著作一覽,見Cooper(1986, pp. 215-218)之紀念文集。今參考歐陽教(1988),特別是林逢祺(1992, pp. 115-118)的分類,針對其專著說明如後:

一、《布雷特心理學史》(*Brett's History of Psychology*, 1953)

二、《霍布斯》(*Hobbes*, 1956)

三、《動機的概念》(*The Concept of Motivation*, 1958)

四、《社會原理和民主國家》(*Social Principles and the Democratic States* [with S. I. Benn], 1959)

五、《權威、責任和教育》(*Authority, Responsibility and Education*, 1959)

六、《倫理學與教育》(*Ethics and Education*, 1966)

七、《教育的邏輯》(*The Logic of Education* [with P. H. Hirst], 1970)

八、《理性、道德和宗教》(*Reason, Morality and Religion*, 1972)

九、《理性和情感》(*Reason and Compassion*, 1973)

十、《心理學和倫理發展》(*Psychology and Ethical Development*, 1974)

十一、《教育和師範教育》(*Education and the Education of Teachers*, 1977)

十二、《論教育家》（*Essays on Educators,* 1981）

十三、《道德發展和道德教育》（*Moral Development and Moral Education*, 1981）

　　若粗略分成四組。第一組（一、二、三），第二組（四、六、七、十一、十二）；第三組（五、八、九）；第四組（十、十三）。

　　第一組是皮氏在伯貝克時期的專著，展現了皮氏哲學心理學及社會哲學的深厚基礎。第一本專著雖只是刪節及導論布雷特（G. S. Brett）教授的原著，但在572頁的巨著中，娓娓道來自古希臘至20世紀的心理學發展史。第二本《霍布斯》是名哲學家艾爾（A. J. Ayer）主編的哲學叢書的一本，由這也可看出《倫理學與教育》及皮氏其他著作都常有霍布斯對人性或其社會政治主張的身影。他的第三本著作不僅發揚其業師梅斯的動機理論，也深受佛洛伊德（S. Freud）影響，是哲學心理學早期的重要著作。

　　第二組著作，最能代表皮氏教育哲學之理念。與班恩合著的《社會原理和民主國家》，概念分析的精神及程序原則等都已初見端倪。與赫斯特合著的《教育的邏輯》，不僅最完整的呈現了概念分析的方法，也是繼《倫理學與教育》作為教育哲學導論後，更為具體規範教育概念的教育哲學導論佳作，從書名 *The Logic of Education* 中所用的定冠詞「The」可看出，二氏躊躇滿志想要為教育哲學探討之內涵樹立正統標竿。《教育與師範教育》則是皮德思重要教育哲學論文的結集。內含二部分，第一部分為「教育」篇章，收錄〈教育與教育人〉（Education and the educated man），對就職演說〈教育即引領入門〉及《倫理學與教育》中對教育規準的說明都做了一些修正，更完整的闡示「教育人」之理念，也收錄〈教育的證成〉（The justification of education）一

文，筆者認為此二文都應與《倫理學與教育》並列，因其共同呈顯了皮氏之教育理想。此外，第一部分也有數篇文章深入探討「博雅教育」（liberal education）的概念及其困境。第二部分多篇論文則主要論述教育哲學在師資培育課程中的價值。至於《論教育家》是皮德思晚年重要著作，從他對其他教育大家思想的評述中，都可看出皮氏之教育理念，而該書收錄的內文〈民主價值與教育目的〉（Democratic values and educational aims）更可視為是《倫理學與教育》後，最完整揭示皮氏教育理想之鴻文。

第三組著作是皮氏廣播稿或演講稿的集結，《權威、責任與教育》見諸早年BBC廣播，《理性、道德和宗教》、《理性與情感》都是皮德思念茲在茲的重要教育概念。此組著作，皮氏都有其他更為深入的論文闡釋，但可視為是皮氏思想之入門教材。第四組著作，《心理學和倫理發展》也是皮氏重要著作，分別從心理學的觀點探索情緒、理性的意義，也對皮亞傑（J. Piaget）、佛洛伊德、柯爾堡（L. Kohlberg）多所著墨；本書也有對皮德思生平，求學歷程的簡要介紹，有助吾人理解其人其學其事，本文前節介紹，大抵來自此處。值得我們注意的是，本書有關道德教育的部分，另行抽印出版，即是《道德發展和道德教育》一書，皮氏特別指出，一般人多以《倫理學與教育》代表其道德教育之慧見，而忽略了他從心理學的視野對道德發展、道德教育的貢獻。筆者誠摯的期待華人世界教育心理學界及關心道德教育的學者，能重拾皮德思哲學心理學之原創貢獻。

參、皮德思教育學說的時代背景

筆者從英國教育哲學戰後發展的時代氛圍，認為有三種因緣

際會的時代或政經趨勢，皮德思處於此一時代輻輳點上，掌握了契機，得以發展及遂行其教育理念。這些因緣際會的趨勢，應有助於年輕讀者掌握《倫理學與教育》，甚至是皮德思整體教育或道德思想之核心旨趣。年輕讀者也可同時先行閱讀歐陽教（1973, 1988）、邱兆偉（1986）、但昭偉（2003）、簡成熙（2011a, 2011b）、李奉儒（2004）等介紹分析取向教育哲學的相關論文或專書。

一、以概念分析革新教育哲學

分析哲學在20世紀初以雷霆萬鈞之勢，直斥傳統哲學概念混淆不當，確實一新哲學之耳目，雖然Curren、Robertson與Hager（2003）指出英美教育分析哲學的傳統不一定來自邏輯實證論，但眾多英美教育哲學教科書仍然會以邏輯、實證等概念來看待英美教育分析哲學。皮德思在《倫理學與教育》中已引述了後期維根斯坦之概念，強調語言概念具有「家族相似性」（family resemblance），無法從字義中找出其確切意義。其後，他在與赫斯特合著之《教育的邏輯》中，進一步闡示「概念分析」是在一文化脈絡中，澄清人們日常用語。譬如「懲罰」聯繫著被懲者不快的經驗，但這無法與「虐待」區分，「懲罰」聯繫著「違法」，「虐待」則不一定蘊涵著被虐待者違法。當然，被懲者不一定違法，二氏在此區分了「概念真理」與「經驗事實」，某人被懲罰了，在概念的設定上，係指他違法而被施以不快之經驗；至於他是否真違法，則是經驗上的問題（可能是違法，也可能沒違法）。皮、赫二氏即主張概念分析或教育哲學所要處理的是教育涉及的概念真理，教育心理學等則是要處理經驗的後果。雖然，二氏不一定堅持可以找到確切的概念真理，但他們的確致力於概念的澄清，這使得他們雖然標榜的是語言分析，但其立場

與邏輯實證論、邏輯經驗論其實相去不遠。皮德思當時的二個口號:「你的意思是?」(What do you mean?)「你如何知道?」(How do you know?)前者涉及概念澄清,後者涉及概念的「證成」(justification)。皮氏在其著作中雖引後期維根斯坦之論述,他最後對教育哲學走向的立場,依歐陽教的體會,似仍堅持清晰(clarity)、合理(有理有據)(justifiability)與可行(務實)(practice)(Peters, 1983, p. 55;歐陽教,1988,頁7)。這些都代表皮氏之概念分析立場,仍受制於邏輯實證論、邏輯經驗論之傳統,未能完全符合近年學者所詮釋之後期維根斯坦精神。

　　1990年代以後,皮德思為首的倫敦路線,即便是在倫大內部,也引起了不同的轉向。其實,早在1980年代,葛羅依(D. P. Gilroy)即認為後期維根斯坦不認為語言的意義可以簡化成單一的意義,清晰也無法說明真實世界的多樣性,皮德思當年的革命性主張(釐清教育概念)其實並未跟隨後期維根斯坦腳步(方永泉,2003,頁36)。Smeyers與Marshall(1995)合編眾多學者探討後期維根斯坦與教育的文集,也有類似的看法,甚至於有學者如Brandon(1995)認為「教育證成」是不可能的,我們充其量只能作「說服」的工作,這些接近後現代、後結構之論述,大抵上都對以「理性」主導的概念分析或證成,提出另類的質疑。雖然如此,吾人跨越時代的背景,回到20世紀二次戰後皮德思所處的時代,仍不能不感懷他具「現代主義」式的理性樂觀精神。而當今後現代、後結構「多元」、「解構」的教育論述,是否也走過了頭,均值得吾人時時惕厲。

二、以博雅教育理念對抗知識分化的專業社會

　　從方法論的觀點來看,倫敦路線當然具有革命的色彩。但就

其具體的教育主張，以今天觀點來看，仍具有「保守」的一面。戰後二十年的英國，已面臨到專業知識分殊，大學職業取向濃厚，大學淪為社會服務站的角色已不可擋。現今知識經濟時代，大學課程分流以重視產學與職業的連結，也幾乎是21世紀衡量大學辦學績效的唯一指標。以美國為首的大學面對大學符應資本主義、工商社會的職業宿命，大體上發展出各式「通識教育」（general education）的論述，以抗拒各種「專業」、「技術」導向的大學發展趨勢[2]。皮德思等倫敦路線第一代學者，當時最主要關切的不在於大學理念之闡發，他們也並不是要回復中世紀以降「博雅教育」的傳統。晚近，一般主張「通識教育」的學者也不一定從當年皮氏等學者的論述尋得理論基礎（雖然，皮氏在《教育與師範教育》一書中，有多篇論文闡示「博雅教育」）。皮德思和赫斯特二位學者著重古希臘以降對「知識」的追求，他們本著分析哲學或傳統理性論與經驗論的旨趣，把知識看成是人類理解經驗的複雜方式，是人們透過各種符號或命題系統加以表述的結果，健全的心靈有賴知識養分的提供。我們所體驗的世界（實狀），本來就有分殊的性質，可據以建構成不同的「形式」系統，赫斯特在其經典〈博雅教育與知識的本質〉一文，曾界定七種不同的知識形式（form），以別於不同形式之知識綜合形成的「領域」（field）。各種專業知識或資訊大抵是以「領域」為主，各種技術能力，則有賴於「訓練」（training）。皮德思不想完全從「定

2　本書審查人之一提醒筆者注意美國通識教育的發展不只是如筆者所云，尚有民主社會共識的需求、面對可能分裂國家的疑慮、補救高中生程度的差異以及理性主義教育的傳統等，不一而足。不過，筆者認為這無損於本文的基本論證。

義」或是「字源」上去約定教育意義，而是先透過學者對「字源」意義的詮釋（如南恩認為教育源自educere，是「引出」之意，亞當斯則認為教育源自educare，是「形塑」之意），來掌握不同時空中人們共享的教育概念，並經由概念分析，而嘗試獲得教育本有的內建意義。人們對教育具體主張的看法可能不一致，但不代表沒有共享「教育」之意義。某甲認為教育是Ａ，某乙認為教育是Ｂ，Ａ、Ｂ固然不同，但甲、乙二人在討論Ａ、Ｂ何者才是「教育」時，若完全沒有對「教育」一詞的共同掌握，何能加以討論呢？教育雖是本質性爭議概念（an essentially contested concept），但可透過日常用語的概念分析，找出符合的規準；也可以透過概念分析，彰顯出人們對教育看法的理想。讀者可由《倫理學與教育》一書第一章「教育的規準」及第二章「教育即引領入門」看出，皮德思所掌握的「教育」概念，及「教育人」（educated man）的理想，如：不是狹隘之知、而是具有通觀的認知素養；不是技術、資訊的堆砌，而是要能為求知而求知……均可看出，皮德思等其實是「新瓶舊酒」的把傳統上對知識追求的價值，企圖轉換成中性客觀的價值論述，以抗拒日益專業分殊技職導向的現實需求。皮德思等當然不會反對教育應該有「職業」的功能，他們質疑的是只把教育視為工具意義，並不能凸顯教育本有的內在價值。英國之後柴契爾夫人（Margaret Thatcher, 1925-2013）主政，引新自由主義精神，重視產學績效，皮氏之主張也就不符合「政治正確」，也直接導致英國日後師資培育課程走向實用化，教育哲學在英國的榮光地位也就不再。這種對教育本有內在價值的追尋，隨著工商資訊社會的加速到來，到底是不合時宜，還是彌足珍貴，就構成了爾後不同學術立場仁智互見的論辯了。

三、以民主傳統有限度吸納進步主義的訴求

作為老牌民主的英國。洛克（J. Locke）、彌爾（J. S. Mill）等大師的民主理念，當然深中人心。倫大1930年代的院長南恩並以教育的個性主義著稱。類似美國20世紀初進步主義的訴求，英國同時期的霍姆斯（Edmond G. A. Holmes）等早就疾呼「兒童中心」，其他諸如尼爾（A. S. Neill）的「夏山學校」等，都是顯例。20世紀前半葉，所謂以兒童為本的「新教育」在英國已不是新鮮事。1960年代的英國，也正是進步主義取向「兒童中心」口號在英國社會高唱入雲並具體成為教育政策的時刻。皮德思在《倫理學與教育》第一章分析「合價值性」、「合認知性」之後，特別闢了「教育的歷程規準」一節，支持進步主義式理念在「教育方法」上的訴求，但是否完全以兒童的「興趣」來決定其學習內容，則多所保留。歐陽教詮釋其業師之「自願性」規準時，也從心理學上的觀點詮釋：

> ……是要適合於身心發展的歷程，相機給與教育，而不勉強給以揠苗助長。更重要的是，當學習者的心智能力發展到能運用其自由意志，作獨立思考與價值判斷之時，更應積極輔導其作理性的思考，與道德行為的自律……（歐陽教，1973，頁17）。

皮德思早年傑出弟子，曾任教國小八年，撰寫可能是全世界最早的《初等教育哲學》（*The Philosophy of Primary Education*）一書的狄阿典，也同樣指出，若透過尊重兒童的興趣，可能忽略了兒童的興趣也是來自外在環境的事實，而且常是學校以外的環境

（如電視、偶像劇）。尊重兒童興趣，反而可能助長了兒童偏離社會正規價值，無法完整的學習豐富的人類文化遺產（Dearden, 1968, p. 22）。皮德思在《倫理學與教育》第一、二及五章，也都有類似的旨趣。簡單說來，皮德思等倫敦路線學者認為以兒童為中心的方法不能凌駕於學習內容之上，他們更不會同意尼爾夏山學校學生有不上課的自由。從歐陽教的詮釋中，吾人可看出，皮氏等希望在民主的理念下，重視學生的「自主」（autonomy，或譯自律），此一自由必須伴隨著「理性」，也可藉「自願性」規準，排除類似「灌輸」（indoctrination）的方式（當然，灌輸也有違認知性或價值性規準）。皮氏希望以「自願性」規準體現民主的教育價值，但又不至於過度放任致腐蝕了傳遞合價值性教育內容的重責大任。英國在1967年官方公布《卜勞頓報告書》（*Plowden Report*），代表官方正式接受了兒童中心教育立場的訴求（很類似台灣在1990年代的《教育改革諮議報告書》所強調的「鬆綁」，進步主義式的訴求也取得了官方的認可）。皮德思仍以其主張，主編了回應《評卜勞頓報告書》的文集（Peters, 1969）。

以分析的方法帶動英國教育哲學的革命，強化教育哲學的學術建構，隨著爾後對分析方法的質疑，教育哲學又呈百花齊放之境；企圖以教育的本有知識價值，兼具博雅與通觀的認知來抗拒工商社會日益的職業或專業教育訴求，也淪於陳義過高之譏，不一定討喜於工商社會；發揚民主價值、彰顯理性，捍衛知識的價值，也被批評過於菁英，並不符合後現代以「解構」、「多元」的政治正確。庫伯（D. E. Cooper）早在1980年代中期，就說皮德思是一位「古雅風格」（old style）的哲學家，戴根哈德在皮德思辭世前，稱其業師為「博雅（自由）的傳統大師」（Degenhardt, 2010），良有以也。

　　期待本節的敘明，不僅能讓年輕的讀者更能從皮德思所處的時代氛圍中，掌握其學說旨趣。更重要的是，這些論題都值得不同世代的學者不斷反思。我們不一定堅持皮氏之立場，但他念茲在茲的企圖捍衛教育價值，使教育學術不淪為浮誇之言、不淪為市場價值之工具、不輕易討好受教育者的堅持，仍然值得不同世代的學者與讀者，掩卷深思。

肆、皮德思教育的概念

一、教育的規準

　　教育雖是一本質性爭議之概念，也不侷限特定的活動，但皮氏卻不認為我們可以因此採主觀主義或相對的看法。我們仍可透過概念分析，掌握到大家討論「『教育』是什麼？」時，彼此共享、共通的概念。誠如前所言，甲、乙對「教育」有不同的主張或看法，當然是仁智之見，但二人在相互論辯時，若沒有對「教育」之概念架構有一共通的認識，又何能理解對方教育主張、臧否對方看法呢？我們不必拘泥於定義，也不必完全考究字源，但我們必然承繼著一些概念，經由概念分析，可以為教育豎立一些概念上的「規準」（criteria）。皮氏首先從規範面來看，教育就如同「感化」（reform）一樣，是使人變好的活動與歷程。某項活動期待能達到感化的效果，卻無法使人變好，該活動可能不是有助於感化的活動，也可能是有其他因素阻礙了成效，但這無妨礙「感化」使人變好的內建意義。該活動「意圖」（intend）使人變好，此一「意圖」正說明了「感化」的概念真理。同樣地，當我們使用某甲受過「教育」，政府推展「教育」之字眼，某甲可

能素行不良，政府可能推展教育不力，但這不妨礙「教育」本有
之價值性。「教育」在概念上是指傳遞一套合價值性之事物於學
生。值得我們注意的是，在此的「合價值」，皮德思的原意並不
是把「合價值」視為一種外在的成果產出。其二，當我們說某人
受過良好的教育，意指我們提升了他的認知，使他多知曉一些事
情。此一知曉，通常是指廣泛的認知與理解，不是資訊的堆砌，
也不只是技能的精熟，後者常以「訓練」一詞稱之。教育的認知
面，不只是知其所以，而是知其所以然，並能從中發展出知性的
樂趣。第三，當我們以「教育」稱之時，通常會適度的尊重受教
者，而不會用洗腦（brainwashing）、灌輸等方式，學生能自覺到
他在學習，也就是教育者要考量學生身心發展的階段，給予適性
的教育，不能一相情願。此一規準強調教育的歷程及所運用的方
法。有的學者認為此一規準過於嚴苛，教育過程的強制性仍有必
要。皮氏弟子懷特（J. White）即曾以強制性與選擇的相關討論，
希望能論證強制性課程雖暫時限制了學生的選擇（如必修課），
但會有助於提升日後美好人生的選擇（White, 1973），但懷特等
學者也並不是要全然挑戰自願性規準。皮德思的自願性規準，可
視為是對「生長說」的吸納或批判。就「吸納」的觀點來看，生
長說重視各種程序性的教育方法，的確可修正老式教育可能淪為
「灌輸」之缺失，但皮氏並不主張教育「一定」要像兒童中心論
者堅持以學生興趣為依歸，或是一定要自發式的學習。只要把學
生視為一有能力的選擇者，有權利質疑所傳遞的內容，即便過程
中有些不快，學生能自覺其在學習，接受老師的引導，願意克服
學習過程的困難，都算體現自願性規準之精神。

　　筆者認為，合價值性、合認知性從皮氏概念分析的方法來
看，應該符合教育日常用語下的概念真理，至於「自願性」規

準，可以作為一理想的規準，但恐怕無法完全合乎東西文化對「教育」一詞的日常用語意義（特別是東方，《虎媽的戰歌》，即為顯例）。不過，從1970年代興起的「反學校化」（deschooling）思潮及後「現代的」觀點視之，我們今天所處的時代對自願性的強調，恐怕要更盛於皮德思所處的時代。

二、教育目的

在第一章闡述教育規準時，皮氏在教育的規範面，討論合價值性時，他先從萊爾（G. Ryle）區分「任務」（task）及「成就」（achievement）字眼的差異。「發現」（finding）並沒有比「看」（seeing）更神祕，而是「看」此一活動帶有的後果。萊爾原意是要破除傳統身心二元論，認為心靈比諸肉體有更崇高的神話。分析學者則引出了許多額外的討論。美國哈佛學者謝富樂就認為「教學」（teaching）同時具有嘗試（trying）與成功（succeeding）之雙重意涵（Scheffler, 1960）。皮氏引萊爾之意，一則是要強調，萊爾的任務——成就活動，不一定涉及價值，教育雖不挑選特定活動，但能被稱為教育之活動，一定內建價值於其活動之內。再者，誠如萊爾所言，「聽到」（hearing）並不比「聆聽」（listening）更神祕，前者是後者活動中所帶出的後果，但我們討論教育目的時，卻常把內建於「教育」概念中的價值，抽離出來，把它當成是一種類似於射箭的外在目的。我們從事「射擊」或「投擲」或「瞄準」時，當然要有一個「外在的」標靶或鵠的，教育則不應做如是觀。皮德思藉著萊爾「任務—成就」活動之分析，是要提醒吾人不要把教育之內建價值與外在產出錯置。就好像製藥工廠的內建目的是提升人們健康，而不是讓製藥工人有工作，雖然後者也是製藥工廠運作會產生的後果。此外，皮德

思也要我們注意:「你為何要讀英文?我想把英文念好。」「你為何讀英文?我想到英國念書。」前者之回答只不過是想把該活動(讀英文)說清楚,後者則涉及意圖或動機,意圖或動機所形塑的目的,不宜作為教育目的。皮德思希望我們藉著概念分析,找到內建於教育中的價值(或稱之為教育的內在價值)。我們固然也希望從事教育活動能像射擊一樣,以一種專心致志、全神貫注的方法從事,但這並不是要把外在於教育本有價值的其他產出都視為一種標靶、鵠的的方式追求,美其名為教育目的。就筆者的體認,這與杜威(J. Dewey)在《民主與教育》(*Democracy and Education*)一書中倡言教育歷程之內無目的,只有成人、社會等才會加諸學子期望,形成所謂教育目的之看法,實異曲同工。

當然,皮德思早年曾發表〈教育工作者必須要有教育目的嗎?〉,用很激烈的口吻,質疑傳統教育目的之必要(Peters, 1959),認為各種教育目的大而無當,人們誇言教育目的云云,其實更須釐清的是達到該目的之程序原則。例如,教育應重視兒童潛能,其實是內建於教育價值內含自願性教育方法的程序原則而已。《倫理學與教育》一書中,基本立場沒變,但用詞和緩了許多。他在牛津大學出版社主編的《教育哲學》一書,有更翔實的討論,且回應了 J. Woods 與 W. H. Dray 等學者的提問(Peters, 1973)。有興趣的讀者,可自行領略,於此不論。

三、教育的證成

皮氏在《倫理學與教育》以及其在 1970 年代發展之〈教育及教育人〉一文(Peters, 1977),已完整的說明了「教育人」(educated man)的內涵,也或多或少說明了一些理由,但大致仍屬於概念分析的層次,到底我們為什麼要接受教育呢?這是教

育的「證成」問題，皮氏之後也有完整的說明（Peters, 1973, pp. 239-267）。在該文中，皮氏首先歸納其多次指出「教育人」之範型：(1)教育人不是只有專門的技能，不只有技能之知，更要理解其知識體系，對事物要知其所以然；(2)教育人對知識的理解不是狹隘式，他不只擁有知識之廣度，還能具有通觀的認知能力，能從這些不同的廣度中詮釋其生活價值；(3)教育人能自發性的追求其活動，專門的訓練雖可獲得實質之利益，教育人卻不會僅逐利而行，他能從事物本身中覓得樂趣；(4)整個教育之過程，不能視為一種手段目的之因果關係，「教育人」也不是教育過程之「產品」，而是每一教育過程的累積。整個教育過程，如果符合教育規準的話，就陶融著「教育人」的價值。

皮德思分別從「工具性」（instrumental）及「非工具性」（non-instrumental）兩項理由來證成教育所形塑「教育人」理想之價值所在。

（一）工具性之證成

(1)知識與理解 皮氏從知識的真理條件及證據條件指出，人際間的溝通，必須靠真的信念及證據來肯定所言所思。理解則有助於我們利用普遍原則來有效預測各事件。知識與理解能使我們更有效面對及控制世界，掌握、運用資源，舉凡醫學、農業等領域。教育必須傳授專門的知識及培養人們深入理解之能力，才能應付生活的挑戰。

(2)理解的廣博 深入的理解固可使人面對快速變化的工業社會專業需求，但在現代化多元社會中，也不能只從自己專業的角度去理解一切，還必須有廣泛的理解。舉凡公共利益、美學、休閒等多元的理解，都會有助於受教者聯繫其專門知識，也能使工

業社會更人性化。皮氏指出，理解的廣博，可以有助於我們建構更可欲的社會生活方式，不只是汲汲於物質的進步。

(3) 非工具性的態度　此一觀點初看之下有點令人費解，皮氏要用「工具性」的方式來證成教育，如何又扯出非工具性態度呢？皮氏的意思是諸如關心、尊重、愛等態度，使人從事某項活動，不只是為了獲得其外在利益，而且，各種活動也有賴人們靈活、一致、清晰的掌握其程序原則。人們若是以尊重、關心、樂在工作的自發性態度來從事活動，對整個社會的發展將有莫大助益。就好像教師若只是為了餬口而教書，將不可與熱愛教學同日而語。非工具性態度有助於工具性之價值，確實值得現代社會省思。

（二）非工具性之證成

所謂非工具性之理由是指探詢教育活動之內在價值是否值得（worthwhile）之問題。我們固可用工具性的外在方式審視其價值，一如前面的說明，但皮氏在此另起爐灶，提出個人接受教育是否「值得」的內在回應。

(1) 教育活動能帶給人降低枯燥的感覺（absence of boredom）

首先，一個有知識的人可以將其知識的深度與廣度表現在言行、情緒上，可以培養廣泛的興趣及專注的精神，從而使個人生活降低枯燥、充滿樂趣。再者，知識與理解有助於個人規畫自己的人生，體會自行規畫人生、當家作主的感覺。第三，一些行之經年的活動，有其內在的卓越標準，會吸引人不斷的投入尋求其真理，達成及改善這些標準，這都會帶給人們追求過程中無限的樂趣與滿足。

(2)理由的價值（value of reason）

皮氏也深知，知識的追求不必然會帶給人類快樂，有時甚至會帶來痛苦，知識是否能增進個人生活的滿足感呢？皮氏指出三點。首先，教育的規準即在於認知性。我們成長受教過程中，不斷在尋求事物的原因、理由及證據。再者，知識的理解與廣度，可以培養人們具有不同的知識推理形式，可以從不同的觀點視野去評估人生。「教育人」即在於培養其對知識證據理由之追尋。最後，皮氏也運用其「先驗式論證」，人們詢問各種知識的德行（virtues）時，如：追求真理、重視證據、邏輯的一致等時，他自己已在知識探索之途了。他們的提問已預設了追求理由在教育及人生的價值了。有關「先驗式論證」是皮氏重頭大戲，下節將更仔細加以敘明。

也有其他學者不滿意皮氏之證成，如：何利斯（M. Hollis）利用經濟學之概念提出教育具有社會地位之利益（positional good）（也就是教育有助於個人社會地位之獲得）（Hollis, 1987）。前已述及，甚至於有學者利用後期維根斯坦之觀點，認為我們無法確切對教育提供證成理由（郭實渝，2001; Brandon, 1995）。值得我們注意的是，皮德思「工具性理由」中的非工具性態度，以及「非工具性理由」的降低枯燥的說法，都會讓讀者乍看之下不解其意，當我們說教育可以降低枯燥帶來樂趣，有時也會視為是追求快樂的工具性論證。不過，從皮德思反覆的敘明追求知識、理論性活動的內在價值，讀者應可體會他念茲在茲的捍衛追求真理的教育內在價值之精神了。

四、教育即引領入門

分析學者雖然對各種教育隱喻（metaphor）如「教育即生

長」（Education as growth）等表述，質疑其精確性，但皮德思在1963年12月倫大的就職演說卻仍是用「即」（as）的隱喻句式來說明教育意義。看來，用簡單的隱喻表述來形容所欲陳述的內容，在日常用語中，似乎仍無可避免。皮德思用「引領入門」（initiation）這個字來表達他的核心概念[3]。

皮德思首先概略介紹歷代各家哲學的心靈觀，他大體上較傾向於接受英國經驗論所謂「心靈是一塊白板」的立場，人出生後心靈空無所有（No man is born with a mind），「心靈」是後來與社會互動後的結果（也可說是社會建構的心靈觀）。皮氏雖不認同理性主義或康德以降把心靈視為一種先驗之結構，但就個人意識及知識上，仍然深受康德、皮亞傑知識傳統的影響，也就是心靈的成長是透過不斷習得已然成形的各種知識體系及行為模式。皮氏甚至於認為康德未能進一步正視心靈的發展其實是被引入「公共傳統」之中。個人的意識必須浮現、運作在其個人風格所賴的公共傳統之中。皮氏在此批評所謂「塑造」模式及「生長模

---

3 「教育即引領入門」的最初版本是1963年11月，皮德思接任倫敦大學教育哲學講座時，所發表的就職演說全文，倫大有出單行版，後收錄於Archambault, R. D.（1965）*Philosophical analysis and education*（London: Routledge & Kagan Paul）一書中。此一版本，林逢祺已譯出，收錄於李錦旭等譯，由J. Bowen & P. R. Hobson二氏主編的《教育理論》一書（師大書苑出版，1991）。《倫理學與教育》則根據該文拆成前兩章，分別以「教育的規準」、「教育即引領入門」為名，更完整的予以論述，文字敘述略有差異，但道理相通。不過《倫理學與教育》第二章的名稱與就職演說相同，也易引起誤解。當年美國謝富樂引介《倫理學與教育》美國版時，可能考量到就職演說版的三大規準內涵已見諸第一章，故逕行將第二章「教育即引領入門」刪除，這造成美國版《倫理學與教育》未能完整呈現就職演說「教育即引領入門」的完整意涵，據聞皮德思甚為不悅。

式」，前者無視於心靈參與社會的主動性，把外在的一切植入、銘印心靈之中。後者過於強調心靈的本有性，忽略了教育在本質上是引領學生進入人們所選定的語言、概念的公共傳統中，藉此鼓舞學生參與探索更為分化的認知形式。皮氏藉著對知識分化的形式──理論性知識活動的強調，聯繫了學科知識與心靈的關聯，也就是健全心靈有賴知識的提供。

杜威的「生長說」也很重視個人與環境的互動。相形之下，重視的是外在知識的效用而非其形式。生長說不會也無法證成知識本有的價值，皮德思則把公共傳統視為是各類知識客觀發展已然成形的傳統，不是散漫的經驗，不是生活職業的技能，而是更廣泛的人類面對外在世界不斷思考分化的結果，所以有賴教師的「引領入門」，無法單靠學生自己。皮德思認為，如果我們深刻體認心靈發展的認知方式與心靈發展的社會層面時，就完全能體會把教育比擬成「引領入門」較之「塑造」、「生長」等隱喻更能說明教育的特性及教師所擔負的角色。「引領入門」與教育規準之一認知性不謀而合，也藉著賦予教師積極角色把教育與理解的深度聯繫在一起。「引領入門」也正視到了不同教育限制的重點，觀照到了當事人的自覺及多樣化的學習歷程，也不違反合自願性規準的要求。倒是皮氏自己認為「引領入門」對於「合價值性」沒有特別的承諾，有賴教育工作者再深思要引領學生到何領域。不過，認知性規準也已經預示了引領的方向。教育即是「引領」學生入門於合價值性之活動、思考模式及行誼之中。

也許受到1960年代進步主義的衝擊，皮氏在〈教育即引領入門〉一文中，一方面小心翼翼的吸收進步主義方法的優點，如學生的個別差異、獨特、創發的特性、動機的強調，鼓舞教師運用這些原則靈活完善教育方法。但在另一方面，也堅持理論性知識

的價值，不能以尊重兒童興趣為由，放任學習（這是皮德思有別於類似夏山學校理念的最大差別）。正因為學習嚴肅的理論性知識有其困難，更需要有熱忱、有經驗、熟諳教學方法的教師「引領入門」。朗特利（M. Launtley）在論及皮德思「教育」及「引領入門」概念時，指出皮氏雖致力於兼顧傳統（接受既定知識）與自由（批判既存知識）兩種立場，但是「引領入門」於既定的傳統，本身就有保守的特性，不利於「轉化」的（transformative）批判精神（Launtley, 2011）。後現代、後結構乃至批判教育學的學者大體上都對於捍衛傳統價值的古典學者不滿，認為他們孤懸理性知識、過於菁英，甚或再製階級意識，如季胡（H. Giroux）對布魯姆（A. Bloom）之批評（Aronowitz & Giroux, 1991）。皮德思在英美世界1990年代後沉寂了一、二十年，可能也是類似的學術氛圍所致。不過，筆者認為身為一位教育工作者，我們的確很難完全推翻「引領入門」的教育使命。

歐陽教曾把「引領入門」譯為「啟發」、「啟導」。台灣教育學界率多以「教育即啟發」稱之。筆者參考但昭偉（2013）的討論，「啟發」在中文脈絡中，仍較接近「引出」之進步主義教育的意涵，有側重教育方法的意味。從上述的討論中，皮德思「教育即引領入門」，同時涵蓋了教育的方法與內容，特別是對知識形式的要求，這有別於進步主義之傳統，故譯為「引領入門」。

伍、教育、倫理之證成——先驗式論證

皮德思在《倫理學與教育》第二篇中處理教育涉及之倫理學基礎，第三章首先概略介紹傳統倫理學上的「自然主義」及受分析哲學影響的「直覺論」、「情緒論」的倫理觀，並評述其優缺

點。第五章則探討涉及課程內容抉擇的所謂「合價值性」活動，皮德思企圖論證為什麼理論性的活動，如：數學、科學、文化、歷史其價值性要高於賓果遊戲。而本篇中的「平等」、「益趣考量」（interest, 有利益、興趣之雙重意義，故以「益趣」同時涵蓋）、自由、尊敬人（敬人）等概念，皮氏稱之為「程序原則」（procedural principle），這些根本原理又是如何證成？讀者若是期待皮德思針對這些原理一一提出說服人的「實質」論證理由，那可能要失望了。雖然，皮德思對這些主題也各自作了許多概念澄清，從例子中作了精要的敘明，甚至於也援引一些實質性的理由，如「快樂式論證」（hedonistic arguments）對「合價值性活動」、「益趣」考量等之證成。皮氏指出，以合價值性活動來說，令人愉悅的活動固可以較吸引人，是維持善良生活所必需，但又何嘗不是因為此類活動是人們不斷精進、努力後的理論反思成果。皮氏以飲食為例，提醒教師們不要徒以尊重學生興趣（心理動機層面）為由，忽略了引領學生進入理解各種飲食所涉及的理論性活動堂奧之機會。不過，最能反應其論證特色，也是最引起爭議的厥為「先驗式論證」[4]。皮德思同時運用先驗式論證來證成理論性活動之價值性及諸如平等、敬人等程序原則，以下簡要予以敘明。

一、理論性活動之價值

　　筆者綜合皮氏在《倫理學與教育》中對理論性活動的「先驗式論證」形態，大致可歸納如下：

4　有審查人提醒「先驗」主要適用來翻譯「a priori」，以別於「posteriori」，或可將「transcendental」譯為「超驗」。在此從教育哲學界一般的譯法。

　　（1）當人們詢問「為何選擇A棄B」時，為了要能回答此一問題，他必然得致力於探索該問題的性質（否則，他就不要問此問題了）。若某人很嚴肅的提問此一問題，卻完全不想獲得任何答，這在邏輯上，也會令人覺得古怪。所以，當提問者嚴肅提問問題時，他已經默許理論性活動的探索價值了。

　　（2）當人們嚴肅詢問「為何選A棄B」時，提問者必定關切、在乎該問題答案的真假、適切與否。提問者不僅預設了該問題的重要，也預設了問題答案標準的適切與否。假若某位老師提問學生問題，他說：「你們不用回答，我不關心你們的答案……」，這也說不通。也許老師沒有預設特定的答案，也許老師鼓勵學生多元發展，但老師一定會嚴肅正視學生各種多元答案的可能。若師生之間都以此認真態度，他們當然就已邁入知識、真理探索之方向。

　　（3）當詢問者探詢「為何要從事理論性之活動時？」他自己已經在從事理論性活動了。質疑、批評、反思本身正是理論性活動的特徵[5]。

　　與皮德思齊名的倫敦路線另一大師赫斯特，論證博雅教育的七種知識形式時，也同樣運用先驗式的論證（Hirst, 1972）。美國哈佛謝富樂高足席格（H. Siegel），在企圖證成批判思考、理性等概念時，也曾運用先驗式論證（Siegel, 1997）。是以先驗式論證或有其可取之處。不過，許多學者認為這只不過是轉移了問題焦點，不少學者指出，「先驗式論證」有點類似訴諸人身（ad

---

5　有審查人指出此處前兩點不能算是先驗式論證，惟皮德思在其書中字裡行間，有多處有類似的意思，故仍列出。筆者也參考了Hand（2011）的觀點。

hominem），它只對問此問題的人有用，難道無人提問，以致無從產生問題的預設，我們就無法探究理論性問題了嗎？（Downie, Loudfoot, & Telfer, 1974, p. 46；Wilson, 1979, p. 137）。Klenig（1982, pp. 86-87）也認為皮氏回答理論性課程之所以有教育價值，是因為符合了提問者的預設，這未免太避重就輕，我們真正要探究的答案是為什麼這些理論性活動有價值的實質理由。

二、程序性原理的先驗式論證

理性、追求知識等固可用「先驗式論證」，皮氏論述道德教育或是社會原則的「程序原則」，亦離不開其先驗式論證，茲分述如後：

（1）**平等、正義**　在皮德思看來，平等、正義也是一種程序原則。在考量「益趣」時，我們已先設定了人是關心其利益的。若針對不同的人，為何先考量 A 而不是 B 之利益，此一提問也已預設了另一程序原則「平等」的價值。這些程序性原則無法單靠經驗的論證，就經驗上來看，人確有不平等的事實，但我們仍要疾呼「凡人生而平等」，自亞里斯多德以降，「齊一對待不相同的對象」、「對相同的對象行差別待遇」，都為人所詬病。平等與正義的概念，亦息息相關。當我們面對公共世界思索何者應為時，正說明了人們在實踐理性的論述中，把自己置於「依理而行」的選擇承諾中，致力於尋求理由的「證成」（justification）活動，與「正義」（justice）有字根上的關聯。正義本身無法提供任何原則，「齊一對待不同對象」、「相同對象行差別待遇」，說明了分類的範疇必須有適切性的考量。對象有什麼差異，才能行差別待遇？類似的對象要歧異到何種程度，才必須額外考量？正義原則本身雖無法定奪，但任何人討論平等、正義時，其實已經預設

了他企圖證成此一合宜行為之理由,除非我們否認適當理由的存在,否則一切道德論述,普遍原則都不復存,正義是內含普遍原則的外在表現。若有人拒絕正義原則,他其實是正在使用一種實踐論述,建議他人拒絕理性原則,他自己已經先運用了理性、正義之原則,並且希望自己的論述能得到平等的對待,然後摧毀此一理性、正義或平等之原則,皮氏認為這在邏輯上是不通的。在平等的基礎上,如何體現正義的理想,這當然無法靠原則本身定奪,仍得靠其他原則或實質經驗內容,才能對教育平等作更適切的討論。接著,皮氏以「婦女投票」及「薪資所得」各自說明。前者應該「齊一對待不相同對象」,男女雖然有「別」,但婦女當然應與男性一樣擁有投票權。後者之例,則說明了,雖然都是人,但給予不同薪資也有其適切性。

(2)**自由** 皮德思在界定自由時,大致區分為所應為的「積極自由」與不受限制的「消極自由」,個人思想及行動的自由應在不妨礙公共利益的基礎上。此外,形式的自由與實質的自由不完全相同,受制於客觀的內外在條件使然。擁有形式自由,不一定能確保實質自由。這些論述,大體中規中矩,但皮氏仍一本先驗式之論證指出,我們之所以擁護自由,仍是來自於一實踐理性之情境,當我們認真詢問「為什麼要做A?」或「作A的理由為何?」我們已經在邏輯上預設了只要當事人能提出恰當的理由,也就有自由去做。同時,當我們嚴肅的詢問某人的意見時,已預設了其表達的自由,否則,我們問別人的意見,卻不希望別人認真回答,這也非常古怪。一個理性的人,如何能夠主張自己要有行動的自由又拒絕別人有同樣的自由呢?我們需要何種自由,有賴實質性的討論,但運用前述先驗式的論證,也大致可以說明自由其程序原則的意涵。將自由作為依程序原則,並以理性相連,

其實也就是自康德以降「自主」（autonomy）的意義，這也是倫敦
路線眾多學者對教育理想或目的之一貫主張。雖然在1990年代以
後，社群主義者或後現代主義者開始質疑「自主」的可能，但培
養學生自主的能力，迄今仍是重要的教育理想（Wringe, 1997）。

　　（3）**尊重人、博愛**　皮氏認為把其他人當成「人」一樣尊
重，不是因為人具有何種特質或功能等經驗事實。考量他人的益
趣時，我們已預設了只要他能提出好理由，就應該確保（只要我
們能力所及）其益趣；探詢其意見與行動時，亦然，只要他能言
之成理，就應尊重其表達及行動的自由。益趣、自由、平等之原
則，也共同預設了人與人之間的獨特相互承諾。尊重人是人類
不同經驗形態中重要的根本原則。他人的觀點必須被視為共同的
主張和利益來源，不會被視而不見，也不會受到偏見或不公平
的對待，與尊重人類似的概念是「博愛」（fraternity，或譯手足
之情），皮氏不否認「博愛」等團體情懷對人的積極意義，但博
愛等情懷不必然循著理性證成的途徑。我們可以因為血濃於水
或是手足之情的「一體感」而彼此關愛，但尊重人作為一種原則
不應完全依附此一情感。後結構論者Blake、Smeyers、Smith與
Standish（2003）認為皮德思等倫敦路線學者仍是承繼康德理性
論傳統的遺緒，良有以也[6]。社群主義近年來反駁自由主義，後現
代、後結構學者挑戰理性之高漲，亞里斯多德取向的德行倫理學
都對康德義務論倫理學提出質疑，讀者也大致可以掌握當年皮德
思堅持以「先驗式論證」對各項訴諸倫理判斷之程序性原則之捍

6　有審查人指出康德是觀念論者，而非理性論者。筆者認為不必堅持此區分。
　　後結構論者大體上是把皮德思的許多主張視為是接近康德的遺緒，他們率多
　　以康德理性論傳統稱之。

衛，其古典價值及當今挑戰之所在。

　　皮氏對第二篇中各章之論證，當然也不限於先驗式之論證，其論述不難理解，受限於篇幅，不在此贅述。不過，「先驗式論證」的確引起眾多人的不滿，認為並沒有真正觸到問題的核心。Hand（2011, p. 113）部分的支持了先驗式論證，他提醒吾人注意，皮德思自認為先驗式論證用以支持公平的程序原則，要比構成課程實質內容的合價值性活動程序原則之證成，更為清楚（Peters, 1966, p. 117）。

　　歐陽教當年親炙皮德思，他 1960 年代末返國後，很急切的引介倫敦路線的觀念分析學派，他對於業師「先驗式的論證」的不滿，不下於前述國外學者，歐陽教指出（1973, pp. 193-194）：

　　　　腦筋思考清楚如皮德思，仍不免在其論證「有價值活動」時，借康德術語，提出「先驗的演繹」（transcendental deduction）之預設，認為一切道德的或是廣義的價值活動，是建立在先驗的演繹上，亦即一旦我們問：「為什麼選甲而非選乙作為行動標準？」氏認為我們已先驗地投射一個選擇的價值標準，這個標準是自明的，不必再作論證的，其實這只是一種「形而上的設證」（metaphysical proposal or argument）。……筆者在倫敦忝列其門牆曾與他論及此點，他已不堅持這個假論證。

歐陽教用詞激烈，「形而上的設證」、「假論證」，歐陽教以弟子身分直斥分析派開山大師偶爾落入傳統哲學之「非」，讀者應可感受到當年分析哲學排山倒海批判傳統哲學之勢。他在業師已榮退倫大之後，重新為文述評觀念分析學派教育思潮時，用語稍微

和緩，歐陽教再言（1988, p. 39）：

> 筆者以為先驗演繹在邏輯上是可以成立的，因其基於邏
> 輯的演繹推理或涵蘊。然而皮氏所謂先驗論證，卻除了
> 意指先驗演繹外，也挾帶「形而上的預設」（metaphysical
> presupposition）。前者可通，後者未必可通。因為形而上論
> 證或預設，只是一種形而上的解釋而非邏輯證明，故沒有必
> 然性。作為一種方法當有其瑕疵。

筆者比較同意歐陽教後期的看法，甚且，就筆者的體認，皮氏
「先驗式論證」是一邏輯之意義，而非預設了一些形而上的信
念。皮氏之論證，容或無法完全令人滿意，但他孜孜不倦於用未
能令人完全滿意的論證來論述合價值性活動以及程序原則，亦可
看出他心靈深處捍衛知識價值的深自期許了。

陸、教育與社會控制——權威、懲罰與民主

《倫理學與教育》第一篇主要在於藉著對教育概念的分析，
得出教育在本質上是引領成員進入合價值、認知性的生活形式
中，並以一種合乎道德及學生自願的方式為之。第二篇則企圖證
成教育傳遞的內容，必須是合價值性的理論性活動，其傳遞的方
式或分配的原則有賴程序原則；包括自由、平等、敬人、關心益
趣等。第三篇則主要從社會哲學的角度，探討在學校教育中所面
臨的「社會控制」（social control）。皮氏集中探討「權威」、「懲
罰」、「民主」之概念。

一、權威

皮德思審視「權威」之概念，首先區分與「權力」（power）之不同。「權力」代表一種方法，某人可利用諸如肉體、心理壓迫、獎勵方法，甚至是個人影響力，來迫使他人屈從其意旨。權威則涉及大眾能接受的彼此規範行為之方式，權威當然也可以用權力的方式加以運作。皮氏正是希望透過對權威之分析，使教師能擺開純權力的行使，達成教育的理想。

權威的概念與「規則治理」（rule-governed）密不可分，我們要先有根據是非對錯的遵守規則的內建概念，否則無法產生權威之概念。正因為處在世俗社會，必有紛爭，要用何種方式來彼此協調、仲裁，誠為一大問題。在人類社會中，久而久之，各個領域都會發展出一種據以判斷、仲裁的方式，某些人甚至於因此被授權去判定這些實質的規則。立法者、法官、將領、警察、教師，學術工作者都是如此。在中文概念中，「權威」有時有負面的意思，皮德思則賦予「權威」正面的意涵。在社會政治領域中所享有的「權威」（in authority），可能是來自於宗教影響、個人特質或法制授予。在知識領域中，則涉及掌握知識的程度，諸如專家（experts）其專業知識或專技知識（expertise）贏得信賴，權威學者（authorities）則是浸泛某一領域之知識經年贏得同領域學者敬重的稱號。皮德思也引韋伯（M. Weber）的知名分類，傳統的權威來自神聖信仰等因素，現代社會則逐漸進入法理系統，此外，不管是傳統權威或還是法理權威，也都各自有其奇魅型的權威（charismatic authority）。

對於教育工作者而言，其正式權威為何？皮氏從英美社會賦予教師的地位來討論。美國通常不期待中小學教師必須是該領域

的權威，但必須是會教書的專家。英國的文法中學教師則被期
待必須是該領域的權威，小學則與美國類似。綜合來說，皮德思
期許中小學教師要專精各種教育專業知識，教育心理學、教育
社會學的專業知識，熟悉教學方法與兒童青少年發展專門知識，
教師要盡可能掌握學科領域知識。此外，皮德思也期許教師要能
傳承文化與創新文化，教育哲學的目標在於此，教師們若能將心
理學、社會學之知識不只視為教育專業知識，更視為是類似博
雅教育追求知識形式的理論性學科，將更能奠定教師在社會中
文化的權威性角色。皮氏雖未言及，但就其觀點，與晚近批判教
育學（critical pedagogy）訴求教師是一轉化型知識分子（Giroux,
1988），雖然重點有別，然精神一致。

　　最後，皮氏具體建議第一線的中小學教師在實際教學時，如
何展現自己的權威與學生互動，皮氏同時也請教師戒慎恐懼，不
要濫用自己的權威，致學生誤入歧途，其循循善誘，殷殷期盼之
苦心，讀之仍令人動容。

二、懲罰、紀律

　　皮德思認為「懲罰」必須符合三項概念要件：(1)特意的施
加痛苦；(2)施加者必須有權威；(3)被懲罰者違反了某些規則。
就此概念上，「懲罰」與「報復」（retribution，中文概念上的報
復有負面意涵，但在此的「報復」，是指根據某人所作所為，給
予相同的對待）有直接的關聯。而懲罰與「紀律」（discipline）
也常被混同。「紀律」是植基於學習的情境中，代表著對學習內
容（如文法規則）的遵守。譬如，學生未完成家庭作業，教師責
令其重作，這是一種外加於學生的紀律，嚴格說來，並不是懲
罰。

　　對於懲罰之證成，皮氏援引各家說法，倫理學直覺論是以報復理論（retributive theory）作為答案，「以牙還牙，以眼還眼」，所謂「罪有應得」符合根據某人所作所為，給予對等的對待原則。效益主義則接近「遏阻理論」（deterrent theory）。效益論者指出，對違反者施以的少數痛苦，較之未斷然對違法者施以懲處，社會將蒙受更大的痛苦，也就是殺少數現在犯錯的雞，可以遏阻未來多數可能犯錯的猴，到頭來整體社會受其益。皮氏並不完全贊成效益主義的遏阻理論，有些情形下，懲罰不一定會獲致遏阻的效果，也不一定對受懲罰者有利。皮氏也提醒我們，即使懲罰對受懲者有利（如打學生使學生成績進步），我們能使用懲罰嗎？易言之，效益式的論證不一定能完全合理證成懲罰。皮氏提醒吾人，遵守規則，並不只是「規則就是規則」，這些規則必須是經過合理的證成。學校中的懲罰涉及哪些違反規則的情境呢？第一是在教育活動進行中，破壞了起碼的秩序條件；其二是不見容於法律的行為；其三是學校活動中維繫其順暢活動之規則，如應在時段內申請獎學金等。皮氏認為教師必須釐清違反規則的情境條件，給予適切的對待。例如，學生在教室干擾他人學習，適時的隔離以維持教室秩序，是可以接受的，但理據是「維持秩序」而不是「施加違法者痛苦」。皮氏希望懲罰也能達到「感化」的效果，若此則最具教育的意義。如果一定得施予學生不快的經驗，教師也必須做到公正無私，同時，教師要盡最大之可能扮演緩刑官（probation officer）的角色，他要讓學生感受到是站在學生這一邊，也要讓學生有彌補的機會。

　　第十章中，皮德思也援引一些法律哲學之懲罰理念來討論懲罰之效果。並以學校的情形與之對照，皮氏認為學校畢竟是教育的情境，不能全然用法律的觀點行之；再者，學校重點在積極性

的教育學生獨立自主的能力，不是消極性的遏阻。此外，若一定得動用懲罰，教師必須公正執行校規並做懲罰的善後，就可調和懲罰的遏阻和感化二方面的衝突。最後，從兒童身心發展的過程來看，學生的是非觀念發展在後天的環境中，並不一定順暢，教師要能體諒學生學習過程中的犯錯，制定各種學習或道德規範，也要有更大的包容。

後現代思潮下，傅柯（M. Foucault）的《規訓與懲罰》成了1990年以降的學術新寵，中西論文率多援引傅柯之文、澳紐的學者馬歇爾（J. D. Marshall）更從傅柯的角度質疑皮德思等自主性、懲罰之觀念，認為只是「現代主義」下的產物（Marshall, 1996）。也許我們可以更深邃的從傅柯的角度反思權威、懲罰在教室運作之合理性，但皮德思當年之呼籲是否就此塵封？也有賴年輕讀者的再反思。

三、民主

杜威1916年的《民主與教育》，咸認為是20世紀重要的教育經典，杜威將民主視為一種生活方式。皮德思在五十年之後的《倫理學與教育》的最後一章也以「民主」作結，想來皮德思也自許能與杜威經典分庭抗禮。

皮德思首先從希臘城邦到西方世界（以盧梭為主）以及英國歷史上的發展，娓娓道來「主權在民」（the sovereignty of the people）、「人民意志」（the people's will）、「人民同意」（the consent of the people）、「人民治理」（the rule of the people）等民主理念。皮氏鼓舞教師不要受制於這些抽象的學理，要在實務中來體現民主的價值，他認為民主的生活方式，必須重視滿足三個政治程序：（1）不同利益團體的協商；（2）自由討論與集會的保

障；（3）公共政策的責任。對於教育歷程的民主落實，皮氏也提出一些回應前面三項程序的建議之道。

首先，就教育的民主化而言，既然協商與公共責任是實踐民主生活的要素，那教育的政策、學校體制、經費分配就應該體現其精神，當然，皮德思也指出，不同的國家有不同的國情，很難放諸四海而皆準，但我們仍可針對實際的情境加以檢視既成的制度是否合乎民主的程序。此外，對教師而言，也可以讓教師團體更具有「專業」的特性，不僅增進成員職能，也能強化中央、地方之間的聯繫以參與制定及推行其專業決定後的教育政策。

學校作為一種民主的機構，皮氏認為也應盡力體現民主體制的三項政治程序。校長負學校經營成敗之責，他應該盡力體現協商與責任制，參與協商的學校同仁也要尊重校長是最終政策決定者。一旦此一理性的程序原則確立，校務決策程序的形式與內容就可靈活加以權變。皮氏也特別指出，英國學校之傳統，會指派高年級「學長」（prefects）擔任紀律、管理之工作，有時也不免發生學長濫權的弊端，皮氏不反對學長制之傳統有助於教育之推展，但仍應符合民主的程序。

皮氏最後綜合全書之論旨，強調教育要體現民主的精神是一項艱鉅的任務，民主生活中尊重人的態度、平等、自由、益趣考量等程序原則，在在需要理性之士的堅持，才能培養下一代認真參與公共事務的知識，具有為民主體制服務的意願和熱忱，並且應時時惕厲政府對個人自由不當的侵犯。

結語

英美1960年代分析典範下的教育哲學，在世界教育學術發展

史上，可算是一項異數，不僅直接促成了英語系世界教育哲學這門學科的學術建置，也更確立了其在師資培育課程中的地位。雖然，在20世紀初，英美師範院校早已有教育哲學之學科，也自有其傳統，但的確是在1960年分析典範之後，才進一步強化及確立教育哲學的學術地位。英國的皮德思更以其心理學的深厚學養，利用概念分析的方法，具體的形塑了教育的觀點。尤有進者，英國分析典範下的教育主張，無論是教育的規準、內在價值之目的、教育人的範型以及「教育即引領入門」的隱喻，在上個世紀現代工商社會重視專業化時代來臨之際，巧妙地保有了二千年來西方博雅教育的傳統，並在民主化的氛圍中體現其現代價值。

　　皮德思的教育著作中，《倫理學與教育》毋寧是其最代表性的著作，不僅包含了就職演說〈教育即引領入門〉，對教育的規準也有最翔實的說明。倫理學中的「程序原則」，皮氏也運用其獨特但頗具爭議性的「先驗式論證」企圖加以證成如「平等」、「益趣考量」、「自由」、「尊敬人」等概念。不管我們同不同意皮德思的看法，閱讀《倫理學與教育》一書，相信很少人會不動容於其念茲在茲的「古典」主張。事實上，這也是「後現代」、「後結構」取向學者對皮德思等分析典範教育觀過於著重理性傳統，致流於菁英的不耐。臺灣得天獨厚，1960年代末以降，即有親炙於皮氏的歐陽教予以引介，使臺灣對於分析典範的教育哲學，得以同步於西方。或許《倫理學與教育》的中譯已延宕太久，但筆者期待仍能不失魅力於今天。

　　「哲人日已遠、典型在夙昔；經典永留存、舊酒新瓶香。」希望這份《倫理學與教育》之導讀，不會只淪為倫敦路線或皮德思教育思想的懷舊或是迴光返照。歐陽教當年留學同好戴根哈德在SAGE《教育哲學手冊》之〈皮德思：一位博雅的傳統大師〉一文

結語（Degenhardt, 2010, p. 137）：

　　……未來的教育工作者可能會重溫皮德思及同僚們已經逝去的洞見、慧見及其他美好事物。如果他們真回首，他們將會驀然地發現皮德思的作品是如何巨大的形塑當代教育哲學的形式與內涵。

譯者也期待這份導讀及《倫理學與教育》的中譯能有助於年輕讀者領略當年倫敦路線哲學之旨趣；讓千禧年之後台灣的教育走向能從一味的市場、職場機制中走出，重回教育的本然面貌。更期待分析典範的教育哲學能成為華人世界習取西方教育哲學的方便法門7。

7　本文是筆者國科會「彼特思倫理學與教育經典譯注計畫」（NSC-100-2410-H-153-020-MY2）的導讀稿，論文初稿曾發表於「2014年『正義、責任與教育』國際研討會暨全國教育哲學年會第17屆學術年會」（上海：華東師範大學基礎教育改革與發展研究所）。本文正式發表於2015年4月的《市北教育學刊》，49，1-38。筆者也感謝匿名審查人的諸多指正。國科會的經典譯注是「彼特思」，但臺灣自歐陽教以降，已通譯為皮德思。

參考書目

方永泉（2003）。〈英國哲學和教育哲學的革命〉，載於林逢祺、洪仁進（主編），《教育哲學述評》（頁35-54），台北：師大書苑。

邱兆偉（1986）。〈分析哲學的起源、發展與教育〉，《高雄師院學報》，14，245-274。

但昭偉（2003）。〈分析哲學與分析的教育哲學〉，載於邱兆偉（主編），《教育哲學》（頁35-51），台北：師大書苑。

但昭偉（2013）。〈引領入門〉，載於林逢祺、洪仁進（主編），《教育哲學：隱喻篇》（頁85-92），台北：學富。

李奉儒（2004）。《教育哲學——分析的取向》，台北：揚智。

林逢祺（1992）。〈皮德思〉，載於劉焜輝（主編），《人類領航的燈塔——當代教育思想家》（頁110-150），台北：正中書局。

洪仁進（1998）。《教育哲學取向的轉移：從皮德思到卡爾》（未出版之博士論文），台北：國立臺灣師範大學。

歐陽教（1973）。《教育哲學導論》，台北：文景出版社。

歐陽教（1988）。〈觀念分析學派的教育思潮〉，載於中國教育學會（主編），《現代教育思潮》（頁1-49），台北：師大書苑。

郭實渝（2001）。〈教育的不可證成性：兩篇相關論文的考察〉，《東吳哲學學報》，6，283-309。

簡成熙（2011a）。〈從三本英國教育哲學手冊回顧與前瞻倫敦路線的發展：兼評歐陽教教授的貢獻〉，《市北教育學刊》，39，21-52。

簡成熙（2011b）。〈革命與再革命的教育分析哲學：兼評郭實渝教授的貢獻〉，《市北教育學刊》，40，19-54。

Aronowitz, S., & Giroux, H.（1991）. *Postmodern education: Politics, culture and social criticism*. Minn: University of Minnesota.

Bailey, R., Barrow, R., Carr, D., & McCarthy, C.（Ed.）（2010）. *The SAGE handbook of philosophy of education*. London: SAGE Publications Ltd.

Blake, N., Smeyers, R., Smith, R., & Standish, P.（1998）. *Thinking again: Education after postmodern*. Westpork, CT: Bergin & Garvey.

Blake, N., Smeyers, R., Smith, R., & Standish, P.（2000）. *Education in an age of nihilism*. Londan: Routledge.

Blake, N., Smeyers, P., Smith, R., & Standish, P. (Ed.) (2003). *The Blackwell guide to the philosophy of education*. Malden, MA: Blackwell Publishers Ltd.

Brandon, E. P. (1995). 'The unjustifiability of education,' In P. Smeyers & J. D. Marshall (Eds.), *Philosophy and education* (pp. 93-104). Dordrecht, Netherlands: Kuwer Academic Publishers.

Cooper, D. E. (Ed.) (1986). *Education, values and mind: Essay for R. S. Peters*. London: Routledge & Kegan Paul.

Curren, R., Robertson, E., & Hager, P. (2003). 'The analytic movement,' In R. Curren (Ed.), *A companion to the philosophy of education* (pp. 176-191). Oxford, UK: Blackwell Publishing.

Cuypers, S. E. & Martin, C. (Ed.) (2011). *Reading R. S. Peters today: Analysis, ethics and the aims of education*. West Sussex: Wiley-Blackwell.

Cuypers, S. E. & Martin, C. (2013). *R. S. Peters*. London, England: Bloomsbury Publishing.

Dearden, R. F. (1968). *The philosophy of primary education*. London, England: RKP.

Dearden, R. F., Hirst, P. H. & Peters, R. S. (Eds.) (1972). *Education and the development of reason*. London, England: RKP.

Peters, R. S. (1983). 'Philosophy of education,' In P. H. Hirst (Ed.), *Educational theory and its foundation discipline*. (pp. 30-61). London, England: RKP.

Degenhardt, M. A. B. (2010). 'R. S. Peters: Liberal Traditionalist,' In R. Bailey, R. Barrow, D. Carr, and C. McCarthy. (Eds.), *The SAGE handbook of philosophy of education* (pp. 125-138). London: SAGE Publications Ltd.

Dixon, C. W. (1986). A *history of the University of London Institute of Education, 1932-1972*. London, England: University of London Institute of Education.

Downie, R. S., Loudfoot, E. M. and Telfer, E. (1974). *Education and personal Relationships*. London, England: Methuen.

Elliott, R. K. (1977). 'Education and justification,' *Journal of Philosophy of*

Education, 11 (1), pp. 7-27.

Elliott, R. K. (1986). 'Richard Peters: A philosopher in the older style,' In D. Cooper (Ed.), *Education, values and mind: Essays for R. S. Peters* (pp. 41-68) London, England: RKP.

Giroux, H. (1988). *Teachers as intellectuals: Toward a critical pedagogy of learning.* New York: Bergin & Gravey.

Gordon, P. (1990). 'The university professor of education,' In J. B. Thomas (Ed.), *British universities and teacher education: A century of change* (pp. 163-178). London, England: The Falmer Press.

Hand, M. (2011). 'On the worthwhileness of Theoretical Activities,' In S. E. Cuypers & C. Martin (Ed.), *Reading R. S. Peters today: Analysis, ethics and the aims of education* (pp. 106-118). West Sussex: Wiley-Blackwell.

Haydon, G. (Ed.) (1987). *Education and values: The Richard Peters lectures.* London, England: University of London Institute of Education.

Hirst, P. H. (1972). 'Liberal education and the nature of knowledge,' In R. D. Archambault (Ed.), *Philosophical analysis and education* (pp. 113-138). N. Y.: Humanities Press.

Hollis, M. (1987). 'Educational as a positional good,' In R. Straughan & J. Wilson (Eds.), *Philosophers on education* (pp. 43-58). London, England: Macmillan.

Kaminsky, J. S. (1993). *A new history of educational philosophy.* Westport, CT.: Greenwood Press.

Kleinig, J. (1982). *Philosophical issues in education.* London, England: Routledge & Kegan Paul.

Luntley, M. (2011). 'On education and initiation,' In S. E. Cuypers & C. Martin (Eds.), *Reading R. S. Peters today: Analysis, ethics and the aims of education* (pp. 38-53). West Sussex: Wiley-Blackwell.

Marshall, J. D. (1996) *Michael Foucault: personal autonomy and education.* Dordrecht, The Netherlands: Kluwer Academic Publishers.

Peters, R. S. (1959). *Authority, responsibility and education.* London, England: George Allen and Unwin.

Peters, R. S. (1966). *Ethics and education.* London, England: George Allen and Unwin.

Peters, R. S. (Ed.) (1967). *The concept of education.* London, England: RKP.

Peters, R. S. (Ed.) (1969). *Perspectives on Plowden.* London, England: RKP.

Peters, R. S. (Ed.) (1973). *Philosophy of education.* Oxford, England: Oxford Unuversity Press.

Peters, R. S. (1974). *Psychology and ethical development.* London, England: Allen & Unwin.

Peters, R. S. (1977). *Education and the education of teachers.* London, England: RKP.

Peters, R. S. (1981). *Essays on educators.* London, England: George Allen and Unwin.

Scheffler, I. (1960). *The language of education.* Springfield, Illinois: Charles C. Thomas.

Siegel (1997). *Rationality redeemed: Further dialogues on an educational ideal.* New York: Routledge.

Siegel, H. (Ed.) (2009). *The Oxford handbook of philosophy of education.* Oxford, England: University Press.

White, J. (1973). *Towards a compulsory curriculum.* London, England: Routledge & Kegan Paul.

Wilson, J. (1979). *Preface to the philosophy of education.* London, England: Routledge & Kegan Paul.

Wringe, C. (1997). 'In defense of rational autonomy as an educational goal,' In D. Bridge (Ed.), *Education, autonomy and democratic citizen: Philosophy in a changing world.* (pp. 115-126). London, England & New York: Routledge.

附錄　皮德思年表及學術事功

年份	重要生平及學術事功事蹟
1919	10月31日生於印度Uttar Pradesh州首府Lucknow市，父親為警務人員，皮氏嬰兒期時即送往祖父母們英國所在地Bristol，由祖母帶大。
1926	七歲時進入Bristol之Downs學校就讀。
1933-1938	就讀克列夫頓公學。
1938-1942	就讀牛津大學（Oxford）皇后學院（Queen's College），攻讀古典文學（classics）曾攻讀一學期神學。
1938-1944	加入教友派（Quaker, Society of Friend），並進入「教友派救護團」（Friends Ambulance Unit）及「青年援護組織」（Friends Relief Service），協助戰時失學青年。
1942	與Margaret Duncan結婚。
1944	在松曼西（Somerset）的史迪卡文法中學（Sidcot Quaker grammar School）教授古典文學。
1946	辭去學校教職，專事學位，獲伯貝克學院（Birkbeck College）碩士學位，並獲伯貝克學院哲學和心理學博士學程獎學金。
1949	以〈心理學探究的邏輯地位〉獲伯貝克學院哲學博士學位。
1949-1958	擔任伯貝克學院「哲學和心理學」全職講師。
1953	出版《布雷特（Brett）心理學史》。
1956	出版《霍布斯》。
1956-1959	在「國家廣播公司」（BBC）討論權威、責任、德育、教育目的等主題，後於1959年集結成《權威、責任與教育》一書。
1958-1962	伯貝克學院「哲學和心理學」，全職高級講師（reader）。
1958	出版《動機的概念》。

1959	出版《社會原理和民主國家》（與班恩合著）
1961	哈佛 Israel Scheffler 邀請至哈佛擔任訪問教授。
1962	赴 Australian National University 擔任訪問教授。 獲聘倫敦大學教育學院教授。
1963	擔任倫敦大學教育學院教育哲學講座教授，並發展就職演說論文〈教育即引領入門〉。
1964	成立「大不列顛教育哲學學會」，並擔任創會主席。
1966	出版《倫理學與教育》。 獲選為「全美教育學術獎」殊榮（American National Academy of Education）。
1967	在 1967、1969、1971 三年參與美國最傑出之心理學家與哲學家的 Binghampton circle 聚會，相互討論哲學與心理學的互通。
1969	出版《評卜勞頓報告書》，反對全然進步主義式的卜勞頓報告書。
1970	出版《教育的邏輯》（與 P. Hirst 合著）。
1971	擔任倫敦大學教育學院之研究院院長（Dean）。
1972	出版演講集《理性、道德和宗教》。
1973	出版演講集《理性和情感》。
1973	與皇家哲學會共同在 Exeter 主辦「哲學家論教育」研討會。
1974	出版《心理學和倫理發展》。
1977	出版論文集《教育和師範教育》。
1980	辭去主管職位，擔任倫大研究院教授。
1981	出版論文集《論教育家》。
1983	正式退休。
1985	倫大教育研究院辦理「皮德思講座」，A. MacIntyre, A. Quinton, B. Williams 等大師獲邀演講。

1986	D. Cooper主編《教育、價值與心靈》紀念文集。
1987	G. Haydon主編《教育與價值：皮德思演講集》紀念文集。
2010	大英《教育哲學期刊》刊行皮德思紀念專號。
2011	12月30日辭世。 S. E. Cuypers, & C. Martin主編《今天重讀皮德思》，即為原大英《教育哲學期刊》皮德思紀念專號。
2013	S. E. Cuypers, & C. Martin二氏出版專書《皮德思》。

自序

皮德思

　　作者撰寫本書希望達成兩項功能。其一是為倫理學、社會哲學領域中的教育哲學提供上手的導論性教科書；其二是也期望能為教育和倫理學理論提供一家之言。作者希望能同時吸引教師們和哲學系學生的興趣。

　　本書撰寫旨趣的特性也必然會招致其所欲吸引的兩類型讀者的批評。對實務型的中小學老師而言，他們會抱怨這本書過於抽象，沒能觀照教育現場中的具體問題。但對哲學系的學生而言，他們也會抱怨許多哲學觀點的論證不夠仔細。作者對第一類型讀者批評的回應是本書在盡可能具體之餘，並未放棄初衷即自許為哲學作品。讀者期待要夠具體或能為實際問題提供答案，是誤解了哲學探索的功能，也未諳哲學對教育理論貢獻之所在。對第二類型讀者的批評而言，作者承認對一些哲學議題的處理的確簡化，這是本書的特性使然，但作者衷心期待本書不致淪為膚淺。易言之，許多更進一步的哲學立場與相關議題，在其他純為哲學系學生所出版的刊物上，都有更詳細的說明。投身於政治哲學或教育哲學等領域的學者，其所處理的議題本來就與實務息息相關（immersed in matter），要學會處理實務議題所遭受的批評，這也是該領域學者必須承擔的職業風險。假如太在意這種批評，使得其學術著作無法讓一般人理解，那政治理論或教育理論就無法自拔於長久以來的晦澀不明（an undifferentiated mush）。如此一

來，政治哲學和教育哲學對政治和教育理論就無法提供預期的貢獻。

　　成書過於倉促是本書可能遭受之最大的批評。作者原擬用五年來撰述，實際上三年草成。書中的許多觀點都是邊寫邊形成，新的觀點仍有待後續更進一步來呈現。許多書中探討的領域並無前例，作者內心悸動不已，這也是儘管本書未臻成熟，卻先行出版的原因之一。作者期待本書能夠對他人發揮些許路標功能，能為他人擘畫一個教育哲學學科的輪廓，使後繼者能以更從容、更翔實的方法探索教育哲學。教育哲學發展中重要的事物莫過於要有人指出教育哲學到底是什麼以及提供一個明確的架構，讓學子得以訓練其批評的心能。教育哲學的發展不如人意，吾人實不能延宕相關著作之出版。假如一些哲學家願意在正確的方向上開墾拓荒，教育哲學才會發展成為一門嚴謹的研究學門。

　　哲學本質上是一共同合作的事業，有賴三五好友運用共同的語言相互切磋，彼此和而不同、善意提點，才會進步。在此種探究情境中，有時很難將某種論點精確歸功於出自何人的提點，但我要在此特別感謝班恩，我曾與他共事五年，合力完成《社會原則與民主國家》（*Social Principles and the Democratic State*）一書。本書第三篇的許多觀念，主要得力於與班恩共事五年期間的討論。班恩新任職國立澳大利亞大學，他仍不吝對本書第二篇給予評論意見。

　　本書的其他觀點，特別是倫理學及心靈哲學方面，可回溯到我在伯貝克學院服務時的寧靜時光，與邵（Ruth Saw），漢姆林（David Hamlyn），葛利菲斯（A. Phillips Griffiths）等同事的互動。我要特別感謝Griffiths對本書第二篇「先驗式論證」的深入修正。我們二人對倫理議題又持續了多年，並在《心靈》（*Mind*）

期刊上發表相關的論文〈謹慎的自主性〉（The Autonomy of Prudence），是本書第五章論「合價值性活動」極致探討的取法來源。葛利菲斯教授目前服務於華威克（Warwick）大學，也對本書第二篇提供翔實的評論。漢姆林教授則對本書第八章「尊重人」提供了許多卓見，該章也是我在撰寫時最感棘手的章節。

　　許多嚴謹的教育議題，我得力於赫斯特（Paul Hirst），他甫擔任國王學院（King's College）教育學教授，也是我過去三年在倫敦大學教育學院（University of London Institute of Education）的同事。本書第一篇的許多議題，也是與赫斯特共事時相互問學的成果。我也從倫大教育學院服務的柏恩斯坦（Basil Bernstein）那兒學到及相互討論了許多社會學的議題，承蒙他替本書第九章提供翔實的評論。我也要感謝倫大教育學院院長（Director）艾文（Lionel Elvin）評論第四章。此外，我也要在此向哈佛教育研究院（Harvard Graduate School of Education）的謝富樂教授對本書第一篇草創之時提供之評論，申致謝忱。

　　我也要對國王學院的畢爾斯（A. C. F. Beals）教授、倫大教育學院研究院院長（Dean）尼布列特（W. R. Niblett）教授及倫大教育學院前教育哲學講座雷德（L. A. Reid）教授，盡表謝意。雷德在全書付梓前，針對全書手稿又作了一完整的評論。作者前面已提及，本書是在寫作的過程中逐步成形，對作者而言，固然倍感興奮，但可能苦了文書處理的同仁，我最後要感謝我的祕書 Stella Worsfold，她的耐心、幽默與精準，完成了這份並不討好的工作。

倫敦大學教育學院
1965 年 10 月

導言

　　教育學界把教育哲學學科視為引導教育實務及形塑各級學校組織的高層次引導之功能，已有一段時間。一般人在日常用語上也會對哲學有如此的期待。人們所提問的：「某人的教育哲學是什麼？」也就隱含著提問：「某人的生活哲學是什麼？」然而，專業哲學家們對於一般人對哲學的期許不免感到困窘。因為在20世紀，哲學歷經了一場革命[1]對於哲學是什麼以及不是什麼有了更多的覺醒。迄今，很少有哲學家會認為哲學可以為教育或生活提供高層次的引導功能；的確，哲學的主要功能之一就是在分析的斷頭台（analytic guillotine）下，讓傳統哲學各種冠冕堂皇的說法無所遁形。分析哲學家們將自身定位在類似洛克所謂知識花園的清道夫（underlabourers）角色。學科概念的嚴謹界定、知識理由的耐心說明以及不同論述形式的預設探究等，成了專業哲學家必備的工具。這其實也不是新鮮事，蘇格拉底、康德、亞里斯多德已有了許多類似的成果。分析哲學家們新穎之處在於他們對哲學活動的本質覺察得更為透徹。

　　人們賦予哲學家提出高層次引導的義務很好理解，因為哲學家的提問具有高層次或「次元性」（second-order）的特性。柏拉圖相當誇張地描繪哲學家無時無刻不對任何事物扮演觀察者的角

1　見Ryle, G.（Ed.）, *The Revolution in Philosophy*（London, Macmillan, 1956）

色，將哲學問題的次元性特色置於一廣大無邊的境地。觀察者的形象是適切的，身為一觀察者，必須盡可能與活動保持距離，以便能觀察和評論該活動。同理，哲學家對於其從事的活動或各種論述的形式思考和探究之餘，也要保持超然的立場。對人類事物抱持超然立場的觀察者不侷限於哲學家，記者、編年史學者以及社會學家們也採用類似的反省和超然立場，但他們未曾提問哲學問題。哲學家的獨特性在於其提問的問題形態是次元性的。這與蘇格拉底一開始要我們思考的問題一致，即「你的意思是？」（What do you mean?）及「你如何知道？」（How do you know?）

　　這些問題當然不會在社會真空的情形下產生。雅典當時是貿易中心，來自世界各地的旅行者會帶來不同的信念和風格。某些情形下，雅典人本有的信念和風格習慣會面臨瓦解。一些雅典人會開始反省是否外地人的說法也代表某種真理，是否外地人的風格也有一些美德（virtue）。提問這些問題是一回事，要回答又是另一回事。因為要定奪這些相互衝突的信念和標準，唯有在可茲評估的參照規準出現之後，方為可能。這些規準的研究正是哲學探究的精髓所在。哲學家明示這些信念和標準預設的概念基模（conceptual schemes）；檢視其一致性及研究這些規準的證成。這並不是說哲學家僅對於存在的事物提供抽象的原理，就像是蓋房子時高層次的計畫藍圖。此一高層次的探究某種程度上會自行發展。哲學家的激烈批評使相關預設得以修正；挑戰已有的信念理由可以提出新的建言；哲學家也能揭示概念基模間的不一致或無法應用；新的分類範疇得以重構。哲學家不會全然成為其所處時代各種知識價值預設的囚徒。

　　當不同知識領域如數學、科學和道德等逐漸從其原本未分化的假定中浮現時，哲學也會根據這些不同的知識領域發展出不同

的分枝。的確，所謂哲學問題的提問，其本身也正是在這些不同領域分殊化過程中，成為其中的一部分。舉例而言，科學問題原則上可以透過確定的程序來提供答案，觀察和實驗是其中關鍵的一環。不過，對於科學曾使用的概念的澄清與討論，其意義是如何產生以及回答這些問題的程序等，則是不折不扣的哲學探究。培根的《新工具》（*Novum Organum*），既是科學家實際從事科學實驗的摘要，也是科學在知識領域中明確分化出來的有效觸媒。培根的工作不僅鼓舞了皇家科學院的創設，也成為科學先驅們實際工作的原理基礎。

不同活動及論述領域的哲學發展是與其所分化的不同概念與程序形態同步進行。本書主要關注的道德哲學或倫理學，是與道德作為一行為符碼及從風俗、法律中明確分離出來的發展同步進行。道德哲學家諸如霍布斯（Hobbes）與康德（Kant）等對道德哲學的分化貢獻良多。倫理學作為一哲學明確之分枝，其重點在於對實踐問題涉及的概念和證成提供解答。在此，所謂「實踐的」（practical）是相對於「理論的」（theoretical）問題。月亮的組成成分為何、史達林（Stalin）何時辭世以及為何燕子會在夏末南飛等都會形成問題。這些問題都隸屬理論性問題，重點在於事物的原貌、為何如此以及何時發生等，其答案不涉及實際的作為或改變。實踐問題則不然，其關注的是否應判死刑與判斷他是否已死，並不相同；思考「抽菸對嗎？」也截然不同於探詢其菸癮的成因。實踐論述的領域有其自身明確的概念，諸如「應該」（ought）、「對」（right）、「可欲的」（desirable）、「合價值性」（worth-while）、「善」（good）以及回答其問題的明確程序。實踐問題無法在實驗室裡檢測得到解答，正如同科學問題無法靠道德說教提供答案一樣。人們已努力學到去釐清他們所期許的世界與

事物本來面貌的差別。這種分殊意識的發展是人類的重大成就，哲學厥功至偉。

然而，在某些論述領域中，迄今已分化的不同問題形態卻有必要加以整合。這意味著要處理該議題，必須兼顧同時從理論問題與實踐問題中尋求解答。教育問題正是如此，因為任何教育方案都涉及所欲傳遞的合價值性事物的判斷，也因此對這些合價值性事物及其如何傳遞也都各有其內在預設。哲學家所要處理的是一複雜的工作；為了完善其工作，哲學家必須運用從各分枝哲學，特別是倫理學、社會哲學、知識論以及哲學心理學等所發展出的概念分析和證成理論。循前述的分析，我們可以推論出教育涉及的哲學問題並非單一的，它就像政治學領域一樣，不同的基本哲學分枝都可加以應用。從哲學分枝應用到某一領域有待進一步的說明。我們知道，自從「哲學革命」以降，教育哲學尚未經嚴格的學術處理，也因此許多人對教育哲學到底是什麼存有相當的誤解。一方面，哲學家些許輕視教育哲學，部分原因是僅因教育哲學人士自認是隸屬哲學的一分枝，也由於哲學家自認在哲學史發展的學科建制中，一直以追求根本問題為能事，而不是回應具體的問題。教育工作者則反是，他們規畫的教育原則忽略了哲學家對這些原則所涉及的根本假定預設的細緻討論。結果導致自杜威所提出的哲學形態以降，嚴格哲學思考形態具體成形的教育哲學成果乏善可陳。到底教育哲學所關注的主要議題為何？

（i）首先，是針對特定教育概念的分析，諸如「教育」（education）、「教學」（teaching）、「訓練」（training）、「大學」（university）、「中小學」（school）等，因為這些概念家族同時涉及學習與社會機構，所以要同時兼顧哲學心理學和社會哲學。

（ii）倫理學和社會哲學運用在教育上應該已經習以為常。有關合價值性教育內容之假定則有賴進一步證成；有關教學傳遞過程之方法程序的可欲性，也涉及一些假定。教育內容喚起了為什麼詩比圖釘更具有教育可欲性的老問題，教育方法程序的問題則燃起了涉及的倫理議題，如自由、平等、權威，懲罰等。

（iii）教學傳遞過程的假定預設不僅是有關學習和動機等初階的經驗問題，而教育心理學家所運用的概念基模，及可加以檢測的教學方法程序類型之假定等，也是教育心理學的根本問題。例如，佛洛伊德對於「潛意識」（the unconscious）的假定，就是一個科學哲學的特定問題。

（iv）最後，各式的哲學問題都與課程有關。教育涉及不同思想形式的傳遞，如科學、歷史、道德和數學，有關這些思想形式的哲學當然與教育息息相關。若不清楚掌握各式教育內容的差異性，將無法精確地討論教學方法。不同思想形式的邏輯層面是如何與學習心理學相關的問題也接踵而至。此外，學校課程與不同思想形式的關聯，所謂「課程統整」（integration of the curriculum）的意義，哲學如何貢獻於道德和藝術教育等，都是待發掘的哲學問題。

前述有關教育哲學的輪廓大要至少需要三本書才能說明清楚。本書並不冀求濃縮三本於一爐，本書只處理倫理學與社會哲學運用在教育問題的相關討論。為此，我首先簡要的處理「教育」此一概念。若沒有精確的教育概念、沒有價值判斷類型的精確範例，那會太快進入與教育相關的根本倫理議題中。因此，教育的概念分析會很順暢地進入教育證成的議題，也會有助於道德教育的討論，本書的後半部都將加以說明。

　　以上對概念分析的濃縮不僅僅是受限於篇幅，也有其適當
的理由。概念的探討可以展現不同程度的細緻性，也可以從多
層面進行之。除非我們能從概念分析中獲得澄清，否則概念分
析的探索無足道哉。不能獲致必要的區分是重大的哲學罪過
（philosophical sin），異想天開從事分析，也同樣是一種罪過。這
種罪過是哲學病理的特徵，唯有概念分析結合其他議題如信念的
證成等，方可避免。我期待本書一開始對「教育」的分析，能發
皇其細緻與深度，並能有效運用在本書爾後各章之中。

第一篇

「教育」的概念

P. 23

第一章

教育的規準

第一節　教育的概念

　　顯而易見的，在從事教育哲學的研究之初，必須先對「教育」一詞下一個定義，並查看這個定義是否能適用教育所有的案例。當蘇格拉底在澄清諸如「正義」（justice）、「勇敢」（courage）等概念時，或是摩爾（G. E. Moore）在《倫理學原理》（*Principia Ethica*）一書中運用「典型倫理學探究法」（typically ethical inquiry）去探究所謂的「善」（good）的概念時[譯注1]，不都是在作定義的工作嗎？在20世紀中葉從事這樣語意釐清的工作，就會對近來「哲學革命」（revolution in philosophy）的一項主要爭論顯得感覺遲鈍。因為維根斯坦（Wittgenstein），這場哲學革命的首腦之一，以極細膩的手法提出論證說，自蘇格拉底到摩爾等哲學家一直誤以為，他們可以為像「正義」、「知識」等感到興趣的語詞，找到一個公式，來涵蓋像上述語詞一樣不同的用法[譯注2]。一個語詞的使用並不像幾何學中的「三角形」定義那麼明確。相反地，它們經常形成一種以重疊、交叉相似的複雜網絡結合的「家族」（family），有時是整體的相似，有時是細部的相

似[1]。哲學家們感興趣的語詞特別是如此,因為它們通常是非常一般性的術語,在不同的脈絡中發展出各自的生命。它們很少有意被用在固定的系統下,執行限定的功能。以下面兩個希臘字 αιτια (cause／原因)、λόγος (reason／理性) 為例,它們都各自發展出其豐富及隨處可見的生命,很難給予一個精確的定義,就如同也很難用一個公式為「愛」(love) 這個概念下定義一樣。

「教育」是這樣的一個概念。不過它並不像「原因」(cause) 或「真理」(truth) 等較為抽象的概念那麼難以掌握。儘管如此,「教育」此一**術語**的有些用法很難為任何精確的定義所涵蓋。例如,一般人經常會這麼說:「與我的鄰居一起去旅遊是真實的教育。」此一用法顯然有別於一般教育的規準:即教育是我們有意識地為自己或他人的匠心設計。然而,這並不意味著,「教育」**沒有**與其大部分核心用法有共同外延的規準。它的意義只是,自然語言下的術語會發展出它自己的生命,從而偏離了原先概念的主幹而開枝展葉。當然,這並非意味著放棄規準;相反地,它讓我們區分「教育」一詞的核心用法與次要用法。重要的是:我們必須同時注意這些用法上的差異之處與相似之處。這種規準的成形始自蘇格拉底,他企圖把各種糾纏在一起的用法,清楚呈現。規準的成形就好像是對某一民族習俗的指引,而不是對該民族法律的明確陳述。

在論及有關「意義」的問題時,維根斯坦指出了另一項一般人會犯的錯誤。亦即,一般人會認定,語詞 (words) 的意義繫諸於語詞與某些特定典型的指涉物 (some typical referent) 之間的密切連結。這樣的認定會導致我們去主張抽象語詞,如「正

P. 24

---

1   Wittgenstein, L., *Philosophical Investigations* (Oxford, Blackwell, 1935).

義」（justice）是對應著抽象指涉物或本質（essences）。或像「心靈」（mind）、「直覺」（intuition）這樣的語詞指涉某種神祕內在的實體和過程（mysterious inner entities and processes）。如此認定所導出的結論和柏拉圖的理型說（theory of Forms），如出一轍。維根斯坦不想否認，當人們在思考或直覺產生時，的確是有什麼事情在進行著，但他唯一想否認的是，有什麼特定的事情一**定**在進行，而此時所涉概念的意義就繫諸於這概念指涉著這一特定事情的程序。譬如「直覺」這個語詞在使用時，當人們宣稱他「靠直覺」認知事物，或者宣稱能直覺到別人的動機時，我們應該注意的不是它代表著一種特定的內在過程，而是人們在特定的公共宣稱（public claim）當中所表達的方式。我們真正在說的是〔那些使用直覺一詞的人〕相當地確定自己的所說或所思，但他們無法提供任何根據來支持他們所說所想的一切〔譯注3〕。

很多人或許會認為，維根斯坦將這種主張應用到特定心理現象術語（particular mentalistic terms）的分析時，事實上也犯了錯；但是很少人會否定他的一般性論點是值得我們正視的，即使這並非他的原創。亦即，並非所有語詞的意義繫諸於它們都是伴隨著某種典型的指涉物。而「教育」正是這樣一種的語詞。「教育」一詞不同於「園藝」（gardening），後者涉及特定形態的活動。當然，一旦教育發生，自然一定會有一些活動進行著，而且一個人要變成一個有教養的人（educated man）〔譯注4〕，必定會有一些事情在他身上發生。因為教育與「學習」（learning）有關，它不是一種神祕的成熟過程。不過，如此的教育不必然要有特定 P. 25 形態的活動。一個人可以在獨學無友的情況下受教，也可以在小團體中經由不斷的活動而獲得教育。他可以經由師徒制一對一的方式接受訓練，也可以與五百人齊聚一堂聆聽演講而受教。在這

一方面，教育就如同「感化」（reform）一樣[譯注5]，它並不挑選特定的活動或過程。相反地，教育設下了必須去遵循活動與歷程的規準。

第二節　教育的規範面

　　教育與感化另一個相似之處在於：二者都把追求有價值的事物作為內建的規準。教育並不像感化一樣，意味著企圖把一個誤入歧途自甘墮落的人拉回正途。但從另一層面來看，它確實具有規範性的意涵。教育意味著用一種道德上可接受的方式有意傳遞有價值的事物。如果說一個人受過教育，但卻一點也沒有變得更好，或是說一個人在教育他的兒子，卻沒想要教導他有價值的事情，這在邏輯上是矛盾的。以上，教育與有價值事物之間的聯繫，並不代表對教育內容有任何特定的承諾。我們認為有價值的活動到底有什麼樣的特定標準呢？當我們聲稱這些主張是正確時，其根據何在？這些都是進一步的問題。這全部只不過說明了教育蘊涵著對於有價值事物的認同承諾[2]。當我們想到一件有價值的工作受到糟蹋，這種帶有推薦的聯繫並不會阻礙我們說它是「貧乏的」（poor）教育，如果人們從事的工作大都是沒有價值的，也無法阻止我們說它是「壞的」（bad）教育。雖然，要決定究竟在什麼關鍵點上我們跳過不再說某件事是壞的教育，而說它根本不是教育，是一個很好的問題。當然，類似教育這樣的術語也有較為中立的用法。一位社會學家或是人類學者可能述說某一社群的教育制度或是道德守則，並不表示他認為這些現象是可

2　有關對這些問題的證成，見本書第二篇。

欲的。但是在此情形下，那個社群的人們都認為這套制度或守則有其可欲性〔譯注6〕。社會科學家們其實只描述他人認可的有價值事物。如果這位學者繼續聲稱，他不認為該社群的教育制度有任何教育價值，事實上，他自己已經作了一個判斷，且表達了他自己的價值觀了。

（a）「教育」的任務──成就分析 P. 26

當我們說教育是傳遞或促進合價值性事物，這種意涵使「教育」成為萊爾（G. Ryle）所稱的「成就」（achievement）字眼的特殊事例3。萊爾區分他所謂的「任務」（task）語詞與「成就」語詞。例如，「打獵」（hunting）指稱一項任務，而「發現」（finding）則代表一種成就。萊爾的主要論點是：「發現」與「贏」（winning），以及諸如「總結」（concluding）、「聽到」（hearing）等知識論的語詞，並沒有揀選出「注視」（looking）、「跑步」（running）、「推理」（reasoning）與「聆聽」（listening）等字眼之外的活動或歷程〔譯注7〕。這些字眼是代表著任務活動的成果。這並不意味著該任務活動的成就一定是合價值性的，或是該任務活動在道德上無可爭議。聽到或發現某事並不一定都是可欲的。可是「教育」卻有這樣的意涵（即可欲的）。教育某人，不僅代表一種成就，也包含了合價值性。它也代表著從事教育活動的方法不應違反道德。制約（conditioning），根據上述以及其他理由，應被排除在教育的歷程之外4。

「教育」與萊爾「成就」的字眼之間還有其他差異。教育

3　見Ryle, G., *The Concept of Mind*（Lodon, Hutchinson, 1949），pp. 149-53。

4　見本章第四節有關「教育歷程規準」的討論。

同時涵蓋了一系列的任務與成就。它同時被用來包含了嘗試
（trying）與成功（succeeding）。就如同謝富樂（I. Scheffler）早
已經指出，「教學」（teaching）具有一種類似的雙重面向[5]。教育
實踐就是那些人們想要在其中傳遞有價值事物的活動，以及那
些他們在其中真正成功達成此一目標的活動。成功或許可以用諸
如相關感（sense of relevance）、精準感（precision）以及專注力
（power to concentrate）等一般性德行（virtues）來標示，也可以
用諸如勇敢（courage）、對他人的敏感（sensitivity to others），以
及風格感（sense of style）等特殊德行作標示。

　　「教育」與其他成就性語詞尚有另一種差異。已經有人指
出，雖然「教育」並不挑揀任何特定的活動。然而，誠如下文的
討論，教育確實排除了一些活動[6]。同樣地，許多不同的成就或有
價值的心靈狀態聚集在合價值性的庇蔭之下。萊爾大部分的成就
語詞揀選了較為特定的心態以及較為特定的活動，它們都算是與
成就語詞相關的「任務」。由於這種合價值性心靈狀態的多樣性
可以透過教育加以傳遞，這就引發了有關對教育「目的」（aims）
的爭議。

P. 27 （b）教育的目的

　　我已經在它處論證了許多有關「教育目的」（aims of education）
的混淆[7]，是透過將「教育」概念內建的規範性特徵抽離出，成為

5　見 Scheffler, I., *The Language of Education*（Springfield, Illinois, Thomas, 1960），
　　pp. 38-44。

6　見本章第四節有關「教育歷程規準」的討論。

7　見 Peters, R. S., *Education as Initiation*（London, Evans Bros., 1963）。

一種外在目標（extrinsic end）而產生的。如果「教育」意指有意以道德上無異議的方式來培養一種可欲的心靈狀態，就會太容易把教育理解成一種中立的歷程，而後者只是達成某種教育外在價值的工具。就好像園丁是為了幫助家庭經濟而從事園藝一樣，因此，為了讓兒童日後能工作謀職並增加整個社會的生產力，他們必須受教育。

　　但是這種對教育的說法並不恰當。當我們心裡想著一種特定的外在之目標時，我們常會運用「訓練」（train）的字眼[8]。如果我們明確指出一個如個人潛能的發展，或是智性、品格的發展等適當目的，那麼這個目的就會是我們認定的教育本質所固有的。如果一個人沒有循著此路發展，我們也不會承認他是受過教育的。就像說感化的目的是要培養一個人的責任感，這賦予了我們理解「使一個人變得更好」的內容，也正是感化的精義所在。就好像培養一個人的智性與品格，也賦予了合價值性的內容，這也正是「教育」一詞的意義。如果有關這樣的「目的」發生了爭議，例如：是否責任感較尊重人更為重要？或者是否智性的發展比品格的培養來得重要？這並不是一種有關感化或教育外在目的的爭議。而是到底一個受過感化或教育的人最重要的特徵是什麼的爭議。就像這樣的目的標示了特定的「成就」與心靈狀態，賦予了「受過教育的人」形式概念的內容。

　　另一種獲得同樣論點的方法，是從審視「目的」（aim）的概念著手。「目的」一詞的本源出自像「射擊」（shooting）與「投擲」（throwing）等那樣限定與特定的活動脈絡中。「瞄準」P. 28（aiming）是指集中注意力，要擊中或穿刺某一目標的活動。瞄準

8　見本章第三節（c）之討論。

的內在受詞「鵠的」（target）涵蓋了任何符合這種明確規格的事物。當「目的」一詞以較象徵的意義來使用時，它同樣意指我們全神專注於某一活動的焦點。使用像「意圖」（purpose）或「動機」（motive）這樣的語詞來為討論中的活動說明某種解釋性的目的（end）是很奇怪的。當我們想知道某人如何看待其蓋房、探病這些活動會導致怎樣的結果時，我們可以很合理的探詢某人蓋新房的意圖為何？或是探朋友病的動機何在？但如果我們想要去除自己對他解釋的困惑，詢問當事人這些活動的**目的**，則會顯得很奇怪。因為通常詢問目的，是指探詢某一行動或活動較精確專門的所指。當人們對其意圖似乎感到困惑時，或者當人們正在規畫競選方案並且必須以一貫的方式系統闡釋他們打算怎麼做時，我們可以詢問他們所要達到的目標為何。詢問一個人所要追求的目標就是使他對自己所想要做的事情全神貫注或想清楚。「目的」也帶有這樣的意涵，即我們想要達成某件事，卻由於隱含在任務中的困難，而有可能功虧一簣。鵠的，是如果我們想要擊中，就必須全神貫注的事物；也因此，當我們以隱喻的方式談到我們正瞄準目標時，隱含著失誤或功虧一簣的可能性。假如我們對某人說：「做這件事，你欲達到的目標為何？」（What are you aiming at doing?）而不說：「你打算做什麼？」（What do you intend to do?）時，這是一種少見的口語用法，它同時隱含了全神貫注以及功虧一簣的可能性。

　　由於人們用極為認真的態度從事教育的活動，卻都沒有認清到底他們想追求什麼，而且在教育上很難獲致真正的成就。因此，「目的」這個字眼，在教育的脈絡中，顯然使用得非常頻繁。探詢教育之目的，就是要使人們能認清且全神貫注在合價值性事物的追求上。它不要求教育外在目的的產出，這些目的或許

可以解釋教育者的活動。目的有高低層次之分。一位老師可以在他的教學進度表上記下他下一節課要教完練習六，或者要教會學生說一些拉丁文，或掌握一些有關古羅馬的事情。老師也可以說他的目的是藉著教導學生對付一件看不見的困難，來稍稍磨練學生的品格。不過，無論教師在鎖定目標（aiming at）時說了什麼，對於他目的的公式化表述就是藉著集中在他正從事活動的某一面向，幫助他使他的活動更具結構與一貫。目的，並不是為了 P. 29 解釋他正在做什麼所做的某件事，而是一種對它更為精確的詳述。

　　追求外在目的的自然方式是詢問某人在做某事時，他的意圖是什麼？或者是這樣做到底有什麼動機？如果我們如此去探詢教育本身就會顯得很奇怪，因為「教育」意味著具有終極價值事物的傳遞，就如同我們不會去詢問美好生活的意圖何在，是一樣的道理；不過探討在教育範圍內的活動，卻是合理的提問。就好像科學和木匠行業的活動，為了其自身內在價值，以及由於二者對於諸如生產力、住房、健康等外在目標所做出的貢獻，各自都有其實務與傳承。但是只要這些目的被認為是某個人**教育**的一部分，就會被認為其價值是**其來有自**（*ipso facto*）的，因此也被認為有理由來做這些他會接受的事情。有關教育目的之混淆經常來自於：當人們論及那些能被認為與通常被認為具有教育價值的活動時，關於何種教育本身才算是良善的議論。

　　當然，一個人掌握了有關「教育目的」的這些概念要點，可能會很合理地答說：「很好，那麼我反對教育，我們沒有這麼多閒工夫，我們必須培養適當工作的人才，並訓練足夠的科學家與技術人才，來維持擴張的經濟。」如果前述說法沒有偽裝成一種

教育目的觀，其立場也自有道理[9]。「訓練」的支持者對此或許會回答說，「教育」一詞的使用規準一直都被沒有道理的方式緊縮了（unwarrantably tightened up），因為「教育」一詞經常用在人們想像某種較為限定的練習脈絡中，例如職業訓練上[譯注8]。對於這種說法，我特別要指出兩點。第一，沒有任何理由可以說明職業訓練為什麼不應該**也**具有「教育性」，這點我在本章後半部會有較詳盡的說明。可是使用「教育」一詞，為練習提供了一個相當不同的面向，而不只是培養學生必要的工作技能。一本名為《教育我們的統治者》（*Educating our Rulers*）的書，提出不只是純粹職業訓練的建議。不過，我們通常不會說教育統治者、教育軍人，或者教育經濟學家，我們說的是訓練他們。但是，訓練的方式**也**可以用具有教育價值的方式來進行。第二，即使「教育」一詞一貫是以一種如此限制的方式使用，我們仍需要另一種說詞或委婉的說法來區分為了某種限定的外在目標來培訓人才與教育人們之間的差別。教育人才的概念不同於只是訓練人才，人們因為已經發展出這些差異性概念，乃發展並反映在不同語詞的使用。或許有許多人並沒有這種概念，或是即使有概念，可是用字遣詞卻很鬆散，這樣的事實並不影響我提請眾人注意的概念上的區分。

P. 30

第三節　教育的認知面

　　目前為止，我們一直將關注集中在那尤其與「教育」的成就面向相關的內建於教育的道德要求上。本章第四節中將考量教育

9　在某些受限的情境下固有其道理，但卻難以辯護以上論點；因為該論點已經把經濟擴張視為可欲生活的必要基礎。若採**那種**立場，又該當如何？

任務面向的道德要求與概念的要求。但是，在我們檢視何種規準歷程能滿足「教育」作為一種任務家族的概念，必須著墨內建於「受教育」（being educated）成就概念中超越道德的形式要求。這就涉及了認知與理解。

（a）認知與理解

一個人如果只是專精於一種技藝，即使技藝超群，譬如：陶藝受到非常高度讚譽，我們也不會稱他是「教育人」。因為要成為一個教育人，僅擁有專門技術（know-how）或訣竅是不足夠的。教育人必須具備某種知識體與某種概念基模，以及超越各種零碎片段的事實層次。這也代表他對事實組織的原理有某種理解。一個人若只具有豐富的知識，我們不會說他是有教養的人。他必須對事物能有「知其所以然」（reason why）式的理解。譬如：斯巴達人，都受過很嚴格的軍事、道德上的訓練。他們知道如何作戰；也能分辨對錯；他們也擁有豐富的民俗知識，使他們能生活於斯巴達土地上。但我們也不能說斯巴達人受過軍事或道德之教育，因為他們從來不曾被鼓勵去探索他們行為守則背後的原理。

一位教育人所擁有的這種知識，也必須滿足懷德海（White-head）所提出的進一步要求[10]。它不能是呆滯的知識，後者有兩種 P. 31 意義。首先，它必須以完整的觀點看待事物，而不只是注重各部分的細節。一個人可能熟諳歷史典故，在課堂考試時都能應對如流，然而卻從來不曾影響他看待它周遭建築與機構的方式。我們或許可以說這種人是「具有淵博知識的」（knowledgeable），而不

10　見 Whitehead, A. N., *Aims of Education*（London, Macmillan, 1929），第二章。

是「受過教育的」。因為教育意指一個人的見解會受到他的知識
影響。這樣的知識不能是另一種意義的呆滯知識，即蘇格拉底和
柏拉圖首先強調的「德即知」（virtue is knowledge）。它必定涉及
了來自內在於思考與認知形式中的一種承諾。一個人無法真正理
解什麼是科學思考，除非他不僅知道假設必定要找到證據，而且
知道何者可作為證據，並在乎一定要找到它。要讓證明成為可能
的思考形式中，必須符合中肯（cogency）、簡約（simplicity）與
高雅（elegance）的標準。而如果不在乎相關性（relevance）、一
致性（consistency）與貫通性（coherence），那歷史的或哲學思
考又算什麼？所有的思考與認知的形式皆有其自身內在的評價標
準。人們必須同時理解並在乎這些內在評價標準。如果沒有這種
承諾，就會喪失他們的重點。如果一個人的知識是純粹外在的和
這種呆滯的方式，我不認為他是可以被稱為有「教養」的。

（b）通觀的認知

　　對於「教育人」認知條件的說明仍舊是不完整的。因為一個
人可能是一個訓練有素的科學家，可是我們或許不樂意把他稱為
是有教養的人。這並不是因為科學沒有什麼價值，因為它是有價
值活動的最崇高範例。這並不是因為這個人不在乎科學，而且沒
有掌握科學的原理；因為人們都認定科學家獻身於科學，並對科
學原理已有良好的根基。到底欠缺了什麼，使我們不願意稱呼他
們是「有教養的人」呢？一定是他們是缺乏了我們所說的「通觀
的認知」（cognitive perspective）〔譯注9〕。這個人的概念可能只侷限
在他們從事的工作上。他可能持續不停地從事科學的研究工作，
而無暇關注科學與其他許多事情的關聯，以及科學在一貫生活形
態上的地位。科學對他而言只是一種認知上漂泊的活動。

在教育圈中，經常有人強調「整全」（wholeness）。在研討會中經常可聽到「教育事關全人」（education is of the whole man），聽起來既智慧又深邃。這種說法當然屬於「整體大於部分的總合」以及「自由不是為所欲為」這一類的說法，其真實性在於其中牽涉到的概念之間的相互關係。「教育事關全人」，除了見證了過度專門化訓練的抗議外，也在於「教育」與「吾人以不太侷限的視野所推行的教育作為」之關聯。有時候，我們會以語義重複的方式說「政府的功能就是治理」〔譯注10〕，所以，像「教育事關全人」是一個未精確表述的概念性真理，這個事實並不一定是逃避這樣一種評論的理由。不過我們必須瞭解這句話真實性的源頭。當我們想要注意某一個人習得某個領域的能力時，會使用訓練的字眼，諸如，我們訓練某人成為哲學家、科學家，或廚師；但我們不會說，教育某人成為哲學家、廚師或科學家。因為「教育」不能自限於某種專門化的能力。不過我們可以質疑這些學有專長人士，看看他們是不是有教養的人。所以，當我們提出這個問題的時候，至少是探查他們專業眼光的限制。

（c）教育和訓練

我們若不從特定的領域中討論「教育」與「訓練」的可能啟示，將更能確認「教育」與認知通觀概念上的確切關係。「訓練」也者，通常假定了某一特定能力的發展；教育則代表著思想模式聯繫著更廣泛的信念體系。某人具有「訓練的心智」（trained mind），是指當他面臨加諸其上的問題時，能以嚴格、勝任的方式加以處理。至於「教育的心靈」（educated mind），則代表著當事人對該問題能從不同的面向加以省思。

在心靈的不同表現中，「教育」與較廣泛信念體系的連結可

充分得到證明，例如，我們會較自然地談論情緒的教育，而不會
說「訓練」情緒；我們會較自然地談論「訓練」意志，而不會說
「教育」意志，這是為什麼呢？這當然是因為不同的情緒是由其
不同的認知核心，由伴隨這些情緒的不同信念所分辨。譬如，在
「生氣」（anger）與「嫉妒」（jealous）意義之間的根本差異只能
P. 33　從指涉到適合它們的信念來證明。一個人嫉妒他人，是因為他認
為對方擁有的是他應得的；但一個人會生氣，僅是因為對方冒犯
了他。因此，如果我們打算改變人們的情緒態度或反應，我們主
要的任務即在於設法使人能從與自身不同的觀點來看待世界。要
緩和嫉妒者的心眼有賴改變他原本自認為有權擁有的觀念，或者
是讓他對情境換一種不同的詮釋。我們使用「教育」一詞，正是
因為施教的工作必須根據自身的信念。

　　在另一方面，如果我們有時用「訓練」情緒一詞，這其實有
不同的意涵。我們心中所想到的是在某種情境中，一個人不應向
情緒投降，或者說他應在適當的脈絡中，表現出適當的情緒。譬
如，我們想到學校教育常要學生在公開場合要抑制悲傷，面對危
險與逆境要表現勇敢的精神。這並不表示要藉著影響一個人的信
念，而改變他對某種情境的評價；而是要針對憐憫、憤怒以及
恐懼與其適當對象之間發展出相當的評價標準，並且不要讓巨大
的情緒力量主宰了自己。「訓練」意味在限定的因襲情境中，學
會恰當的評價與反應的習慣；它缺乏「教育」較寬廣的認知性意
涵。我們不說情緒教育，而說「訓練情緒」，可能與意志力的培
養有關。意志力薄弱（weak will）的人，對於其願望或當所應為
之事，知之甚稔，但卻受情緒左右，而偏離了正道。這是為什麼
我們常用「訓練意志」，而非「教育意志」之原因所在。因為，
意志涉及當面臨誘惑或歧路時，人們對原則、目標或計畫的堅定

把持。意志的運作範圍為目標所界定，是對該目標的強化，不是
另一目標的來源。人們可加以描述的願望，是因為根基於其中的
信念有不同層面，所以可以透過教育的方式。可是意志是主管，
為了堅守計畫、原則或目標等較為卑微的功能，必須接受訓練。
意志，正如柏拉圖所云，是靈魂的戰士，其功能是要確保訴諸理
性抉擇之後的意圖、原則能被實現。人們的願望、需求或意圖之
所以能被教育，因為這些願望與意圖是立基於他們看待世界的方
式，可透過教育來達成。可是，就其意志而言，後者寄生在這些
意圖之上，則只能夠被訓練。

　　在道德領域中，我們會很自然的用「品格訓練」（training of P. 34
character）。這是因為當我們稱某人有「品」時[11]，這「品格」其
中的一種意義讓我們心中想到的是與道德原理實踐相關的堅毅
（persistence）、廉潔（incorruptibility）與正直（integrity）等德行
的培養。這多少與意志的堅強相同。然而，「品格」也有不確定
的意義，就如我們談論某人的品格或品格特質。「品格訓練」指
的是在遵循行為守則上努力確保反應上的可靠度。本質上代表
侷限的道德教學方式。它並不是指要做任何努力讓受訓者對被
訓練的事物能知其「所以然」。然而，當我們談到「道德教育」
時，我們馬上面臨的是處理人們的信念；我們想到的是有關這
些信念的事實問題以及證成的問題。且讓我舉一個類似但較尖
銳的例子：「性教育」是教導青少年接受一套有關身體運作、人
際關係，以及社會體制的複雜信念體系。「性訓練」旨在教導各
種做愛的技巧。「體能訓練」（physical training）指的只是較為

11　見 Peters, R. S., 'Moral Education and the Psychology of Character,' in *Philosophy*,
　　January 1962。

窄化之目的，如體適能（physical fitness）的身體操練；「體育」（physical education）指的是：把體適能的培養視為一種平衡的生活方式必要的基礎。

以上例子所要說明的一般性要點是：當某種技能或能力必須經由與特定的目的、功能相關的練習，或者遵循某種特定的思考或實踐模式的規範而習得時，「訓練」的概念才有了意義。如果有人說：某人接受了訓練，緊接著問：「訓練做什麼事？」（To do what?）「為什麼訓練？」（For what?）「訓練成什麼？」（As what?）「受哪方面的訓練？」（In what?）都是恰當的；因為一個人無法以一般的方式受訓練。訓練很自然的被使用在技能的領域中，這是必須要動手去做或操作的。當然，「訓練」也有其延伸的意義，譬如我們會說「訓練有素的哲學家」、「訓練有素的觀察者」、「訓練有素的心智」等。但是即使在這些用法中所表達的意思是，受訓者能夠經歷某種例行程序，做出限定的動作來完成某種操作，或者是以一種特定而純熟的方式解決問題。可是談到「教育」就很不一樣，因為一個人不會因任何特定的目標、功能，或思考模式而被稱為「受過教育」。軍人、歷史學家、廚師都可能是「受過教育的人」，但是人們並不是為了戰鬥、成為歷史學者，或烹飪而受教育。

P. 35　　當論及「教育事關全人」時，至少作反面表述的重點是：教育不是某種事關一個人在任何專門技能、活動或思考模式上表現出能力的情事。

第四節　教育歷程的標準

就如我們一直的論述，「教育」涉及有意傳遞合價值性的事

物。詢問教育的目的，正是要求釐清並專注教育事業中，合價值性事物之所在。不過，要啟發受教者合價值性的事物有多種方法。傳統上把教師視為這方面的權威，教師的職責就是要把合價值性的事物銘印在學生的心靈中。教師們往往藉著正式的教學，運用各種強制性的技巧，包括許多體罰，來進行教育。這種模式就是要將頑固的素材置入模型中加以形塑，或是將有價值的東西填塞於學生的心靈架構中，而這就是過去用來描述教育的事務。

　　「兒童中心的教育觀」根據道德與心理的理由來看，是對傳統教育觀的反動[12]。就道德上說來，這種運動代表對於所謂程序原則（procedural principles）的強調，而不是教育內容的評價。注意力聚焦於教育方法（manner）上，而非教育的實質內容（matter）上。老師必須尊重學童，盡最大程度地不干預，並從心理學的角度來理解兒童的興趣、需求，以及發展的階段。這將能提供社會環境，兒童置身其間能藉經驗來學習，學習自我抉擇，藉此，「生長」（grow）並發展其自身的自然稟賦。

　　現在很少民主人士，會去質疑兒童中心教育觀預設的自由與尊重人（respect for persons）等原則的道德可欲性，雖然要證成這些原理相當困難，而且教育學者給予的關注也太少[13]。不過，對於兒童中心論原理的支持也不能取代合價值教育內容的評價，因為後者決定了生長的方向，以及何種興趣是值得發展的。相信自由原則的兒童中心論教師，因此像家長一樣，面臨下述道德兩　P. 36

---

12 進一步對所謂「傳統教育觀」與「兒童中心教育觀」對照的討論，見 Perry, L. R., and Peters, R. S., in Archambault, R. D. (Ed.), *Philosophical Analysis and Education* (London, Kegan Paul, 1965) and Cremin, L., *The Transformation of the school* (New York, Knopf, 1961)。

13 見本書第二篇。

難的抉擇：一方面是讓兒童追求自己的興趣，這可能根本不符合
兒童的利益；另一方面是讓兒童追求那些符合他們利益的目標。
因為老師從制度面來看，要關心培育符合兒童利益發展的興趣。
這就是教育所要承擔的任務。談論「生長」、「自我實現」（self-
realization）以及根據兒童的興趣設計課程，其實掩蓋了這種教育
根本性的規範面向〔譯注11〕。

　　固然，許多正式的教育工作者有意或無意忽略了有關兒童發
展與引發動機的事實；他們無疑缺乏對兒童的尊重，也不重視自
由的原則。不過，他們至少有一項清楚的觀念，那就是身為一位
教育工作者，負有傳承合價值性內容的重責大任。他們專注於教
育的內容，可是有時在態度上不免嚴苛、草率與不識時務。另一
方面，兒童中心教育觀藉著生長、自我實現，以及個人潛能開發
等論述，掩蓋了教育之內容。可是它藉著提醒人們注意有關童年
的事實與學習的條件，以及制定對待與兒童發展的原理，徹底改
變了教育的方法。

　　兒童中心教育觀的支持者，經常將education一詞的字源
與「educere」──意即「引出」（lead out）之意──作概念的連
結，而不是與「educare」──意味哺育、養育（bring up, rear）
──作連結。如此將教育的概念形塑成偏向內在稟賦的開發，而
非自外而內的強行注入。如此，史蒂文生（C. L. Stevenson）所謂
的「說服性定義」（persuasive definite）就能浮上檯面了14〔譯注12〕，
這種定義遵循那優先政策的路線，將教育一詞的內涵意義與一種
讚許的功能（如「民主」）作明確的緊縮。如此一來，根據這個

14　見Stevenson, C. L., *Ethics and Language*（New Haven, Yale University Press,
　　1944），第四章。

定義，如果教育沒有遵循「引出」的程序性原理進行，那麼就不能算是教育。

我們在前面第二節(b)單元中業已指出了，即使我們很忠實地循日常語言使用路線，道德策略也無法從定義或概念的分析中抽離出。剛剛的例子，由於教育的定義建立在可疑的字源學上，並且很密切的依循日常語言使用的意思。我們當然不會以此作為支持其看法的依據。但是問題仍然存在：是否這種概念的轉變有任何道理可循。我想可以這麼說：如果處理不當，很容易把「教 P. 37 育」之概念誇大為與「引出」相關的道德原理。希望上述的說明能更呈現教育此一概念轉移的內在運作。

前已論及，「教育」不會挑選特殊歷程；它蘊涵了那些歷程必須滿足的規準。這些規準之一是，某種合價值之物必須內在於它們之中。另一項規準是，理解與認知通觀的內建暗示。問題是：是否還有其他必須滿足的規準，使教育的任務面較之成效面更明確？生長的理論家建議，「教育」必定牽涉「引出」類型的歷程。這種說法有某種合理性，因為我們一定不會把**洗腦**（brainwashing）與**制約**（conditioning）稱為「教育」，而且就像在第三節(a)小節提過的，即使一個人擁有各種文化活動相關的豐富知識，卻從不努力遵循這些文化活動內在的標準，我們一定不會稱他是「受過教育的」。這確是指教育涉及讓人們自己掌握並擁有那些作為教育根本且具有價值的東西，一旦人們掌握了它們，就會珍視它們。所以，諸如「引出」、「興趣」、「從經驗中學習」這些觀念似乎與教師方面的「不干涉」（non-interference）、「尊重人」等原則的遵循，特別契合。另一方面，若將某些教育機構裡非常嚴厲的實際管教做法——那些非常有教養與體察入微的紳士就是這樣管教的結果——排除在「教育」之

外，也過於武斷。

　　為使兒童中心教育觀的概念暗示更清楚呈現，我們必須回到第二節中，關於「教育」作為任務語詞與成就語詞之間所做出的區分上。作為一個成就語詞，教育必定是指一個人關心並熱中於有價值的事物，同時對該事物知之甚稔並能予以掌握。如果一個人知曉科學，並能進行科學的思考與實驗，可是卻完全不用心找尋真理，只把科學視為改善物質生活的手段，我們並不會稱他是「教育人」。雖然，要成為「教育人」，他終究必須能發自內心關心科學，這並不表示他在教育過程中必定被教導熱愛科學，並且支持他的興趣，而且鼓勵他從事自發性的研究活動。換句話說，教育作為成就語詞的意義，並不一定要把它變為一個任務語詞。科學家可能自童年起就一直被逼著做實驗，這是他本來根本沒有一點興趣的。但在嚴格的指導下，一再重複訓練做實驗，終究讓他培養出做科學實驗的興趣，而自動自發從事這一行，不管當初他是否被逼著這樣做。逼孩子去做起初沒有興趣的事情，而不設法控制他們在其現有的興趣上，是否是一種有效的技巧，這是一個經驗問題。事實上，在許多教育機構裡，一直有人這麼做，也造就出一些有教養、肯奉獻的人。或許可以這樣辯稱，儘管並非由於用對了教學方法，這樣的事情確曾發生〔譯注13〕。當然，這是一個經驗的問題，沒有很多證據就做這樣的宣稱，不免過於輕率。不管事實真相為何，硬要將動機引發的條件強植入「教育」作為任務語詞的意義中，是沒有根據的。

　　另有一個相關的概念要點，傾向於加強「教育」與「引出」之間的關聯。迄今，教育牽涉的「任務」，一直輕鬆地被提及，卻沒有弄清楚談的是誰的任務；究竟是教師的任務，還是學習者的任務？很明顯地，通常涉及二者。但必須留意，除非我們清

P. 38

楚學習者的任務概念，否則無法描繪教師的任務概念特徵。因為若沒有引進「教學」（teaching）的概念，仍可描繪刻畫「學習」（learning）的概念特徵，但若沒有「學習」的概念，將無法描繪刻畫「教學」的概念特徵。老師的任務在於運用各種方法讓學習過程順利進行。這些學習的過程若不提及它們最終所獲得的成就，還是無法回過頭來描繪其特徵；因為學習某事就是要達到某種水準，在某方面獲得成功。因此成就必須是學習者最終的目標。換句話說，老師的成功，只能透過學生的成功來界定。這大概就是「所有的教育都是自我教育的」說詞中隱含的邏輯真理。這也解釋了人們為何會認為教育一定是一種「引出」的歷程；因為終究教育是某種唯有個人本身才能成就的事情。不錯，受教者必定要承擔某種任務，或一系列的任務，他終究在其中獲致某種程度的成功。但是，這並不意味著受教育者一定在最初就會被吸引去承擔他最後得以成功的任務。的確，優秀的教育者，正好是　P. 39能把一些原本興趣缺缺的學生導入學習之途的人。

如果教師將自己限定在教學範圍內，那麼想要將教育中任務與成就的面相合併起來或許就有合法性，因為引述謝富樂〔譯注14〕的話：「我們可以說，每一種文化通常都讓其新世代成員行事遵守其規範，不論這些規範是如何訂定，很多文化都有專屬機構職司其責。但是，並不是每種促使成員遵循某種規範而行的方式都可稱作教學。教學，當然有各種不同的進行方式，但是有些驅使人做事的方式卻被排除在『教學』一詞的標準範圍外。教學，在標準的意義上，至少在某些時刻應該投身培養學生的理解力與獨立判斷力，滿足他們對理性的追求，讓他能分辨怎樣算是適當的解釋。教某人某件事是真的，並不是只是要他去相信這件事。例如，欺騙，就不算是一種教學的模式或方法。教學還包含更進

一步的意義：如果我們設法要讓學生相信某件事，我們也設法要讓他在他理解能力的範圍內，能理解**我們**所接受的理由。就此而言，教學要求我們告知學生我們接受的理由，而這麼做就是將理由交由學生去進行評價與批判。

「如果教導某人並不是有關事實的知識，而是如何做事，通常包含親身示範（藉著描述或舉例），而不只是安排讓學生在某種情境下很容易學會怎麼做。例如：把孩童丟到河裡，這件事本身並不是要教他如何去游泳；送女兒到舞蹈學校去，這本身也並不是要教她如何跳舞。即使教導某生做某事（並非教導他如何做），並不只是設法讓他做某事，還要在適當的時刻，讓學生瞭解我們讓他做某事的理由與意圖。『教』這個字眼標準的用法，是要認可學生的『理性』也就是，他對理由的要求與判斷，即使這樣的要求在教學間隔的每個階段中，都同樣地合適。」[15]

這使得教學與從老師那兒給予理由，隨同學習者方面所期待的活動彼此之間，產生更好的聯繫。教學是結合諸如教導（instructing）與訓練（training）各種歷程的一種複雜活動，意圖是要讓學生不僅學得知識、技能與行為模式，而且要以一種包含理解與對潛藏在背後理論基礎評估能力的方式來學會它們。因此，我們主要關心的是，教育第二項規準涉及的原理，即採用適當方法培養學生認知與理解的發展。然而，如同我們在本章先前曾經在論證中提到的，教學並不是教育的同義語。首先，教學是一種複雜活動，教育則否。「教育」一詞暗指諸如教學、訓練、教導等活動滿足某些規準；教育並不挑選特定的活動。「教育」

P. 40

15　Scheffler, I., *The Language of Education*（Springfield, Illinois, Thomas, 1960）, pp. 57-8.

一詞與「教學」類似，主要它能夠並實際被當作成就性語詞來使用。然而，一位教師的成就，有可能是道德上中立或有害的，而一位教育者的成就則否。一位老師可能教授占星術，甚至偽造證件的技術，但當他這麼做的時候，他就一定不會被認為是在從事教育。的確，現今不太可能有「道德社群」（moral communities）會把占星術、偽照證件視為任何一個人教育的一部分。一位老師也可能專注於教數學，而無暇顧及其他一切。由於教學過程中，師生無法展現其認知通觀力，我們也不會以教育家來形容這位教師。換句話說，教學有可能被排斥在教育範圍之外，因為它沒有滿足我們已經闡述過的教育的二項規準。儘管如此，如果那些有志成為教師者，其教學活動中將教育的任務面向與成就面向相結合，是說得通的。因為教學涉及把討論或解釋作為方法，以增進學習者討論與解釋的能力。這些方法如果沒有學習者主動的配合，根本不可能運作。

　　教師並不總是在從事教學。他們有時進行的只是屬於教學組成元素的活動，並不全然有培養學生理性理解力的意圖，而且教師所運用的方法也不會鼓勵或表現這樣的能力。有時，教師只是在「教導」（instruct），這與呆滯觀念的威權式解說是一致的；有時候教師從事的活動較接近於「訓練」，意指讓學生演練一些不須給予解釋的事情；有時候教師布置一種情境，期待學生置身其間能「從經驗中學習」，而不需要教師作任何明確的傳授。假 P. 41 如上述所有活動的進行都帶著應有的意圖，並伴隨著適當的鼓舞與解釋，就都可以構成教學的一環。這些活動也**可能**單獨存在，仍然可以被視為教育的歷程，即使它們不是特定教學的活動。的確，對於幼童而言，這些活動或許還真是教學中必備的工作。

　　如果教育的結果是培育有教養的人，是否「教育」作為一種

任務語詞，就不能排除師生彼此之間的互動？前面業已指出制約
與洗腦幾乎不被視為教育的技術。為什麼它們會被摒棄於教育之
外，而有些涉及命令與教導的技術則仍列入教育之林？當然，這
是因為出自於道德的反對，因為這缺乏對人的尊重。不過這種道
德的反對顯然基於其所涉及歷程本質而定。當然，關鍵是，即使
兒童被命令做某事，或者被視為被動的容器，重要的是，兒童知
道他們在做什麼事。他們能夠體會師長的期望，他們能以一種有
意義的方式，從活動的內容中得到啟發。他們不被視為是一束沒
有自己心靈的反應傾向。一個孩童可能受到嚴格意義下的制約而
怕狗，或者受催眠的暗示而做某事。如果他沒有意識到某件他要
學習或理解的事，我們就不會稱之為「教育」。「教育」的核心任
務就是要能引導個別的受教者達到某種標準，完成某件事情。這
必定是像某件他必須把握的事情呈現給他。只有當某些一般狀況
或明確任務需要未被滿足時，「教育」這個概念才能適用[16]。某些
練習（drill）的形式或許也基於這些理由被排除在教育之外，如
果個人只是像海獅一樣，重複系列窄化刻板的動作。

　　這項要點的一個有趣暗示是，「灌輸」（indoctrination）不能
基於制約所賴同樣的理由被排除在教育歷程之外。理由是不管
「灌輸」的意義為何[17]，它顯然與教條（doctrines）有關，後者又
P. 42　是信念的一種。為了讓灌輸發生，這些信念必須以某種原始的方

16　事實上，對學習者可能無法很明確注意到的各項事物，都可能在一種教育的
　　情境中「被揀選」，例如，言行舉止，風格上的細緻差異、態度等。可是這
　　些事情通常，可以說是，學習者不太會去關注的事物。它們是被**傳授**的。參
　　閱本書頁60。

17　見二氏的論文, John, and Hare, R. M., in Hollins, T. H. B., *Aims in Education:
　　The Philosophic Approach* (Manchester University Press, 1964).

式被理解並認可。另一方面，制約在嚴格意義下，則與信念毫無關聯。它只是一種反應，像流涎或眨眼，這種簡單的動作並不被視為是主體造成的。隨機的動作經由正負增強而產生。如果動作形成一個行動的部分，從被主體看作會帶來某種可能是快樂或痛苦之事的意義來看，只有藉由類比，制約的概念才得以適用。當然，灌輸可能基於其他理由被排除在教育歷程之外。或許有人會這樣論說，在灌輸的歷程中，缺乏對學習者的尊重；或者會有人這樣論說，灌輸有意造成個人形成某種觀念的成就時，個人無法掌握潛藏其信念上的理性原則，灌輸所形塑的基礎，也不鼓勵個人去批判或評價其信念（譬如，訴諸權威）。這些對灌輸的反對意見可以歸類在教育前兩項的規準下，而不是歸在那排除制約的意願性與自願性的最起碼的規準下[譯注15]。

　　若要把某種活動視為教育歷程，其中必須包含最起碼的理解。這與正式的教導、命令、甚至灌輸是十分相融的；因為使用這類方法，兒童還是能初步理解傳授給他們的知識；他們知道自己正在學習，或正在做的事情，也掌握了被期待達到的標準。再者，有最起碼的意義是：兒童是自願的行動者（voluntary agents），他們可以反抗或拒絕去做那些要求他們做的事情。兒童的確經常如此做。關於教材的內容是否有意義，以及學習者方面是否出於自願的這雙重意涵，如果不審慎處理，就會很容易被擴大成為以興趣點燃的自主性活動理想，而這也是把教育概念視為「引出」的重點。假如作為成就語詞的「教育」意涵被轉化成作為任務語詞的「教育」，就容易鼓舞將「教育」概念這樣最起碼的暗示吹捧成為與自我引導（self-direction）有關的程序原理的想法。

從歷史事實來看，教育生長論的學者仔細考量「教育」的概念，其提議並非錯誤地將某些最起碼的概念暗示擴大成為程序性原則。比較可能的是，他們的教育概念是受到他們的良心塑造；因為在道德上，他們對於不把兒童當作個體來尊重深惡痛覺，

P. 43　並且驚駭不已於兒童受到對待的方式明顯欠缺心理學上的理解。他們的道德義憤與日增的心理洞見結合成要求兒童應受尊重，而非灌輸、強制、隨意差遣的程序原則，而且應該容許兒童從經驗中學習，並且自行抉擇。但是，這種教育觀是從「教育」本身內建概念的某種最起碼的規準所衍生出額外的可能性（additional plausibility）而來〔譯注16〕。

第五節　「教育」與「博雅教育」

我們以上所談論的「教育」與「博雅教育」（liberal education）〔譯注17〕，似乎並沒有很明顯的區分。如果審視「自由」（free）這個字的功能，「博雅」（liberal）仍有其字根上的原義，「教育」的意義與「博雅教育」神似，也就有好的理由。當我們同意一個人應該自由地去做他想做的事，或允許他自由地去做某件事，這並不意味著他應該做任何其他的事，而是表示必須加以去除對他想做的事所加的限制或阻礙。所以「自由的教育」並不是一種特別的教育，它只是企圖將某種可能限制或阻礙教育意義的因素去除。在難以落實的教育三大規準的脈絡中，不管強調其中哪一項，「博雅」一詞都會淪為反面表列〔譯注18〕。只要我們對隱藏在「博雅教育」之後的需求作一扼要的檢視，就會支持上述說法。

傳統上，把「博雅教育」視之為對某種只重視教育外在目的

的一種抗議，例如：重視生產力、謀職、成就專業。換句話說，
「博雅教育」的主張是反對職業的訓練，或是為了某種實用目的
而訓練手腦。我們在第二節「教育的規範面」中已經指出，只要
科學或是木工可以視為某人「教育」的一部分，那麼它們就可以
被視為是其有內在的價值，即便是這些活動實質上有助於外在目
的。所以「博雅」在此的功能正是強調教育的此一層面，它反對
狹隘地把課程限制在與外在目的有關聯的事物上。這深深影響了
學科的教學方式與課程的內容。例如：在師資訓練中，如果只把 P. 44
心理學視為一種職業訓練，我們將會蒐集與教師工作有關的各
種實驗發現，如有關學習、記憶、動機、智力、班級氣氛等。準
教師們應盡可能地吸收這些知識，以增進日後實際從事教學之技
巧。但是，如果把心理學視為他教育的一部分或作為一名教師的
「博雅教育」，我們除了會先介紹其與教師工作相關聯之探究內容
外，更會重視此一學門之深度，企圖去掌握這些科學思考的內在
形式，從而讓學子受此種探究的形式吸引並從中感受其價值。

我們循著第三節，探討有關通觀的認知單元中已發展出的觀
點，對於所謂「博雅」，可以得到另一種詮釋。無論我們如何自
由地構思，若是思考「博雅」的第一層意思，教育不能只限定在
專家的訓練；在此，對專家的訓練，是指把心靈侷限在某種思想
的模式之內。科學家若不能從其他理解世界的方式，舉例而言，
如從歷史或美學的觀點，根本就不該出現。姑且不論「教育人」
是否須仰賴這些不同的嚴格思考模式。從這觀點來看，「教育人」
可以在一個領域，如科學領域內接受訓練，他還能以其他的認知
方式去看待世界，如此一來，教育人可以從他自己及其他很多人
的作品中掌握歷史的觀點、社會的意義面、美學的優點及其他。

某些當代「博雅教育」的擁護者[18]，更認為人類都應接受相同程度不同的思考模式的訓練。這是較強的要求。很明顯地，這種看法是來自於通觀的認知規準，包含了強調所有教育的認知本質層面。

第三，一些主張「博雅」教育的人，是基於反對以窄化的觀點或教條去限制一個人的信念，所以強調程序性原則，也就與教育的第三規準（合自願性）所延伸的自由概念發生關聯了。

在討論「博雅教育」時，雖然還有很多各類博雅教育的重點可以談論，但重要的是去界定：這到底是何種博雅教育？例如，當我們說職業訓練必須「博雅化」時，可能代表著第一種含意，即教授烹飪、木工、家政，必須賦予這些活動內在的價值，而不能僅著重其成果產出的消費價值；或者是第二種含意，把這些活動視為一個興趣的核心，而發展與這些活動有關的其他領域的知識興趣。例如，從烹飪可以進一步瞭解各種食材的來源，也就對地理學感興趣了；從安裝保險絲也可發展出對電學領域的一般興趣；或者是第三種含意，代表著傳遞職業教育的知識，不能用獨斷的方法，應該為被訓練者留下一個批判的空間。以上這些有關職業訓練的立場，都企圖增益其教育價值，不過其立場與強調各有所不同。

P. 45　　我們用不同的分析方式來理解「博雅教育」，或許正代表著「自由」一詞的模糊性。不過，以上的分析也有助於本章已經闡明的有關「教育」核心案例的規準。這些規準是：

18　可以參考 Hirst, P. H., 'Liberal Education and the Nature of Knowledge,' in Archambault, R. D. (Ed), 前揭書。

一、教育意味著將價值性的事物，傳遞給那些有決心向學的
　　受教者。

二、教育必定涉及知識、理解與某種通觀的認知，而這些知
　　識不是呆滯的。

三、當學習者缺乏主動的意願時，教育至少應排除這些傳遞
　　的程序。

　　的確，對「博雅教育」所作的分析可以充作「教育」這些基
本規準有效且濃縮的摘要。它同時也顯示了概念分析的必要性與
限制性。藉著圖示教育相關概念的區域及彰顯內建於教育規準的
輪廓，才有可能清楚掌握隱藏在目前爭議下的根本議題。概念分
析對許多爭議與措施的成形，只能提供一個客觀、清晰的視野，
概念分析本身無法決定教育實務政策的路線。

＊本章承蒙黃藿教授校閱。

第一章譯注

〔譯注1〕
摩爾（G. E. Moore, 1873-1958）認為一般概念有具體的指稱，部分哲學家也認為倫理學之概念涉及一些自然的性質。摩爾卻反對這種看法，有關摩爾的主張，詳見本書第三章。

〔譯注2〕
維根斯坦（Ludwig J. J. Wittgenstein, 1889-1951），出生奧地利，後來到英國劍橋。維氏是20世紀重要的哲學家之一。前期以《邏輯哲學論叢》（*Tractatus Logico-Philosophicus*）為代表，就「語句的意義是什麼」提出圖像論。同一時期邏輯實證論、邏輯經驗論，或是被廣泛稱之為分析哲學運動的訴求，也都提醒人們重視語詞的精確意義。後期的《哲學研究》（*Philosophical Investigation*），則比較著重語言在社會脈絡的多樣性，不認為可以精確或限定語詞或語句的意義。大多數學者都認為前後期思想有別。維根斯坦與維也納學圈以及英國的羅素等共同創造了20世紀分析哲學的傳統。
其實摩爾也不認為善可如此加以定義。倒是教育分析哲學家們一開始受維根斯坦前期影響，也一直很期待能用較嚴謹的方法，找到教育概念的充分或必要條件。在此，皮德思在段落文意上，指出維根斯坦認為要為概念找到明確之定義，有其困難，因為概念之間，存在著「家族相似性」（family resemblances），這是後期維根斯坦之概念。

〔譯注3〕
這段文意很繞口，皮德思在此雖不否認心靈中確實存在一些直覺之想法或思考，但他認為維根斯坦的主張是：我們在使用某些語詞（如「直覺」）時，這些語詞的意義並不來自於它們指涉的對象，而是來自於語詞使用者所處的社會情境。所謂憑「直覺」，代表的是當事人心中確認一些想法，但無法提出證明。

〔譯注4〕

educated man在皮德思的「教育」概念中,是非常重要的概念,意指符合
其教育規準理想所陶融出的教育範型。本譯文視文意脈絡以「教育人」、
「受過教育的人」、「有教養的人」稱之。東方讀者也可以儒家思想中的
「君子」作參照。皮德思時而用man,時而用person,也被J. R. Martin等女
性主義學者視為對女性的性格歧視,為了避免語詞爭議,在1990年代以
後,學者率多以「educated person」稱之。Martin對皮德思之批評,最早
見諸其1981年在美國教育哲學年會上的主席論文 The ideal of the educated
person,收入Martin(1994)*Changing the educational landscape*(New York:
Routledge)一書中,有興趣的讀者可自行參閱。

〔譯注5〕

也可譯為「改造」,在中文脈絡中「感化教育」已約定俗成,故譯為「感
化」。

〔譯注6〕

desirable譯為可欲的,代表的是符合價值,值得追求的事物,雖然並不順
暢,但是在老子、孟子中都有「可欲」之文句,如《老子》:「不尚賢,使
民不爭;不貴難得之貨,使民不為盜;不見可欲,使民心不亂。」雖然,
前揭老子「可欲」與此的意思不完全一致,至少可說明「可欲性」,不完
全是外來語,故將desirable譯為可欲的,desirability譯為可欲性。此外,
有時desire在文意中也有欲望的意思。

〔譯注7〕

萊爾(G. Ryle, 1900-1976,重要的英國分析哲學家)在其經典作《心靈的
概念》一書中,曾把人類界定活動的語詞分為「任務與成就(也常譯為工
作成效)」。一般人常認為成效字較工作字享有更深層的心靈運作。萊爾認
為這是一種迷思,是自笛卡兒以來心物二元論的一種迷思,認為心靈可以
指導身體,有獨特的心靈運作寄寓於身體之內,萊爾稱之為「機器中的鬼
魅神話」(the myth of ghost in the machine)。事實上,「某人『賽跑』(任
務字)中『獲勝』(成就字)」,「獲勝」是帶有某種後果的活動,並非另
一種不可解的心靈活動。傳統哲學家沒能認清這些現象,就把注意力放在

成就動詞背後的心理歷程。萊爾認為如果能夠理解成就字是任務字的某種後果，就不會有這些混淆。1960年代的教育分析哲學也大多循萊爾之分析，「教育」、「教學」等「任務字」，是否蘊涵「成就」成為重要的學術議題，相關的討論，可以參考簡成熙之〈教育學的概念分析及其所涉及爭議的探討〉一文，見簡成熙（2005），《教育哲學專論：當分析哲學遇上女性主義》（台北：高等教育出版社）一書。

〔譯注8〕

在此文意上有點混淆。皮氏似乎在表達有些主張教育的重點在於訓練的人士，認為把教育「限縮」在知識理解等，反而窄化了教育（皮氏等則認為訓練較為「侷限」在練習的層次），二種立場的人各自覺得對方「窄化」、「侷限」了「教育」一詞之使用。此段的綜合大意是，教育目的應反映我們對教育的內建意義，不應該把經濟需求等外在目的視為教育的一切。如果不堅持訓練或經濟考量就是教育的全部，皮德思當然不反對教育也可以達成技術培育或追求外在目的。

〔譯注9〕

Cognitive perspective就字面而言，可譯為「認知的角度」、「認知的觀點」。由於皮德思很強調此認知，不只是事實之知，也不僅是技能之知，譯者根據上下文脈絡，大致譯為「通觀的認知」或「認知通觀」。從本章最後一節教育與博雅教育的討論中，更可看出皮德思所心儀的教育理想，故譯為通觀的認知。

〔譯注10〕

原文為the function of a government is to govern。政府與治理在英文字的表達方面，算是語義重複，中文則否。

〔譯注11〕

interest有興趣與利益的雙重意義。譯者在第六章中譯為「益趣」。本段落也可看出，皮德思對於完全以興趣來作為兒童學習的理由，仍有所保留。

〔譯注12〕

史蒂文生（1908-1978）是本世紀倫理學情緒論的健將之一。情緒論見諸

第二章之說明。

〔譯注 13〕

這句文意有點繞口，皮氏是指用一些強制性的方法，仍然有可能促發兒童的興趣。眾所皆知，「自願性」是皮氏第三個教育規準，代表了當時英國以皮德思為首的倫敦路線吸納了進步主義的訴求，但是在字裡行間，皮氏對兒童中心等訴求，仍有些保留。

〔譯注 14〕

謝富樂（1923-2014），美國哈佛大學的分析派教育大師，在英美世界裡，與皮德思齊名。以下引言，出自其經典作《教育的語言》，中文的譯本由林逢祺（1994）譯出（台北：桂冠出版社），讀者可參考之。

〔譯注 15〕

皮德思的三項規準分析得很細膩，但也因為太細膩了，也會令人混淆。「灌輸」到底是違反哪項規準呢？「合價值性」規準，不僅在概念上，是要使人「變好」，更是要強調教育本有的內在價值，「訓練」常是為了特定的外在目的，故與教育不同。「合認知性」規準，則強調知識、理解、知其所以然、通觀的掌握各種知識形式等，而不是各種訊息、死的知識、特定的技能等，就此觀點，訓練、制約或灌輸，也不符合認知性規準。「合自願性」規準，則是指教育的過程中，學生要知道他在做何事，對所學之事要有最起碼的理解。制約是生理上的動作，並不是受教者的自覺，也並不符合自願性規準。皮氏指出，「灌輸」涉及信念，可能違反道德，可能違反尊重人的程序原則，也可能違反認知性規準，但不是違反本段所述「自願性規準」（即學生要知道他在做何事，對所學知識要有最起碼的理解）的意涵。整體而言，皮德思是把價值、認知性規準置入「成效」字的範疇下，而將自願性的歷程規準置入「任務」字範疇。他也特別指出，在自願性的歷程規準下，學生的「興趣」不能視為「成效」字，也就是在教育引領入門過程中，學生一開始沒興趣，是可接受的。他反對進步主義式的要全以學生的興趣為依歸，已昭然若揭。回到一開始的提問，讀者不必太拘泥灌輸、訓練、制約到底違法哪項規準，要從皮德思在詮釋三大規準的脈絡中來體察。

〔譯注16〕

皮德思雖然在此同意教育的規準應該涵蓋自願性，但是在此字裡行間，仍然對於較重視「引出」之自願性規準有些保留。plausibility也有「貌似真理」之意。本句很繞口，意旨從教育的概念中，雖可額外引申出重視「引出」之方法，但要慎防其弊端。

〔譯注17〕

博雅教育之詞始於羅馬時代，其用語是 *studialiberalia*（liberal studies），指的是「適合於自由人，而非奴隸的教育」；奴隸有時會接受專門的訓練，自由人的教育則是有別於專業的技術，當時，自由人當然是指王公貴族。博雅教育之精神也遠溯自希臘時代。對西方世界而言，從中世紀到20世紀初liberal studies大概是指接受一些文法、修辭、邏輯、數學、科學、音樂等非技術職業導向的課程，使學生獲致心靈的自由，通常譯為「博雅教育」。自20世紀以後，以美國為主的大學由於過度職業專業導向，也不斷有學者呼籲大學要強調博雅學科，美國大學通常稱為「通識教育」（general education）。皮德思在此的博雅教育，同時有使人自由及博雅的雙重意義，故譯者在本節中將視文意，同時使用「自由教育」或「博雅教育」。皮德思雖然在本文中指出「教育」的規準不必然一定來自「博雅教育」，反而是要說明，不管我們如何詮釋當代博雅教育，都與三大規準相通。對博雅教育討論的文章很多，譯者推薦江宜樺（2005），〈從博雅到通識：大學教育理念的發展與現況〉，《政治與社會哲學評論》，14期，37-64。

〔譯注18〕

這裡的反面表列是指，當我們談傳統教育時，常是指它「不是」技職教育，「不是」專業教育，「不是」為了具體外在的實用目的等。以下，皮氏即從前述教育三大規準「合價值」、「合認知」、「合自願」三個層面，去論述博雅教育不是什麼。

第二章

教育即引領入門

導言〔譯注1〕

　　我們已經探討了教育的三大規準。第一項規準「合價值性」，這涉及教育的內容；第二規準「合自願性」，涉及了教育的方法；第三規準是關於「通觀的認知」〔譯注2〕。我們不敢奢望能產生「教育」的定義，也不企求能對這三大規準作圓滿周全的說明。但是，容或我們在此指出：目前許多已被討論過的有關教育情境之模式，往往失之偏頗，他們也許只強調一種，而排除了其他之規準。例如：傳統取向的教育觀，強調教育的內容與認知面，而忽略了教育的方法；兒童中心取向的教育觀特別重視教育方法，而忽略了教育內容的種種問題；還有另外一個對教育的看法是重視技能的獲致，這顯然忽略了教育的認知面。上述的觀點就像許多諷刺畫一樣，失之偏頗，他們都以一種特定的立場而曲解了教育此一概念的特性。不過，我們也不宜全盤否定其價值，就像諷刺畫一樣，仍然能切中要害。持平來看，「教育」應考量各種規準，而不應只偏限於單一規準而排除其他規準。我們希望為教育建構一個統合的架構（synthetic sketch），而不是一個定義。就好像培根

曾說：「定義的精確只不過是好奇使然（Subtleties for definitions are but curiosities）。」這種統合的架構不僅有助於捕捉前章分析所得的啟示，也能為爾後有關教育的論證鋪路[譯注3]。

第一節　心靈的發展

前章已經把教育視為一種成效與把教育視為涵蓋很多的任務作了區分。所謂「教育人」（educated man）所成就的心靈狀態，是其富涵並關心合價值性的事物，而這些事物正是以某種通觀認知的方式所傳遞。「教育」應該是「全人」（whole man）的內建要求，蘊涵著人可以用某些限制的方法加以訓練的可能性。換言之，所謂「教育」的概念，不僅是預設著信念發展，而且涉及了某種心靈分化以排除其他的發展。然而，我們又如何能覺知這種心靈分化的發展呢？

從不列顛經驗論者的傳統以降（洛克、巴克萊、休謨等）[譯注4]，就很盛行一種心靈發展的看法，他們把個人的心靈視為一緩進的過程（slow process），是經由個人經驗的植入，而獲得普遍的信念。他們繼續指出，各種原子式的感官資料（sense data），經由感官通絡，個人的心靈就在這些感官特性（sense qualities）不斷的連結、合併，逐漸滋生的複雜觀念與期望下，於焉形成。教育人員的功能正是要提供適合的環境，使個體的心靈發展能夠進行，或者是透過縝密的方案，將良善的觀念主動地植入孩童的心靈之中。

這種具有相當植物性圖像（botanical picture）的心靈發展觀，在某一個重要的層面而言是正確的，因為它把「意識」（consciousness）作為一種心靈的「標幟」（hall-mark）。古希臘人對於「意識」並沒有一個明確的概念。並不是古希臘人把人

P. 47

視為機器，或是沒能正視人經常會失去意識，而是因為對於意識的活動，特別是推理，古希臘人給予極大的重視。柏拉圖與亞里斯多德都驚訝於理性的力量，讚嘆理性為人類神聖的特性。不過柏、亞二氏並未強調在不同現象中意識（像數學推理、意圖〔purpose〕、痛苦、夢境，以及各種情緒狀態等）的共通核心。以亞里斯多德為例，他視「目的導向」（goal-directedness）為靈魂的標幟，表現在植物、動物、人類三層次。「心靈」的標幟正是目的導向下，運用「理性」形成計畫、規則的產物。

　　從歷史發展來看，重視個人一己的私密經驗，將意識視為心靈的標幟，正預示了個人主義成為社會運動之發展。在城邦政治中的希臘人，他們關心的是城邦成員的肯定和公共事務。希臘字 P. 48
ἰδιώτης（idiot, 愚人），其意指一個人只關心他自己的事務。蘇格拉底強調個人之自我知識與一己靈魂的關注，是一個道德的創新者。馬其頓帝國的菲利浦和亞歷山大大帝征服了希臘，廢除了獨立自主的希臘城邦後，蘇格拉底式之新道德就系統化的成為斯多葛學派（Stoics）與伊比鳩魯（Epicureans）學派的規律[註5]。世界公民式的個人自足取代城邦式的個人自足（self-sufficiency）。斯多葛學派強調個人必須律己（discipline himself）以淨化其靈魂。伊比鳩魯學派則認為應排除帶給人類痛苦的來源，使人類生活順暢。這導致了人們看重意志和情緒的，也強調個人意識的重要性。

　　基督教重視個人之救贖與淨化靈魂，利用體制化的力量將重點放在個人的內心。內省（introspection）與天啟（revelation）相互拮抗，競相成為知識的來源。聖奧古斯汀（St. Augustine）[註6]已為笛卡兒（Descartes）的第一確定性——「我思故我在」（Cogito ; ergo sum）鋪好了路[註7]。笛卡兒藉著點燃吾人對數學科學之關注，重新詮釋了柏拉圖對於靈魂與知識之觀點。不過，

笛卡兒比柏拉圖更強調建立在個人心智狀態下個人知識之確定性。「心靈」不僅僅與理性連結；它是一個意識的內在世界，在此意識中，每個人都有其內在探索之門徑，並不時矛盾地懷疑其理性活動。笛卡兒更精緻地發揮柏拉圖的內在觀念的說法，為英國經驗論者所反對。經驗主義者認為，知識不是理性在心靈深幽處活動運作的結果；在經驗論者看來，知識是感官經驗在每個人心靈中的知覺遺留。不過，經驗論者也多同意笛卡兒把意識作為心靈標幟的說法。

笛卡兒與英國經驗論者對意識之根本看法是正確的。即便可以強調亞里斯多德提出目的導向之規準的重要性，我們仍須區分哪些行為乃是有意識的結果，由此可以看出其獲得目的之手段。但另有些行為，以植物為例，它的生長有邁向一個結果，但不涉及意識。假如我們不做這種區分，那麼心靈就可被當作機器一樣，但我們至少知道一件事，即心智（mentality）並非機器屬性之一。然而，有關個人意識中心之諸觀念與期待，並不是從個人原子之經驗中發展而成，這是經驗論容易誤導我們的一個看法。個人意識的內容其實是個人被引領進入公共傳統（public tradition）的結果，此一公共傳統內建於我們所處社會的語言、概念、信念及規則中。

P. 49

兒童初生時，意識尚未能分化成具體的信念、目的與情感，要經過好多個月，他才會意識到他的母親和他是不同的個體。兒童的心靈受許多奇怪、不成形的念頭（wish）左右，這些觀念在時空架構中並沒有特定的目標，甚至於還構不上稱之「感官資料」，尚未發展「恆久」（permanence）、「連續」（continuity）等概念，無法初步掌握因果關係[譯注8]，也不清楚目的——手段之關聯。小孩子的問題從：「這是什麼東西？」「它在哪兒？」「它

何時發生？」到：「它為什麼會這樣？」逐步發展其概念基模
（categorial apparatus）[譯注9]。兒童意識模式發展之分化，正與其
心智結構之發展同步而行，而兒童的意識模式分化與心智結構發
展，都與公共世界中的對象和關係形態緊密相連。兒童開始對事
物有欲求時，他會學到運用方法，而不是被漫無邊際或不切實際
的念頭所困擾；兒童開始會害怕那些可能會傷害到他的事情，並
逐漸體認到經驗的確可以肯定經驗對象的存在。然後，兒童透過
表達其意向及相互約定，在其社會生活中建立其可預測的行為模
式，也根據對社會規則的掌握來指引其行為。

　　在哲學史上，康德藉著將秩序運作在經驗之流上，提出了範
疇或概念的結構而聞名。康德認為這是個體經驗之中理性主動的
運作。在20世紀初，心理學家皮亞傑（Piaget）[譯注10]深受康德
的影響，勾勒了這些概念或範疇發展的階段。不過，皮亞傑與康
德並沒有更進一步去深思心靈的發展是個體被引入公共傳統中、
受公共語言銘記後的產物。或許，黑格爾提出「客觀的心靈」
（objective mind），認為心靈是在體制中（institutions）成形[譯注11]。
馬克思（K. Marx）強調個人意識是由社會決定[譯注12]，這些學者
頗生動地體察了心靈發展之社會層面。但由於諸多理由使然，上
述學者對於心靈的說明均無法植基於西方思想的經驗論傳統，也
無法修正對個人經驗的不當強調。的確，集體論者對於社會現象
之整體觀點，使他們走入另一種極端，而忽略了個人經驗的重要　P. 50
性了。

　　意識，作為一種心靈之標幟，與不同探究對象的模式息息相
關，個體想要**某個東西**、個體害怕**某人**或**某事**、個人相信或知道
就是這麼一回事等。這些意識的對象正是公共世界的對象，藉著
公共語言的標定與分化，將個人引導進入此一公共語言世界中。

語言的學習與人們在時空中認識公共世界諸事物，乃是同步而行的。不過，每個人有其獨特的生活史，交織著不同的經驗，在此一公共世界中，代表著他個人特定且未重複的觀點。正如同萊布尼茲（Leibniz）〔譯注13〕所說，每個人都從其特定的觀點中反映著世界。尤有進者，當個人發展其觀點，他也同時貢獻了公共世界。但是若沒有個人意識到的公共世界與其發展的關聯，以及浮現其個人風格所賴的公共世界，那所謂個人的意識或獨特性將無法理解，也無法清楚地說明其發展的過程。當然，作為一種心靈的標幟與倫理關懷的核心，個人的意識並不會因此而降低重要性。

範疇、結構之概念發展，使人們得以在時空架構中辨識各種事物，並把握因果關聯與目的——手段之間的關係，這只不過是心靈發展的一個階段而已。爾後，當基本技能精熟之後，會為另一些特定思考和認知之模式開啟大門，諸如科學、歷史、宗教、數學和美學等、也包括道德的、慎思的及技能的思考行動模式，從而使人類心靈更為分化。當然，對小孩子及未受教育的成人而言，是不會有這種分化的。甚至，就人類歷史而言，17世紀以前大部分人類也未嘗有這種分化。

這些不同的思考或認知模式，各有其特定之內容（content），或稱之為「知識體」（body of knowledge），而這些內容經由公共的程序得以累積、批評與修正。而每一特定內容的思考模式本身都有其概念家族（family of concepts）與明確的檢證方法。以學習科學為例，「質量」（mass）、「作用力」（force）、「速率」（velocity）、「重力」（gravity）都有其特定概念，我們必須瞭解這些概念，並掌握觀察與實驗之流程，以考驗利用這些概念而形成的各種假設〔譯注14〕。所有這些都是公共性的。大部分的人在精熟這些知識體之餘，都無法再超越地發展類似的思考模式。

但是，也有少數人，發展傑出的思考形式，從而臧否了知識的良 P. 51
窳，並且匡補了知識內容。靠著這些締造及進入思考模式之人不
斷地精進，公共世界的形態得以擴展成形。人類進入這些思考或
認知模式的歷程，也正是教育的歷程。

第二節　教育內容的學科整合性〔譯注15〕

　　我們已簡要勾繪及揀選了有關「心靈」之架構與其發展之主
要概念，應該足以去校正從經驗主義的心靈論所導引出的教育概
念，更可以看出其與我們本書前三章為教育所設的三大規準二者
之間的一致性所在。當然，也可同時補充康德及皮亞傑所衍生出
的觀念。雖然康德藉著發展範疇及概念之結構，強調心靈的活動
在於選擇經驗之流貫注於心靈之上的秩序，已大大的改進了古典
經驗論者把心靈視為一種「白板」（Tabula rasa）或「空無之櫥」
（empty cabinet）。不過，如果將心智結構視為天賦或僅是成熟之
產物，則仍有不足。缺失在於它忽略了此一心智架構是來自於公
共的傳統，也是對語言所銘記的公共傳統的反應。

　　柏拉圖曾將哲學視為一種靈魂之自我對話。遺憾的是這種觀
念並沒有得到更進一步的發展。因為這種觀念不會發展成視理性
為一心智模式之機械，可以被個人所使用，或者是如休謨所說
的，是一種「在吾人靈魂中驚奇難解的本能」。理性的能力，哲
學上正意味著批判性地思考其信念，僅發生在人們以批判為伴，
如此批判才能深植其意識。內在對話無法與外在對話區分。就好
像個人的罪感或恥感（blame or shame）意識〔譯注16〕，必須在他人
指責其為「非」時，才會湧現。

　　教育的「塑造模式」（moulding models）及「生長模式」

（growth models），其道德及心理學上之缺失，我們已在第一章
中觸及。除此之外，二者有一個共同的缺失：均將教育工作者視
P. 52 為一公正無倚之執行者，對外在於他的受教者加以運作而獲致成
果。就塑造模式而言，正是要將某種內容銘印或植入兒童的心靈
中。如當代連結論者史欽那（B. F. Skinner）所說的，個體是被
「塑造」（shaped）成順服既定的形態。兒童中心的模式則鼓舞
兒童依照他自己的發展律去「生長」。二種模式都欠缺了羅倫斯
（D. H. Lawrence）所稱的立於教師與受教者之間的「神聖領域」
（the holy ground）之意味〔譯注17〕。無論將教育視為一種強制形態
於他人之上，或是安排環境使個人「生長」，都沒有充分體認我
所分享的一些超然性的看法，即教育所傳遞的內容及被批評、發
展的教育規準。它忽視了一項重要事實，即教育本質上在於引領
他人進入人們所揀選的語言、概念的公共傳統中，是鼓舞他人參
與探索更為分化的認知形式的種種領域。

　　當然，在最初階段，語言是微不足道的。兒童探索公共世界
始於吸吮與抓取（taste and touch）〔譯注18〕。在嬰孩眼中世界是由
一些自然物件所形構，他吸母親的奶成了識別自然對象最原初的
形態。爾後，兒童探索的對象有很多是我們有目的的布置，將所
謂公共之心靈銘印於其上。在人的世界中，有許多具體的事物都
難脫社會人為的設計，特別是在文明的社群。當然，對兒童未臻
發展的心靈而言，也不宜忽略自然物質的操弄與探究，如動物排
泄物、水、泥土、沙子等。不過，在自然世界中，這種普遍的對
象不多見，反而是在不同的社會中各有不同的關係，對於兒童進
入社會之方式也各行其道，在此一社會脈絡中，兒童接觸的對象
正是社會目的與信念之具體化產物。

　　很快地，孩童會適應社會上之風俗與各種規則，而標定了他

個人生活的途徑。因為社會世界，正如涂爾幹所言，兒童與之相逢於社會規範之中。個人必須涉入其中，將其納入心靈結構之中，才能順暢地生活下去，這主要有賴於學習語言，因為語言是人們享受生活形態的關鍵，人們藉著對語言的選擇而創造出其獨特的公共世界。例如，勞工階層僅能利用有限的字彙與符號結構，這使得他們的文字世界與專業人士截然不同。這些人士可以靈活使用多樣化的語彙，其浸淫在多樣化的歧異思想形態教育 P. 53 中達十年之久。將語言學習僅視為一種工具內容，視為目的、標準、情感及信念服務的工具，是天大的錯誤。因為在語言中，人們據以建構其世界觀。語言的學習能夠使個人被引領進入父母師長想要分享的公共遺產之中。

　　假如全部的教育只是工具性的基本讀寫功能，其固然提供了人們進入參與公共世界通道的可能，但這卻全無內容可言。所讀所寫的內容才是關鍵。然而，算術是另一種情形，因為數目的計算以及其之間的關係，等於是學習一種新語言，是對另一嶄新世界的原初探究。藉著多方發展分殊的思考模式與基本技巧的精熟，公共傳統的精髓也更能掌握。這是因為知識體已被安排及累積於書本期刊中，各學科之間均有其探索與論證的方法、各種證據的規則及批評的規準。教師，在最初階段，其主要功能是要使學生進入其念茲在茲的思考模式或認知的形式。爾後階段，當學生已將概念和探究之模式強化於其心靈之中時，教師與受教者的差異僅是程度上之不同。因為二者共同參與、分享探究所處的世界的經驗。教師只不過是粗具規模，在求知之途中比學生更有技巧而已。好的教師正是要引導他人早日自立。

　　最近，老式塑造模式的觀念，也就是重視知識體的傳遞，正受到了相當大的攻擊。取而代之的是批判思考、個人探究及實驗

方法等。如果所傳遞的知識體只是「呆滯的觀念」（inert ideas），而不重視知識累積的公共過程，那這種批評有其價值，塑造模式自然應該修正。不過，我們也很難想像，只重視傳承方法而絲毫不考慮內容。批判思考如果沒有批判的對象，則將一無所有[譯注19]。

P. 54 我們可以說，有多少專業學門，就有多少種「批判思考」。不同的思考模式，像科學、歷史、哲學等，在捕捉其問題的獨特性時，都應先掌握其豐富的學科內容。在那些已被引領入門的教師引導下，唯有先探討某一學門已有的成果，我們才能真正精熟該學門之方法。

在這些分化的思考和認知模式中，無論內容或是方法流程都存在於各學科中（intersubjective），知識體的累積有其階段性，係植基於公共的客觀與討論之上，並且經由無數人之概念基模而建構大要。我們運用批判之流程，就可據以評估、修正已有的內容，而適用於新的發現。這說明了公共原則並不是建立在個人的標準之上，教師與學生當然都應該奉行。科學或哲學的內容若為真理，道德若符合正義，宗教若能反映自然秩序的輪迴，根本的原則正標示了羅倫斯所稱的「神聖領域」之所在。

當我們同時審視不同分化的心靈認知模式間的特性，與心靈發展的社會層面時，就不難理解為何把教育比擬成引領入門的過程。這種比喻對於教育特性的闡述是最恰當不過了。它彰顯了教育的本質即在於有經驗者把受教者的視野轉移到獨立於他們之外的精華所在。「引領入門」亦然，它甚至於與不同的慶典或儀式結合，為知識信念明示一條道路，或許還暫時不能為年輕人所體會。若某人只不過學到了技能之知或某種訣竅，我們不會說他被引領到該事物中[譯注20]。將教育比擬成引領入門，正與教育的第二規準——合認知性不謀而合，這把教育與理解的深度聯繫在一

起。再者,「引領入門」選擇了多種教育歷程之方式而確保教育
成果,也與第三規準——合自願性相一致。因為在不同教育歷程
中,受教者必須在最起碼的智性與自願性要求之上。引領入門亦
同於教育,同樣建議著在思想或認知的形式中,經由至少部分涉
及當事人的自覺及同意的多樣化歷程。無論是引領入門或是教
育,其歷程都沒有特定的標準。所以,教育和引領入門是一個非 P. 55
常廣泛的術語。然而,「教育」,其要求比引領入門更為特定,依
照第一個規準,教育所傳遞之事物必須是有價值的。引領入門,
則可能反是,它有時可能傳遞沒有價值的事物,像賭博、邪教崇
拜等。「教育」可以描繪成將合價值性之事物引領進入活動、思
考模式與行誼之內,使三大規準同時均衡的內建於教育之中。

第三節 教育的個別化強調

　　如果依循前面對「教育」的說明,即強調教育學科間的內
容,似乎對於個體也不盡公平。這正意味著教育可能忽略了學生
的個別差異現象。再者,它也忽略了人的因素,此一因素即教
育中師生之間的關係必須和諧。上述兩種對於個人因素的教育考
量,我們將分別加以探討。

　　在民主的理念下,教育的目的是要發展每一個體之潛能,使
每一個體能夠瞭解自己,這已是老生常談。這種民主的理念似乎
與重視學科內容取向是不一致的,但我們若加以深入省思,就會
體認二者並非不一致,只是提供另一適當的觀點。如果教育制
度純粹是受國家的需求而發展,如大量製造科學技術人員,或以
不恰當的灌輸形態來塑造個體,那麼強調個體自我實現的目的,
將有其一定價值。在這種情形下,重視人的差異性、尊重每一個

人獨特世界觀的倫理原則，以及每一個人特有的渴求、能力與性情，就成為教育的重點。不過，沒有一位教育學者會同意人類的某些能力和愛好，像好逸惡勞（lotus eater）、像薩德侯爵那樣的性虐待行為（Marquis de Sade）〔譯注21〕應盡情發展。學生所訴求的自我實現仍須從被認可為有價值的活動或行為模式中，加以選擇而來。但也不是所有被認可的有價值活動都會被個人注意，即使是極細微的愛好。我們的訴求一方面是必須根據個人適合的布料，將可欲性的事物剪成適合其穿著；再者，根據程序性原則，

P. 56　個人也應被允許在成為社會成員最核心的行為模式上，經歷及選擇自己的生活方式。

　　如此看來，自我實現正是個人將其自我發展限定在社會所讚許，或至少不是不良的活動及行為模式上。甚者，這些活動或行為模式絕大部分都是社會的常態，也與他人有關。這些活動即使是遊戲或娛樂的形式，也常蘊含著知識體或帶著「學問」（lore）的意味。個人需要向有經驗的人學習，這過程中有好有壞，但無論如何，個人的「潛能」必得在社會建構的架構內啟發，才得以發展。

　　在引領入門的過程及教育目的之考量上，前述對教育的說明幾乎完全與個別差異的強調不謀而合。的確，對傳統學習理論的尖銳批評是其過度重視學習的一般條件，而忽略了個別的學習方式[1]。有一句古老的話：「我們教人，而非教書」（we teach children, not subjects），雖然忽略了「教」字之後可以有不同的受格，但至少提醒我們重視個別差異。在教育的早期階段，特別是兒童的心靈

1　見Riessman, Frank, 'The Strategy of Style,' in *Teachers College Record*, March 1964, pp. 484-9。

較少受到公共傳統的影響，個別差異的重要性更是不言而喻。所以，活動的方法應配合學生的特性，以順應不同比例的成長。這種「兒童中心」取向不僅適用嬰兒最初的發展階段，也適用遲滯發展或遭遇困難的青少年階段。重視個別差異，重點不在於年齡之不同而在於認知結構之發展，以及被引領進入公共、分化的思考模式差異程度的不同。至於處於初等教育另一端的教育事業，像大學、成人教育及後期中等教育等，理應更強調蘊含於各種思想形態當中的思考法則（canons），而不是個別的入門途徑。當然，針對不同的人，永遠需要不同的施教方式。詩或問題適用於一些人的學習，另一些人則否，不過，教育的後期階段，更需要重視論證及對意見的再思考，這些論證的來源容易被忽略，除非它特性鮮明受到普遍關注，得以引人注目。這也是教育與團體治 P. 57
療不同處之一。

　　另有些人強調個別性在於他們能深刻體認個體的創發力（inventiveness）與創造力（creativity），這是另外一個教育的可欲面向，值得我們重視。除非當兒童在一個鼓舞面對且解決問題的傳統中成長，否則談創發力無異是癡人說夢。有時，某些情境無法靠既定傳統的方法解決，因而被視為問題所在。也正有賴如此正視問題的傳統，個人置身其間才得以解決問題。除非培養兒童能力，否則高談創造力也是虛的。因為兒童將不具有展現其創造的技能。就此，懷德海[2]〔譯注22〕睿智地指出，當個體的興趣被喚醒時，他會走過浪漫期（stage of romance）；其興趣被課以訓練，就會通過精確期（stage of precision）。最後，經由他個人的自律而進入原則期（stage of generalization）。換言之，兒童是在活動之

2　Whitehead, A. N., *The Aims of Education* (London, Macmillan, 1929)，第二章。

內，精熟於所習的內容與其所發展的方法流程。他們因此更得以修正其所學、發展方法，為其探索之途另闢蹊徑。但是，個別的創發倚靠著一公共傳統的背景，該一傳統必須要能提供問題的種類與處理的流程，否則創發也無從滋生。

同樣地，個人獨有之品格，被視為是教育事業之重責大任，也代表著個人特有的規則遵守（rule-following）方式。不過，我們要強調的是個人的人格形態也來自於公共的泉源。個人的人格特性是社會規則之內化，如：誠實、守時、真誠、自私等等。個人品格代表了其個人成就，反映了規則加諸其性情上表現出的行為舉止。其實，人作為一社會存有，這些加諸個人之上的規則，可溯自其在生命早期的階段被引領入門的結果。

第四節　教育和人際關係

　　許多人強調人際關係（personal relationships）在教學上的重
P. 58　要。這些人認為前段闡述的教育看法由於強調師生都應竭誠擁護客觀標準，是遺忘了教學中的人際互動。所以，我們也必須加以正視。

　　其實，不管做任何事，如果不想有阻礙的話，維持令人滿意的人際關係之能力，確為必要。如果個體愛人或被愛的需求沒有得到滿足，他的信念極容易扭曲，既缺乏對行動有效的控制，也不易得到他人的信任[3]。缺乏信賴與信心，無疑地，將阻礙他的學習。若有堅實的愛與信賴作基礎，在教育過程中重視人際關係之

3　見 Peters, R. S., 'Mental Health as an Educational Aim,' in Hollins, T. H. B. (Ed.),
　　The Aims of Education, A Philosophic View（Manchester University Press, 1964）。

維繫，必會為其他任何特定形態的教育事業奠基。老師如果要勝任愉快，必須要以身作則。護士、心理醫生、社會工作者亦然。師生關係的重要性，也就特別需要加以著墨。

在教育情境中，對師生之間一對一式的關係充斥著太多的說明。不過，對學校教師而言，這種情境在其尋常教學時間中並不常見。一般而言，教育情境是一個團體經驗的形式。在一個已然成形的班級裡，每個學生思考與認知形式之程度都不相同。共享的探究遵循嚴格的律則，共通的熱忱得以整合全班。同窗之情聯繫了那些共同追求知識的同學。教師帶領著班級，也會被這份熱情所影響。不過，教師對於其班上同學仍肩負一特別責任，即必須導引同學進入教師以前曾經探究過的學術領域上。

教師無可避免地會特別喜愛某些學生。師生之間的相互吸引，在教師的立場上來看是司空見慣。身為一位教育工作者，這種現象的存在與否並非其關注之重點，其實教師也無法控制。我們並不要求教師要強烈的喜歡學生，而是要教師把學生當成人一樣地尊重。師生之間的這種尊重，也就會形成他們特有之關係。因為愛或尊重沒有任何的單一形式。這種感覺是無法與人之 P. 59 視他人為兒子、兄弟、同事、對手等相分離。一般來說，所謂尊重人，是一種感覺的喚起，它會發生於將他人視為是特定的意識核心時，並且交織著此人在團體中的角色所附有的獨特感覺與功能。尊重人正使我們瞭解，每個人都有其抱負，都有他自己的一套世界觀。不管個人特質為何，每個人也都會以自己的成就為傲。我們要尊重一個人，必須留意及在乎上述所說的一切。

在教學情境中對人的尊重，常過度強調喚起學生正**發展**中的核心意識，教師當然要堅定其所標定的「神聖領域」（holy ground）的原則。不過，特別是在引領入門的早期階段，教師必

定不能粗暴的運用神聖領域，致阻礙或誤導學生的學習冒險。因為這是對神聖領域作者的不尊重，也踐踏了學生剛剛萌發的所思所感。人們致力於學習及發現錯誤所在，不斷經由想像，設想可能的批評而改善。但唯有人們置身公共之中，藉此認同自身並能發展、辯護一套自我觀時，人們才真能體會其所思、所感的一切。是以在學生能充分為自己所知所感辯護之前，斬斷學生的貢獻，不僅可能阻礙其思想形態生長的可能，更是不把學生視為人。蘇格拉底曾自比為產婆（midwife），服務於真理，他運用了很鮮明的形象闡述教師們所關注的二元層面。教師們需要關心教育紀律的各項原則，也要留意學生如何看待其被引導進入的探究世界。這二種關注的形式都是教師義務之所在。尊重人並不意味著要放棄對標準的追逐。如果一位藝術老師自滿於其學生自由表現，完全不對學生表現形式善盡言責，這與某位學術會議主持人無情地訕笑所有與會者，二者同樣不適宜。

　　教學中師生人際關係的另一重要的面向，是當我們把教師定位在「內行的熟手」（*primus inter pares*）時，良師難覓，特別是在教育的最後階段。這與技能或判斷的發展有關。掌握學門領域的律則，行為的合宜模式，並能以自主的方式進行是一回事，要將他們極其巧妙又富判斷力的運用在各種特殊情境中，又是另一回事，朗吉諾斯（Longinus）〔譯注23〕曾說判斷是無數經驗的最終花朵，但是這種經驗的獲得，又有賴與那些已經有此判斷能力的人為伍，才能獲得。亞里斯多德所教授的實踐智慧（practical wisdom）的發展，當代歐克秀（M. Oakeshott）[4]對形式企圖的抨

P. 60

4　見 Oakeshott, M., 'Political Education,' in *Rationalism in Politics*（London, Methuen, 1962）。

擊，企求孵化政治教育[譯注24]時，已確認了廣為流傳的說法，即教育情境中的精緻之處是可遇而不可求的（caught rather than taught）。這些精妙之處有賴模仿，或是像精神分析學者著述中所稱的「認同」（identification）機轉。人們之所以學到這些精緻奧妙之處，是受到那些特定藝術或思想形式的實踐之士的吸引，這些實踐之士對學習者之功能即在於提供一範型。靈巧的技術與判斷得以代代相傳。個別的大師們貢獻其心智點滴匯成人類共通的文明寶庫。

把教育事業的最終成果看成是偶然的結果，可能有點奇怪。我們不是才說過「教育」的核心例子是任務導向的活動嗎？前段所探討教育的精妙之處，不啻說明教師們啟發學生獲得足夠的技能、判斷力等可視為教師最後的成就，都不在教師的掌握之中。傳遞技能或判斷確有可能是偶發的事業。這並不是說就像戀愛般，或非理性的把某人視為其臣屬。教師們仍能主動的展現其藝術、態度或思想形式，感染學生、德被廣澤。有句優雅的古諺：「謀事在人，成事在天。」[譯注25]或許可以說明，「教學」者亦若是。最終花朵之綻放唯有賴教師們以無比堅毅的熱忱，靈活的技能獻身探索其「神聖領域」。只要教師能夠堅持，不患得患失，必能感召一群真正有志向學的學子。

第五節 教育和動機

教育綻放之最終花朵的不定性（waywardness）產生了另一關鍵的面向，即動機者也。通常，人們常說如果學生對老師有好感，這是促使他努力學習最強的動力之一。果真如此，我們就可 P. 61 掌握教育事業的機先。不過，教師是吸引學生，還是會令學生厭

惡，無法由我們意志來掌握。或許，老師使孩童聯想到其慈愛的雙親；或許是教師的長相、語調，以及所散發的氣息。到底我們要如何來看待動機呢？

富含文明生活形式的活動與行為模式很難專精，如果不瞭解這點，那很難對教育有幫助。我們可以想見，當代大眾傳播媒體將兒童的學習導引到逸樂、省力的路途上，而教師們欲與之抗衡是何等的艱辛？教師剛開始也許還可以吸引學生的興趣，但是進入懷德海所謂的精確期階段就會發現愈來愈困難了。由此我們更可看出動機因素的重要。

學習中所涉及的動機因素可以分成兩類：內在動機與外在動機。內在動機因素又可分成一般性及特殊性兩類。一般性的內在動機在心理學家探究之前，就與常識結下不解之緣。它們包括發現事物、探索環境、操弄事物的喜好、充滿挑戰及專精的態度，也包含了成就動機[5]。這些可能使學生去鑽研無益的或有害的事物上，也可能淪為強迫性質或成為令人厭惡的學習。但是，如果能導入合價值性活動的行為模式上，會成為最有力量的動機來源。

特定性的內在動機存在於我們所談論的活動與思想形式之內，當事人能掌握適當的方法流程。科學家、數學家、哲學家不僅只於渴望發現真理；他們也喜好去設計精巧的實驗，建構合宜的證明；發展清晰、強有力的論證。作家則善於安排優雅的情節、做出深邃的評論，以及運用特定的字去正確表詮其感受。這

5　見Berlyne, D. E., *Conflict, Arousal and Curiosity*（New York, McGraw Hill, 1960）, White, R., 'Competence and the Psycho-sexual Stages of Development,' in *Nebraska Symposium on Motivation*, 1960, McClelland, D., *The Achievement Motive*（New York, Appleton-Century, 1953）。

些都是我們所討論的活動、思考模式之內在歡愉。這些特定的內在動機有時也會強化一般動機，使人們不僅只以「必要的欲念」（necessary appetites）為滿足。

　　教育工作者之目的，正是要使學生融入合價值性之活動與認　P. 62
知形式之內，使他們能自然的探索這些內化於其中的目的。不過在早期階段，教育人員也必須運用外在動機，使學生開始向學；而在精密期階段，也必須運用外在動機，使學生在面對艱難索然乏味的課程時，能依舊維持興趣。主張「塑造」的教育工作者常常利用酬賞和懲罰，或許是過度強調懲罰了。「兒童中心」的學校，則希望寓兒童之興趣於基本技能與合價值性活動的學習之中。他們致力於將所欲學的技能建立在兒童的願望（wants）之上。另有些教師開發多種訴諸學生想像的多種技術，而創造出新的願望與興趣。或許，在這些外在動機之中，最有力量的莫過於學生對教師的肯定讚許與老師對學科的熱忱。但如果老師僅只於吸引學生的讚賞，這也有危險的一面。因為這極易使教師沾沾自喜，不自覺地使學生更依賴教師，而沒有把學生對教師的肯定導引其興趣到教育目標上，使學生體會各種教育學習活動的內在目的。以此觀點，老師正如精神分析師，其工作正是不斷面對情感轉移（transference）的情境中。衡量教師正直與否，就看教師是否能妥善處理此一情境。

　　當考量到內在動機與外在動機之後，我們可以體會，教育實在是一項非常偶發的事業（chancy business）。教師僅能靠其工作熱忱、堅持其教授學科的內在標準，並採取不同的教學方式來配合學生不同特質，以引領他們進入學習之堂奧。有些人受教，有些人則否。教育過程，也正如人類其他活動的討論，唯有在任何情境中皆能盡其在我時，自我的內在價值方能顯現（the wind of the spirit bloweth where it listeth）〔譯注26〕，教育到頭來還是自我教育（self-education）。人們總得充分體會合價值性活動其內在價值之所在，不再仰賴外在動機（有一些作法有助於體會內在價值，但無法確保一定可達成）。或許，最偉大的教育家是那些能在平淡無奇的教育活動中傳遞其價值意義，使內在價值能像靈光一閃的不斷發生在引導學生入門的過程。眾人得以受其感召，共同參與探索不同生活層次的經驗分享，但是我們之中有多少人願意只是默默耕耘克盡其職呢？

＊本章承蒙單文經教授校閱。

第二章譯注

〔譯注1〕
「教育即引領入門」的最初版本是1963年11月，皮德思接任倫敦大學
教育哲學講座時，所發表的就職演說全文，倫大有出單行版，後收錄於
Archambault, R. D.（1965）*Philosophical analysis and education*（London:
Routledge & Kagan Paul）一書中，此一版本，林逢祺已譯出，收錄於李錦
旭等譯，由 J. Bowen & P. R. Hobson 二氏主編的《教育理論》一書（師大
書苑出版，1991）。《倫理學與教育》則根據該文拆成前兩章「教育的規
準」、「教育即引領入門」，更完整的予以論述，文字敘述略有差異，但道
理相通。不過第二章的名稱與就職演說相同，也易引起誤解。當年美國謝
富樂引介《倫理學與教育》美國版時，可能考量到就職演說版的三大規準
內涵已見諸第一章，故逕行將第二章「教育即引領入門」刪除，據聞皮德
思甚為不悅。

〔譯注2〕
按前一章，第一項規準是「合價值性」，第二項規準是「合認知性」，第三
項規準才是自願性。但如果照就職演說的版本，皮德思先討論「教育和內
在目的」（合價值性的論述），繼之「教育與生長」（和自願性論述），最
後才是「教育和認知」（合認知性），就與此相符了。前譯注已指出，這是
因為就職演說版在《倫理學與教育》中拆成兩章，對三大規準的說明順序
不同所致。

〔譯注3〕
有關 Education as initiation，歐陽教譯為「教育即啟發」，林逢祺亦從之。
在此採用但昭偉的建議，因為皮德思雖從教育的字源意之一中詮釋「引
出」之意，但是其不完全同意此一接近生長說的引出觀，。同一時期，英
儒對於所謂進步主義教育人士倡導的「發現」式教學，也有類似的評論。
皮德思等重視的是帶領學生進入各種已然成形的知識傳統，也就是發展
通觀的認知形式。「啟發」在中文意義上，比較接近「引出」之意思，且

initiation也有加入某一會社、傳授祕訣之意。中文有云：「師父領進門、修行在個人。」也大致是皮德思教育規準之意義。由於考量到文內脈絡之流暢，有時也會只譯「引入」或「引領」、「引導」。皮德思教育概念應該受到英國政治哲學家歐克秀（M. Oakeshott）的影響，曾國祥在其著作《主體危機與理性批判：自由主義的保守詮釋》（高雄：巨流，2009）曾引介歐克秀對教育之看法：「教育乃是關涉世代之間的、一種特殊的互動關係（transaction），藉此互動，新來的成員將被引領（be initiated）進入他們所居處的世界。」（曾著，頁216），亦是用「引領」一詞。

〔譯注4〕
英國經驗主義是相對立於歐洲理性主義的傳統。洛克（John Locke, 1632-1704）、巴克萊（George Berkeley, 1685-1753）與休謨（David Hume, 1711-1776）並稱英國經驗主義的三大代言人。不過，皮德思究竟是較為接近理性主義的傳統還是經驗主義的傳統，要看是從什麼觀點。歐陽教曾以「理性的經驗論」就教於其業師皮德思。1990年代以後，英語系世界的學者大致認為皮德思當年倫敦路線的立場，是比較接近理性論的傳統。

〔譯注5〕
斯多葛學派的創始人芝諾（335BC-263BC）重視修身、寡欲的人生價值，伊比鳩魯（341BC-270BC）則認為快樂就是善，雖然伊比鳩魯所指的快樂不單只肉體感官的愉悅，但後世也有人曲解其意，把該學派視為縱慾式的肉體快樂。

〔譯注6〕
聖奧古斯汀（St. Aurelius Auqustine, 354-430），三十三歲受洗，其《懺悔錄》是西方重要文學作品。聖奧古斯汀的宗教思想也具有柏拉圖的色彩。

〔譯注7〕
笛卡兒（René Descartes, 1596-1650），是西方理性主義的代表。

〔譯注8〕
康德（Immanuel Kant, 1724-1804），歐洲啟蒙時代最重要的哲學家之一，以三大批判：純粹理性（處理知識問題）、實踐理性（處理道德問題）、

判斷力（處理美學問題）聞名。也被認為是調合歐陸理性主義與英國經驗主義的代表。康德在《純粹理性批判》中提出，人之所以能獲得知識，在於人心靈中具有先驗的感性形式（時間、空間）及先驗的悟性形式（十二範疇），才得以整理、運作後天的經驗，這些知識也具有客觀性，這也是人類所能認識的極限。本段皮德思的說明，很明顯的是反映了康德的知識論。

〔譯注9〕

Categorical apparatus可譯為範疇機制。Category在康德哲學中通常譯為「範疇」，是指我們憑著感性（時間、空間）及悟性（分量、性質、關係、樣態等十二範疇）的範疇，可以有效整理外在的經驗，代表理解事物的先驗機制。皮亞傑則根據其研究兒童心智，提出嬰兒最先是以「吸吮」（suck）及「抓取」（grasp）二種概念基模（conceptual scheme）來認識外在的世界。皮亞傑雖是一心理學家，其概念基模的理念，受到康德的影響很大。皮德思在本書中也會用conceptual apparatus。譯者認為皮德思在此同時混用著康德及皮亞傑的用語，並未有嚴格學術的意義，為了行文的暢通，均使用「概念基模」。

〔譯注10〕

皮亞傑（Jean Piaget, 1896-1980），瑞士人，是近代最有名的兒童心理學家之一，也是認知心理學的鼻祖，影響英語系世界教育心理學深遠。皮亞傑結合哲學，對人類心智認知發展之說明，也被視為具結構主義的特色。

〔譯注11〕

黑格爾（G. W. F. Hegel, 1770-1831）是德國19世紀的哲學家，略晚於康德，是觀念論的代表，其正反合辯證的概念，對馬克思影響很大。與康德相較，黑格爾更重視歷史所形成的時代精神對個人心靈的影響。皮德思在此援引黑格爾，大致上是這層意思。

〔譯注12〕

馬克思（Karl Heinrich Marx, 1818-1883）19世紀最重要的思想家之一，其思想主張與擘畫的政治、經濟、社會秩序，可算是與啟蒙運動以後西方資本主義的自由世界分庭抗禮。受其影響的共產主義在20世紀二次大戰之

後，異軍突起，與西方國家歷經冷戰等長期對峙。皮德思代表的是英美西方傳統，故在《倫理學與教育》一書中，也會提出馬克思之觀點以茲對照。譯者認為皮氏在文風中，對馬克思思想有不以為然之意味。

〔譯注13〕

萊布尼茲（Gottfried Whilhelm Leibniz, 1646-1716）是近代有名的數學家，他設計的微積分數學符號被廣泛使用。在哲學上，笛卡兒、斯賓諾沙（Baruch de Spinoza, 1632-1677）與萊布尼茲並稱為17世紀三位最偉大的理性主義哲學家。笛卡兒的身心二元論，造成了二元對立的世界觀，斯賓諾沙則是強調本體一元論（substance monism）主張此世界只存在一種本體，即God。萊布尼茲則提出「單子論」（Monadology），每一個單子都有其自身的完整性，但又指向全世界。萊布尼茲並以此比喻我們每個人的心靈，亦復如是。皮德思在此段落中引萊布尼茲之言，當是此義。

〔譯注14〕

以上對知識之觀點應該是來自其同僚赫斯特（P. Hirst）在經典論文〈博雅教育與知識的本質〉（Liberal education and the nature of knowledge）一文。赫斯特認為知識是人類理解經驗的複雜方式，心靈是個人吸收已然客觀化後人類經驗的建構體。若說教育的目的在於健全心靈，並不是去發展一神祕內在的心靈實體，而是藉著知識形式的掌握，使人們能吸收各種概念系統，以理解、反省或更新所處的世界。各種知識繁多，心靈也無法像容受器一樣被動接受或來者不拒。人類透過公共符號將這些經驗系統化後，可以得到不同分化後的知識「形式」（form），這有別於知識「領域」（field）。赫斯特曾界定了7種不同的知識形式。每一種知識「形式」都有其獨特的概念，這些概念之間都有獨特的邏輯結構，這些獨特形式的知識都有判斷其概念或命題真偽的標準。最後，每一獨特的知識形式都有特定方法技術加以檢測。根據其與皮德思合著的《教育邏輯》一書中，列出了：（1）形式邏輯與數學（formal logic and mathematics），在此一領域中，判斷其真偽的標準在於其定理系統之可推演性（deducibility）；（2）自然科學（physical science），其判斷之標準在於感官之觀察；（3）有關自己及他人心理狀態的覺知及理解（awareness and understanding of our own and others people's mind），在此一領域中，獨特之概念是相信、決定、企

圖（intending）、希望（hoping）等；(4) 道德知識及經驗；(5) 美學知識及經驗（aesthetic experience）；(6) 宗教知識與經驗；(7) 哲學，赫斯特在此強調哲學之次元性功能，即哲學探究之內容是以其他類型的知識及經驗為素材。當年倫敦路線皮德思、赫斯特等學者心儀的是知識的「形式」，而非各專業「領域」，與博雅教育或通識教育的理念接近。當然，許多人批評通識教育博而不專，只是導論性質，欠缺知識承載度。皮德思等對教育「認知性」規準的重視，應該可以避開此一指控。事實上，當今許多後現代、後結構論者，仍是批評皮德思當年的教育概念過於重視認知，菁英的色彩太濃。

〔譯注 15〕
科際整合（interdisciplinary）係指不同學科的思考視野可以共同來探討某一領域，也就是一個議題，可以從不同學科的觀點加以探討。這是20世紀5、60年代後，鑑於各學科分殊，部分學者的期許。「互為主體」（intersubjectivity），則是指主體間應該站在對方的角度來看待問題，不要陷入獨斷。在此，皮德思所用的intersubjective也許並沒有上述主張的嚴格意義，但精神上是類似的，學門間之方法和內容是相互關聯的。

〔譯注 16〕
從道德心理學的觀點來看，某個人認為自己某件行為有罪、是錯的，稱為「罪感」，不少西方學者認為，此一罪感受西方宗教原罪的影響，較容易產生道德上的「自律」（autonomy）。反之，「恥感」，則必須要建立在別人對當事人的指責，是外在的制裁所形成的羞辱感。這種看法，流行於20世紀50年代以後，許多西方學者普遍認為東方社會比較強調恥感的制裁，道德教育重視由外而內的制裁，不易發展出學生的自律行為。皮德思在此並未多所著墨及比較，但他所處的學術氛圍，是接近恥感（他律）vs. 罪感（自律）的傳統。兩本1970年代的西方人對東方人道德教育的著作，《中國兒童眼中的政治》及《道德國家》（中譯本俱為桂冠出版社出版）都反映了此一氛圍。我們今天從後殖民的觀點來看，恥感、罪感之二分可能有西方人以其文化為本的優越意識。

〔譯注17〕
勞倫斯（D. H. Lawrence, 1885-1930），20世紀英國作家，最為知名的作品
是《查泰夫人的情人》（Lady Chatterleys' Lover）。在其著作中散見「神聖
領域」的概念。Joy與Raymand Williams二氏於1973年曾編輯《勞倫斯論
教育》（*D. H. Lawrence on Education*）（London: Penguin）。勞倫斯1915年
的小說《彩虹》（*Rainbow*）第十三章描寫女主角烏蘇拉要入大學時，期許
學生都要有入聖地的精神。「神聖領域」字面上有「聖地」之意。兼具宗
教的色彩，大概是指教師期許學生共同踏入學習未知之途，宛如進入一知
識聖地之中，以宗教虔誠隱喻師生共同追逐知識的理想境界。

〔譯注18〕
皮亞傑認為嬰兒最先是以「吸吮」（suck）及「抓取」（grasp）二種基模
（schema）來認識外在的世界，皮氏在此應該是取法於皮亞傑，故譯者乃
將taste（品嘗、品味）仍譯為「吸吮」。

〔譯注19〕
「批判思考」（critical thinking）是英語系世界1960年代以降最重要的教育
目的主張之一。以恩尼斯（R. Ennis）1962年的建構為代表，當時所列舉
的12項評估要件是以邏輯推論為重點。1985年又加了14項批判思考者應
具備的心態。馬克佩克（J. E. McPeck）則重在「運用有效的證據解決問
題」，他認為批判思考不會在真空中進行，也沒有純然的批判思考方法，
批判思考的發生一定聯繫著對象，與皮德思在文中的立場一致。1980年代
以後，部分女性主義學者也認為批判思考反映了男性思考的一偏之見，是
當時學術的盛事。相關的討論見簡成熙（2005），《教育哲學專論：當分析
哲學遇上女性主義》（台北：高等教育出版社），頁325-367。

〔譯注20〕
譯者認為若把initiation譯為「引領入門」，在中文日常用語用的脈絡中，
師父也可以引學徒入門學一些技術，似乎並不衝突。是否initiated into
something，如文中皮德思所言，在英語脈絡中一定不能指涉一些技能或祕
訣，譯者未能定奪。

〔譯注21〕
薩德侯爵（Marquis de Sade, 1740-1814）法國作家，代表作是《索多瑪120天》，極盡性虐待之能事。另一奧國作家馬索赫（Leopard Ritter von Sacher-Masoch），也有類似的作品，以二氏姓名的SM，至今即代表著「性虐待」。

〔譯注22〕
懷德海（A. N. Whitehead, 1864-1947），是20世紀英美重要的思想家，早年與羅素共同致力於數學邏輯之研究，晚期則致力於「歷程哲學」之建構。懷德海有數篇論文，集結成《教育之目的》，其教育的三個節奏，廣為人所徵引。皮德思曾經為文，認為訴諸格言式的教育主張，無法提升教育哲學深度，他點名的就是懷德海。不過，就本書而言，皮德思仍在多處正面徵引懷氏之觀點。

〔譯注23〕
在就職版演說中，本句話是引自昆體良（Quintilian, 35-96），他是羅馬時期思想家，以修辭聞名。在此，則更為朗吉諾斯，希臘哲學家，約於1世紀間，相傳著有《論崇高》（*On the Sublime*）。亦可能是指（Cassius Longinus, 213-273）是羅馬有名的研究希臘文學批評學者。

〔譯注24〕
歐克秀（M. Oakeshott, 1901-1990），英國20世紀傑出的政治哲學家，其自由主義的主張是以保守主義作基底，也被稱為「保守的自由主義」。歐克秀的教育觀，在過世後由弟子富勒（T. Fuller）整理輯為《博雅學習的聲音：歐克秀論教育》（*The Voice of Liberal Learing: Michael Oakeshott on Education*. New Heaven: Yale University Press）。歐克秀認為學習是一種與傳統對話的歷程，也重視博雅教育，影響皮德思教育概念甚深。雖然歐克秀很重視傳統博雅教育的價值，但無論是本引文所述的從事政治活動，或是其他各類活動，歐克秀特別指出，命題類的原則永遠有其限制，無法真正指引實踐。當時的分析學者率多循萊爾（G. Ryle）區分「事實之知」（knowing that）與「技能之知」（know how）說明二者之不同，也提醒教師教各類不同教材涉及不同知識結構應注意之重點。不過，包括皮德思在

內（也包括歐克秀），對實踐智慧的著墨，還只是蜻蜓點水。1980年代以後，亞里斯多德的思想復甦，英國的教育哲學家對「實踐智慧」才有更進一步的探討。

〔譯注25〕

這句話的原文是：「The marksman takes aim but that, in the end, it is God who determines whether the target is hit.」

〔譯注26〕

《新約聖經・約翰福音》3：8。原書為King James版本，原文直譯：「精神之風不斷吹拂。」另通行的版本是：「風隨著意思吹，你聽見風的聲響，卻不曉的從哪裡，從哪裡去：風從聖靈生的，也是如此。」（The wind blows wherever it pleases. You hear its sound, but you cannot tell where it comes from or where it is going. So it is with everyone born of the Spirit），以上見《新約聖經》中文和合本。也代表聖靈精神力量無影無形，自然存在。中文有君子之風，或優秀教師令人如沐春風。皮德思在此除了正文所揣譯的意義外，應該也有教師自然無形，一如聖靈，令人自然如沐春風而受教之意義。

第一篇附錄[1]

「教育」之概念應用於
當代英國之學制

導言

　　迄今，有關教育的起源已經有很多的探討，但對於教育機構
應如何運作的探討則不多見。事實上，想要用一般的術語來談論
這些機構，像是學校、大學等也是非常困難。社會學者可能會很
客觀地，從這些機構在社會中的實際運作來審視其功能之所在。
例如：社會學者會認為大學在一社群中提供了威望的地位，學校
則是發揮社會化與選擇功能之代理機構。但是，很少人會認為這
些通則能顯示這些機構的深意。要瞭解此一現象，我們可以發現
服務於這些機構中的人們是如何看待他們自身。這並不是要我們
去審視其工作之外在目的，像薪資報酬等，也不是要探討其個人

1　本附錄是在成書之後，主旨在於前揭教育之概念後，進一步釐清不同教育機
　構如大學、小學之差異，目的較為侷限。第一章已明確的探討了教育的規
　準，我希望闡明不同學校適用規準的關聯性，以及運用教育的規準評論當代
　教育政策及實務。因此，本附錄對於前面主要論點及相關哲學討論，不再贅
　述。讀者若已掌握前章對教育概念之旨趣，卻沒有興趣瞭解當代英國教育機
　構者，可以略過本附錄。

獨特之動機，像是滿足支配欲等。薪資及支配欲也同樣見諸警政當局，如此並無法區分學校、大學與警政當局之差別。捍衛法律、維護公共秩序的相關標準，明確的勾繪了警政當局作為一機構之獨特性。警政當局之人員必須有這種體認，才能解釋其行為。較簡要的個案則是像「基督徒知識促進會」（Society for the Propagation of Christian Knowledge）一樣的機構，其明確的目的提供了此一機構本質之所在。

P. 64　　大學或學校卻不是這樣一個明確之機構。因為其成員擁有各式各樣的方式去審視其所欲為之事。他們可以建構不同的教育目的，有時這些教育目的觀在特定的教育機構甚至是互相競逐的。我們將簡要探索這些可能的現象。

第一節　大學

　　舉例言之，若前面對「教育」的分析，大致是循正確的路線，就會認為大學應該是培養菁英（*par excellence*）之場所。但這只反映了許多大學教授們對於大學之原初（naïveté）的看法，他們認為大學的本質是追尋各種不同形式之真理。教育，根據本書前面的看法，至少涉及有意的傳遞這些合價值性的活動。許多學者及研究同仁卻認為其他人的教學與其心儀的大學不發生關聯。當然，在真理追尋的過程中，這些人要參與聽講，也不會有壞處。真理的追尋方式繁多，其中重要的是同事間的公共討論與出版研究發現，這些都較少涉及教人[2]。

2　為捍衛大學此一追求真理知識的概念見 Griffiths, A, P., 'A Deduction of Universities,' in Archambault, R. D.（Ed）, *Philosophical Analysis and Education*（London, Kegan, Paul, 1965）。

　　上述大學的理念確實可能存在，但英國與美國對於大學的看法並不如此。大學不僅僅在追求各種不同形式之真理，它同時也賦有教育──多多少少引領他人入門於真理的追逐。但是一旦認可大學是關注教育，就會開啟一壯觀的願景，因為通觀的認知力將得以盡情開展，這是所謂「教育人」的特徵之一[3]。承認大學對教育的關注，也更容易鼓舞對各種思考和認知形式的探索。當然，特定重點在大學仍可占有一席之地，像早期的牛津大學貝利奧學院（Balliol College）[譯注1]，專注在道德的覺察與社會的良心，它或多或少**先驗**地隱含著，道德的覺察可由某種學術鼓舞。史諾（Snow）與李維斯（Leavis）至少同意一件事，即道德的感受性能夠且應該被一些追求明確無私的知識形式所鼓舞；在此種理念下，他們不同意文學和科學兩種文化對壘的好處[譯注2]。　P. 65

　　很明顯地，如果「大學」的概念中涵蓋了「教育」的意義，這將對大學發展的優先性有重大影響。以美國為例，不同機構類型的大學各有其不同的教育重點。博雅文理學院（Liberal Arts College）重視的是「全人」（the whole man）教育；研究所及技術學院則重視知識的拓展。然而，近年來英國大學關注的重點除了研究外，也在於我們所限定過的教育之理念，即引領學生進入不同高級知識學門的內涵中；但是，這些學校就其所宣示較廣泛的教育界定，其辦學重點也有很大差異。有些大學同意次要的學科進入大學殿堂，也頒授聯合（joint）及一般的學位；有些大學則認為教育人的全方位理解形式，是不經意地逐漸從大學交誼廳中非正式的交談而形成；另有些大學則設立專業訓練和技術的學院，企圖在訓練的過程中以某種特定的方式來教育學生。不過，

───────────────

3　參考本書第一章第三節（b）單元的說明。

這些大學總是很快地以追求真理的角度掌握關注的重點,並引領其他大學傳承之。這為科技與教學提供了一明顯的脈絡。

如果我們把前面的「教育」看法加以擴展,就不難理解「教育」已經成為「大學」概念的一部分了。因為概念常因其所暗示的事物之累積而拓展。一位頭腦清晰的人常靜下來重新思索問題,所以概念拓展不會常發生。但是因為經濟與社會的變遷,及其伴隨著社會的壓力,會產生穩定、潛移默化的影響,而發生概念的轉變。在過去數十年來,大學受著「擴增」(bulge)與「趨勢」(trend)之壓力,而產生史無前例的改變。自從1939年起,英國的大學已增至原先的三倍,八所嶄新的大學正在興建之中。這種擴增配合著特定形態教育之要求,已整合了科學、技術、專業的訓練,對教育形成了更多元更廣泛的要求,已與特定學門的

P. 66 專才訓練有別,換言之,也就是所謂「全人」的發展。

《羅賓斯報告書》(*Robbins Report*)〔譯注3〕可算是反映了這些不同壓力的官方文件。在「高等教育目的」一單元中[4],雖然也陳述了許多混淆及華麗的口號,但至少表達了高等教育面臨的壓力所在,它將「適合於勞力分化的技能教學」擺到檯面上。再者,它啟示人們在發展職業教育時,應重視「心靈通識能力」(the general powers of the mind)的提升,為「實務技術」奠下完好的理論基礎,以陶冶「文化人」(cultivated men and women)而非僅只是「專家」(specialists)[5]。只是當該報告書的作者們提到第三個目的時,才呈現出大學更為核心之目的在於學習的促進,以及

4　*Higher Education*(London, HMSO, 1963).

5　換句話說,它合併了第一章「教育的規準」中第三節(a)認知與理解與(b)通觀的認知之區別。不用說,這些「需求」的意思當然大異其趣。

對於真理無私的追求。

因此，《羅賓斯報告書》隱含的要求，是期待引領大學能循著這些壓力來形塑「一所大學」之概念，特別是針對新型大學的案例。但是，當我們檢視報告書的具體陳述時，發現它們並沒有符應這樣的期望。這份報告書反而暗示著，大學在考量知識的促進與實務應用的同時，卻是因為壓力的因素，才轉而致力於學術上的特定安排與布局。

權宜的方案之一是要變革傳統大學學院與科系之組織，因為傳統的組織比較不利於不同學門之間的合作。改革後希望不同學門間之師生都能夠每日交流，以促進「全人」（wholeness）的發展，這也被視為是「受過教育之人」重要的特徵。另外的努力之道是加開各種「博雅基礎課程」（broadly based courses）或第一學年的課程（像契爾〔Keele〕大學的「基礎年」即為顯例），使中等學校與大學得以順利轉銜。奇怪的是，沒有大學打算一開始就進行專門化之訓練，而是等到第三年度才加廣設立通識課程；其實這樣做的話，就**教育**的理由而言，反而更符合理想。

一般來說，大學校院為了預防過早專門化之危險，在課程 P. 67 的規畫上採取了兩類型的權宜之法。第一種方案是鼓勵或強迫學生選習兩種以上之主修學科，並且到進階程度，契爾、約克（York）、蘭開斯特（Lancaster）以及華偉克（Warwick）等大學均如此。第二種方案比較激烈，它徹底的將「大學」之概念導入「教育」的方向，從某些領域（field）開始，逐漸形成多種學門的共同探索，也就是從不同學門之多種觀點來建構本身領域之專門性。之所以如此，一部分的原因在於許多新興的研究領域都跨越其邊界而不再壁壘分明，例如：化學和生物、社會學和歷史等。另一個原因是針對過去聯合學位之批評而改良（如：牛津之哲

學、政治學與經濟學〔PPE〕和心理學、哲學與生理學〔PPP〕；
倫敦大學之普通學士學位〔BA General〕，如哲學和經濟學、哲
學和心理學等）。這些學門根本就沒有互相配合，即使有，也沒
有收到互相配合之效。薩塞克斯（Sussex）、東安格利亞（East
Anglia）、伊薩克斯（Essex）等大學採行此種模式。肯特（Kent）
大學的學位一（Part I）也採取此一模式，至於學位二（Part II）
則採用第一方案。

　　「教育」也涉及引領下一代提升生活品質的**方式**（*manner*），
新大學都很重視「引出」（leading out）的層面，許多都設立「導
師制」。約克大學正發展一種學院基礎式之做法，將學院視為師
生社會及智性生活的中心，重視學生住宿適應問題，及教職員工
生共同參與大學治理。簡言之，如果只是點綴式的切合時代，或
致力於傳統美輪美奐的學校建築，不見得能增益大學的文明氣
息。不過，這些都有賴機構的安排與物理環境的規畫。

　　　迄今，與其說英倫有一種嶄新的「大學」概念，不如說是現
有的大學已導入「教育」的概念之中，同時，也希望不致損害知
識的進展。但是這些機構卻有它們自己的邏輯，其發展常受制於
P. 68　內在緊張與外在壓力，而違背了原先創始者的明顯意向。許多機
構上與觀念上重大改變已經在運行中，即使其主事者並不自覺。
例如，伴隨著《羅賓斯報告書》的大學改革。到底這些大學新措
施的方向，已決定了其「大學」概念的改變，或者是成為另一種
博雅文理學院，依然有待觀察。而這些改變對大學未來在品質確
保的提供上非常重要。

第二節　技術學院與技術專科學校〔譯注4〕

大學的本質在於不具利益地追求各種形式的真理，並引領他人共同追尋。雖然當代的英國已備受壓力而朝向在大學中融入教育之概念，不過，英倫的大學卻致力於儘量不損害大學原有的本質。其關鍵問題是重點要置於研究與教學之上。

當代另外一個要求則是大學不在於其教育性，根據波頓公爵（Lord Bowden）的觀點[6]，也不是要回復大學傳統上以學習為中心，追尋真理之本質性功能。而是取法類似美國之「酪農學院」（Cow-College），以形成「知識工業」（knowledge industry）之中心，大學應像麻省理工學院（MIT）及加州理工學院（Caltec），為社會的實際問題之解決，提供學理的依據。

很少人會質疑這些技術學院的價值，但是大可不必把它視為大學之典範，現在許多以「技術學院」（Institute of Technology）為名的學校即以此為號召。事實上，在英國已有許多大學整合了大型的技術學院。像薩塞克斯與蘭開斯特大學等。而一般「高級技術學院」（Colleges of Advanced Technology）也都被授予與大學之相同的地位，如種種學位授予的權利。無論稱它為「大學」，或是「技術學院」，端賴其追尋實際應用知識的程度。

這種機構是否是教育的機構仍有相當的爭議，因為它們重視 P. 69 實際需求，但並不如波頓公爵所稱的不關注教育。以麻省理工學院為例，其頗自豪人文學院，哲學與物理學齊名，所有學生必須花費五分之一的時間在人文學科上。這鼓舞了同學去追尋基礎原理，以別於純技術的技能之知。《羅賓斯報告書》特別強調此

6　於1964年12月在倫敦大學伯貝克學院（Birkbeck College）之演講。

優點，報告書說：「健全的高等教育的鮮明特徵是，即使它重視
實際技術，學校將技術知識置於一通識性的基礎，更可以運用
在許多問題上──從多中擇一，從特殊中尋得通性。」[7]這也意味
著「全人」之發展，涉及「教育」中通觀的認知力。當然，如何
在技術的脈絡下達成全人之功能仍是一個爭議的問題。在新大學
中，要如何充實學生更廣博的素養，有三種看法。第一種是鼓舞
學生，或多或少發展一種不同於技術關注的人生觀，開設各種文
學、歷史、哲學等課程，供學生選習。第二種是整合不同學科成
一領域，像科學史、科學哲學等，以別於單一的學科。第三種看
法是將這種博雅的態度視為相互對話（conversation）的結果，
而不透過課程來達成。持此觀點的學者特別反對單獨設立技術學
院，他們認為技術學院應合在一般大學之內，提供不同領域的學
生彼此接觸的環境，可以互相激盪，使其孕育出為學問而學問之
情懷，彼此蒙受其益。

　　第三種觀點是把英國區域性技術專科學校（regional Technical
College）視為一教育機構，這引發了對其未來發展的重大爭議。
當此之時，前述觀點並沒有像「高級技術學院」一樣只專注在特
定技術，其學生可以拿到倫大校外學歷與技術文憑。這也似乎假
定了高等技術學院逐漸獲得了與大學相等的地位，或與新大學或
既有大學整合。然而，最近官方又宣布要發展高等教育的雙軌系
統（binary system），使前述發展陷於停頓。授與學位的另一途徑
是由國家學歷頒授委員會（Council for National Academic
Awards），為區域性技術專科學校學生提供學位，也兼及地區性

P. 70

7　Higher Education, *Report of the Robbins Committee*（London, HMSO, 1963）, p. 6.
　　想必這涉及到本書第一章第三節(a)所提及之「教育」的規準。

技術專科學校（Area Technical College）、商業技術專科學校等，這些都在地方教育局的控制下。這種整合得以保存技專院校與地方社區之間的聯繫，特別是諸如「三明治課程」（sandwich courses）、夜間制、部分時制的研修等。當然，這些技專院校大部分是非住宿式，我們期待這些學生能覺得自己與一般大學生「沒什麼不同」（parity of esteem）。他們與一般大學教育上的差異僅於更接近商業或工業等的實際面。而一般大學由於有了其他高等教育形態的競爭，更可蒙受其益。廣大的學生在大學教育緩慢擴張的制度下，也將比從前有更多獲得大學文憑的機會。之所以造成這種改變主要還是受到經濟的必要性。大學的經費需求遠多於技術專科學校，而國家的經濟發展力也有賴技術人員的大量培育。不過，要以這樣的理由來裝飾職業教育實在令人遺憾。技術或職業教育由地方教育當局司其責則有其理由。但是當高級技術學院（CATs）正轉型成大學且一般大學已非常注重職業訓練之時，這種論點特別令人覺得奇怪。而所謂「相等但不同」（equal but different）的論調也說明了現代中學（secondary modern school）前景的不樂觀。因為不管怎麼說，沒有人會真正把由國家學歷領授委員會所頒授給區域性技術專科學校畢業生的文憑，看得與一般大學文憑同等地位。如此一來，在高等教育層級也造成了次等公民，就如同1944年教育法所造成的次等中學生一樣[譯注5]。

　　事實上，若侷限「大學」之概念，而排除那些涉及較少研究 P. 71 意味的機構，或明確把「大學」視為眾多高等教育機構形態之一，都可再加以探討。不過，人們不加深思的視大學教育的擴張為高等教育二元體系的另類發展，則會模糊了重要的爭議。大學教育的擴張，不僅要考慮不同程度學生的自我評價認同度[譯注6]，也必須考量大學所提供的設備在於「教育」學生，而不僅只是

「訓練」他們而已[8]。這些學者認為大學提供一相互接觸的人性化社群，就如同中世紀大學學者們的社群典範。他們也提供那些能持續人文關注的基礎科目，這些科目正代表著人類理解其周遭環境的根本方式。與此相反，技術學院的學風是學生之間見面機會少，無緣與思想大師接觸，研習的學科不是根本原則，而是短暫的應用，諸如：會計取代了數論，美容取代了化學。簡而言之，學者們是在教育的基礎上論述大學的擴張，而沒有深究大學的本質是否是教育。

　　這當然是弱化了討論的例子。我們無法主張這類教育環境是住宿型大學的獨特性質。從某一方面看來，有些大學已喪失其生機。講課已淪為大規模的班級教學，而沒有隨後的導生討論或小團體研討會。能鼓舞心靈活力的物理條件與智性傳統已不復存。大學就如同超級市場，知識任君選購。在另一方面，有些非住宿式的教育團體，如：莫瑞學院（Morley College）、沃森斯托教育中心（Wathamstow Educational Settlement）〔譯注7〕，主要是為非全時制的學生而設，卻成為智性刺激、相互激盪的活潑學習中心。住宿本身對大學而言，不一定能直接有助於教育。假如技專院校能提供有助於共同生活的適當設備，這種非正式教育的效果沒有理由不會在非住宿技專院校滋生。同樣地，導生制、研討會，以及依據學生興趣的書面作業，這些都與教育的「引出」層面息息相關，並沒有完全在大學之內進行。若純粹從教育的規準來看，我大膽猜測，勞工教育協會（Workers' Education Association）及導生班補習運動（Tutorial Classes movement）已在英國證明了其

P. 72

8　請見 Niblett, W. R., 'Expansion and Traditional Values,' in Reeves, M.（Ed.）*Eighteen Plus*（London, Faber, 1965）。

為最成功的教育企業之一。然而，這些非全時制、非住宿型的機構，其教室常常沒有適當的物理條件。勞工教育協會及導生班所堅持的教育規準，也同樣能被區域性技術專科學校裡富想像力、堅持正確方向的教育人員持守。

在這些機構不缺乏使**教育**成為可能的條件。這並不是要去區分非住宿教育中心與大學的差異。根本的差異在於許多人缺乏擴展知識的雄心，無法被視為該領域之權威。大學，被視為是學者們和研究工作者的集合，這些高級人力以引領學生進入真理之追逐為己任；而區域性技術專科學校，強調教學更勝於知識的擴展。

大學與技專院校進化的邏輯進程，應該如同過去所採取的方式。技專院校應與既有的大學做更緊密的配合，就如同過去與倫敦大學校外學位配合一樣。不過，各技專院校應以附近地緣因素為考量，不至於加重倫大的負擔。當這些技專院校有合理比例師資，對知識拓展之關注如同教學一樣已到了相當的程度，則可改制成自主的大學而自行授予學位，或與其他大學合併。這樣的進化形態可以避免許多在「二元系統」下華而不實的缺失。最明顯的反對，或許在於其修業年限與大學的保守態度等。不過，現在最危險的觀念是視教育為一種「調節」（escalation），即教育的發展主要受制於經濟的考量。雖然量多並不一定質劣；但教育的決策若受到經濟的左右，則這種現象真的會發生。問題不僅在於增加社會上教育和訓練之量，而是要透過一些方式致力於其質的提升。

第三節　教育學院

P. 73　　　教育學院也是高等教育進化類型的典範，有些教育學院是接受「教育與科學部」的直接補助，有些則隸屬地方教育當局。在過去，他們也被稱為師資訓練學院（Training Colleges）〔譯注8〕，修業年限僅有二至三年，除了師資訓練外，也非常重視教育本身[9]，其名稱在「羅賓斯委員會」（Robins Committee）建議下改名[10]。教育學院一般是住宿制，很強調導師制、討論會與自我指導，這些通常被認為是大學的特權。所以教育學院既是訓練機構，也是教育機構，但是由於研究的缺乏，使得教育學院被排除在一般大學之外。

　　二次大戰後，人們逐漸體認到，教育學就如同政治學一樣，涉及實際的活動，需要扎實的理論基處。如果缺乏對心理學、社會學、哲學和歷史學的研究，所有決策與實務將充斥著直覺、偶想、迷失與偏見。大學中這些學科以較精進、學術的方式研究，教育學院與大學整合的需求更為明顯。1944年的《馬奈報告》（*McNair Report*）〔譯注9〕擁護師資訓練學院與大學的整合，這使得大學設立教育學院（Institute of Education）以執行審議大學鄰近社區師資訓練學院，共同規畫設計學術活動，並作為研究及進階課程的中心。羅賓斯委員會在1963年則提出更名的建議，已如上述，也曾建議在師資訓練學院第四學年之後，挑選學生進入大學就讀，頒授教育學士學位（B Ed degree）的可行性，也建議地方當局將師資訓練學院的行政與財政控制權還給大學的教育學院。

9　請參照本書第一章第三節（c）部分，以及頁99。

10　相關闡述請閱第四章第四節。

1964年工黨執政時，推行了《羅賓斯報告書》的前兩項提議，但承受地方當局的強大壓力，而規定「**目前**」（for the present）教育學院的行政和財政仍不受大學管轄。這種決定使得教育學院其學術安排獨立於其財政和行政的控制之外，而這一切並不令人意外。

　　如果說「目前」一詞代表著教育學院終將成為大學的一部 P. 74
分，那麼這種暫時的限制（指教育學院之財政和行政由地方當局而非大學控制）則可以忍受。由於各大學中的教育機構的研究發展相當不一致，所以這種緩慢的進化也符合邏輯。教育學士學位的頒授，加上日益強調的教育研究，應該有助於提振教育學院中的學術標準，並能使教育學院的講師不只是培育師資，同時也負有增益知識的使命。這也是教育機構能否併入大學的重要指標。不過，如果教育學院有堅實的師資，在學術上融入大學之中，但又受制於地方教育當局的行政和財政控制，就非常不合理。我們可以歸結，造成最後結果的原因不是由於邏輯和教育的考量，而是受制於權力和威望〔譯注10〕。

第四節　中小學

　　不是所有的學校都關注教育，對許多學校來說，教育不是唯一的關切點。舉例來說，駕駛學校與高爾夫學校，教育所占的比重就不大；即使是許多關注教育的學校，也同樣遂行選擇或生涯訓練的功能。這些學校在現代的情形下，都代替了原先家庭的功能。學校裡甚至有校醫和牙醫進駐，學校也會掛心學童的飲食與衣著。對學生而言，學校更可類似孤兒院般地取代父母。換言之，學校必須同時兼顧國家與個別學童的利益，不可能只關注合

價值性事物的普遍追尋[11]。這意味著學校關切的事物中，有些可能只有工具性價值，另外則涉及不同學生的興趣與能力殊異的合價值性事物。雖然很少有人會爭議這些活動的本質應該是教育，但我們仍不應忽略學校這些附屬性的活動。

P. 75　　從盧梭（Rousseau）以降，許多兒童中心本位的教育工作者都會強調教育的每個階段都有其價值，成人不能把自己的價值強加在兒童身上。這種看法其實很難說有重大意義，因為教育必然涉及引領兒童進入我們所認可的價值世界中。不受教育，兒童根本無法評價與選擇。再者，價值有其普遍性，不會特別針對兒童而非成人[12]。差異在於對兒童的早期受教育階段而言，價值性事物有其限制，必須以較簡單而非複雜的方式，才易於為兒童接受。兒童欣喜於一艘製作精良的小船，不被說理性的論證所驅動。兒童中心論者可能會警告執著於理性論證的成人們，不要忽略內在於兒童心中欣喜於小船製作的價值所在。

　　上述對兒童中心的詮釋，是一種良善的建議；不過，如果它助長了教師們在小學階段放棄其工作，沒能與更廣泛的教育觀念相契合時，就成為有害的建議。我們曾論及，教育的目的有其內在性，受過教育者也，正代表著對諸多層面的強調。如果小學教師們沒能真切體認「教育人」的意義，他們日常的教學工作必定殘缺不全。所謂教育人，是指能追求一些本有合價值性的事物，其知識和理解不是呆滯的，也不會淪為窄化專門的理解。中小學涉及不同發展階段中，不同成就面向之所在。

11　請見本書第五、六章對此區分有更詳細的說明。

12　請參考本書第三、五章兩章。

（a）小學

　　教育的第一個階段持續到年滿六足歲[13]。主要關注於兒童探索外在世界的態度、明確區分人我的不同等。包括在時間、空間的架構下，各種事物的性質得以凸顯、命名。兒童從願望、恐懼和想像的結果中，區分因果與目的——手段式的連結。意識的諸模式，諸如認知、願望、情感等所涉及的對象，在公共世界中必須加以分化。在智性的發展過程中，概念的形成是重要的階段，　P. 76　有關概念基模（categorical apparatus）[譯注11]的發展（見諸第二章第一節）。若沒有這種發展，社會和情緒的發展也將是空的。兒童期待的外在事物，必須同時學到運用適當的方法來獲得。同樣地，對真實環境的評價與情感，兒童也必須同時學到對情感的因勢利導與控制。無論是對自然世界或人與人之間的種種願望與情緒反應，必須逐漸形成標準以內化到兒童身上。此一階段的兒童與同儕之間並沒有形成很緊密的社會連帶關係，其自我意識的認同逐漸從他依附母親中而浮現。兒童必須藉著等待轉型與分享的過程，學到他是屬於同儕團體的一分子。

　　兒童教育在最初的階段，最重要的是他自己的活動，特別是其遊戲、想像與對父母的認同，而最重要的莫過於交談。一般人都認為兒童自行摸索和探索其環境的活動，本身就能強化種種教師們所認可在此一階段中，兒童應該發展的概念，但這似乎忽略了引領入門的社會層面[14]。兒童種種自我導向的活動，唯有不斷伴

13　本章對小學年齡的設定只是取個概覽，當然允許有個別差異。本節的論述也　　涉及許多爭議的心理學假定。它代表著對一般教育理論的評論，不僅僅只是　　企求去應用「教育」的概念。

14　請見本書第二章第二節。

隨著成人的說明與交談，才能發展出可欲的概念。很明顯地，兒童的這些活動有助於其動作發展並提供其滿足感。也常有人強調其對兒童情緒發展的重要，特別是佛洛伊德派的學者們。而當代的智性發展以及對「具體操作」（concrete operations）的日益強調，這些都假定兒童可以靠自己獲得概念。當然，良善的觀點應該執兩用中。概念的獲得必須靠交談與說明，且必須提供具體的例子以說明概念所適用的情形。如果沒有適當的經驗，概念本身並無意義；但是經驗本身若沒有語言的篩選區分，也將是雜亂無章。經由語言的學習，兒童的概念基模才得以發展，這需要不斷系統引導的交談才得以完成。

如果兒童在年滿六歲的教育重點只是如上所述，似乎並沒有很堅實的理由要兒童一定得入學，因為諸如交談等都可在家中進行。唯有在兒童需要接受閱讀書寫等教育時，才必須就學，這些讀寫的教學技能有賴專業人員，很少父母能具備。這種說法可供探討之處還很多，特別是在教師短缺的時候。事實上，英國是世界少數兒童五歲即行入學的國家，更增加了其理論的說服力。對於兒童年紀輕輕就入學，還有一項堅實的理由就是許多家庭的設備不敷早期兒童教育之所需，**往後兒童所面臨的諸多問題**，都有賴專門的人員來處理。以上都是兒童必須提早入學的教育論證。經濟或社會需求的考量常會強調母親應提早從育兒等家庭責任走出，故也贊同兒童提早入學，但有關兒童提早入學的教育論證與建立在經濟或社會需求層面的論證方式仍是不同。

P. 77

對於提早入學的二種教育論證仍有很多方式能加以探討。許多英國家庭正處於文化貧乏（cultural impoverishment）中，此一現象值得一提。在這些人口中有占很大百分比的家庭是處於貧困擁擠之中，致使其兒童在早期發展階段無法獲得豐富多樣化的環境資

源,特別是兒童賴以模仿的語言。柏恩斯坦（B. Bernstein）〔譯注12〕的研究顯示,此類家庭的兒童,由於所模仿的語言有限,甚至於其概念基模都無法健全發展[15]。更由於這些家庭的社會控制方式（教育方式）是傾向於隨意、錯誤與高壓獨裁,不會去重視個別兒童的特性,所以其道德和情緒的發展也可能受到阻礙。最後,這些家庭的兒童也欠缺與其他兒童共處的機會,那正是健全社會發展所不可或缺的歷程。如果早期的學習真的像心理學家說的那麼重要,那盡可能的要求處於文化貧乏家庭的兒童即早入學,也就有堅實的理由。然而,此項論證的精神在於學校必須提供種種設備,使明智且語文清晰的教師們能得以監督兒童的探索和語言活動。團體中兒童的人數不能太多,務使他們互相之間能有充分的交談與豐富經驗交流的機會。在我國許多幼兒學校（infant schools）裡,班級人數仍太多,上述的想法仍是烏托邦夢想。

假設兒童已在很小的時候就入學了。到底何者對其日後發展最為迫切?何者是一般家庭無法自行提供而有賴教師加以引領入門的呢?我們應該要更清楚的,強調那些對於兒童日後逐漸要學 P. 78 習的思想模式至為關鍵的種種概念。換言之,布置兒童的學習環境不能隨興,而是要以很自然的方式逐漸引導兒童進入更嚴謹而複雜的探索之途。此一階段對兒童同等重要的是態度和習慣的發展,否則兒童日後將無法自行進入合價值性活動的領域中。這些都是兒童普遍性發展趨勢的一環,兒童據此能探索外在環境,並逐漸形塑、熟悉,或操縱外在的環境。在這些發展趨勢中,兒童

---

15 參閱Bernstein, B., 'Social Class and Linguistic Development,' in Halsey, A. H., Floud, J., and Anderson, C., *Education, Economy and Society*（New York, Free Press, 1961）。

一方面能學習到決定何者是對的、發現真理、瞭解事物真相的基礎；在另一方面，兒童也能體會到完成事物的驕傲，以精確認真的態度處事，如果沒有這些態度，他們將無法成為「教育人」[16]。兒童必須從父母師長那兒，學到不同發展階段中父母師長所堅持的標準，未經指導的探究活動無法成就兒童的學習成果。

　　當今許多人都強調兒童自發性的好奇心，以及自行發現事物的重要。這相較於老式教育方式要學生坐好，只管專心聽講，而不管其是否能引起學童興趣的做法，的確值得令人喝采。不過，若認為光靠兒童自行發現就能教好兒童，也值得商榷。這不只是在大班級設備有限之下，發現式教學不可能落實，也必須正視到兒童的好奇心是散亂恣意之事實。兒童之好奇心常會無疾而終，也受制於個別差異。兒童其實必須發展一種較嚴謹的好奇心（disciplined curiosity）。成人的認可與典範扮演吃重的角色。我們心儀的教育人，是有其內在動機。他是受到內在的引導而追求合價值性之事物。不過在早期發展，他也必須受從其他已有內在為求知而求知的那些人身上，才能捕捉這種態度。與這種嚴謹好奇心的發展相關，當今許多人擁護「發現」式教學方法（discovery methods），即使在幼兒學校及初級學校也不例外。但是兒童常忘了他們「發現」的事物，甚至常常持續「發現」相同的事物，他們更常發現錯誤的事物[17]。在擁護自我導向的美德時，若是忽略了練習和精確的重要性，是不智的。

16　參閱本書，頁37和頁60-62。

17　請見 Friendlander, B. Z., 'A Psychologist's Second Thoughts on Concepts, Curiosity, and Discovery in Teaching and Learning,' in *Harvard Educational Review*, Vol. 35, 1963, No. I。

　　或許，出於對「形式主義」（formalism）的反動，但強調
「創造力」或是實質塑造（moulding of materials）的想法似乎也
過了頭〔譯注13〕。自我表達在治療意涵上誠為重要，但教師絕對不　P. 79
是治療師。教師們的工作是要使兒童能愉快的創造符合適當標準
的事物。若不透過練習，將無法獲致精確的要求。在老式教育的
年代裡，兒童總是被要求正襟危坐、努力學習去除惡習、勞作畫
畫、練習書法、學習算術等。擁護自我導向式教育雖出於對老式
教育之健康反動，但也常流於忽略標準，未能正視練習與基本技
能的學習。對兒童而言，在小單元的「課堂習作」（lesson）中，
以更個別的探究和創發形式來教導兒童練習這些基本技能，的確
是可以、必要且是可欲的。

　　我們對於「進步」取向的教育觀，是抱持修正而非批評的態
度。應該持著理性、實驗的立場加以正視，太多的人是用運動或
是訴諸情緒、意識形態的方法來推動。好教師在孩童學習的過程
中不會運用「形式」的態度，全然把孩童視為聰慧的海狗，或視
為一排排待傾注的瓶罐。也許教師僅僅是強調教導（instruction）
的價值。不過，教導也是一多樣態的概念（polymorphous
concept），包括多種事物，諸如提問關鍵問題、暗示學生、建
議，將學生的興趣導入實際的學習活動等，即便是「進步」取向
的教師也常運用這些方法18。不過，他們卻常諷刺所謂的「形式」
的教學，總是將其視為一「機械式的學習」（rote learning）。

　　英國小學班級的實際情形是一班人數超過四十人，且校園腹
地相當侷促。我們對於幼兒教育的觀念深受福祿貝爾幼稚園的理

18　請見 Gardner, D. E. M., and Cass, J., *The Role of the Teacher in the Infant and
　　Nursery School*（Oxford, Pergamon Press, 1965）。

念影響，而福氏的理念中，幼兒活動的分組以不超過二十人為原則。福氏的幼稚園以及英國的先驅蘇珊・伊薩克（Susan Isaacs）與朵拉・羅素（Dora Russell）等所創辦的學校中[譯注14]，其子弟都來自上流家庭，對兒童本身的智力與態度都有顯著的影響。要把這些貴族學校的教學方法應用到一般幼兒學校，其班級人數多且許多子弟來自文化不利地區（或是日益增加的移民人數），的確會衍生許多的問題。在這種條件下，要尊重每一位孩童的興趣，考量每一位兒童的認知或情緒發展的階段，以及根據孩童自己的看法來獲得可欲的習慣等，都非常的困難。就認知發展 P. 80 而言，不斷的學習新字彙雖是必須，但衡諸實際的條件，卻也無法在照顧每一個別兒童的基礎上來設計。**當然**，絕對不能退回老式的大編組和擁護死氣沉沉的學習方式，而是要教師體察到在現有的條件下，應培養一種務實的折衷態度。小學教師所面臨的問題，其實就是教育理想如何落實到學校機構的問題。這需要教師們掌握原則，並具備靈活務實的態度。教師們這種務實的奉獻智慧不是任何祕訣或意識形態的陳腔濫調所可取代的。

如果有人今天疾呼在小學階段應強化讀寫能力，可能會被譏為冒失。不過，當兒童投入時間去探索其周遭環境且學到去完成其作業時，他必定能獲得這些基本的工具技能，以便能擴展和累積經驗，並學到如何去控制和表達其經驗。約在八歲左右，兒童開始以更細緻分化的方式探索外在的世界。數學、基礎科學、歷史、音樂、藝術、地理、宗教的知識等逐漸以一種「學科」（subjects）的方式在課程中呈現。此時的兒童是典型的亞里斯多德式學習者，他需要豐富的經驗，無論是第一手的，或是透過書本及視覺的輔助器材等，以各種分類基模（classificatory schemes）去組織其經驗。此時的兒童能夠接受更多形式的教

導；他們渴望事實並擅於記憶。「同儕團體」逐漸形成，這使得合作和各項團體方案在教育情境中扮演更重要的角色。教室也起碼變成了亞里斯多德式的萊西姆學園（Lyceum），而兒童也逐漸發展成道德的自律形態，這也標示了康德「目的王國」（kingdom of ends）的初步到來[19]。

在初等教育的後期，對於「教育人」的重要特質，自我導向和內在動機，當然要同等重視[20]。但這不意味著要犧牲一些價值如精確等，也不是要放棄「記憶事實」、「獲取知識」等。1931年的《哈朵報告書》（*Hadow Report*）有助於在教學時強調「活動」、「經驗」等的重要，鼓舞教師重視兒童的興趣以避免教導呆滯的觀念。不過，時至今日，忽視知識的價值也形成了巨大的危險。除了知識本身的價值外，處在高度工業化的社會，若沒有相當的 P. 81 知識，個人也無法存活。另有些人也有同樣奇怪的想法，他們認為兒童可以不必知道科學知識，仍可擁有所謂「科學方法」。他們混淆了「自己做做看」的態度和嚴謹的實驗。就好像要鼓勵兒童去批判，卻不提供任何具體待批判的事物；或者是要兒童根據自己的道德原則去「抉擇」，但卻不提供道德規則的堅實基礎。這些道德原則的基礎可以使學生明瞭道德是何物，也能使學生生動的體會，在具體的情境中，他們必須區辨道德規則之間的衝突。知識的獲得與探究知識的態度同等重要。我們曾提及，這兩者都是「教育人」的特徵。

在初等教育的末期階段應該重視各類型分化的系統知識，否則高談「理解原則」或發展批判和探究的心靈都是空話。但是，

---

19 見第八章譯注9之說明。

20 參照第二章第五節。

知識的獲得不能打擊好奇心與兒童的興趣，必須以啟迪兒童自行求知的方式來進行。教育的全盤目的是要使兒童**進入**（on the inside）我們所謂的文明生活形式的各種活動和認知的知識形式中。

　　將小學視為一教育機構，還有四點值得我們加以正視[21]。第一點是：與中學相較而言，小學的功能更加廣泛，由於兒童能力上的差異，加重了我們對兒童生活上各種層面的照顧。以保育學校（nursery school）為例，它位於初等教育的一端，與托兒所（day nurseries）不同的是，保育學校仍以其帶有教育的意義而自豪，老師仍必須花費很多的時間在兒童的盥洗、服裝與飲食的照顧。另一端則對應於中等學校，諸如盥洗等事，中學老師通常直接委之於學生。小學剛好居於此兩端點之間，小學老師們在兒童「社會化」的廣泛過程中所給予的關注有極大的不同。

　　再者，小學教師必須關注兒童的健康與一般福祉。因為若不如此，則教育根本無法進行。當兒童年紀太輕而被假定無法完全為其自身的福祉負責時，教師也就必須多加注意。老師在各種階段的教學過程中對於學生的福祉等到底要負多大的責任，是一個值得探討的問題。很明顯地，要把學生教好，絕不僅只是「教書」，必須深入瞭解學生的家庭狀況，與父母充分溝通等等。如果教師們面對「破碎」家庭危及兒童時，他是否應盡力去保護兒童們的利益呢？這個問題不僅是社會工作涉及父母責任的一般性原理原則之問題，更是涉及教師應肩負社工人員角色到何種程度的問題。顯而易見，小學教師要比中學教師要肩負更多社工人員

P. 82

21　參照Blyth, W. A. L., *English Primary Education*（London, Routledge & Kegan Paul, 1965），第一冊，第七章第五節（c），可惜這本書出版得太晚，未能仔細從中加以參考。

之角色。幼兒學校的教師對其班級負完全的責任,說明了此一差異的事實。

第三,小學的老師也相當程度的代表社區執行選擇的功能。「十一足歲」入學考試很明顯的使初級學校擔負選擇之功能,也由之引出了有關分流或填鴨補習的各種怪現象。國家教育研究基金會(National Foundation for Educational Research)已系統的探究此一現象。無論是何種教育系統,老師都相當程度的必須執行選擇的角色。

第四項要注意的地方主要與英國小學教育之特定(ad hoc)發展有關。以上所討論的重點,主要是在於發展階段而非行政上的劃分。它比較不會引起諸如在這些階段中個別差異的問題、加速升級的可行性與可欲性等問題,也不會引起吾人對幼兒學校與初級學校功能差異之探討。這是因為在英國,小學教育劃分並未有太大的理由。五歲至七歲的兒童進入幼兒學校,七歲至十一歲則進入初級學校,根據十一足歲入學考試則進入不同類型的中等學校。這些區分並不是根據各種發展階段的學理,部分是受到1918年教育法的影響,該法制定了義務教育到十四歲的年限。根據此法,人們認為教育還必須提供三年的中等教育年限方為合理。所以,在十一足歲最適合區分小學與中學教育階段[22]。中學(Senior School)也被認為是中等教育的合理標準。 P. 83

在七歲區分幼兒學校和初級學校似乎相當獨斷,初級學校在1931年第二次的《哈朵報告》後的1930年代中逐漸浮現,因為諮

---

22 請參考 *Report of the Consultative Committee on Education of the Adolescent* (HMSO, 1926) 及 *Report of the Consultative Committee on the Primary School* (HMSO, 1931), 二者常並稱《哈朵報告》(*Hadow Reports*)。

詢委員們認為此一年齡階段有特別的需求與問題，應該設立獨立的學校。不過，初級學校與中等或幼兒教育的界限，始終沒有浮現一明確的概念。初級學校的功能逐漸被人著重在其後對中學之影響，而較少探究幼兒學校對初級學校的影響。這個問題涉及到傳統的因素。這一連續的過程並未受到正視，致無法釐清出一個清晰的教育概念，也未能澄清在兒童發展的階段中應教授的精確知識。

涉及各級學校間相互聯繫之問題非常複雜，在後來的卜勞頓委員會（Plowden Committee）裡得到了宣示，在此不作進一步的深究。

（b）中等學校

在第一章第三節（a）單元中，我們曾論及一個人若僅是充填的資訊，即使他有追求精確的熱忱和好奇心，仍然無法稱之為教育人。他還必須能掌握原則。兒童滿十二歲已超過皮亞傑所稱的具體運思階段的假設演繹思考。兒童此時已完全不受制於其周遭的立即經驗，已具備動作的保留與命題形式的逆轉能力。他能夠像科學家一樣運用系統的排除方法，找出可能的問題真相。這種對原則的理解並不需要更多額外的知識，它只是要對已知做反省，找出原則得以明真相。這種思考法則需要一些未被觀察的公設來說明已被觀察的事物。在小學所讚賞之「經驗」與「活動」等可以藉由反省事物之形式與將想像付諸實驗而加以強化。而此時，兒童能優游於不同的解釋之間，使批判的討論成為可能。藉著對程序的掌控，兒童能從中做出抉擇。少數能夠熟悉這些程序之人可能就是日後拓展人類知識領域的先鋒。然而，就教育的觀點而言，重點不在於培養研究的技能，而在於學生能掌握更抽象

之概念基模。而在中等教育階段，青少年的內化與對人際關係興 P. 84
趣的滋長使社會科、歷史等科目成為可能，這些較不易引起年輕
兒童的興趣。而對文學以及各種不同媒材的創作成就，也在中等
教育階段得到加深、加廣之理解。

我們常說中等教育的專門化會阻礙全面與認知通觀力的發
展，而這正是受過教育的重要規準[23]。其實，所謂整合正預設著
分化；所謂某人的「全方位」（wholeness）看法，正預設著各個
部分相互關聯。知識的結構分化成不同的思想與認知形式並不是
隨意與獨斷的。因為若不予以分化，則知識無法得到進一步之深
度發展。數學概念與道德、科學或宗教概念不同；它們各自的真
理規準以及檢測真理之方法殊異[24]。然而，關於學校課程的建構卻
是相當獨斷，許多人認為應有新的方式以組織這些來自不同領域
之課程並彰顯不同思想形式，也可避免過度分化的缺失。「全人」
式的發展即為一例，許多大學，像是薩塞克斯和東安格利亞等，
都已提出了說明。不過，在中等學校和初級學校無論是其理念
和方案，都還未深究。全人式的主張當然也會阻礙單一層面的觀
點；不過，如果學生想要培養有別於全方位的理解事物的方式，
他也必須藉著對不同經驗面貌的探索，才能真正加深某一種的思
想形式。

我們無法在此討論教授不同思想形式，彼此獨立或相關，或
某核心領域興趣之間的優點。我們要強調的是，學校不能只追逐

---

23 請見第一章第三節（b）部分之討論。

24 完整論述請見 Hirst, P. H., 'Liberal Education and the Nature of Knowledge,' in
Archambault, R. D.（Ed）, *Philosophical Analysis and Education*（London, Kegan
Paul, 1965）。

某種單一的知識形式，如科學或文學等，而排斥了其他的知識。中學第六學級（sixth form）的課程有單一的趨勢，正說明了專門化是教育的大敵〔譯注15〕。這主要是決定大學入學許可方式的傳

P. 85　統壓力，連帶使中學也扮演選擇的機制。此一升學問題的歷史，《克勞惡報告》（*Crowther Report*）〔譯注16〕半嘗試的企圖處理，邇來對此一問題的修正之道已愈趨激烈與複雜，無法在此詳述。

另外一種可能影響學校作為一般教育機構的因素，是教育機構本身所涉及的訓練之必要性。因為教育不可能對學生未來的生涯利益無動於衷，不可能不關切社會對各式技術人員的需求。不過，學校這種工具性的功能可以使之成為教育的強大動機。的確，對許多青年男女而言，未來成人世界的情形，是最有效的誘因。教育的重點在於如何運用這些外在的誘因。這些誘因可以成為興趣而運用在對知識、理解和通觀認知的發展上；或者視之為人們運用工具性之方式來達成這些目標。同樣地，兒童被引領進入對學科的嚴肅學習，可能最初帶有功利性的價值，但是一旦他們置身其中，便會逐漸心儀品味這些學科事物之內在價值。如此一來，「教育」的合認知性、合價值性規準都能得到滿足。

自從1944年教育法以來，英國中等教育確立了三分制，最近已開始檢討此理念，而所謂「綜合」（comprehensive）中學原則的各種不同詮釋，也多所論列。諸如這些涉及學校教育本質的問題，很難把它視為單一問題。它們所涉及的不只是學校應否教育人們，而是哪一種學校的安排最有助於提升教育。這其中涉及的問題非常複雜，無法在此深究25。然而，最重要的問題莫過於涉及

25　不同可能性的簡要介紹請見 Elvin, H. L., *Education and Contemporary Society* （London, Watts, 1965）。也是本書第七章及第四章第四節。

公平之爭議及如何善盡社會之資源。我們將在第四章仔細加以討論。

　　1944年教育法的明顯結果是促成了學制的改變，特別是初級學校與中等學校，這增加了中等學校的選擇功能。結果由於大學的短缺，連帶影響到了中等學校的教育活動。十一足歲的入學考試雖然已取消，但是普通教育證書尋常級（O level）之考試仍成為中等教育與高等教育之分界。考試，除了選擇之功能外，當然還有其他的功能。除了驗收學習成就外，考試也是一種吸引學生向學的誘因。但如果考試的主要功能是在於選擇，老師會發現他 P. 86 們將陷入考試領導教學的情境中，老師們將會發揮己長使學生經由考試而非教育來獲得升學機會。事實上，確實有相當多的中學教師，抱怨考試制度阻礙了他們去推行可欲性的教育活動。在考試制度下，教師們成了科層體制下的代理者，其教學工作完全是工具性的。當然，也有很多教師不在乎自己擔負工具性之角色。他們認為對部分學生而言，直接的職業訓練最為適合，這種能提供具體的學習動機，教育也得以發展。不過，受考試所主導的課程，本身就不具教育性，也無法為教育活動提供適當的核心。我們期待新的中等教育證書考試，能夠直接涉及中等教育所應教授的學科，這樣會促使教師負有更直接的責任，從而使教師可運用富有教育意義又不失之嚴苛的選擇工具，多少沖淡考試制度之弊病。

　　在中等教育階段，另外一項違反教育理想的是現代中學的困境及其對其學生之態度[26]。到底這有多大的程度是受到1944年

26　請見 *Half our future*. A report of the Central Advisory Council for Education（England）（HMSO, 1963）。

教育法的影響，或是受到一般社會條件——特別是家庭背景及先前較不利教育品質的影響，仍處於爭議之中；但現在的事實是很多中學的教師，其所作所為確是致力於「再社會化」（re-socialization）的方式之一，而不是教育。中等學校必須專注於學生小學階段曾經習得之基本技能與態度之發展，關注於學科學習（discipline）之問題與學習分化之動機。難怪現在許多人都混淆了教師與社工人員之角色。雖然學校所面臨之實情需要社工即時的服務，但也不能使吾人認偏了教育的終極目標。

P. 87　　　由於許多初等和中等學校未盡如意，也由於許多家庭的不利條件，學生在早期的關鍵時刻受挫，造成了許多英國兒童日後長期的遲滯，也阻礙了原本可為其開放的進一步探究之門。即使是在良好的條件下，部分孩童也可能因為天賦平庸，而較少潛力做進一步的探究。除了認知能力的差異之外，學生們的動機和興趣也存在著相當大的個別差異。所以，中等教育的功能也不宜一成不變的鎖定在特定的價值性事物，而必須因應個別差異。舉個例子，對部分兒童而言，應該有一些實務及職業導向之學習課程，有些學生則心儀於動物、機械與烹飪等。如果課程不受制於考試，教師對孩子的興趣與對教「書」（subject）同樣看重，那學校的課程在所謂合價值性活動之外衣下，也未嘗不可根據學生之性向而安排。

　　若依循上述的立場，那一些教育之口頭禪，如：教育目標是追求個人之自我實現，也就可據以推行。不過，誠如前面曾論證過的，這並不意味著鼓勵個人完全根據其想法去發展；自我實現的意義應該是在可欲的範圍內，鼓勵每個人根據其能力及其能夠認同的程度去學習事物。我們不能讓兒童自限於專精學習的門外漢，也不能任其疏於感受學習合價值性事物之快樂。教育涉及

對原先不感興趣事物之學習，也涉及培養學生分化、探究的世界觀。雖然有些學生受限於教育認知發展的潛力，這不意味著他們無法自發性的從學習更多簡單的事物中領略學習的驕傲。客觀說來，也許這些事物沒有特別的價值，但學校本來就要同時兼顧個別的學生與所謂合價值性活動。當代大眾教育衍生的問題，英國及美國學校系統尚未滿意解決的問題是，為學生提供自我實現的良善教育方式之餘，但並未降低那些資質足夠已能從教育中獲益的學生的素質。

第五節　非正式教育

最後，我們不要忽略，教育不只侷限於教室內之學習。教育常以非正式的方法運作著，像是青年社團等機構。男孩可能因為其朋友之介紹而加入某社團，或想認識女孩。漸漸地，他被 P. 88 這些活動所吸引，並學得其標準、獲致成就，進而增益其視野。在道德教育的領域中，學校和社團以非正式的方法遠比正式的情境影響更大。在社團中，經由共同參與工作，相互調適，資深者的示範以及社團的整體氣氛，其影響程度勝過任何書本，即使是李維斯（Leavisite）式的主張，認為文學課程是道德教育之基礎亦然。學校當然最應關注道德教育。「寄宿學校」（Boarding School），近於社會學家所稱之「完全機構」（total institutions），正因為非正式教育的情境最有助於道德教育的運作。

讓我們回到最開始討論的大學，大學的住宿性質為道德教育預留了空間，許多大學教授對此都非常關切。從一個較廣泛的視野來看，非正式影響之「全人」發展可能與正式的課程扮演相同吃重的角色。無疑地，形式化的專門練習對大學而言是必要的，

雖然我們曾述及，就專門訓練的場所來說，學校要聊勝於大學。
至於以古典的方式確保整合性的視野，不是靠課程，而是靠對話
（conversation）。對話並不是以單一思想形式的討論團體方式進
行，在一個對話中，單向的演說是不好的，我們吸收別人之觀點
融入自己的體系中。也就是要布置一個共同的情境，使每一參與
的對話者提供其貢獻。雖然在對話中，沒有誰教了誰什麼，但在
參與經驗的共享中，人人都獲益良多。對話所獲得的成就之一就
是學到從別人的觀點來看待世界。所以，能夠主動參與一真實的
對話情境，絕對是一項成就。對話的情境中，不可能不涉及到對
他人知識、理解、客觀與感受性，此一學習的情境正是非正式的
方式。對話活動的最大成就之一，是能夠聽到別人真誠的觀點，
不管是何種論述或何種人。或許，這就是「教育人」的主要標
幟之一。我們是否要因為沒有透過正式的學習，就對可能獲致的
價值失去信心？或者我們應淪為當今教育科層體制、班級人數過
眾、場地狹隘的犧牲者呢？

＊本章承蒙李奉儒教授校閱。

第一篇附錄譯注

〔譯注1〕
牛津的貝利奧學院是牛津13世紀最早創立的幾個學院之一。1870年喬維特（Benjamin Jowett）出任院長後，逐漸將學院帶往高峰，不僅學術鼎盛，師生交流熱絡，也成為英國政要培育之搖籃。古典經濟學家亞當·斯密（Adam Smith, 1723-1790）、歷史學家湯恩比（A. J. Toynbee, 1889-1975）、哲學家懷德海（A. N. Whitehead, 1861-1947）等大師，俱出自該學院。

〔譯注2〕
史諾（C. P. Snow, 1905-1980）是劍橋大學基督書院的化學學者，本身也從事小說創作，他在1959年於雷德學術演講中發表〈兩個文化及科學革命〉（Two cultures and the scientific revolution），史諾呼籲人文學者要正視科學、技術發展的事實。劍橋的文學批評學者李維斯（F. R. Leavis）則反擊史諾之看法。二氏的爭論細節反映了科學、人文發展上的斷裂，也引起了其他學者共同思考大學教育的使命，對通識教育的影響很大。皮德思在此是要說明即使二人對知識立場不同，但都同意道德的重要。金耀基（2003）年修訂版之《大學之理念》（時報），讀者可茲參考。史諾的原著，台灣已有譯本，見林志成、劉藍玉譯（2000），《兩種文化》（貓頭鷹）。

〔譯注3〕
英國1960年代委請高等教育委員會規畫高等教育的走向，由經濟學者羅賓斯（Lord Robbins）擔任主席，1963年正式提出報告書，報告書建議擴充高等教育之規模，將原高級技術學院（Colleges of Advanced Technology）升格為大學。

〔譯注4〕
英國二次戰後的技職教育學校類型，在本章統稱為技術專科學校，配合其證照考試的培育，大致可區分成「地方」（Local）、「地區」（Areal）、「區

域」（Regional）、「高級」（Advanced）四類，有時隨文脈絡簡稱技專院校。隨著戰後1960年代的教育擴張，技職類學校也頻頻有升格的呼聲。本段落皮德思正是著眼於技專升格，可能同時改變了大學與技專本有的辦學概念。有關各類技專名稱的譯法，參考林清江（1972），《英國教育》（臺灣商務）的譯法。台灣在1990年代中期，大事擴張高等教育，許多原先的五年專科學校紛紛改制或升格為技術學院、科技大學，頗類似皮德思文中描述1960年代英國的現象。

〔譯注5〕
1944年，英國通過一項重要法案，十一足歲入學考試以後的中等教育，分成文法中學（grammar school）、技術中學（technical school）、現代中學（secondary modern school）三類。技術中學及現代中學，地位遠不及文法中學，且技術中學也喪失了其技職培育的傳統，現代中學更是定位不明，既乏技職的培育，又不具文法中學大學預備的競爭力。見以下第四節（b）部分。

〔譯注6〕
即技術學院之學生可能會自認為比不上大學生。

〔譯注7〕
莫瑞學院（Morley College），正式成立於1889年，以各種推廣教育著稱，現今每年為一萬名成人提供逾五百種各式課程，沃森斯托教育中心（Walthamstow Educational Settlement）是沃森斯托成人教育中心（Walthamstow Adult Education Centre）的前身，也是英國勞工教育協會（Workers' Educational Association, WEA）的分支。二者俱為英國知名的成人教育機構。

〔譯注8〕
「師資訓練學院」是直譯。台灣戰後十餘年間，「師範學校」相當於高中三年的學歷，即可擔任國小教師。後來於1960年代陸續改制成五年專科制，招收國中（初中）畢業的學生，修業五年，1987年師專又改制為師範學院，自此，國小教師普遍具有大學程度。舉世各國的國小師資培育都有類似的發展。在此英國的Training College，應該是招收高中畢業的學生施予

三年的培育，即可成為國小老師，類似於台灣師範教育發展過程中的「師專」。不過，台灣的師專是國中畢業後施予五年的培育。

〔譯注9〕
1944年的《馬奈報告》，重點在於改革教師及青年領袖的就學、培訓事宜。由當時利物浦大學副校長馬奈（Arnold McNair）召集。其中第一篇對於英國師資培育的政策，特別是各項培訓、在職教育等有重要的影響。

〔譯注10〕
皮德思在此深自期許教育學院應致力於學術，能正式成為大學各專門學院的一環，但也以略帶不滿的口吻，暗指一般大學並沒有正視到教育學院的學術價值。1990年代以後台灣雖然開放一般大學成立師資培育中心，然因為師範院校有公費，仍可以招收到較優秀的學生。2000年以後，隨著少子女化的影響及全額公費取消，各師範院校紛紛轉型為「教育大學」（逐漸蛻變成一般大學）或與一般大學合併。而一般大學的師培中心，也受到少子女化的衝擊，不僅沒有進一步的發展，有些甚至於遭到裁撤。除了教育大學的轉型或合併外，一般大學也較少有教育學院的規模。如何在制度上，讓教育學院能在大學維持其學術性並兼負師資培育重任，對台灣而言，仍然是困難的挑戰。皮德思當年慨嘆一般大學不重視教育學院之獨特性與學術性，似也適用於現今的台灣生態。

〔譯注11〕
Categorical apparatus可譯為範疇機制。參考第二章〔譯注9〕。

〔譯注12〕
柏恩斯坦（Basil Bernstein, 1924-2000），英國20世紀重要的教育社會學家，1962年擔任倫大教育學院高級講師，其特別重視語言符碼（codes）的階級與控制意義。皮德思在倫大建構教育哲學學門初期，也曾向教育社會學界如柏恩斯坦與楊格（M. Young）等尋求奧援，惜並未進一步的合作或深化相互之間的學理。柏恩斯坦之重要著作，如：《階級，符碼與控制》、《教育象徵控制與認同》、《教育論述之結構化》等，均由王瑞賢譯出。

〔譯注13〕

「形式主義」有很多意義，美學中的形式主義就是其中重要的理論之一。郭爾堡（L. Kohlberg）的道德認知發展論的道德六大序階，也有許多人認為是偏重道德的「形式」，而非其「內容」。皮德思與其同僚赫斯特（P. Hirst）著重認知「形式」的掌握。在此，「形式」並沒有負面意義。華人世界稱「形式主義」，則代表只重視外在，不重視內涵的虛偽態度，有負面的意義。杜威（J. Dewey）在其經典作《民主與教育》中，曾批評洛克的教育理念是形式訓練（formal discipline）（杜威應該是誤會了洛克），在此，形式訓練是指機械、反覆的操練而習得的技術或能力，代表一種老式、教條的教學方式。皮德思在此，大概是這層意思。當然，譯者一再提及，支持進步主義取向的人一直以此批評傳統取向的教育觀，而高舉「發現」、「創造」、「興趣」等的教育價值，皮德思則認為不能據此完全否認嚴謹的學習，讓興趣成為放任的遁詞。

〔譯注14〕

蘇珊・艾薩克斯（Susan Sutherland Isacss, 1885-1948），英國20世紀初的心理學家及幼兒教育家，她在1933年擔任倫大教育學院兒童發展系系主任，對英國幼兒教育及引進心理分析、發展心理學於教育，有重要的貢獻。
朵拉・羅素（Dora Russell, 1894-1986），本姓是Black，是英國女性主義者、社會運動者，也是哲學家羅素的第二任妻子。她與羅素共同在1927年設立畢肯山學校（Beacon Hill School），致力於兒童理性的啟蒙。

〔譯注15〕

茲引楊瑩在《教育大辭書》中對「第六學級」的部分界定：「傳統上是指英國中學教育的最高級；第六學級的學生通常是參加『普通教育證書』（General Certificate of Education）『尋常級』（Ordinary Level）考試後仍然在學且有意繼續升學者。這些學生的年齡多半在十六歲至未滿十九歲之間。是以，此第六學級的課程一般是以二年為期，有時尚可分為『較低』（lower）與『較高』（upper）兩階段，以資區別。早期『第六學級』是文法中學或獨立學校（Independent Schools）中為少數菁英學子提供大學預科教育的場所，具有類似大學先修班的性質。」一般而言，英國第六學級專精分化是其特色，在1960年代，學者們也期待第六學級的課程能兼顧主

修、輔修及一般選修之課程結構。

〔譯注16〕

英國中央諮詢委員會（Central Advisory Council）克勞塞爵士（Geoffrey Crowther）於1959年向教育部提出之報告書，該報告書側重十五至十八歲之後期中等教育。不僅建議學生離校年齡應延至十六歲，且對十六歲以前離校之學生，應提供一些在職進修。此外，該報告書也從教育社會學的視野，提出許多統計數字，說明學生家庭背景因素與其學業成就息息相關。

第二篇

教育的倫理學基礎

第三章

古典證成理論

導言

教育議題滋生倫理問題並不偶然。本書第一章已經說明了這種事實。因為「教育」的觀念裡包含了「改善」（improvement）、「求善」（betterment）、「傳遞合價值性事物」，所以，教育涉及倫理價值乃邏輯之必然。然而，在特定社會中，何種價值才滿足「合價值性」事物的要求，卻需要進一步討論，對於這些價值的「證成」（justification）必須超越概念分析，並借助倫理學的理論。

許多學者在探討「教育目的」時，會用打動人的方式指出其所認可之價值，例如促進「個人的自我實現」（self-realization of the individual），但他們很少證成這些價值。他們固然提出了他們的主張，但這些主張往往沒有扎實的倫理基礎。若欲精確的探討倫理學的論證，有賴專著。作者在此僅先交代自己的立場，接著針對一些具體的倫理學理論提出簡要的評論。粗略在所難免，也會招致各種批評。但這不打緊——只要我的交代能合乎哲學起碼要求的清楚明白，能易於發現明顯的錯誤。真正重要的是我的交

代可以讓別人來批評。教育哲學未臻善境，其論述離可欲之目標還很遠；假如一些哲學家願意在這未墾之地盡心耕耘，在方向大體正確的前提下，教育哲學或許可能成為嚴謹的學術研究領域。

P. 92　　有二個教育的層面亟待倫理學的奧援，那就是之前二章提過的有關教育的內容（matter）與方法（manner）。就內容而言，我們必須論證為何引領兒童入門的諸多活動及認知形式必須是科學、詩詞，而不是賓果遊戲〔譯注1〕或恐怖電影；在另一方面，我們之所以選擇或排除某些教育方法，也必須提出理由。前已提及，雖然「教育」的概念排除了某些活動過程，但它並不能拿來支持其他特定的活動過程。在處理兒童有關的事項上，立基於倫理學基礎之上的公平原則和自由原則，將有可能被證成。但我們必須提出論證來證成這些原則。哲學家不會滿足於只交代我們對於兒童應該持何種的態度。

　　很明顯地，方法與內容之間的問題是相互關聯的。的確有很多人會認為，之所以能證成某個方法，在於此一方法能促成一種具特色的生活方式，而這種生活方式的實質內容正是我們所要求的。例如，自由之所以可能被證成，正是有人認為自由是促成各種合價值性活動的唯一方法。另有些人則認為目的不能用來證成手段（方法），或目的——手段的二分不能適用於倫理學領域。我不時可以在倫理學理論中看到這兩種立場，在適當時機我也會有較深入的交代。我在評論古典倫理學理論時，將偶爾提及合價值性活動與程序原則的區分。若要建構一套派得上用場的理論（positive theory）〔譯注2〕，我們需要獨立章節來處理道德生活不同面向的證成問題。

第一節 倫理學與教師

當某位教師詢問藝術是否比烹飪更有價值，或小孩霸凌（bullying）別人應否受罰時，他的這些問題源起於一套高度結構化的體系，此一體系中有許多的預設和對人的期望。身為一位教師，他必須注重自己的行為舉止與對學生的態度；他可以根據自己曾為學生與所受師範教育的過來人經驗，而對學校教學科目有特定看法。他也會考慮一般社會習俗對學習之態度、法律之規定、校長的辦學理念與整個的升學制度。雖然，教師自己可能沒有意識到，他前面的提問已預設了高度分化的論述脈絡，於此，不同的問題預設著不同的答案。舉例言之，教師們都知道，無法利用實驗室的實驗或對學生身體進行解剖，來獲得是否應該懲罰學生 P. 93 的答案。而像「善」（good）、「合價值性」（worthwhile）、「應該」（ought）等語詞，也無法用來形容利用上述方法所發現的結果。

教師固然可以提出各種不同形態的問題，有時也知道如何回答這些問題，甚至也熟悉各種不同論述的形式，但這卻不表示他能理解這些問題或論述背後的原理原則。在社會變遷不太明顯的承平之時，他們並不太需要深刻體會這些原理。在靜態的情況下，傳統規範了何者當為的應然面；當社會並未高度分化時，各項標準的衝突也不會常發生。在師徒制的運作下，準教師們被引領進入行之經年的傳統之中，此一傳統規範了標準的教學方法與對學生的態度，課程所涵蓋的內容絕少衝突，教育目的也不會不一致。如果教師擔憂不知道該怎麼做，求助於傳統或權威的代言人，常能獲得足夠的引導。

現在一切情況都改變了，沒有一成不變的教學方法，沒有一致的教育目的；有的是對課程看法之歧異。應如何對待兒童也眾

說紛紜。在穩定的傳統社會中，只有最敢於反省的教師，才會去思索傳統對人們何所應為、所立基的原理原則；但是今天，只有最懶惰或獨斷的老師才會不作反思、故步自封。今天的教師藉著權威，也只能覓得一暫時休憩之地；因為諸多權威者之間也意見分歧，他們究竟要以什麼理由來接受某一權威者，而不是其他權威者的看法？不幸的是現在教師除了訴諸權威外，似乎也沒有別的方法來自行解決問題。教師們不能只仰賴訓練，他們也需要被教育。

　　假如教師開始去思索各種教育方法，以及內容的主張所立基的原理原則時，他就一腳踏入一個沒有完善結構及清楚界限的領域，此領域和事實知識的領域大不相同。教師可能不知道鐵遇熱會膨脹的道理，也不知道為何運河要從翠城（Tring）開到華茲（Walts）。但是他們起碼知道如何去查證這些事物。他們知道如何從實驗中來求證，或從書本和紀錄中來尋找答案。他們知道，到頭來這些問題的答案會從對假設的考驗中得到。教師若經過深思熟慮，他們也會知道，有關善惡和何者應為的問題，無法用前述方法來處理。我們無法從惡人的臉上看到何謂惡，也無法豎起耳朵從詩文中去傾聽何謂善。然而，人們在討論這些價值問題時，卻以一種嚴肅的態度假定這些問題是有答案的。人們反思奴役、殺人是壞事，相當清楚，但賭博、婚外性行為的錯誤不是那麼明確。我們的社會把這些道德知識做出等級不同的判斷，必有一些原理，而闡述這些原理正是道德哲學的任務。

P. 94

第二節　自然主義

　　當處理「何者應為」這問題時，有個理論明顯建議我們，先去探詢該事項的事實情況究竟為何。舉例言之，他們主張，假如

我們能清楚的瞭解「人性」（human nature），那麼我們對於「應如何生活」的問題就會有清楚的掌握。有些哲學家指出，人本質上是理性的，人的理性能力展現在規畫能力、統御欲望、抽象思考以及高度複雜符號之運用，如此之理性使人有別於其他動物。只有在對人性作如此之界定與說明，我們才能理解人類的行為。因此，這些主張認為，能夠表現人類最高層次理性的活動，即是最佳的活動。數學之所以優於賓果遊戲，是因為數學更能滿足人為理性存有者之本質。

　　類似的論證常被延伸到「人際關係重要」的論證，這種說法立基於唯有人類才能與同類建立人際關係。其他的動物有些先天具備，有些也靠後天養成，雖也能具備粗淺的社會傾向，但它們不能把同類看作是也具有意識的存有者，也無法以像對人的方式對待其同類。因此，這些主張認為，人應盡可能去過個建立良好的人際關係的生活，而不應自貶為一個有機體或只是履行功能的個體。

　　很少有文明之士（特別是教師們）會質疑上述生活方式的道德可欲性（moral desirability）。人類道德可欲性與理性的確有某種程度之關聯。不過，上述從人類本質推論到具體政策結論的論證形式有許多困難。如此的論證，最大的困難首先在於作為前提的「人類本質」（the nature of man）一詞究竟是什麼意思。在此，「本質」是指人類有別於其他動物的重要部分。在認定「人有理性」或「人有建構人際關係的能力」是人特有的本質時，我們要面對的是如此的認定有失之武斷之嫌。沒有其他動物像人一樣會笑，也不像人會花費這麼長的時間哺育子女。人類擁有靈活的拇指，得以利用工具，因此有人認為拇指比抽象思考能力更為重要，這是因為從發生的觀點來看，抽象思考乃由具體操作而

P. 95

起，而具體操作又非有拇指不為功。赫胥黎（Julian Huxley）曾指出人類二十種有別於其他動物之處 1〔譯注3〕。但是，不管**何種**能力被認定為最明顯的與其他動物不同，這些論證的形式卻不受影響。我們很難從人類有別於其他動物之處，進而指出正是這些不同之處應該被發展。盧梭（Rousseau）也願意承認，人與動物不同之處在於人能思考，但卻指出會思考的人是邪惡墮落的動物（depraved animal）。理性的運用使人類與自然疏離，這實在是不可欲的後果。如果從相同的前提中可「推論」出兩個相反的結論，我們就有理由相信這種論證的形式有問題。

另外有些人也許會說，人與其他動物一樣有侵略性和群居性，這些特性才是需要發展的。哲學家比較少接受這種論證。哲學家認為應該陶冶理性而非侵略性，是有**其他的理由**。哲學家接受理性而排斥侵略性，並不是因為論證中「人有異於動物」的前提，較之「人同於動物」前提作為經驗通則更具有邏輯的優先。

自然主義倫理學希望將其倫理學的主張建立在經驗通則（empirical generalization）上，從前面的分析來看，自然主義的這種主張容易受到攻擊。自然主義（naturalism）常被視為是致力於從事實陳述推論至道德判斷的代表。但以如此方式來說明自然主義容易失之於鬆散，因為我們對什麼是事實的認定也不精確。就字源來看，「事實」（fact）這個字眼代表了已然發生的事（something that is palpably done），事實可以與理論（theory），P. 96 虛構（fiction）與意見（opinion）相對比 2。因為對有價值事物

1　Huxley, J., *The Uniqueness of Man* (London, Chatto and Windus, 1941).

2　有關對「事實」此一範疇的討論，見Hamlyn, D., 'The Correspondence Theory of Truth,' in *Philosophical Quarterly*, July 1962。

的認定常被視為是某種意見，所以我們也常將事實與價值做對比。但是最正統的英文也會用：「讓我們從痛苦是惡此一事實談起。」或者是：「人應該要言而有信是很清楚的事實。」但在另一方面，實徵性的觀察的確能提供一堅實的核心來區分事實與臆測（conjecture）、虛構、意見之差別。所以，關於「什麼是事實」之觀念，也就很容易被吸納到「何者可被觀察」的觀念上。

然而，善或可欲性並不是一種可立即在人的活動中觀察到的事物、關係或品質。有關善及可欲性的陳述，也很難從可觀察的事物中直接加以推論。有關人類本質的經驗通則，即便涉及了與其他動物比較的判斷，也無法為推論提供基礎。如果我們主張人**應該**要發展其理性，因為理性使人有別於其他動物。此一論證的有效性必須建立在「人應該發展那些異於其他動物的能力」的內在原則之上。但是，如果此一內在原則被揭示出來，根據此一原則，人類的理性和靈活運用拇指的能力都應該被發展。很明顯地，此一原則的證成，仍是個問題。

以上論證形式的無效性（invalidity）並不僅源自於人和其他動物比較後所得出有關人類本質的詮釋。任何經驗通則如果未能得到倫理原則的支持，而直接作為一前提，都要犯上相同的錯誤。霍布斯（Hobbes）認為人在本質上是怕死、殷羨凌駕他人之上的權力與利益，所以人類必須接受一些簡單規則以確保長治久安[譯注4]。彌爾（J. S. Mill）則企圖論證，人類有普遍的傾向去追求幸福，所以幸福是可欲的[譯注5]。以上這些論證的邏輯困難都來自於，它們對於何者應為等實踐問題的解答，都從事實性理論問題的答案中推論而來。休謨認清了此一論證形式的限制後，如是說[譯注6]：

P. 97 在我所見過的道德體系中，我注意到作者都會先以一般的推論方式進行一段時間，並以此肯定了上帝的存在或對人類事務做了各種觀察；驀然間，我卻很驚奇的發現，所有的命題不是以慣常的「是」（is）或「不是」（is not）來連接，反而所有的命題都以「應該」（ought）或「不應該」（ought not）來承接。這種轉換難以察覺，卻變成了最後的結果。因為「應該」與「不應該」代表了一種新的關係或確認，這種關係應該予以檢視及說明；同時，必須為這種看來無法想像的關係提出理由，指出為何這種新關係能從其他截然不同的關係中導出。[3]

休謨上述的看法也就是我們現在所稱的「倫理的自主」（autonomy of ethics）。依照這種看法，所有道德判斷賴以推論的前提都須涵蓋另一道德判斷或原則。自然主義作為一種倫理學理論，它忽略了嚴格演繹推論的必要條件，那就是若未內涵於前提者（無論是內隱或外顯），不能據以推論並出現在結論中。如果在前提中沒有內涵實踐原則，此實踐原則或者聯繫行動，或者表達喜好，那麼結論中怎麼可能會有實踐原則的判斷呢？

結果論（consequentialist theories）企圖以行為的後果來建立行為的可欲性，這些理論因此也面臨同樣的困境，除非結果論者能將倫理原則與後果作適當的聯繫。例如，有人聲稱，用尖物刺人是錯的，因為這樣做會使人疼痛。這種聲稱之所以有效，在於預設了疼痛是不可欲的。但另有人也可同時聲稱，用尖物刺人是最可欲的行為，因為這樣會使人流血，而殷紅的血會為這昏暗

3　Hume, D., *Treatise on Human Nature*, Book III, Part I, Section 2.

的世界帶來熾紅（Redness），所以，它是可欲的。面對如此的觀
點，我們大部分人都會說這是瘋人瘋語，因為讓世界減少痛苦要
比讓世界染紅來得重要。不過剛剛那種狂人式的論證至少告訴我
們：必須仰賴倫理原則，才可知何種結果為我們接受。也提醒我
們某些原則比另外的原則更可協助吾人斷定何種結果應為我們所　P. 98
接受。

　　面對上述的批評，自然主義論者可能會如此回應：前面的例
子正可用以說明我們理論的重點──某些後果之所以比其他後果
來得適切，正是因為人的本質使然。因為，人類普遍上會避免痛
苦，而不會去追求熾紅；所以，是人的本性使得他去揀選逃避痛
苦的後果，而不會去追求熾紅。自然論者的回應固有可取處，但
並不是完全合理。因為，一般來說，並不能夠確保人類想要的對
象一定是可欲的。如果佛洛伊德（Freud）正確無誤，男性有一種
普遍性的欲求，即戀母弒父，但這種行為的可欲性並不是建基於
會產生這行為的普遍欲望。的確，就連佛洛伊德本人都認為，道
德規則是來節制人類「本性」的欲求（natural desires）。然而，
若說道德規則與人類欲求沒有關係，那也非常奇怪；因為道德規
則的重要特徵之一就是要來引導人類的行為。假如道德規則與人
類的喜好或需求沒有任何的關聯，那道德規則在實踐論述上的指
引功能將無從解釋。

　　自然主義者的缺失，在於他們把人類本性與道德論述的指引
功能太緊密聯繫。他們認為，可將人類本性功能的通則作為前
提，由之可以推論出行為的規則。而另有些自然論者（如霍布
斯），則認為「善」就是「人所欲求的」。這是令人難以相信的說
法。因為即便是人們不想要和平，但我們說和平是善，也並沒有
邏輯上的衝突。我們反而可以說，人們所想要的常常是不值得去

想的，或者說人們所想的是全然不當的，這更符合邏輯。尤有進者，當我們教養下一代時，我們會根據所知來告訴兒童何者該做或何者是善，而這些常是兒童不想去做或未曾具備的。

　　面對上述質疑，假如自然主義者回應：「善」的確是吾人想要的東西，但人們想要的是經其深思熟慮後，最終能為其自身帶來整體、長期之利益。如此回答的問題是在做此回應時，自然主義論者已經預先肯定了一些價值規範，並以之作為衡量人類多樣化欲望的參照[4]。

　　如果人們規範與所欲求的事物之間**沒有**關聯，我們很難想像
P. 99 在一些公共語言之中，諸如「善」或「應該」等詞語能發揮指引人類行為的功能。例如，在沒有人想要某一種狀況產生時（如讓這個世界變得更紅一點），我們卻說這種狀況是善，如此說法會是一件很奇怪的事。

　　事實很明顯，在公共語言的教導過程中，「好」、「壞」等語詞常聯繫著特定事項或狀態。諸如飲食是人類普遍性的欲求目的，受苦則是我們想要逃避的。唯有這些語詞約定俗成（typically）地伴隨著可欲或逃避的對象，它們才能發揮指引的功能。不過，一旦這些語詞的含意為大眾所接受時，它們就可以被用來指引人們去做一些他們本來不想做，但對他們卻可能是可欲的事。的確，一旦人們掌握了「善」與「應該」等字眼的讚許性功能時，我們就能很頻繁的運用這些語詞，來教育人們指引其欲求。

　　或許，自然主義作為倫理學理論最堅實的論點是企圖去證明道德判斷的客觀性（objectivity）。「客觀性」就設定了在道德事務上可能出錯，一個人是否道德上犯了錯，判斷的標準並不在

4　見 Griffiths, A. P., and Peters, R. S., 'The Autonomy of Prudence,' *Mind*, April 1962。

於是那一個人或個體的意見或態度，而是取決於事實。強調客觀性，正說明了道德價值的採行不能只植基於個人的品味或是對團體的忠誠。在論述中出現的一些語詞，如「應該」、「錯誤」（wrong）、「好」、「壞」等不僅具有決定何者應為的功能，也具有提供理由來採取特定行動的作用。假如我們慎重其事地提供理由，也就是希望藉著如此來決定何者當為，我們著眼的是將問題付諸於公共的討論。我們同時也認可何者當為的決定不依賴於權威或個人的私好，而是透過理由的斟酌與精進，此外，「客觀性」也設定了我們所討論的內容有是非對錯。如果沒有這種認定，**討論又如何能有意義呢**？

自然論者一致認定道德事物可以付諸討論，而道德判斷所立基的理由必須是經由經驗性的通則——通常涉及人性或人的欲求。這種說法的優點在於強化了道德論述與理由，提供二者間的關聯。它的缺失在於忽略了理由的適切性是建基於具倫理性質的原則，造成了休謨指出的「是」（is）與「應該」（ought）之間的 P. 100 鴻溝。總而言之，自然主義正確的認定了道德論述的客觀性；各式自然主義論述形式，也正確的認定了道德指引功能與人性或人的欲求有密切關聯。但自然主義倫理學卻錯把道德植基於經驗性的通則，從而忽略了道德本身的自主性質。

第三節　直覺主義

我們接著要來檢視古典倫理學理論的第二種盛行觀點，人們常以「直覺主義」（intuitionism）稱之，其優點在於它保住了倫理學的自主性。直覺主義的各種論證形式包含有兩個主要的論點。其一是像「善」、「應該」等語詞並不代表一種可被觀察的

特性或關係；再者，道德判斷無法從任何形式的經驗性通則推演而得。就此一層面而言，直覺主義比自然主義要高明。然而，直覺主義對自然主義的批評以及它自己所發展的替代性理論，卻也保留了它所批評對象主要的特性。這是因為，直覺論把道德判斷看作是面對特殊的純理論性問題形式時，所給出的答案。它認定一項活動善（如：藝術創作）或一項原則的正當性（如：正義原則、自由原則）到頭來是透過我們的「心見」（seeing）或「領會」（grasping）到了某項特質或關係。

　　「心見」的過程可以用兩種不同的模式來詮釋，二者都企圖將道德知識置於無可懷疑、不證自明（self-evident）的命題上。其中的一種理論是將「善」這種語詞看成是由一種「反思的心靈」（reflective mind）所悟出的特性。例如，當代的柏拉圖論者摩爾5，認為善是一種單純、非自然、不可分析的特質〔譯注7〕。所謂「善」的非自然屬性，是指善不能由我們的感官來發現，或不能由我們一般人察覺自己很渴、很痛的方式來發現。然而「善」的存在仍可依附在可觀察的特性上，當這些可觀察的特性呈現時，善才有可能被識別。例如，藝術創作好在哪裡，並不是經由感官經驗的特性，也無法透過可以由觀察來檢定的推論而得知。然而，當一些可資觀察的特性呈現時，如某人正在畫畫，我們卻可P. 101透過「直覺的內在心眼」（inner eye of institution）來辨識。直覺論採用的解釋模式，類似於我們審視某一種單純特性，如黃這顏色。一般人認為透過如此的經驗，可以建立起我們確切掌握知識的基礎。我們因此可大膽說：「這是黃的。」循此，我們可設定有一種沒有自然屬性的特定對象或特性（一種柏拉圖所主張的理

5　Moore, G. E., *Principia Ethica*（Cambridge University Press, 1903）.

型），可以成為我們特定內在「心見」的對象。對直覺論而言，道德知識的基礎最終是建立在智性形態的領會之上，就如同經驗知識是建立在感官經驗對事物單純屬性或關係的掌握。英文的「直覺」（institution）這個字，是由拉丁文intueor衍生出，其原意為「我專注」（I gaze on）。在此，直覺代表一種「心見」的智性過程，這對直覺論而言，至為重要。

　　暫不論善的活動，當面對道德原則時，直覺主義常會運用「心見」的另一種模式，此模式類似數學中對不證自明之理的掌握。柏拉圖以及爾後的思想家，如笛卡兒等，都把數學視為知識的典範。直覺論者以為，道德知識如果算是知識的話，也應在其結構上取法數學知識。數學知識，特別是幾何學，被認為是建立在基本理型（basic Forms）或「極微性質」（simple natures）〔譯注8〕之間關係的清楚領會，這種領會可經由直覺加以掌握。透過不證自明的公理（axioms），我們可進一步推出定理（theorems）。笛卡兒認為，假如我們能清楚交代此類命題的邏輯結構形態，那科學、道德知識和數學都可能成為確定的知識。

　　後文藝復興時探討自然律的學者們，承襲了前述道德知識的觀點。在洛克（John Locke）手裡，他聲稱人有不可侵犯的權利，像生命、自由、財產等，這種道德知識的觀點為天賦人權提供了知識論上的基礎。洛克的權利主張也成為日後革命及美國獨立宣言（American Declaration of Independence）的基礎。當代的道德哲學家羅斯爵士（Sir David Ross）[6]指出，所有的道德義務（moral duties）都立基於幾個我們可以透過直覺掌握到的表面義務（prima facie obligations），例如「信守承諾」〔譯注9〕。

6　Ross, Sir David, *The Right and the Good* (Oxford, The Clarendon Press, 1930).

P. 102 這種直覺論可追溯自柏拉圖對數學知識的看重，長時間以來深深影響倫理學的發展。然而，不管是柏拉圖式的直覺論（認為道德知識的基礎在於關係的掌握），或是摩爾的直覺論（認為道德知識在於屬性的指認），都同樣受到許多批評[譯注10]。

首先，我們必須指出，數學本身必須建立在透過直覺掌握的公理之上，這在今天尚未被普遍接受。自從休謨與康德批評笛卡兒的理性主義之後，數學體系的本身是否契合於這個世界是個疑問。柏拉圖的理型論與笛卡兒的極微性質理論所代表的理性主義，假定數學思維可以反映這個世界，或至少是表象世界的真實結構，但這種假定已經被放棄了。有關世界本質的假定是否為真，到頭來仍得靠這些假定是否能被觀察所驗證，而不是那不證自明的假定本身。

直覺論者的觀點常伴隨著不證自明的觀念，常有人認為對數學的公理或道德的格律（moral axioms）的掌握是不證自明的事。「不證自明」這個詞兼顧了邏輯與心理的性質。就心理層面來說，當事人掌握了不證自明之理時，會有內心的悸動（inner flash）；就邏輯層面來說，所謂不證自明是指其「證據」內含於其所肯定的事物中。當陳述句的真，是由規範陳述句語詞的規則所演繹而出時，最容易看出這種邏輯的要求；「凡正方形必包含直角」、「凡果必有因」是其例證。然而，有關世界的諸真理陳述，最終並不繫諸語詞的使用。「父親」一詞的界定，並不代表佛洛伊德理論當中「子恨父」的假定為真；它只表示：如果一個人是父親，那他一定有兒子或女兒。當然，在某些情形下，我們可以確認有關這世界的陳述。我們可以透過語詞來界定其內在關係、例如，「金子是黃色的」；由於在很多情形下都是如此，所以在標準情形下，凡是沒有呈現黃色的金屬，我們就不會稱它是金子[譯注11]。

不過，這種關係建立在觀察之上，不能逕以一種數學真理的方式得出。此外，我們在接觸這些陳述句時，可能會滋生一些深信不疑的情感（feeling），但這種感覺乃建基於那陳述句已然透過其他方式而確立，所以這種深信不疑之感乃是伴隨著陳述句的真而滋生，它本身不能作為判斷陳述句為真的標準。這種情感有其用 P. 103 處，它可以縮減我們懷疑的範圍，讓我們的心思得空處理一些特定的問題。它有助於我們的現實生活，但不應高漲至真理的規準。

　　一些道德判斷像「謀殺是錯的」（murder is wrong），也同樣有類似的情感依附於判斷上。謀殺之所以是錯的，是因為傳統上大家都會把「謀殺」當作是「不正當的殺人」（wrongful killing）（不論「謀殺」在法律上如何界定）〔譯注12〕。但這樣又把問題帶回到為何將某種不正當的殺人類型以「謀殺」稱之。定義本身無從決定孰是孰非。不證自明或我們確切性的情感不管有多強，更無從決定判斷的對錯。很多人強烈認同墮胎或同性戀，另一些對此問題看法不同的人士，則會覺得那些人的情感太獨斷。

　　直覺論作為一種倫理學理論，它所招受的基本責難是其對根本原則（fundamental principles）所做的認定太快，也太**武斷**。如果我們支持羅斯爵士的看法，主張有一些基本義務是不證自明的，許多人會對此表示懷疑。以懲罰（punishment）為例，有人認為憑直覺就可以認定吾人可以將痛苦施加於那些觸犯規則的人，但也有很多人挑戰這種觀點。再者，即使很多人同意信守承諾的原則，他們也不認為這是不證自明的，因為我們可以有充分的理由來說明為何要信守承諾，難道對這麼重要的社會實踐上的成規，我們還說不出理由嗎？如果類似這種義務是不證自明，當有人說：「因為黑人皮膚是黑的，所以應該對他們行差別待遇。」或有人說：「這個世界的紅顏色東西愈少愈好。」或者說：「賭博

的錯誤是不證自明的。」我們又該如何看待這些說法呢？人們會說，他們之所以有上述的判斷是拜直覺所賜，就好像直覺論的哲學家說，人們之所以知道「不可說謊」、「不可違法承諾」、「不可偏心」，都是透過直覺的方式使然。這種武斷終止了倫理原則證成的企圖。一旦我們讓獨斷性當家做主，即品味沒得爭〔譯注13〕。道德學中之直覺論者堅持其主張是非個人式客觀的方式，將無法置道德於令人滿意的基礎之上。

P. 104　　另一直覺論的形態是以文意的方式，直接把知覺到「善」比擬成「看見」（seeing）〔譯注14〕，但這也沒有降低其武斷的程度。在日常生活中，若我們說「看見」了什麼，其實是表示我們掌握了「真實如此」（being really）及僅僅是「好似如此」（appearing to be so）的區分。我們固然可以訴諸某種客觀條件、觀點等來表示我們是真的「看見」某樣東西。但當我們宣稱「看見」善的非自然特性，此一客觀條件為何？能擺脫武斷的批評嗎？日常生活中，我們有客觀標準來判斷我們的觀察是否準確，或只是幻覺。在道德判斷上有類似的標準嗎？是否可以用鑑定「色盲」的方法來鑑定一個人是否有「道德盲」（morally blind）呢7？

　　前已提及，兩種類型的直覺論都遇到一個最根本的問題。這個問題最早是由休謨所提出及強調。不管直覺論者強調道德特性的「心見」，或是強調道德關係的「領會」，都將道德視為理論之物。一個人看到了桌子是方的，或領會了數學真理後，並不必然會導致行動。他可能會說：「好有趣哦！」但這判斷是否會產生進一步的行動則是另外的問題。我們現在所使用的道德概念，

7　有關這種反對形態的後續發展，可以參考 Nowell-Smith, P. H., *Ethics*（Harmondsworth, Penguin Books, 1954), 第一章。

如：「善」、「非」（wrong）、「應該」，都與行動有某種程度的關聯；而這些字眼可被用來指引人們的抉擇。二者之間究竟是以何種方式來結合，我們很難得知，但這種結合卻是道德語言的基本特徵。直覺論者將「心見」某事為善或「領會」某事應該如何，和「去做某事」之間的關係，視為純粹偶然。

　　柏拉圖是最早先將道德知識置於直覺基礎之下的學者之一，但他並沒有將道德知識與行動二者的聯繫視為偶然。他承繼了蘇格拉底的看法，強調「德即知」（virtue is knowledge），沒有人會在知情的情況下去做他認為邪惡的事情。所以柏拉圖認為關於何謂善的知識，乃是與將這知識付諸實際行動的強烈喜好（passionate desire）相伴。蘇格拉底的這種說法從另一方面來看是錯誤的，因為他把道德知識與行動的關係看得太接近了。若說一個人知道何謂善，但他不想或不打算付諸行動，這並沒有邏輯上　P. 105 的衝突。當然，蘇格拉底會堅持說，那是因為這個人不真正知道善是什麼。

　　蘇格拉底雖然把道德知識與行動二者之關聯看得過於緊密，但他重視道德知識與行動之關聯，使他的主張仍比後起的直覺論者（他們將道德知識視為一種知覺或智性的覺察）更可加以辯護。的確，道德語言的**普遍功能**即在於指引行動，或者使某人做某事。當我們說某事是善的，那就代表著我們有理由去做它或推廣它。這必然有某些引導人們從事行動的理由，否則，道德語言將無法發揮指導人類行為的功能。但從心理學的觀點來看，這理由在特定的情形下不會強到讓人在使用如此的公共語言時，一定能以之作為規範其行為的依據。人們可能會說（或同意）「和平是良善的」，這意味著有充分的理由維持和平。但人們也知道，對主張和平的人而言，也不會那麼迫切的去追求和平。然而，如

果說人們有理由致力於推廣某種好事，卻又視之如無物，這是沒有道理的。

　　直覺論就像自然主義一樣，不是一個完善的倫理學理論，它對道德知識與論述（discourse）的重要性有些扭曲。也因如此，直覺論的主張將有助於我們在此細究這些特性究竟是什麼。在對直覺論的批評中，我們指出像「善」、「應該」等論述的形式，都能發揮指引人們行動的實際功能，這並不是以語言規範人類行為的唯一之道，另一個有實際作用的論述形式是使用「命令」（commends）。欲區分內含像「善」、「應該」等語詞的道德語言獨特處，正在於道德語言具有對其所規範的行動提供了理由。「把門關上」與「你應該關上此門」，二句話都有其實際的功能。但後一句的「應該」蘊涵著關門有其理由，而前一命令句則無。當然，「善」或「應該」字眼本身不會提供前述的理由。一旦語言的使用分化到某種程度，能加以區分「命令別人採取行動」和「提供別人採取行動的理由」的差別，那任何語詞都可行之，都可拿來當作命令來使用。所以，從任何特別的語詞中推論出的具
P. 106　體教育主張，並不僅僅是字面上的論證（verbal argument），而是超越語詞外的論證，如此的論證企圖藉著分化後的論述形式所含的預設來律定普遍性的道德行為。這預設主張，使人們依理而行的概念發展，伴隨著特定的語詞家族，是一種特別的成規形式。像「善」、「惡」、「應當」、「不應」、「對」、「非」等都是我們在執行此功能時，最常使用的語彙。直覺論作為一種倫理學理論，特別凸顯道德推理或實踐理性（practical reasons），與科學或歷史係針對事物的過去、現在、未來所發展出描述性、解釋性的論述之推論，有截然不同的證成方式。不過，直覺論卻走偏了路；因為兩種不同形式的直覺論，都將道德知識建立在「心見」之上，

它錯以回答理論性問題的方式來處理道德問題。

直覺論還有一個特色，它的主張帶有自主性，也就是關於「善是什麼？」「何者應當奉行？」之道德陳述，不須源自於經驗的觀察或通則。直覺論認定每個人的內在之眼（inner eye），能夠察覺或領會「非自然」的特性與關係，這種主張固然生動，卻是誤導的方式。它認定了道德知識理由的掌握源自於某種人們心靈的凝視（gazing at），但卻忽視了道德論述的實際功能與實際行動緊密相連。我們因此可以說，在道德語詞的分析及對道德信念的證成等重要立場上，直覺論採取的是錯誤的方式。

在另一方面，直覺論雖不免有誤，但其對於道德論述的性質也多所著墨。直覺論聲稱，道德論述是實踐論述的形式，其功能在為規範人們的行為提供理由，也就是為行為提供某種客觀性。直覺論聲稱，道德語言的規範性質與日常生活個人喜好、隨興之言，確有不同。「我喜歡（like）鬥牛」與「我贊成（approve of）鬥牛」意義是不同的，就好像說園藝是善（good）與園藝很不錯（nice）也有不同的意思。直覺論嘗試透過客觀性的典範事例，來說明所有人都可以看到的特質或關係，藉此主張道德有其客觀性及眾人共同接受的標準。不過，誠如我們所指出的，直覺論的 P. 107 主張並不能確立道德的客觀性，因為藉著心靈之眼而掌握的「非自然」事務的特性和關係，其客觀性並不如一般觀察者的客觀標準。但我們不宜否定直覺論尋求客觀性的努力，直覺論是對的，因為當我們主張做某些事需要有理由時，我們就已經在要求客觀性了〔譯注15〕。

當我們進一步檢視提供理由的觀念時，直覺論的優缺點同時俱在。直覺論者，特別是柏拉圖，總是強調「心見」的經驗只能發生在那些能反省的人身上，他們能公正不倚的思考，對所從事

的活動與所處的情勢都能清楚掌握,直覺所能提供的基礎是理性
無法超越的。當我們說靠「直覺」知悉了某事,就語義的一般功
能而言,是指當事人確信該聲稱是真的,但我們不會用「知道」
(know)來說明,因為「知道」某事的基礎是嚴謹的。就此觀
點,直覺論保持了與理性的關聯,但在對道德的非獨斷性原則的
基礎探索時,卻又過早捨棄了理性。這些隸屬於實踐理性範圍的
原則究竟為何?這些原則如何以非獨斷性的方式呈現?這些問題
暫時在此打住,就留待本書下幾章來探討[8]。

第四節　情緒主義

直覺主義作為一種倫理學理論,受到的批評在於它使道德判
斷變成一種獨斷性的判斷。不過,這並不是直覺論的初衷;因為
毫無例外,許多直覺論者仍然承認道德判斷就像數學一樣,有其
客觀性。然而,贊成「情緒說」(emotive theory)或「任意理論」
(voluntaristic theory)的人,卻接受了在此意義下的獨斷性,即道
德判斷中不可能有理性的證成。他們將道德比擬成「品味」的表
示或「命令」。

情緒論者堅決反對把道德判斷視為特定理論性問題的解答,
這是這個理論的強項。近年來,傳統理論對意義(meaning)的
說明常受攻擊,批評者認為太狹隘了。無論是自然主義或是直覺
主義都有一個基本假定,即任何語詞名稱都有與之相對應(stand
for)的事物、特性或關係。所以去思索「善」、「應當」,必定有
一個與之對應可觀察的特性或關係,或者是一種特殊「非自然」

P. 108

8　見本書第四至八章。

的特性或關係。一旦認定不是所有的字詞都有與之對應的對象，道德語詞也就不一定確有所指，我們就可能從自然主義、直覺主義的假定中走出。奧格登與李查茲（Ogden and Richards）〔譯注16〕廣為宣揚此種「情緒」意義的觀念[9]。艾爾〔譯注17〕和史蒂文生〔譯注18〕則以更綿密的方式將之發揚光大[10]。他們認為像「善」這種字眼，其意義僅在於表達情感，並使其他人感同身受。史蒂文生認為「這是善」（This is good）的說法就意味著：「我讚許它，這麼做就對了。」（I approve of this; do so as well.）或許是這種立場最鮮明的例子。

　　情緒論有關道德論述引導功能的說法其實並不新穎。巴克萊（Berkeley）在其《人類知識的原理》（*Principle of Human Knowledge*）一書導論第十節中已經指出了，語詞作為觀念的溝通並不是語言主要、唯一目的，它們尚有其他作用，例如：「激起一些情感、誘發或阻止一些行動、安頓心靈於特定的傾向中」，巴克萊接續闡明的論點，頗類似當今道德語詞的讚許功能，他說：「舉例言之，即使我們對**好的事物**（good thing）沒有確切的觀念，難道我們不會因為這些所謂好的事物所代表的意涵，而受其影響嗎？」情緒論的新意是讓吾人體認到，道德論述最重要的特徵之一，在於其引導之功能。

　　休謨對於道德論述的引導功能，當然知之甚稔，他對倫理學上傳統理性論最致命的批評在於：這些理論無法解釋道德論述

9　見Ogden, C., and Richards, I. A., *The Meaning of Meaning*（New York, Harcourt Brace, 1923）。

10　見Ayer, A. J., *Language, Truth and Logic*（Lodon, Gollancz, 1936）and Stevenson, C. L., *Ethics and Language*（Newhaven, Yale University Press, 1944）。

在「意志」（will）上的影響力。雖然休謨說：「道德產生的情感可以激發或抑制行動，理性本身在此一個別情形下是無能為力的。」[11]然而，在倫理學方面，休謨卻更有興趣於道德論述的表達層面。因此，休謨理論中探討的「情緒」要素，在倫理學史上有深遠的影響，如亞當・斯密（Adam Smith）[譯註19]與威斯特馬克（Westermarck）的理論[譯註20]。至於「任意要素」（voluntaristic element）在倫理學的重要性，直到最近才在黑爾（R. M. Hare）[12][譯註21]與巴柏（K. Popper）[13]的著作中凸顯出來，二者都將道德判斷視為命令與抉擇[譯註22]。

　　休謨藉著分析道德論述中的情緒要素，希望能夠填補「應然」與「實然」之間的鴻溝。他說：「……當你說某種行動或品格是邪惡的，你並沒有真正說了什麼，這只不過是基於你個人的想法，而自然產生的一種情感上的譴責。」[14]根據休謨及其他情緒論者的觀點，像「善」、「惡」、「應當」等所指示的道德字眼，只是當事人情緒或情意的表現罷了。道德論述常被視為**自成一格**（*sui generis*），所以，道德自主性可暫時維繫。由於道德論述這種情緒性與命令性的表現特性，使得道德論述無法還原成理論論述；若道德判斷的前提本身沒有包含道德原則，道德判斷將無從推演。如此一來，道德判斷的自主性適足犧牲了其客觀性。因為休謨費了很大功夫指出，當我們說道德判斷不合理，這可能僅意

11　Hume, D., *A Treatise of Human Nature.* Book III, Part I, Section I.

12　見Hare, R. M., *The Language of Morals*（London, Oxford University Press, 1952）, passim。

13　見Popper, K. R., *The Open Society and Its Enemies*（London, Routledge, 1945）, 上冊，第七章。

14　Hume, D., 前揭書, Book III, Part I, Section I。

味著我們推論錯誤的感覺而已，而這可能是來自於情境（無論是引發情境的經驗是事實原因、情境的特性或是情境產生的結果）對我們的情感（feeling）的觸動。同樣地，史蒂文生也強調，人們道德的爭議常預設人們對這個世界有不同的信念（belief），這可能可由理性來加以調解。然而，道德爭議的產生是來自於人們不同的態度，從理性的角度來說，我們根本無能為力，因為態度不是理性能證成的對象。經過最終的分析，某項道德判斷只是較複雜情緒表達（grunt）而已。

　　情緒論招致的批評是人們在做道德判斷時，常是心平氣和（calm state）的，何來情緒之有？休謨自己承認，我們在情感上的贊成或不贊成通常被誤以為是推理的結果，這是因為我們是以心平氣和的方式表達。休謨也注意到了，人們贊成或反對某種行動，是他們長時間來受教的結果，而不是他們對行動善惡第一時間反應的結果。休謨也會和史蒂文生一樣，同意下面的說法，如果一個人在特定情況下被喚起了某種情緒，而這種第一手的立即 P. 110 經驗，使他下達了道德判斷。後續的情況如再發生，他爾後所做的道德判斷就無須透過情緒喚起的過程了。因為在這種情況下，我們會發展一種較固定的態度來回應同樣的情況。所以，上述批評情緒論的觀點，情緒論者仍可將理論調整得更豐富以吸納前述的批評。

　　一項對情緒論更嚴肅的批評是，情緒論者認為可以透過「情緒」（emotion）、「情感」（feeling）等術語來說明道德判斷的性質，但卻未分析「情緒」、「情感」之概念。首先，要分析「情緒」或「情感」的概念，要去顯示被稱之為「情緒」的心理狀態（諸如：恐懼、憤怒、嫉妒、悔恨）與當事人對某物或某種情境的評價之間的內在關聯性。也就是說，一個人審視某種情境的結

果，就形成某種心理狀態。此一心理狀態表現在特定的情境上，就形成「恐懼」、「憤怒」、「悔恨」、「嫉妒」的情緒。判斷某個人的情緒，也就是判斷他是否接受他評價的對象。心懷恐懼的人，就在於他判斷他所處的情境並不安全，因而感到不愉快。嫉妒和憤怒不同，就在於當事人針對情境做了不同的回應。善妒的人常常認為他缺少了應該得到的東西；憤怒者則認為某人或某種情境阻礙了他。情緒當中的「個人感受」（feeling）與當事人是以何種觀點看待周遭密不可分。

　　倫理學上的情緒論企圖應用「贊成」（approval）和「反對」（disapproval）的情緒、態度或情感的語詞來說明道德判斷。但在表達我們「贊成」或「反對」之前，我們不是已經評價過行動的對錯了嗎？情緒論分析「這是錯的」，認為它源自於我們對該事「反對」的情緒、態度或情感。所謂「反對」已預設著先有錯誤的觀念。「評價」（appraisal）固然有情感的成分，但這種情感其實是從評價的認知因素發展而來。這種評價中的認知成分會視某種行動是「錯誤」的。總而言之，倫理學上情緒論的主要缺失是它缺乏精確的「情緒」概念。

P. 111　　事實上，休謨對於「贊成」的解釋，要比當代情緒論的主張更複雜，更禁得起考驗。他把情緒的反應與「無私的旁觀者」（disinterested spectator）運用的「通觀」（general view）聯繫在一起，這種無私的旁觀者會斟酌行動是否帶給當事人快樂，是否有利於當事人或社會。也就是休謨將特定的評價加諸在「贊成」或「反對」的情緒上。休謨把「道德情緒」視為無私旁觀者採取的通觀所燃起的「無私的情感」（disinterested passions）。休謨已經在道德情緒中帶入了認知成分，使理性的運用在道德情緒中不可或缺。

　　前面業已指出，道德判斷的重要性之一就在其客觀性。由於有這種要求，像「應當」、「正當」、「錯誤」、「善」、「惡」等判斷的背後都應有理由來支持。提供理由也預設著像「無私」、持守「通觀」的立場。

　　在休謨的分析中，「讚許」的情緒意義具有認知的特性，其主張也因此不經意地保留了道德判斷的客觀性。休謨之所以否定道德必須建立在理性之上，是由於他對理性的解釋過於狹隘。他心目中的理性只限於形式上的證明（demonstrative proof）與科學的推論（scientific inference）。休謨也無法認清他對於道德情緒的說法其實已大致涵蓋了理性最精要的部分。從休謨對「無私的情感」的主張中，康德萃取出了「無私的規範」（the norm of impartiality）的概念，這正是我們理性的基本預設之一。

　　或許，倫理學上情緒論的最大貢獻，在於它致力於聯繫道德論述與情感之關係，堅持道德論述的導引功能。我們無法用「情感」來說明各種不同形式的判斷，其理由正如同我們無法用狹隘的「情緒」概念來說明各種不同形式的判斷一樣。當他把認知要素從「情感」切除後，我們如何能清楚掌握情感？我們可以感受到安穩快樂、愉悅以及憤怒、嫉妒、害怕，但假如把當事人對情境的特定觀點拿掉，我們又如何辨識這些情感的不同？當然，我們也可感受到一些奇特不確定的情感，或是一些不涉及特定情境觀點的較長期的心情狀態。模糊的不安感以及捉摸不定的焦慮都是例子。但也正是它們的不確定性和捉摸不定的特性，我們才認為它奇特，而需要我們特別的解釋。

　　情感固然不是一種獨立自存的實體（self-subsistent entities），P. 112 它常與對情境的評價緊密相連。然而，並不是所有的認知都有情感的特性。認定某人身高六尺與認為某人是危險或邪惡，二

者之間是不同的。「危險的」、「邪惡的」此二字都涉及可茲「評價」（appraisal）的認知家族用語。對我們而言，選擇這些正面或負面的語詞都帶有情感的一面。當我們對特定情境或對象產生評價後，此一評價用語自然會帶動我們的心靈朝向或遠離這對象或情境。這種評價功能，無論是作為我們行為的動機或是可以說明我們會對某些事物產生特定的情緒，都聯繫著身體的自律神經系統[15]。我們會因恐懼或感到羞恥而做某事，我們牙齒會不自主的打顫，臉頰會泛紅。這些「情感」都可透過當事人的評價所涉及的認知成分而為我們所識別。不過，我們無法用其他更根本的方法來說明這些情感了。

這並不是說，當人們評價某種情境時，都會處在激動亢奮的狀況。畢竟，我們情境反應所涉及的熱情、強度、迫切性都有很大的差異。不過，在某些情形下，我們仍必須以親身體驗（first-hand）的方式去評價所處的情境。不如此，我們的評價如何促使行動的產生或讓我們感到受苦呢？事實上，人類對涉及恐懼、憤怒的評價有其共通性，可成為他人學習的範例，不必假手我們的第一手經驗。一旦人們習得相關的評價時，他們就會產生不同程度的情感，也將能發展出更為持久性的態度。不同的認知成分會分化不同的態度，這是顯而易見的。

根據「道德」這一概念的明確程度，我們可以界定二種層次的道德評價。第一種評價是運用在一般的情形，道德評價常與「善」、「應當」、「惡」、「錯誤」聯繫在一起。對某種情境或行動有正面或負面的評價，正意味著有充分的理由去論定情境的是

15　見 Peters, R. S., 'Emotions and the Category of Passivity,' *Proc. Aristotelian Soc.*, 1961-2, Section 2。

非以及應該或不應去做某事。換句話說，這些一般性的道德評價
立基於正面或負面的特性，卻沒有精確的指出這些評價的內容到
底是什麼？第二種道德評價是運用在比較特定的情形，我們會用　P. 113
「滿意」、「有益」、「危險」、「殘忍」等詞語來表示。這些評價往
往立基於具體的理由。

　　道德哲學的主要課題，在於去探討為什麼某些道德理由可加
以證成，有些則否。休謨主張，所有的道德評價最終是源自於
行動公正之人，對於什麼才是有利於社會及個人的估量。休謨希
望成為社會科學的牛頓，他關注人實際上做了什麼，並盡可能提
出簡單的說明。當休謨指出，人類這些基本的喜好無法透過理性
論證而生時，他其實也沒有太積極去證成人的這種態度具有普遍
性。就像其他提倡道德情緒論的人一樣，休謨認為，人們態度所
植基的道德原則終極上是不可能被證成的。當然，休謨如此令人
沮喪的結論是否正確，仍有待討論。

　　對教育人士及一般教師而言，上述倫理學不只是學術問題而
已。當下的英格蘭，教育對眾人而言已成為道德的議題，不管是
教育專業圈內或圈外人士都投注了極大的熱情。教育資源分配不
均與所得不均同被視為不公不義。學生在學校應受何種對待的議
題仍能挑動公眾的情緒。何時可以允許學生做其喜歡做的事？何
時可用權威的教育方式？學校中的懲罰，特別是體罰（corporal
punishment），仍然是爭議的焦點。教育已經與婚姻、政治一樣具
有道德意味了（moralized）。

　　以上的討論都假定了諸如公平、自由、人類對益趣（interest）
考量以及對人類益趣[譯注23]之評價等，都存在道德原則。主要的
爭議，在於這些原則或價值在具體原則的適用性為何，但對於這
些原則本身的證成，則很少被提問。在本章簡要勾繪的古典倫理

學理論之中，我們也發覺無法證成前述道德原則的基礎。是否這些道德爭議就像一些古老教義的歧見一樣，信者恆信之，但因缺乏程序而無法靠理性的定奪來獲得真理？我們不願意求諸於同性質的人組成的俱樂部來解決問題，就像過去僧侶在寺廟、教會裡解決教義的紛擾，我們希望透過選舉來處理爭端，兩者同樣令人沮喪。

P. 114 第五節　邁向一積極的證成理論

在我們還沒有探討康德對道德的說明之前，暫且不要太早放棄道德原則立基於理性基礎的可能性。如果康德的論證是有效的，那麼即便我們無法清楚的描述如何可能被證成，仍然能夠相信這些道德原則的有效性；因為康德式道德原則的證成，基本上在於探索道德原則背後的基礎，如此的證成會使原則所隱含的預設能夠彰顯出來。康德深刻感受當時兩大時代氛圍，其一是牛頓物理學，其二是法國大革命對傳統正義、自由等基礎之挑戰。康德針對這二個現象提出疑問：我們要如何來認定人類的心靈？心靈運作所根據的原理原則，如何可能契合真實世界？一般人又是如何運用是非對錯之抽象道德標準去批判**現狀**？或許，康德對這些問題的解答並不令人信服，但是其論證的形式可能有效。的確，它可能是使一般道德原則能立基於良善基礎之上的唯一論證。

關於康德式論證的修正形式如下所述。它假定了有一種特定的論述，可以透過理由的提供而具有導引我們行為的實踐功能。當人們探詢應當做何事或不應做某事，或者質疑何者為善或何者為惡時，他們會應用這些道德論述。古典倫理學說的最大問題，在於無法為道德原則的理由提供令人滿意的論證。如果我們仔細

審視第二章對人類心靈發展的說明，就可瞭解古典倫理學說的一個顯著缺失，在於過度將個體視為一個孤絕的實體（isolated entity），執行其所具有的「理性」、「情感」或「直覺」，彷彿個人在操作未屬於他個人的機關。古典理論忽略了情境的公共特性，殊不知在此情境中，個人道德能力的運用是伴隨著具有公共性質的抽象原則。

　　任何一個人在做陳述時，無可避免的都會有一些他個人的預設，我們由此可以指出此人的陳述是種「訴諸人身」（ad hominem）的論證[譯注24]。但是，這些論證純粹依賴個人的心理傾向，不太能據以建構普遍的倫理理論。我們論證更重要的地方在於，當個人很認真的與他人或自己探討應該做何事，個人必須 P. 115 預設他是以一種公共論述的形式。同樣的情形也用在對科學論述預設的探討。這些論述並不著重個人的心理傾向，而著重在探究具公共性質的預設。這些論證提醒吾人注意，在論述中概念與概念之間已有原來建立的關係，論述的**意義**（meaning）即由此概念的關係而生。舉例而言，若某人不遵守邏輯中的矛盾律（the principle of non-contradiction）[譯注25]，那麼他很難用別人能瞭解的方式來呈現他的論述。我們在建立論證時也須留意，在論述中為真的陳述句，必須滿足的條件。假如道德論是在一假想的可能世界，我們毋須在乎它是否滿足這些特定條件。但是，假若道德論述能**運用**在這個世界，它就必須滿足一些真理的預設條件。有些神學方面的陳述句，無疑是充滿睿智且符合內部一致性，但重要的問題在於假如神學論述能運用於世界，究竟需要滿足什麼樣的條件？最後，我們必須指出重要的一點，在道德判斷中重要的是我們所設定論述形式的**觀點**，或者使用道德論述的人能理解道德判斷的功能。人們不會以單一的方式使用語言，人們一方面利

用語言以溝通資訊與情緒；在另一方面，人們利用語言來系統性地指引其行為。

　　如果可以顯示某些原則對於道德論述的形式是必要的，可賦予道德論述意義、能加以應用與形成特定的觀點，這將是可用以證成那些原則的強有力論證。它也指出凡是認真採用那些道德論述的人，必定能體認這些論述對其規範的意義而願意奉行之。當然，人們可能因為不使用這些論述，而不受那些原則的束縛，或者會因瞭解這些論述的預設而決定放棄它們。例如，在當今社會中也許有人會採用巫術或占星術的論述；個人可能未被引領進入巫術等的世界中，他們仍可斟酌思考後決定是否採用如此的論述。再如，許多人已放棄了使用宗教語言（我認為這或許是錯的），因為這些人在成長過程中接觸了宗教，並不同意宗教語言對人的規範。比方說，宗教會說出某些聽起來為真的話，但支持這些話為真的條件卻付之闕如〔譯注26〕。但是，對於道德論述，我們很難採取放棄的立場。因為假如我們放棄了道德語言，就等於拒絕談論或思考何者應為的問題，也等於放棄了所有人在社會成長過程中所接受的不同程度的思想洗禮。若是如此，我們在日常生活中將無法援引任何理由來引導行動。我們無法想像放棄道德語言之後的生活會是什麼模樣，而道德懷疑論者對道德語言的放棄不啻是自我定罪。道德懷疑論者也不會閱讀本書來為其道德判斷找合理基礎。因為本書正是為那些想要嚴肅思考：「我應該做什麼？」的人而寫。該問題的預設及相關的回應，均是本書探索的重點〔譯注27〕。

P. 116

＊本章承蒙但昭偉教授校閱。

第三章譯注

〔譯注1〕
是指投了錢幣之後，幸運的話，會掉出更多錢的一種遊戲機。台灣在1970年代以降也頗為流行，當時稱之為「吃角子老虎」，也有賭博的意味。

〔譯注2〕
皮德思在此用positive theory似無實證理論之意，在此根據文意譯之，有時也以「實質理論」稱之。第五節標題，則譯為「積極理論」。

〔譯注3〕
朱利安・赫胥黎（Julian Sorell Huxley, 1887-1975）是「赫胥黎家族」成員之一，英國著名的生物學家。另一達爾文天演論的追隨者托馬斯・赫胥黎（Thomas Henry Huxley, 1825-1895）是其祖父。以《美麗新世界》聞名的是阿道斯・赫胥黎（Aldous Leonard Huxley, 1894-1963）是朱利安・赫胥黎的弟弟。

〔譯注4〕
霍布斯（Thomas Hobbes, 1588-1679），英國重要哲學家。其經典作《巨靈》（*Leviathan*，或譯利維坦）所描繪的自然狀態及人性的貪生怕死欲望，成了各式契約論取法的來源。不過，霍布斯的主張反而替專制君王的權力辯護。皮德思有對霍布斯的專著，其著作中，也常徵引霍布斯之論點。

〔譯注5〕
彌爾（J. S. Mill, 1806-1873）古典自由主義、效益主義的大師，其〈婦女的屈從〉也可算是自由主義派女性主義的經典。其《論自由》與《效益主義》經典，但昭偉已重新予以譯述（俱為學富出版公司出版），值得有興趣的讀者參考。彌爾的主張，是循邊沁（Jeremy Bentham, 1748-1832）的想法，被稱為「效益主義」（untilitarianism）（或譯為功利主義）。下段的「後果論」，也大部分是指效益主義。

〔譯注6〕

休謨在此提出來的問題,稱之為「應然實然的謬誤」。茲引述譯者在國立編譯館教育學名詞之「實然與應然分野」之條目說明。所謂「實然陳述或命題」,是指命題陳述的內容代表的是對事實的描述,例如,「台灣第一長河是濁水溪」(此句為真)、「中國第一長河是黃河」(此句為誤,應為長江)。「實然命題」一般而言,判斷真假的標準較為明確。至於「應然陳述或命題」則代表某種評價、期許、規範等,如:「你應該要誠實」、「軍人應該為國家犧牲個人生命」。傳統的倫理學希望能致力於探討倫理、規範的本質,為人們安身立命或社會秩序提供各種據以遵守的規範。不同的倫理學者也嘗試為各種美德、規範、秩序提供充分的理由證據。不過,18世紀英國哲學家休謨,在其大作《人類悟性論》(*A Treatise of Human Nature*)卷三(Book III)第一篇(Part I)的最後一節,卻提出一項前賢未曾仔細思考的問題。休謨發現,幾乎所有的倫理規範命題,都是從「是」的陳述,推衍、說明、證明,然後忽然跳到「應該」的陳述(應然陳述),理論者自以為對該倫理規範之所以正當的理由提出了說明,卻渾然未明從「是」到「應該」之間並沒有邏輯的必然關係。休謨的這次懷疑,幾乎挑戰了傳統倫理學所據以建構的各種理由。大體上,受分析哲學影響的哲學家們,都傾向於認為休謨本人認為「是」推論不出「應該」,但也有哲學家認為休謨本身並不一定如此認為。「實然與應然的分野」的確是20世紀「後設倫理學」(meta-ethics)處理的最重要問題之一。有的學者嘗試從心理、情感等面向聯繫「是」與「應該」之間的關係。瑟爾(J. R Searle)在1964年以嚴謹哲學論證,提出「是」可以推衍出「應該」的看法,並舉出鍾斯允諾要分史密斯五塊錢的例子,雖然尚未說服所有人,但已被認為是最有原創性的聯繫實然與應然分野的論證。對教育工作者而言,瞭解實然與應然分野的最大價值,不是要讓自己成為徹底的懷疑論,拒絕各種倫理規範,而是從學者的討論中,期許自己更縝密的思考各種倫理規範的合理性,並將此一精神帶到道德教育的實踐中,豐富學生理性、思考的視野,鼓勵學生去反思各種倫理規範的意義與理由。這其實也是皮德思在本書所期許的目標。

〔譯注7〕

摩爾（G. E. Moore）認為西方整個倫理學界在討論倫理學時，並沒有先去釐清倫理用語的性質，以自然主義之倫理學認為善是一種自然性質為例，摩爾認為這樣會陷入所謂「開放式問題論證」（the open question argument）之爭議。因為當自然主義式學者說「X是善」，如：「愉悅是善」、「追求最大利益為善」，我們依然可以再追問：「愉悅是善嗎？」「追求最大利益是善嗎？」……而一般事實性的問題，並沒有開放式問題之疑慮。摩爾藉著對善的性質的反省，展現了分析哲學式的語言澄清精神，在20世紀前、中葉，一新眾人反目，不過，摩爾最後的結論是善的性質只能訴諸直覺，也非常令人沮喪。皮德思在本文中，就表達了類似的看法，摩爾的經典作《倫理學原理》，台灣在1978年就有了很好的譯本，由蔡坤鴻譯出（聯經出版），有興趣的讀者，可自行參考、領略。

〔譯注8〕

「極微性質」是笛卡兒哲學的觀念，譯者採傅偉勳在《西洋教育史》著作中的譯名。笛卡兒期待透過理性能獲致絕對嚴密精確的知識；透過直覺作用，笛卡兒區分三類極微性質，其一是純然精神的性質，如認知、懷疑、意欲等，其二是純然物質的性質，如展延性、形狀、運動等，其三是同具心物兩種性質，如存在、統一性與持續性、因果法則等。

〔譯注9〕

羅斯（Sir William David Ross, 1877-1971）是當代直覺論大師之一，學者指出，羅斯的直覺論有義務論的色彩，與摩爾不盡相同。羅斯所提的七項表面義務是：「忠誠（fidelity）、補償（reparation）、感恩（gratitude）、正義（justice）、慈善（beneficence）、自我改善（self-improvement）、不傷害別人（not injuring others）。」

〔譯注10〕

本段略採意譯，原文並未明確列出柏拉圖式直覺論的主張。為便於讀者理解，故採意譯。原文直譯為：「……然而，無論是這種直覺論式，還是摩爾精準的論述，摩爾指出道德知識的基礎在於屬性的指認，而非關係的掌握，都面臨基本的反對意見。」（原文頁102）。

〔譯注11〕
在英文中，「金」（gold）沒有顏色之意涵，可是在中文概念中，「黃金」卻被普遍用來稱呼金子。所以本例子用中文的概念來理解，更能清楚皮德思之原意。

〔譯注12〕
wrongful killing若譯為「錯誤的殺害」，在中文脈絡中，恐讓人理解為「誤殺」。皮氏在此脈絡的意思應為：殺人有多種方式，戰場中的殺人、執行死刑、失手殺人等，這些殺人行為，也許有其他的理由。但是，murder式的殺人，則不折不扣是犯法的行為，故譯為「不正當的殺人」。

〔譯注13〕
原文是：「Where arbitrariness reigns, *de gustibus non est disputandun.*」是拉丁文，意思是「品味沒得爭」，意指品味等事態有建立在主體之上的客觀性。皮氏在此當然反對這種看法。

〔譯注14〕
前面在直覺論的介紹中，筆者譯為「心見」，代表直覺論特殊的主張，但在此是在日常語言脈絡中來解釋「心見」，故仍循日常語用的「看見」。

〔譯注15〕
這就是皮德思有名，同時也備受爭議的「先驗式論證」（transcendental argument），在此已隱約浮現了，在接下來的幾章中，會反覆出現類似的論證方式。

〔譯注16〕
奧格登（Charles Kay Ogden, 1899-1957）是英國語言學家。李察茲（Ivor Armstrong Richards, 1893-1979）是英國重要的文學批評家。倫理學情緒論的著作中，常會引二氏為先驅。

〔譯注17〕
艾爾（Sir Alfred Jules Ayer, 1910-1989），1936年出版的《語言、真理與邏輯》，奠定了他在當代邏輯實證論的地位，艾爾在該書中提出了倫理語詞只具有情緒的意義，不具有嚴格意義下的認知性。

〔譯注 18〕

史蒂文生（C. L. Stevenson, 1908-1979），是英美 20 世紀重要的分析哲學家。經典作《倫理學與語言》堪稱倫理學情緒說的代表。

〔譯注 19〕

亞當・斯密（Adams Smith, 1723-1790）。蘇格蘭啟蒙時代知名的哲學家、經濟學家，以《國富論》聞名於世。其實，他 1729 年出版的《道德情感論》對道德心理學也有深遠的影響。

〔譯注 20〕

威斯特馬克（Edward A. Westermarck, 1862-1939）。芬蘭社會學家，後來服務於英國，是第一批倫敦大學執教的社會學教授之一。

〔譯注 21〕

黑爾（Richard M. Hare, 1919-2002）是當代後設倫理學的代表，其倫理學主張稱為「規約論」（prescriptivism）。黑爾認為道德語言具有「規約性」和「可普遍性」兩大特性。譯者以為，皮德思在本節中反覆提及道德語言所預設的指引行為功能，大體上都是黑爾著作中重要的概念。

〔譯注 22〕

巴柏（Karl Popper, 1902-1994）是猶太裔的奧地利──英國哲學家。他在科學哲學上提出「否證論」（falsificationism），認為歸納法無法獲得確切的真理。因為只要找到一個反例，就可推翻原來的原理，科學應該是藉著否證逼近真理的過程。巴柏也認為人文和社會體制不能孤懸真理，要以開放、批評的方式，逐漸促成整個社會的進步。在其經典作《開放社會及其敵人》中，巴柏闡述從柏拉圖到馬克思的主張，都可能有違開放社會的理性精神，而墮入集權主義中。巴柏的這種看法，在 20 世紀中葉民主國家、共產國家「冷戰」的氛圍中，深遠地影響西方世界。皮氏著作亦浸於當時的時代氛圍中；巴柏該書第七章批評柏拉圖以哲學王作為領袖之培育方式之不當。

〔譯注 23〕

直譯應為「利益」，由於其有利益、興趣之意義，故譯之「益趣」，詳見第

六章之討論。

〔譯注24〕

Ad hominem argument在邏輯推論上是指「訴諸人身的攻擊」,在一個論證中,只以涉及的人物作為真假錯誤之判準,這也是推論過程中「不相干的謬誤」的一種,是非形式邏輯的謬誤(informal logic)。皮氏在此段論述中,大概是指個人出自於他內心的一些主觀想法所形成的論證,無法作為倫理學上原則的判準,倒不一定嚴格指稱「訴諸人身攻擊」。

〔譯注25〕

所謂的思想三律:矛盾律、排中律、同一律。在二值原則的邏輯系統中(「二值原則」在此是指任何語句〔或命題〕不是為真,就是為假),令A表示任何語句(或命題)。非矛盾律是指:「A且非A」邏輯必假。某一事物不能是A又不是A,一個命題不能既真又不真。排中律是指:「A或非A」為邏輯真。譬如,你穿的衣服是黃色,或不是黃色,一定有一為真。同一律是指:A就是A,任何個體是自我等同的。皮氏在此是指我們從事推論,必須遵守邏輯的法則。

〔譯注26〕

本段文意有點模糊。皮氏本身有宗教信仰,所以他不贊成完全放棄宗教;作為強調概念分析與論證的哲學家,他當然要堅持宗教語言也要經過合理的證成。

〔譯注27〕

本章名為「古典」倫理學理論,此古典其實是20世紀受分析哲學影響的倫理學理論,並不是西洋哲學史上的古典倫理學理論。無論是批判倫理學的自然主義、直覺論、情緒論,以及沒專節討論但呼之欲出的規約論,均算是「後設倫理學」的範疇。其實,美國佛蘭克納的倫理學經典提綱當時已問世(Frankena, W. K.〔1963〕. *Ethics*. Englewood Cliffs, N. J. :Prentice-hall, Inc.),相形之下,譯者認為佛蘭克納的歸納更為完整,亦可看出皮氏當時深受分析哲學的視野籠罩。

第四章 P. 117

平等

導言

　　如果我們尚未審慎地論證教育的內容與程序，就先討論有關教育的分配問題，這並不合乎邏輯。但我們之所以以這種次序鋪陳，是著眼於心理，而非邏輯上的理由。首先，許多讀者都能深刻體會，當代的許多教育衝突都涉及教育的分配。教育文化不利地區困境的叫囂已司空見慣，不過，卻很少有人費心反思他們欠缺的本質所在。在我們探討盛極一時的學生利益之教育實務前，先來處理「公平」（fairness）、「平等」（equality）問題，將能為教育提供一倫理學上的基礎。

　　再者，關於「平等」與「公平」的倫理基礎，將比教育的內容更為基本。如同上章闡述的，我們希望能發展一特定的論證形式，以證成教育的方法與內容。雖然這種論證的形式並不容易掌握，也會招致許多人對其效度的質疑。不過，有關支持公平原則的證成，要比直接形成課程實質內容的合價值性活動之證成要清楚得多。的確，這種對公平原則的論證探索，也深植於康德的原初發展。所以，想要讓相關道理清楚呈現，首重平等與公平原則

之闡發。

　　自從效益主義者（Utilitarians）質疑了我們如何認知詩要比圖釘重要的問題後，哲學家們似乎並未成功地為其主張提供足以支持的論證。但他們也獲得些許成就。因此，已有的觀點若未經努力探討就逕得出論證形式，將失之草率。而人們也傾向於說這些是品味上的衝突，而非受制於原則之考量。唯有絕對的主觀論才會堅持有關公平的信念全然只是品味，如果有原則的話，品味將是唯一的原則。因此，就已闡述的觀點來看，我們對於公平、正義（justice）等的證成，還有許多地方可供著墨，這其實也就是在為倫理基礎奠立基石。

P. 118

第一節　平等的考量

　　讚賞平等原則的人，常被指控對人的本質持著「經驗通則」（empirical generalization）的看法。如果人們持此看法，其立場將會招致很大的批評。就經驗通則的立場來看，他們的陳述「人生而平等」（all men are equal），不是流於空泛，就是根本錯誤。為什麼空泛呢？因為「平等」（equal）就像「相同」（same）這個字眼一樣，是用來作為人、事的比較。而人或事常只能以某種層面來比較。所以，除非我們能明確指出是要比較人們之間的特定層面，否則「人生而平等」勢將流於空泛。由於太籠統了，其實什麼也沒有說。假如我們再致力於去比較人們的不同層面，就會發現凡人生而平等並不正確，因為諸如身高、體重、智力、感受性，或任何其他特質，人常常是不平等的。

　　作為一種經驗通則，「人生而平等」也無從發揮功能。不管它的文法形式如何，它的邏輯功能常是建構一種規範（rule），而

非陳述一種通則（generalization）。這句話常意味著人應該被平等對待。但是如此僵硬的原則（injunction）如何據以實行？因為它並不意味著每個人都要受等量的對待。是否每個人無關乎他收入的多寡，都要繳相同的稅？是否在一個食物配給計畫中，體力勞動者與坐辦公室者要分配相同的食物。是否對待智力聰穎的兒童一如智能不足者？在生活的某些層面，或許我們會經歷到這些事實，但這既不明智，也不恰當。平等、正義，而不是齊頭式的平等（flat equality）要求我們，如果根據個體的適切性，那我們應以不同的方式來對待不同的人。誠如亞里斯多德曾指出的：很劃一的對待不同的對象（treating unequals equally），或是對相同的對象行差別待遇（treating equals unequally），二者都違反了正義。

所以我們可以指出正義分配的原則即在於：相同的對象應該用相同的方式對待；不同的對象應該允許有不同的方式。要使此一分配原則更清楚、不流於嘲諷，我們還得再說明一下。第一個原則指的是在相同對象範疇內的處理方式，第二個原則則涉及不 P. 119 同對象範疇的處理方式。舉例來說，在被歸類到「智能不足」（mentally defective）範疇內之兒童[譯注1]，應以相同的方式來對待，他們應被視為一個團體（class），這當然不能與另一範疇——「資賦優異」（supra-normal）等量齊觀。第一個原則正說明了在同一個範疇內，規則即是規則，絕無例外，除非是再創造了一個新的範疇。第二個原則正說明只要有適當的基礎，應安置人們於不同的範疇。當然在第二原則下，問題的癥結在於，我們如何抉擇一最適當的基礎以區分不同的範疇？或者是在第一原則之下，如何鑑定出例外者。例如，在我們面臨的分配問題中，用以區分智能不足或資賦優異的是智力因素嗎？這或許無關乎分配食物，那對於教育的分配又當如何呢？1944年法（1944 Act）規定了兒

童應依照其年齡、性向與能力之不同，而給予不同的教育〔譯注2〕。
這種區分在教育的提供上適當嗎？上述有關分配正義的原則，無
法指出這些規準是否恰當。

執著於平等觀念的人仍很堅持下面的看法。固然他們認為，
只要有足夠的慧見，就可發現人的不同處，但若認為因此就必須
為不同的人提供適性的教育，則是奇怪的事。他們聲稱，所有的
人一定在某些方面有其共通性，所以必須待以共通的方式。這些
人認為正因為有這種基礎，所以有關對平等的考量才有理性的根
基。他們正致力於尋求人之所以為人的素質所在，例如：人的理
性、挫折容受度（capacity of suffering）、基本需求等，這些特性
都可能使人之所以為人，而可列入相同的範疇[1]。

如果人們企圖利用上述方式考量平等問題，不免令人氣餒。
因為假如我們去看看這些人類基本的質素，像是理性、挫折容受
力，或是基本需求，就會發現人們擁有的這些質素或潛能是何等
P. 120　的不同。人們固然都有理性，也易於遭逢挫折；不過，有些人可
能比另一些人更富有理性，或感受性更強烈些。不錯，人們都需
要食物，但是卻有可能不同範疇的人們所需的量與所需的食物類
型卻有可能不同。很明顯地，無論是在不同的人之間或是不同團
體之間的分配問題，我們不能只援引人的相似性就想要證成平等
對待的議題。有關人質素的差異是否需要予以適性的對待，一方
面端視所要分配的東西，再者，也得視分配的觀點而定。

也許有些人還會說，人之所以為人確有一些共通的質素，正
因為有**這些**異於動物或天使之質素，所以我們在這一方面應該平

1　相關的例子，見Hobhouse, L. T., *Elements of Social Justice*（London, Allen &
Unwin, 1922）, p. 95。

等的對待彼此。此一論證，其實也就是自然主義的一種特殊形式，它的缺失，我們業已在第二章倫理學理論中指出了。固然，我們專注於人類思考的能力（capacity），視人為一思考的存在，的確有別於不會反思的動物，似乎可以論證到應以相同的方式對待所有的人。不過，它並沒有為應如何對待提供基礎；它也沒有說明對於人類的這種思考能力或是挫折容受力等，究竟應該尊重、發展、還是忽略。就如同我們在前章中提及的，盧梭固然接受了人之不同於動物，是由於人會思考，但他也同樣在《論人類不平等的起源》（*Discourse on Inequality*）中指出，這也是一個不幸的事實，它導致了人與自然世界的疏離。一個思考的人，在盧梭看來，是一種邪惡的動物。人之異於動物的這種能力，不應過度發展。

以上的論證在我看來，正顯示了立論於實證的研究企圖論證有關以平等的方式來對待所有人，將是徒勞的。如果平等的普遍性原則要靠這些立論於實證的研究，那想要證成平等原則的機會將非常渺茫。但這是否意味著無法證成平等之原則呢？如果我們放棄這種直覺式的說法，難道沒有其他的方法可加以證成平等的根本原則嗎？還是這些問題只是個人的好惡？抑或我們只是以成長過程中看待人們的方式，來形塑對平等的看法？

第二節　平等原則的證成

前面對於平等假定之考量，正說明了以相同的方式對待人還須進一步的證成。不過，為何我們要拘泥此一看法呢（按：指以相同的方式來對待人）；難道以不同方式對待人此一假設不值得證成嗎？假定我們以反面的方式重述此一原則：「在考量特別的

個案之前，無法假定任何人應受到比別人更好的待遇。」也就無須為以相同的方式對待人尋覓一實證的基礎。任何人若心儀以不同的方式來待人，他就有責任來證成這項看法之基礎。換句話說，在其他條件都相等下，應平等的考量所有人的主張。

此一修正的原則，已排除了必須為以相同的方式對待人尋覓正面基礎的必要性。不過，如果我們無法為此一假定尋求一良善之理由，無法顯現應以不同的方式對待人，較之以相同的方式對待人有更強有力的保證，那所謂修正的原則（按：指應以不同的方式對待人）也僅是語言的伎倆，而淪為獨斷的命令了。那到底應如何顯現呢？唯一之途，是要確立，無差異就無區分的普遍性原則是實踐論述（practical discourse）的先決條件，或者說是決定何所應為之先決條件。

這裡是指當個人面對公共世界時，他會問：「我應該做什麼？」他可以有很多的回應之道，並探詢其抉擇而行的理由。如果有人之所以選擇某事，只是因為他個人之「好惡」（plumping），那也必然是這件事有其明顯的特性，是別件事所沒有的，而這一特性也就成了理由的基礎。當一個人嚴肅的運用實踐理性論述時，他正使自己置身於「選擇」，而非「個人好惡」的承諾之中。「應該」的觀念，在此等於「依理而行」。現在讓我們回過頭來看原先的問題，「依理而行」此一觀念，也就是「沒有差異，就沒有區分」的最正式原則。之所以選擇Ａ，而不選擇Ｂ的理由，正代表了選擇Ａ、Ｂ的不同行動將有**不同**的結果。審慎地運用實踐的論述，正是對理由探索的承諾，這是一種置身於選擇的承諾，而不是單純的個人好惡，如果沒有這種預設，那一切的論述都將失去重心。當然，有些怪人抉擇事物時，對於何所應為並不會事先審慎地探究理由。或者說，他縱使知道應如何

做，但也不會去做。不過，這不能成為普遍的實踐，或者說，實 P. 122
踐的論述在社會生活中沒有此功能。在普遍的實踐上，必然是人
們置身實際生活的論述形式中，心中謹記依理而行之功能。

　　探索情境的特徵將能證成某種行動，這也假定了不能僅藉著
個人的命令，就據以建構之所以行某事的理由。雖然我們很審
慎地選擇A或B，我們仍預設了A或B具有一些特徵，這些特徵
能明證我們選擇的正確與智慧。這也假定了關於做某事的好壞與
否，大致在事前已具有一些原則。舉個例子，當我們決定是否體
罰學生時，有一個特殊的情境，如果該學生是政敵的兒子，若沒
有明確豎立「傷害小孩需要證成」的原則，以及「應該傷害政敵
的孩子」等原則的話，只因為是政敵的孩子就該打，就成為傷害
小孩的唯一事實了〔譯注3〕。所以，假如人們能夠真正的說出某種行
動的既有特性，此一特性正是選擇該項行動與否的理由，那這些
實踐論述上所假定的一般原則，也就成為適切的理由。我們應以
敏銳、智慧、正確、明智及帶有遠見的方式來選擇，而不能訴諸
於個人的命令，這也是任何嚴肅思考何者應為之人的假定所在。
所以，人們必須依靠一般原則以助其抉擇。

　　所謂一般原則，正說明了它適用於不同的情境，也不能因特
定的人而異，除非在這些情境或特定的人身上存在著相當的差
異。此一事實說明了情境與人並不是關鍵的因素，不能被視為是
一種差別之基礎。如果某項理由適合某一情境，它也應適合其他
之情境，除非有額外的理由指出了明顯差異的事實。

　　我們已開始論述關於公平或是正義的正式原則，這並不令人
驚奇。因為我們已經完成了對「證成」（justification）的正式分
析──這與「正義」（justice）之概念有字根上的關聯。正義是一
種特別的原則形態。不過，彌爾在其《效益主義》（*Utilitarianism*）

P. 123　一書第五章中，卻致力於將正義視為諸美德的同義語〔譯注4〕。當
　　　然，正義這項原則應該有多項原則（principles）。正義的基本觀
　　　念在於如果有相當的歧異，那應該有差別待遇；如果沒有相當的
　　　差異，或是其差異無足輕重，那就不應有差別待遇。此一原則的
　　　消極層面（沒有差異，就不要區分）已充分體現在諸如「法律之
　　　前，人人平等」之觀念，以及我在《社會原則與民主國家》所曾
　　　經探討的事例[2]。關於正義原則的積極面，雖然亞里斯多德曾告誡
　　　我們，齊一的對待不同的對象，或是對相同的對象行差別待遇，
　　　都有失正義。但是似乎未引起重視。換句話說，除了我們應該給
　　　予同一範疇內的對象公平的對待外，我們也應同時兼顧以最適當
　　　的方式來分類對象。

　　　　　無論是正義原則的積極面或消極面，都應在「適切性」
　　　（relevance）的觀念下，才能得以運作。適切性作為一原則的形式
　　　特性，不僅是原則的應用，也是原則的創制。原則的積極面已定
　　　出了：如果對象有相當的差異，應該有差別待遇的規則存在。但
　　　是，我們卻無法靠正義原則本身來定奪根據這些差異來行差別待
　　　遇是否適切。同樣地，正義原則本身也無法為現存規則的例外情
　　　形提供一個恰當的理由。

　　　　　正義的次元性（second-order）特性與其他原則之關係，
　　　值得我們反省的還有如果涉及的情境不在「規則範圍」（rule-
　　　governed）之內，則無所謂正義的問題。正義規則約定了人們應
　　　該擁有何事以及應如何被對待，但尚有其他的規則，這規則對於
　　　制定各種差別待遇規則的適切性之討論會有所啟發，也能提供某

2　見 Benn, S. I., and Peters, R. S., *Social Principles and the Democratic State*
　　（London, Allen & Unwin, 1959），第五章。

些差別待遇的例外情形理由基礎。不過，如果有些情境不在正義
規則範圍內，侈言正義是不恰當的。在很多情形下，有些狀似涉
及分配正義的問題，其實根本不是。原由之一在於所欲分配的東
西豐足、不虞匱乏，也可能是有太多的分配機會。讓我們舉個例
子：人呼吸空氣，雖是一種分配，但不涉及正義規則問題。同樣
的，少男在街上對某個女孩情有獨鍾而凝神以視，與其說是正義　P. 124
分配的問題，倒不如說是禮儀教養的問題。因為專注某位女孩，
不像分配食物，不是正義規則的範圍。假設一些特殊的情形發
生，像空氣變得稀少了，或是歷經動盪之後男性人口銳減，與女
性人口的比例十不及一，那我們所舉的例子才涉及社會正義[3]。

　　所以，正義是一種限定的原則，履行正義是一種在限定特性
下的美德。它是規則運作的原則，一方面，它以適切的理由，制
定了行差別待遇分類的合理性，同時也排除了沒有適切理由就謀
求特例的惡果。對任何可以從其特性中推導形成運作的原則的道
德體系而言，正義原則是不充分的（雖然，它是必要的）。因為
行差別待遇及公平處理規則的可欲性總是存在著問題。人們在困
厄中是否該受幫助，這並不是正義的問題。是否針對不同類別的
人給予不同的幫助，以及這項規則的例外是否有堅實的理由，才
涉及正義與否。拷問者對其被害人可能也會運用不同的方式或無
私的對待，儘管他是拷問者，仍可能表現得公平。拷問者所執行
的規則可能是錯的，但不必然是不公平，關於拷問或是痛苦的消
除所涉及違反正義的問題，僅在於拷問方式的差異是否符合不同

3　休謨認為如果沒有稀有物質之競爭，正義之概念也就失去意義（見 Hume, D.,
　　A Treatise of Human Nature, 第三卷，第二篇）。當然，休謨對正義之概念比
　　我在此討論的要為狹窄。

的分類基礎。

　　以上的論證已經很完全的表明了，正義的原則是任何企圖證成合宜行為，或認真詢問：「我應該做什麼？」的預設所在。除非我們擁有接受或拒絕適當理由的原則，否則我們根本無法對上述問答作好或壞的回答。換句話說，如果沒有這些可賦予適切性之原則，道德論述也就無用武之地。一旦承認普遍性規則的必要性，正義的原則也就隨之而來；因為正義原則是內含於「普遍原則」此一概念的外在表現。所以，「正義」植基的基本原則，已預設了其希冀提供應用之證成。任何人欲拒絕正義的原則，也就是企圖拒絕行為的證成。若果真如此，那此人已把自己置於一古怪的立場。因為他藉著下列的論述或想法：「人們不應企圖去證成行為。」以表達他拒絕正義原則的立場。他正在使用一種實踐的論述，希望建議他人拒絕原則的應用。其實，他已經先預設了正義的原則，並藉此摧毀其應用。這種立場在邏輯上是說不通的。也許，他還會藉著下列說法或想法：「不去想或談論你應做的事。」或者攻擊任何想探索正義原則的人，這固然不違反邏輯的一致性，但這又能吸引多少人的注意呢？在很多情形下，我們所處的社會常被非理性的命令所主宰，理性的人們當然必須持守十誡，或是發出不平之鳴，盡可能的調適自己。當然，在很多情境下哲學家們的探索也有其限制，對於許多狂人、歇斯底里者，或者是諸如殘暴的納粹，邏輯的論證又有何益？我很希望在教學專業領域裡，絕少本書的讀者是那些人。

　　正義原則的論證形態，也不同於那些對抗倫理學上直覺論者和情緒論的獨斷說。因為正義原則的論證，必須要有實際的理由，且可予以應用才能被接受。證成也者，是一種特定的人類活動形式，它類同於對理由的要求。所謂在行為範圍內對理由的要

求，也就是在各種可能的差異情形下，建立對行為的區分形式。如果我們認真的考慮這種可能性，將可從有關層面中尋得多項原則。這些原則必須是普遍性的，否則它無法在人們據以抉擇之前，發揮作為一種適切性規準的功能。正義原則規範的普遍規則的制定，藉以指引不同差異情形下的作為。一旦規則被制定了，就沒有例外。除非在這種規則之下，對象或情境有非常大的差異性。所以，無論是正義原則的積極面或消極面，都是一種證成行動或是研究行為理由的預設。它並不是一種獨斷原則。正義原則最詛咒獨斷。所謂「獨斷」（arbitrariness），正代表一種不去研究 P. 126 理由的行動，或是其所建立之規則沒有建立在適切的差異性之上。

「沒有差別，就不應有所區分」，這有其理性的基礎，並不會淪為獨斷。在我們考量平等的原則時，已證成了下面的公式：「在考量特殊的個案之前，不能假定任何人應比他人享受更好的待遇。」然而，它也同樣顯示了，在實際應用上也預設了各類差異分類的要求，確是建立在差異的事實上。以上二種正義分配的原則都被證成過了，接下來所要探討的重點在於探詢這些原則對於教育之啟示。不過，我們很難在此事先得到一些實質對教育的啟示，原因之一，是正義的原則僅在其「規則範圍」內的情境下才能加以運作；再者，涉及正義本身的原則無法為這些規則提供內容。這些規則是提供規準（criteria）的基礎，二者共同以恰當的方式來制定規則及其例外情形。從以上我們不難推得：無法僅靠這些原則就指引教育分配細節。除了這些抽象的正義原則之外，仍然需要其他的原則提供實質的內容。我們必須更仔細的從涉及教育平等的具體問題中去審視，才能加以具體落實上述普遍性之觀點。

第三節　平等原則的應用

　　教育的分配問題不像食物，它要複雜得多。在考量它以前，舉出幾個簡明的例子將有助於勾繪教育均等問題的一般輪廓。首先是性別平等所涉及的投票問題，第二是薪資公平問題（justice wage），以上二個問題都在正義規則的規範之內，它們都涉及某種價值的分配，而且，也的確有不少人在這兩件事上被剝奪權利。投票的例子，其爭議在於拒絕接受男女享有相同的投票權，是否有足夠的理由呢？平等，意味著應相同的對待；薪資的問題，涉及範疇的界定，也就是不同的對象應有差別待遇，其問題爭議不在於此一分類範疇是否必要，而在於制定此一分類範疇的理由何在？

P. 127　　上述二個例子所談論的「公平」（fairness），如果沒有具體的審視，都將瀕臨空談的危險。投票是何種活動？社會大眾是如何看待此一活動？何謂謀取薪資？社會中的薪資體系具有何種功能？對於這些問題如果沒有一項通則，那進一步的討論根本就不可能。如果不廣泛的思考這些活動的特性，我們又如何能夠判定合理的普遍性範疇呢？又何能為特例尋求「適當」的理由呢？假如我們所據以指引行動的理由，是源自這種廣泛的考量，那也必然坐落在原則之下。那些原則呢？我們所舉的二個例子都涉及到了對個人的善，以及對公共利益之考量。投票，吾人視為是一種重要的設計，一則是為了謀求公共的利益，也在於保障投票者之利益。抑或，賦予投票者決定他或她自己未言明的福祉觸及了人性的尊嚴。薪資問題亦然，它涉及公共利益的考量，社會因此能吸引及訓練有相當技術的工人，它也涉及到個人的福祉與自我發展。關於決定其適切性條件的爭論將仰賴坐落於一些平等原則下

的根本考量。

以投票的例子來看，任何想要參與此一問題論證的人，絕對不可以把他的提議純然建立在「女人終究是女人」的基礎上。如果有的話，這當然是一個相當非理性之態度；對他們而言，女人只不過是一個較次級的人類而已。這種論證當然不足觀，但跟這種人爭論是沒有意義的，如此非理性的態度只不過像軟木塞，隨著偏見的暗流往復漂流。唯有檢視爭論實際上是如何形成的，論證才能夠加以定奪。

如果人們真想探討此一問題，他所提出的理由會涉及人們利益之考量或尊重人等原則。他可能會把「女人」與對公共事務的冷漠、太容易受情緒影響、易受其丈夫意見左右聯繫在一起，而這些對於投票這項活動都有重大的影響。他也可能會說兒童與低能者並不被允許有投票權，這正說明了一項假定，即對於公共事 P. 128 務知識不足的人，不能藉著投票來增進對個人及公共的利益。因為這些人還不能被視為完整的「人」。女人，從這些觀點來看，難道不能被視為是有異於男人的適切分類嗎？現在假定文盲應被排除在投票權之外，女人即以此項理由被排除，但爭議仍然沒有解決。她們做人的尊嚴何在？是否因為她們沒有足夠的知識，她們的看法就應該被抹殺？如果女性們沒有機會表達其觀點，那又將如何正視婦女同胞的看法呢？

前述的例子，來自於利益的考量與尊重人之論證面臨了衝突，在特定的案例中，不同根本原則下的理由面臨衝突時，似乎並沒有規則可以決定到底哪種理由最具適切性。判斷，不能只靠單一的規則。

關於「薪資公平」問題所涉及的原則衝突則更為明顯。我們常把不同的薪資待遇視之為當然。不過假如薪資問題不全然受制

於市場機制，那麼薪資層級的規準何在？薪資多寡是否取決於對社會貢獻的標準？是否必須考量個體其私人的需求——像是維持一個大家庭所需——或是滿足私人的交際功能，如招待朋友享用大餐？如果在薪水固定之下，我們認為前述二者立場（取決於社會貢獻及個人需求）都恰當，又應如何適當的加權？

這種討論還有更複雜的一面，簡單來說，就算婦女已享有投票權，或在形式上已確保擁有公平的薪資標準，還是會有一些實際的情形去腐蝕正義。例如，文盲勞工的雇主或忽視婦人的丈夫，可能會施加壓力，不讓他（她）們去投票，或者要他（她）們根據自己的意旨行動。再者，即使有某種公平的薪資標準，可能也會面臨工作或經費的短絀而無法順利推行。我們再看一個例子。雖然我們說：「法律之前，人人平等。」任何人，不管他背景如何，在法庭上都一視同仁。但是，有錢人可以請最好的律師，窮人則無此種可能，這在法庭判決上當然不能同日而語。就此一情形來看，正式的措施要做到何種程度，才能縮小這種實質上的不公平現象？

P. 129

很明顯地，如果平等在一社會中被視為價值最高，那對於消弭平等的各種形式安排及其延伸措施，將不會設限。以選舉來說，不僅應立法保障，使人們在投票箱內行使其神聖一票，而且也必須提供便捷的交通工具，以確保人們可以很舒適的抵達投票地點。不過，這些都無助於問題的癥結。因為財富的差異，選民們有不平等的學習經驗，這對選舉而言是個問題。解決之道似乎是要為學子們提供必要的書籍，視聽設備……等，以確保在這些學習條件方面的平等。但是，由於早年的教育及教養經驗，人們事實上不可能獲得相同的學習資源。要補救此一現象，僅讓學生進入相同類型的學校是不夠的，學生們還必須來自相同類型的家

庭。事實上，家庭的大小及父母的和諧相處狀況，是影響孩童學習能力的重要因素，所以，必須要有具體的措施，以便排除這些造成不公平的家庭因素。但是這還不夠，因為孩童們還存在著天賦的差異，我們希望透過後天的關注，使個體減少先天差異的事實。

極端的平等論者（thorough-going equalitarian）可能會採取另外的途徑來排除人的各項差異。只要人的各項差異性存在，一般人就會認為源於各種分類範疇的資源分配是有相當理由的。但是，極端的平等論者卻不同意這種論調，他們主張採用的措施能夠將建構分類範疇的合理性理由減至最低，這樣一來，他們就有額外的理由以遂行其一貫的主張。

極端平等論者致力強平不平等的、富想像力的方案，事實上也招致許多平等論者的抗議，這樣的立場並沒有為平等立下穩固的基礎，如果實施這種方案，會被認為是對自由的誣衊，人們也認為這種觀點反而會帶來災難，也忽視了對人的尊重。換句話說，極端平等論者對於平等的追逐，可能會犧牲其他對人類而言更重要的原則。睽諸歷史事實，許多平等論者也很少以此訴求來看待平等，他們反對的是，缺乏合理基礎的分類機制所造成不公 P. 130 不義的存在事實。以兩性平等運動為例，並不是要使女人盡可能的像男人，而是反對依照不當的標準，認為女人就該如此，並予以不當的分類。多數平等論者也強烈相信，還有其他原則也會對於平等的追求造成諸多限制。

第四節　教育中的平等

關於薪資以及投票的例子，已經說明了在平等原則應用上重

點之所在。第一，只是從平等本身的觀點來考量，在實際情況下，並無法抉擇何者應優先處理，因為在實際情形下，例外的情形是否應看成是另一種分類，還有爭議。原則充其量只能得到某種假定。不過，如果要仔細挑戰的話，要考量的重點必定坐落在平等以外的其他原則。投票例子代表的是，以平等的方式對待相同者；薪資的例子說明了，以差別待遇對待不相同者。這兩個例子之所以被提出討論以作為一般性的原則，而沒有先討論適切的分類標準，如聲稱某種差別待遇是建立在不適當的分類或是以適當的分類作基礎來制定分類措施。這是因為雖然投票與謀取薪資是可欲的行為，但這並不是說它們本身是可欲的。它們的價值是來自比平等更根本的原則。除了平等以外，以上二例都涉及超過一個以上的根本原則，由於這些不同的根本原則對所謂適切規準的重點不同，也會獲致不同的結果，例如：個人功勞的價值一般大於其需求性。所以，除了平等外，也必須證成其他的原則。當應用到具體情境時，我們必須判斷以評估其相對重要性。

　　第二，這些簡單例子（指投票與薪資）可以用來加以對照規範法律、習俗、道德等情境的正式分析及其實際運作結果。這也
P. 131 延伸了到底正式的措施要做到何種程度，才能消弭實際差異造成不公之問題。這種過程涉及其他原則，因為追求反對積極平等的過程中常涉及危害其他原則。我們現在可運用涉及平等的一般觀點來審視較為複雜的教育事例了。

　　教育在許多方面都不同於投票和薪資問題，特別是教育的內在價值（intrinsic value）。在本書的前面幾章，我們業已指出了教育涉及引領人們進入社會所認可的合價值性的世界中，它不可能利用手段的術語來描繪合價值性之目的，或者是藉著道德中立之方法來產生合價值性之成果。「受教育」（educated）標示著一系

列成就字眼的活動，這些活動也涉及任務的諸家族活動於其內。但它也可從外在的觀點來看，教育**制度**或是學校等，是培育人們日後獲得工作的方法。對個人而言，教育也可看成是其獲致社會權力、威望的門徑。事實上，教育已變成了人們社會上升（social ascent）最主要的模式[4]。很明顯地，關於這種社會上升及其所涉及的分配問題，正是當代最明顯的爭議之一。平等之原則又要如何應用到這個領域上呢？

（a）美國和英國對於平等原則的詮釋

在一些國家，像是美國，教育至高中止都被視為一種商品（commodity），每個人都享有相同的權利。這就好像投票權的例子一樣，正暗示著一種假定，即以相同的方式對待相同者。選擇分化被延後處理，就像是建立在適者生存基礎上的自由市場經濟。特納（R. H. Turner）曾說，這是一種「競賽」（contest）的制度，每個人都有相同的起跑點，跑多遠視每個人的造化[5]。這雖然造成了很多的浪費，但是美國高等教育是那麼發達，資源是如此的豐沛，自然也就無傷大雅。這些人之中深受教育、念到最適者之頂點──哲學博士（PhDs），其他廣大接受專門訓練的人士，也分受著不同領域的起碼知識。

在美國這種背景下，那些剝奪一般人應享的教育權利，而又缺乏適當的理由，就被視為違反正義，也就成為平等問題的探 P. 132

4　見 Turner, R. H., 'Modes of Social Ascent through Education: Sponsored and Contest Mobility,' in Halsey, A. H., Floud, J., and Anderson, C. A., *Education, Economy and Society*（New York, Free Press, 1961），第十二章。

5　見 Turner, R. H., op. cit.

討焦點了。美國最明顯的例子，莫過於隔離（segregation）問題了。美國人一般同意在高中階段前，每個人應享有相同的分配。所以大家認為如下的看法是合理的：生活在同一地區，應該進相同的學校，如果因此使學校人數超過兩千人也在所不惜。在美國的一些州，教育全由州所治理，隔離學校是純粹為黑人而設，這些黑人子弟不准進入白人學校就讀。據說，黑人學校在師資、設備及名氣聲望上，都遠遜於白人學校。拒絕黑人進入白人學校並沒有合理的基礎，因為受教資源的分配，應有效的對待每一人。

當然，在美國制度下，仍然有適應性向、能力個別差異之措施。美國高中通常都至少開有三類型的課程，通識性、技術性及商業性等。學生有自由選擇的權利，他們可以量力而為。資源分配的考量是以「一般學生」（average child）為準。最近，許多人開始質疑這種「平庸式」（leveling down）的教育分配，認為它忽略了對「卓越」（excellence）的追求。解決之道是設計許多充實之方案課程，以加速能力超強學生的發展；另外一個重要的趨勢是私立學校如雨後春筍般的激增，這些學校標榜能為付得起的人提供更好的教育素質。這些趨勢也都引起廣大的討論，與英國教育的情況類似。

在英國，1944年法的前後數十年間，不同類型學校的必要性似為大眾接受。一般人並不認為小孩子應該進相同的學校。這種情形比較像不同薪資的合理性，較不像成年人都有投票的權利，所以大家都能接受不同的教育分配方式。英國教育的重點是抉擇一種適當的標準以安置學生進入不同的學校，這種制度也很類似特納（R. H. Turner）所稱「保薦型」（sponsored）的制度〔譯注5〕。這種制度預留少數的空間給頂尖者，教育的整體花費也比較少。保薦型制度的問題，在於如何抉擇適切的基礎，使人能獲得社會

的權威或威望。如同我們熟知的「舊式獎學金考試」（old scholarship examination），用以選擇適合進入文法學校或中心學校的小學生而提升為十一足歲考試，科目包括了英文、數學、智力 P. 133 測驗、老師報告，佐以兒童的年齡、性向與能力，並據以選擇進入文法、技術、現代等三種不同類型的中學。

英國學者認為，這種具體做法是對既存的違反正義現狀的一大改進。中等教育，至少在十五歲以前，是所有人的權利。由於選拔的標準被認可，學生進入其所適的學校也就被視之為當然。大眾不會再指責無法讀文法學校或獨立私人學校（如伊頓公學）的學生。大眾已能認可父母的財富不應是子女就學的考量標準。現在，沒有學生會被剝奪進入適合其性向特質類型的學校的權利。二次大戰後的這種立法精神，對不利地位人士而言，可算是一項德政。

英美兩國對於教育分配的主線抉擇，我們很難據以歸納出涉及正義的大要。事實上，這有賴考量更多的權變情境。以美國為例，他們痛貶來自相同的地區卻進入不同的學校，而不惜容忍學校人口過大的壓力，只是為了貫徹以相同的方式對待相同者之理念。這並不意味著美國人愛好統一，因為長時間以來，美國人是高度個人主義的；也不是美國人害怕其子弟因為進入不同的學校，而輸給別人的子弟在起跑點上。從美國學校發展史的觀點來看，學校的角色正是要統合來自不同文化背景的移民成為一美利堅合眾國。這種背景使美國人堅持，即使有不同的教育目的與不同的教育分配，都必須在相同的學校內行之。

英國正好相反，他們認為對不同的人行差別待遇是合乎理性的。英國人也認為應有三種不同類型之教育——文法、技術、現代中學，以適合不同類型之學生，這些學生應被安置在不同類型

P. 134 的學校。同樣的，這也不是英國人愛好歧異，或者是說受了柏拉圖在《理想國》（*The Republic*）中把人三分以行治理之理念。這是由於文法學校（grammar schools）、高級中等學校（senior schools）及中心學校（central schools）的歷史進化使然，在延長學生十五歲離校時間前，這種區分在有限的資源下，是有實際的效果。

　　無論是英國還是美國，都還未有一個建立在獨特目的下的明確規準，以確保教育平等的理想制度形式。兩個國家對於教育機會平等原則的詮釋都受到所處環境的影響，也都對其中違反正義的問題、不當的分類基礎作更進一步的討論。美國，誠如我們所知，最主要的是黑人的受教不公問題。英國，即便到現在，仍存在著優勢團體進入特定學校的問題，這種違反正義的制度，拒絕把最好的教育形式留給那些沒有財富的人。自從1944年法後已針對受教者財富問題提供了補償。由於移民者的湧入，英國也衍生了新的問題，正如美國的情形。

　　這種紛爭論辯產生後，又增添了問題的複雜性，爭論之處不僅在於對教育目的之不同期望，也在於對「教育到底是什麼」的爭議。這種不一致的看法，更使人們直接正視「投票」與「薪資」的論證比較。舉例言之，有些人認為，各種分配的措施曲解了教育，無法達成教育的內在價值。一方面，有人認為透過考試的各種有效率之選擇，將轉換教育成一種「知識的獲致與事實的獲得」（knowledge to be acquired and facts to be stored）。另一方面，也有人認為，在一個較大的學校中，以學生的興趣、性向為基礎，而做的各項教育「平等」分配，使學校淪為超級市場，學生反而降低了素質。這些學者認為，教育唯有植基於實習制度，而超級市場式的學校不利於實施實習制度。

　　假如教育制度可以被視為一種純粹的工具性術語，像是薪

資制度，那我們就可更直接的加以談論。楊格在其《功績的躍昇》（*The Rise of the Meritocracy*）[6]中想像了一個純粹以經濟生產為主的社會，該社會及其訓練方式完全取決於利益的規準，學校 P. 135 完全淪為訓練機構。選擇的問題純然是技術性之考量，這種「公平」，廣為大家接受，也不會引起爭議。也就是選拔那些具有能力謀取社會利益的人，在此，社會利益是指增進生產力。

　　該書以諷刺的文風鋪陳，已可指出此一觀念錯誤之所在。沒有一個社會能自限其目的於生產力的提升，果真如此，它到底能達成何種生活品質呢？只要學校關心教育，不僅僅只是訓練，學校也會關心逐步引領學生進入生活品質的追求。學生被引領入門進入各種知識與認知的形式，不能淪為工人、技術者，以及科層管理者之操作手冊。個體固然有責任為團體付出利益而接受訓練，但他們也有權利享有生活的品質。訓練的方式應該同時涵蓋二者，即使只考慮到訓練的層次，由於工業社會變遷迅速，各種所須技術也日新月異，若把學校的層次鎖定在「職業訓練」，反而更無法回應當代社會之條件。

　　但是，所謂「生活的品質」此一普遍性的觀念，卻是隨著不同的教育目的而有不同的價值強調。某些人特別著重個人的抉擇；另一些人則重視某類型知識或技能的精熟。有些人則看重品格訓練，還有些人強調全面的發展。當然，這些主張都必須與國家培育其國民基本技能與「公民身分」（citizenship）的起碼要求相配合。雖然這些主張不一定相衝突，但也因強調的不同而導致不同的教育分配，或是進入不同教育管道的標準。例如，某位人士非常重視工業社會的發展，念茲在茲於技術與統計，他自然就

6　Young, M., *The Rise of the Meritocracy* (London, Thames & Hudson, 1958).

會把教育機構視為一種訓練場所，而強調數學、科學與技術。如果在某一時間內，教育資源有所限制，那當然就以上述領域為優先了。這位人士的觀點，也許會受那些視精確、嚴格思考，而不以社會利益為主要教育價值的人士支持。然而，有些人可能會循其強調個人選擇的重要，反對教育分軌，他們認為應給予個人最大的機會去發展其所欲探索的領域。他可能也會支持某些「全人」教育者之主張，因此反對任何導入專業化的分軌選擇形態教育。

P. 136

對於是否設立不同學校以分流學生的爭議，有很多的討論，不及備載，也無庸在此冗長敘述。從單純的商品分配來看，涉及教育分配公平性之探討的，至少有兩種主流看法。第一，分配的方式會深深影響教育本質；第二，分配涉及本身的內在價值。雖然，學校所傳遞的，仍有其工具性之考量，不免涉及社會的需求及個人的目的。不過，當學校所傳遞的生活素質涉及多種不同的內在價值，這些教育傳遞的內容既能被教育分配的方式影響，又能被社會或個人的外在目的左右，那源自不同價值有關學校各式分流做法的歧異性，將無止境。

很明顯地，人們對於所謂教育「公平」的不同看法端視其所持的其他價值而定，這可提供規準以決定分配的適切性。多數人們同意不能以父母的財富作為抉擇孩童入學之標準。不過，在英國尚無一致性性向、能力之測驗可作標準以資取代。缺乏適切標準的測驗，並不只是來自於依照這些標準企圖將學生加以區分的實際困難，而是反映了何者應為教育重點的基本差異，也在於學校所傳遞的內容，應與社會的外在需求維持何種關聯的爭議所在。

這種分歧看法的另一基本來源並不在於何謂公平，而是著重在公平與其他原則之關係。當我們致力於平等時，常與自由或是與生活品質的要求發生衝突。文法學校及獨立學校（independent

schools）的捍衛者就常常以這兩個立場來論述其主張。他們認
為父母應有權利為自己的孩童選擇學校，特別是學費高昂的學
校。擁護文法學校者認為長時間來，學校很成功的引領兒童進 P. 137
入思想和認知的形式中，已建立起卓越的標準，成就了生活的
品質。他們認為，當前有一種危險，那就是某些人為了追求平
等，在他們對平等充滿熱情的意識形態中，認為學校應當被解構
（dismantling school），認為這些學校一點也不知如何教育人。擁
護文法學校者也指出，許多偉大的教育先賢如阿諾德（Arnold）
與福祿貝爾（Froebel）等，也同樣成功的把自由的理念融入其獨
立學校的實驗中，並於國家制度中樹立文法學校的標準。他們還
指出，當代的英國平等主義者（Levellers），完全仿效美國的教育
制度，亦步亦趨，而無法認清美國人正為其不當的措施而搞得焦
頭爛額。〔譯注6〕

（b）正式的與實際的效果

當代英國與美國對於「教育機會均等」（equality of opportunity）
的騷動，部分在於正式的各種措施與實際成效的差距。這裡再度
喚起的重要問題是，到底平等的重視是要到何種程度？到底為弭
平實際上各種不平等現象所致力的種種正式措施，是到了何種程
度？

以美國為例，黑人問題最為明顯。各州以及各地區對於教育
資源分配的標準都有不同的考量。一般的共識是兒童在相近的地
區必須就讀相同的學校，這也顯示了教育資源的分配將隨著各州
的資源良窳而有所不同。尤有進者，即便是相近地區，其生活水
平與花費也有不同，地區的稅收決定了教育的經費，這其實正說
明了財富仍左右了教育的形態。美國的教育學者常常爭論在某一

地區教育經費拮据之下，是否要將經費投資在較貧窮的區域與家庭，並限制對私立學校的補助；還是在教育品質已經不錯的地方錦上添花。

P. 138　　　英國有名的十一歲考試也並不是客觀的測驗。因為其標準也隨著分布在不同地區的文法學校或技術學校而定，甚至於同一地區不同年度也有不同的標準。尤有進者，正式說來，每個學生是以相同的標準在競爭。證據顯示，學生的智力深受社經地位的影響，特別是與其家庭的語言習慣有關[7]。這對處於文化不利地位的兒童不啻雪上加霜，因為有更大的困難橫亙在其跨越成功的門檻之上。

或許英國最嚴重的問題，是未經深思熟慮的就把學生送入現代中學（secondary modern schools）。制定 1944 年法的人士認為可以藉著現代中學提供多樣的、不輸文法中學的另一教育形態，而達到符合學生能力、性向的適切教育理想。校長們被鼓勵去實驗此一嶄新的「現代」教育形態。但是理想似乎並未實現[8]。進入現代中學的學生普遍的認為他們是考試的「失敗者」。他們沒有理由再像舊式制度時常自我解嘲，之所以缺乏教育是因為父母供不起。現在他們有的是機會，所欠缺的是其「能力不足」（wanting）。現代中學的設備不足、校舍老舊，其教師也由於無法進入文法中學、技術中學而影響教學士氣。真正能顧及適應學生不同能力、性向的課程規畫，反而乏人問津。職業導向的課程當然也有明文規定，但是隨著學生在學年限的增加，課程逐漸變得

7　見 Bernstein, B. B., 'Social Class and Linguistic Development: a Theory of Social Learning,' in Halsey, Floud, and Aderson, 前揭書。

8　見 Taylor, W., *The Secondary Modern School*（London, Faber, 1963）。

類似文法中學或技術中學。這種現象當然也受雇主們的客觀要求助長，說穿了也就是鑑定考試，因為所有的現代中學畢業生都必須並參與這項考試。總之，紛沓而來的社會壓力，使得1944年法所建構的現代中學無法實現其預期理想。該體制實際運作，又受到心靈陶養與技術訓練不同理念之修正，很明顯的產生了不公平的結果。

（c）補救實際上不平等的教育現象 P. 139

如果把「不同的對象，應行差別待遇」解釋為兒童在十一歲左右，根據一項嚴格的考試，以便安置在不同類型的學校，英國的教育學者是不會同意這項看法的。學者們認為，如果一定要選擇，那時間要盡可能的延後，而且不同類型學校之間的轉換要有彈性。根據上述的共識，學者們提出了多種方案。部分學者主張採行美國的中等學校學制，相近地區的學生在十一歲以後都進入一大型的綜合中學，學校提供多樣的課程以行適性教學；另有些學者則主張仿照美國的另一學制形態，學生從九歲到十三歲安置在「國中」（junior high school），然後再分配到不同類型的學校；另有些學者則主張，所有的學生在十五歲以前都應該接受「綜合」的教育（comprehensive education），然後再予以分軌。當然，對於父母是否有權為其子女選擇此種多功能類型的學校（按：在此指綜合中學），以及是否一定得讓其子女就讀學區內之指定學校，仍有很大的爭議9〔譯注7〕。

關於如何修正各種學校制度以補救種種不公平現象，必須考

9　其他觀點的討論，見Elvin, H. L., *Education and Contemporary Society*（London, Watts, 1965），第二篇。

量多種因素，社會科學家及心理學家反而比哲學家們更為關心。僅僅當平等主義者想要泯除各種實際的不平等來源之限制時，此一原則所涉及的問題，才會吸引哲學家。許多美國人正逐漸接受聯邦之干預，以確保黑人能順利進入優秀的學校以及大學。但是，到底他們支持聯邦干預到何種程度，以弭平不同州之間的教育分配？而對於根據不同的收入而畫分其居住範圍，以確保少數高所得才可入住的住宅居規畫（housing regulations）政策，又要抗爭到何種程度呢？

P. 140 　　英國的平等主義者，非常重視勞工家庭子弟在成長期間所受的各種學習障礙問題。平等主義者是否支持將托兒所（nursery school）納入義務教育（如果經濟上可行的話）？是否平等主義者支持國家為了其他影響教育的重要因素，而逕行加以干預？例如限制生育子女人數在三人以下，以控制家庭人數[譯注8]。如果平等主義者認為基於自由及生活品質的呼聲，可以認同這些做法，那為何他們對於其他做法卻又視若無睹呢？

　　李伯曼（Liberman）曾經提出了兩種「教育機會均等」的意涵[10]，其中之一是某甲和某乙二人符合教育機會均等，當「二人所處的環境，並未為任何一方在選擇學校或追求教育目標時，提供物質優勢」。李普曼認為這種形態的教育機會均等，實際上不存在，但很多人卻認為其存在。另一種形態是A和B符合教育機會均等，當「任何一方擁有更多物質資源，以利其選擇學校或追求教育目標時，將無法做到去除該資源而不會危害到其他重要價值」。因為，「其他重要價值」，因人而異，也適用於「教育機會

10　In 'Equality of Education Opportunity,' reprinted in Smith, B. O., and Ennis, R. H., *Language and Concepts in Education*（Chicago, Rand McNally, 1961）, p. 142.

均等」之解釋。然而，第二種解釋，是教育機會均等的贗品。因為人們可能並未實際上獲得，也沒有準備好要採取必要的步驟以確保能獲致平等，這些理由與平等一點關係也沒有。若把第二種情形冠上「教育機會均等」之成就，是誇大了事實，僅為粉飾太平。「教育機會均等」的訴求應該更恰當地理解為是對錦上添花（如不合宜的金錢補助）的攻擊，或者是以更合理的理由，如入學機會管道，取代不合理的不公現象。

擺在眼前的明顯事實是，除非平等主義者能準備控制學子早期教育、哺育、家庭人數等因素，教育機會均等不可能到來，若沒採取前述步驟，人們之間的差異將無法根除，這將會影響到所有學制實際上的運作。不過，如果人們之間沒有差異存在，那平等原則也無用武之地。平等主義者不會一定堅持人在各方面都要一樣，重點在於要以相同的方式來對待人，除非能證明用差異的方式對待這些人更為適切。我業已說明，所謂適切的差異方式極其複雜，也必然訴諸於其他的原則，李柏曼所延伸的「教育機會　P. 141 均等」的意義，提點了吾人探討教育資源分配時，正視其他原則的重要。當代探討教育資源分配時，已設定了其唯一的道德爭議是平等的議題。本章企圖說明，資源分配議題不僅不只是涉及平等，也不能僅以平等視之。

彌爾在其《論自由》（*On Liberty*）一書中論及，對個人干預的合法基礎，在於當個人行為傷害他人之時，乃得為之。易言之，彌爾已正視到了一項原則，即出自於對人們利益之考量，可對自由的追求加以設限。若運用類似的論證方式，我們也可以說像自由、生活品質的發展（涉及利益的考量）[11]等二原則，在教育

11　見第六章第一節。

平等的案例中，對於提供何者才是公平資源分配的內容，都可加以設限。但我們不能說哲學的分析或論證能夠顯示這些設限的特定觀點，這有賴所處環境的實際判斷。哲學僅能擘畫平等論證的輪廓，無法對此細節發聲。

第五節　社會不平等

當人們抱怨「不平等」（inequality）時，不完全涉及資源分配的形態，而是伴隨著其社會態度了。有時，針對不同的對象而給予不同的對待，符合公平的體制，但卻常會引起人們的不滿而滋生反對，這是因為「差別待遇」這個字眼總是予人有「好」或「壞」的印象。論者多有指出，這種態度是拜英國教育制度之賜。像為人所詬病的十一歲考試，被批評的關鍵不在於其學習成果，而是對人有所斷傷；現代中學不被視為是一種適性學習教育，而被認為是差別待遇下比較「壞」的學校。於是產生了這種態度及種種的反對。

事實上，這種態度是否是當代各種分類制度（categorization）下的產物，尤有疑問。更可能是此制度是經由存在的階級意識態度而串流成的各種壁壘分明的分軌措施。在英國，古老的階級意識還沒有消除，其根基僅僅是從出生、財富到職業、教育的改變。當然，我懷疑是完全沒有這些階級意識態度的社會是否存在。美國教育制度的一項優點，是任何在校內共同求學的人都可能成為未來總統。不過，部分美國名成利就的成功者對於失敗者的輕蔑，其仇恨之程度，尤甚於英國世襲土地的紳士們對勞工朋友的態度。在任何社會制度裡都會存在著一個事實，即某類事情由某些人來做會更出色，某些人一定具備了其他人所缺乏的

技能。所以，無可避免的是構成的體系，會將一些人安置在上層優勢的位置，而形成階級制度。久而久之，「月暈效應」（halo effect）也就伴隨著階層化現象。「擅於某事」（better at），很自然的就被視為「較優秀」（better），無須其他限制條件。在工作等級上的優勢，也被視為是普遍性的優勢。部分學者指出，這種階級態度是任何權威結構下的社會制度，在必要的分工生存下，這是無可避免的生活產物 12。這有其良善的一面。但此一階級優勢的缺失不在於分配的不平等，而是缺乏對人的尊重。

　　缺乏對人的尊重與公平的對待人，此二者有其相似的一面。公僕們（civil servants）可以很謹慎公平的處理其事務，但他們可以把其所處理人們的事務，視為純然「公眾」的事務；他們可以用無私的態度去處理涉及人們的種種利益，審慎思考何者對公民們有益。但是，公僕們也可能輕忽了將其服務對象視為人。這些人有各式的願望或渴望，受制於奇怪的情感與情緒。人們與自己的成就緊密相連並引以為榮（無論多麼微不足道）。人們也都以自身的觀點反映這個世界。公僕們可能對其所處理的人的這種獨特意識無動於衷。他們僅把人視為一客觀的描繪，一種既定的範疇。並據此思考人們所需要的正義。但是，所謂尊重人卻遠超過此，有關尊重人，我們將在第八章仔細討論。在此，請讀者不要混淆不公平與尊重人二者就足夠了。

12　例如Dahrendorf, R., in 'On the Origin of Social Inequality,' in Laslett, P., and Runciman, V. G., *Philosophy, Politics and Society*（Oxford, Blackwell, 1962）。

結語

本章的目的不僅在於藉著展現論證的形態，希望藉此能證成正義的原則，也在於檢視此一原則在教育領域裡，一般性及特定的實際運作情形。關於正義原則給予吾人的一個主要啟示在於，僅當價值面臨危機時，它才能加以應用。也唯有當它體現了在相當差異下才行差別對待的形式訴求，正義原則本身才可以為教育政策提供一必要，但非充分的道德基礎。因為涉及分配的價值，以及區分的恰當規準必須訴諸其他的原則。當然，對平等的追求也有相當的可能會與其他原則的堅持相牴觸。對於教育問題所涉及平等問題所應考量的重點，業已在本章敘明。

我們對於「公平」已經做了初步的討論，相信已澄清了它，我希望這種論證的形式可以用來證成其他根本的原則，像是「自由」（liberty）。當然，分配內容的價值問題，以及所謂不公平的參照標準何在，也必須要以同樣的方法來加以證成。一項很重要，與價值問題息息相關的是「教育內容」，因為關於公平的假定是分配物必須要有價值。所以，學校或大學所傳遞之事物是否有價值，就必須加以審慎的論證，於此，我們可以開始檢視課程所涉及的倫理基礎了。

＊本章承蒙王嘉陵教授校閱。

第四章譯注

〔譯注1〕

「智能不足」是台灣1970至1980年代的用語，近年覺得有歧視之嫌，更正的專業用語是「智能障礙」（intellectual disability）或「心智遲緩」（mental retardation）。下文之「資賦優異」（gifted, talent），台灣早年稱為「天才兒童」，中國大陸曾譯為「超常兒童」，很接近皮德思在此的用語。

〔譯注2〕

在此是指英國十一歲入學考試所分流的三種中學形態：文法、技術、現代中學。

〔譯注3〕

譯者認為皮氏在此的例子並不恰當，也不容易理解。他是想說明，我們判斷或持某種主張時，必須清楚援引或接受的普遍原則。如果我們沒有確立「不應打小孩」的普遍原則，若我們打了政敵的小孩，就很容易落人口實，變成我們持守「可以打政敵之小孩」之普遍原則了，這當然很荒謬。皮德思當然不是主張我們「可以打政敵的小孩」。

〔譯注4〕

讀者若對彌爾《效益主義》有興趣，可以參考但昭偉譯述（2002），《重讀彌爾的效益論》（台北：學富）一書。

〔譯注5〕

英國學者特納（R. H. Turner）對於人們透過教育選擇提升社會地位方式，曾提出廣為人知的分類。他區分為「保薦型（或譯贊助型）流動」（sponsored mobility）及「競爭型流動」（contest mobility）。前者是以較菁英的方式，根據當事人已有的地位獲得其位置，正如加入某些俱樂部，若符合其要求，且有其他成員的推薦、認可，就可進入。傳統式的社會地位大抵如是。通常這類社會成員子弟會選擇特定的學校。學校教育也會根據學生背景、特質而分類，特納認為英國即是如此。至於「競爭型流動」，

強調大家在立足點上平等，根據表現結果來贏得社會地位。此類流動在教育學制及學校類型上，會盡量避免太早分化，大家都上同類型的學校特納認為美國是代表性的例子。

〔譯注6〕

基於歷史發展，台灣在中等教育後期階段有所謂的「明星高中」，造成家長學子們趨之若鶩，一直為有識者所詬病，認為造成了社會不當的競爭而扭曲了教育。不過，也有許多聲音認為不應該污名化明星高中存在的事實，明星高中代表一種教育的成就，也透過競爭鼓勵學子勉勵向學。反明星高中其實是一種極端平等主義的立場。台灣的爭議與皮德思當年所處的英國中學階段升學的氛圍非常類似。

〔譯注7〕

用台灣的經驗很好理解，中華民國在大陸時期引進當時美國的「六三三制」，六年國小、三年初（國）中、三年高中。不過，美國後來逐漸建立起「K-12」，即從幼稚園到高中。美國基本上在中學後期階段是採取「綜合中學」，透過選修課程來適應不同類型學生。英國自1944年法之後，在「國中」階段，就分成文法、技術、現代中學三類型，等於是十一足歲考試後就予以分軌，固可視為一種適性教學，但更多的學者認為過早分化，有違教育機會均等，在皮德思撰寫本書的1960年代，英國正準備向美國學習「綜合中學」的制度。台灣從1968年實施九年國教，2014年正式推展「十二年國民基本教育」，也涉及許多的論辯，值得與英國的發展相對照。

〔譯注8〕

二次大戰後，全世界有所謂的「戰後嬰兒潮」，人口激增，衍生了許多教育經濟、社會問題。1960、70年代，無論是已開發國家或開發中國家，都有抑制人口的措施，台灣在1970年代也有「一個不嫌少，兩個恰恰好」的人口政策口號，而中國大陸「一胎化」自不待言。皮德思當年所處的英國，也是同樣的情形。西元2000年後，全世界又面臨新的人口問題。「少子女化」的現象也同樣衍生新的教育、經濟問題。年輕的讀者宜掌握不同時代的脈絡。

第五章

合價值性活動

導言

　　我們業已指出，教育涉及引領他人進入合價值性之活動。中小學學校或大學，可以運用選擇的原則加以運作，以鼓舞學生選擇適合其能力、性向與興趣之活動；不過，這些選擇要在被認為是值得傳遞的活動範圍內。科學、數學、歷史、藝術、烹飪與木工都可成為課程，賓果遊戲、橋牌與撞球則否。這些活動之所以能成為課程的內容，除了其功效性或職業上的價值外，通常也必須預設一些理由。因為我們已討論過，即便許多這些活動可以從工具性的觀點來審視，但當視為有教育價值時，則排除了這些工具式之考量。如果我們認為閱讀詩篇的理由，是有外在的價值而非對詩的內在鑑賞，那麼就必須再詳加審視學詩有「用」（use）的所謂「用」之概念。學校追求合價值性的活動，應如何加以證成呢？

　　在證成合價值性活動之前，我想先排除一些會混淆討論的誤解，這常使教師們增添許多不必要的挫折、罪感和混亂，我只有說之所以追求某些而非另一些活動，必定存在著良善的理由。我

並沒有說同樣在課程內的活動，一定存在相同的理由可據以判斷何者較具價值性。例如，要說明為何歷史和文學鑑賞比賓果遊戲和橋牌更具價值是可能的，但是要說明歷史比文學鑑賞更有價值就不容易了。在學生開始從事合價值性活動之追求，並洞悉理由而接納這些活動之前，很難說學生是因為看見這些理由而接受該課程。

P. 145 　　我大膽揣測，對那些純然視活動為外在價值觀點的人而言，擁護內在價值是徒勞的。對他們而言，狂熱代替了論證；我也聽到教育被比擬成類似的情形例如，學生被告知進入大學的理由是可以為未來工作奠基。如果學生被告知進入大學的現實（real）理由，而他們之進入大學與否端視他們是否接納此一現實理由，我猜想很多人不會去念大學。當學生因為其他的一些理由而入大學，我們也期待學生能逐漸體認到進大學的正當理由。哲學教授很堅定地表示，學生進入大學是要成為好公民，但是我也會同情當教授們打算說服企業界人士贊助時，會說大學是最好的國家投資。如果大學教授自己都變成他們宣傳的犧牲品時，那是相當令人遺憾的。

　　所有的社會運動，無論是宗教、政治或文化，都面臨一共通的問題，即大多數的人們並不在乎。某甲或許成長於某一宗教運動風起雲湧之年代，關於如何使不在乎者改信等議題對他來說是耳熟能詳。也許他與所屬的宗教漸行漸遠，變成一種鬆散概括的關係。他換了教會，身邊共事的人或許可說心胸較為寬大、對於何為良善的生活也持較為人性的觀點。然而，忽然間，他又發覺自己處於似曾相識的「如何吸收別人改信」的議題中。於是他又發覺，所謂「多數眾人」是自外於社會運動[譯注1]。

　　前述的例子及其無效的擁護某主張之事例並不陌生，大多數

的人們是被消費啟動，他們把可帶來立即性的快樂，以及各種工具性能滿足其作為消費者之願望，視為價值之所在。當人們詢問：「這對我有什麼好處？」（What is there in this for me？）「這將把我帶向何方？」（Where will this get me？）時，像科學、藝術等活動並不直接合其胃口。因為科學藝術等活動必須靠汗水與努力，無法帶來立即性的快樂，其滿足人們願望的工具性價值並不容易被瞭解。

第一節　願望的證成

價值性活動的上述特徵限制了其主張的有效性，是否就排除了用願望（wants）來證成合價值性呢？難道彌爾沒有論證某些活 P. 146動之所以有較高的品質，是因為那些致力於改善生活或感官愉悅的人們，在整體上終必會承認這些活動有較高的品質和持久的滿足嗎？

彌爾的這種論證形式有很明顯的困難，但這也是一般自然主義式論證的困難。因為它無法論證若所有的人都願望某事並持續的追逐，就等於該活動是有價值的。或許，假如某事是合價值性的，卻沒有人想要它，這也非常奇怪。不過，僅僅合乎人們的願望，並不能充分認可其價值。的確，某些犬儒主義者會說對有些人而言，其困擾在於無法得到想得到的事物，另些人的困擾則在於事實上他們得到了其想要的事物。

彌爾論證中更為特定的困難如下。我們試將彌爾的假設付諸考驗，一位耽於感官逸樂、追逐權力、累積財富的人被勸說應致力於科學研究和繪畫創作。一年以後詢問這位人士對這些活動的看法，他回答一點也看不出這些活動值得努力之處。我們能因此

駁倒彌爾的假定嗎？當然不能。我們只能說這位仁兄尚未真正瞭解科學到底是怎麼一回事，也因繪畫技法不純熟致無法掌握繪畫竅門。說得更具體一點：假如我們經年致力於使學生學習科學、藝術和歷史，學生報之以玩賓果遊戲、打撞球、打諢（eating banana）我們能說科學等活動沒有價值嗎？難道我們不該反省是否是教學方法出了問題，或是學生在面對我們之前已經先排斥了教育？換言之，由於某些原因，學生根本就沒有掌握到這些活動的精神。

　　這些活動的例子支持了蘇格拉底的觀點，即人們若是不去追逐或其對善的事物不屑一顧，那是因為並沒有真正瞭解這些善的事物。善的事物都有一些共通的觀點，參與者必能感知，他們自身也都有正確的標準和風格以喚起鮮明的評價。如果一個人掌握了這些活動，他立刻就會置身其間，並對這些活動產生感情。舉例而言，假如一個人真正理解科學，他難道不會關注證據、釐清事物並被真理的熱情感動嗎？數學家難道不會對證明的高雅與簡潔動容嗎？假如人們熱情迎接矛盾、享受晦澀不明，把中肯的論證視為中產階級的時尚，他難道就會開始理解哲學的真諦？當人們揮桿進洞，雀躍不已時，你也可說他是真正的高爾夫球愛好者了。蘇格拉底說沒有人會竭力去追求他認為是錯的事情，其真義在於實踐的知識不僅僅是純智性理解的追逐，同時尚有「情感」（feeling）的層面，顯示出某種評價，此一評價同時涉及活動和其獨特風格、能力與技術的標準。這是為什麼我們能說那些反對彌爾假說的人，並沒有真正體會該活動之性質。因為理解也代表願意以某種方式去追求。當然，理解某事也可能被其他有品質之事所吸引。比如，一位數學家就可能發現他更易於被音樂或哲學所吸引。不過，如果這位數學家正常的話，他大概不會熱愛打掃街

P. 147

道，除非此一打掃有特別的意義，如放鬆情緒或彰顯上帝之榮耀。

　　因此，反對彌爾論證的種種說法，正是要說明合價值性之活動不在於人們之願望，而是在於其願望的特徵。我們所要探討的重點在於是否這些合價值性活動有其共通的特徵，還有他們之所以比其他活動有價值，其更好的理由之所在。

第二節　快樂和痛苦

　　為了要找出合價值性活動之內容共通的特性，有些人藉著「快樂」（pleasure）或「幸福」（happiness）的觀念來加以說明。不過這有很明顯的困難。以「快樂」為例，這種特性至少存在三項理由無法說明合價值性活動。首先，當堅持是為了快樂本身或為了該活動能帶來快樂和歡樂，而選擇去從事該活動，這只是我們所關心之合價值性活動的某一種形態而已。如果支持這種說法，也就是說我們不必去做出於義務或其他理由之活動。人們之所以想做某事僅是因為人們置身其間所能得到的快樂。再者，人 P. 148 們會沉溺許多帶來快樂的活動，這些活動可能很平凡或甚至於是不可欲的，像躺在太陽下作日光浴或吸食鴉片等。第三，除了人們為了自身的理由而做之外，不管這些活動涉及人們談論的「快樂」的通性為何，我們要掌握這些快樂的特性，不可能不參考該活動的特性。當我們說游泳或聊天的快樂，不可能不對游泳或聊天活動所涉及之特性做更進一步之描繪。我們等於是又回到了最先對該活動特性之探索。因為當說到某一活動是快樂時，我們仍可再進一步詢問：「為何認為這些活動是快樂而非其他活動？」

　　要去分析比「快樂」更難解的概念，如「幸福」，也會面臨相同的困境。無論我們如何去認定何者與幸福的關聯，如：永恆

性、沒有焦慮的未來、不懊悔過去等，這些活動的形態必然涉及引人入勝的內在吸引力及外在人們相互的認可。幸福與持續的挫折與衝突是牴觸的。

　　以上的論證排除了「快樂」和「滿足」之觀念作為建構追逐合價值性活動的充分理由，但是它也無法否定「快樂」和「滿足」作為合價值性活動特性之必要性。的確，有很多很好的理由把快樂等視為合價值性活動之特性。因為，當人們因為快樂等因素而專注某活動，至少是把這些活動視為其自身之理由而追逐。也就是把這些活動視為內在地，而不是工具地可欲的。但這是諸如「快樂」、「滿足」等術語之**唯**一功能嗎？難道一些術語如「可以提供快樂」或「從中得到滿足」，這些活動能被歸入可以進行的活動之林，不是由於「快樂」、「滿足」術語之邏輯功能嗎？難道快樂主義（hedonism）的一些重要真理，據以行動和選擇的理由，說明了像「為了快樂」術語之功能，沒有遺漏一些重點嗎？我認為有一些遺漏。並打算在此簡要加以說明遺漏之所在[1]。

P. 149　　若沒有先掌握「快樂」和「痛苦」的觀念，要理解其作為據以行動理由之觀念，會有些許困難。因為行動會帶來一些樣態（state of affairs），如果有某些樣態較其他樣態更被視為行動的理由（grounds），那必定是其具有的某些特性能帶給人類快樂或不快樂的樣態。除此之外，這種差異如何能使人去追尋或避免某種行動呢？「快樂」和「痛苦」是人們用以描述情境特性最普遍的兩個術語。當然，享有全部權利之快樂與享受日光浴有明顯的不

1　以上的討論受益於Kenny, A., *Action, Emotion and Will*（London, Kegan Paul, 1963），第六章。不過，我採取的立場與該書不同。我也要感謝 A. Phillips Griffiths。

同。如果人們不是出自於被迫、賄賂或是義務，而選擇投諸時間精力於某活動，那必定是他對這些活動有情感，否則我們很難理解。

「行動的理由」（reasons for action）此一概念的學習，是與「快樂」和「痛苦」同步並行。人類在許多層面上有共通性，這提供了一些使這些概念用以掌握人類之行為、引導其行動堅實的基礎。在感官的層次上，愛撫身體的性感帶會使人愉悅、牙痛則令人不快，這是一般經驗上的事實。在活動或行動的層次上，飢餓時，飲食能帶來愉快；反之，若阻礙此願望的滿足則令人不快。克服障礙或創立秩序是與滿足的情感相伴而生。失敗帶來痛苦，缺乏安全感、失序令人不安。尚有其他更複雜的情緒狀態，像是歡樂，涉及快樂等的心情，恐懼和焦慮，涉及不快的情感。這些例子中的「快樂」和「痛苦」並不代表特定唯一的情感形態，這些「快樂」和「痛苦」的情感無法從其發生的複雜情結（complexes）中分離出來。不過，無人可以否認在感官、行動或活動的樣態中，的確存在可以識別的「情感」。

正是由於普遍性的快樂和痛苦有關聯，人們可以學到「快樂」和「痛苦」的概念以及據以行動的理由。當兒童開始掌握獲得快樂或避免痛苦的方法時，兒童的「願望」（want）就從其「念頭」（wish）中浮現出來。「願望」的浮現帶出了「理由」[譯注2]。當「行動的理由」作為一種目的時，去獲得快樂或避免痛苦的手段方得以規畫。這種被視之為典型的「目的」，使人們趨之若鶩或 P. 150 避之唯恐不及的選擇，難道沒有「情感」的面向嗎？或許，沒有其他描繪這些情感面向的方式了。舉例而言，人們能說明牙痛是何意義嗎？當有人說他知道「痛」的意思，卻又在其他事情都相同的情形下，他不想逃避或免除痛苦，我們將無言以對。若沒有

「快樂」或「痛苦」的普遍概念,「行動的理由」之概念將無從理解。若非在人們語言使用中,存在著快樂、痛苦典型事例的共通性,人們又何能學會去**運用**這些概念呢〔譯注3〕?

一旦人們掌握了「快樂」和「痛苦」的概念,就有可能運用符合邏輯推演的表達方式。首先,他可以說之所以做某事是「為了快樂的理由」,或者是「從中獲得滿足」。這種表述方法否認了,之所以做某事是為了更進一步目的之工具性理由,也否認是為了義務而做某事,或者是為了該活動本身以外的其他外在考量。人們是把該活動本身視為「快樂」。當然有可能人們在從事該活動時,並沒有真正體驗到任何有關「快樂」的情感經驗,例如,人們為了快樂而從事園藝工作,不必然感受到鏟土之樂。但當否定合價值性活動的工具性理由時,至少是將該活動的特質視為與可名之為「快樂」相關聯的活動。

再者,諸如「發現事物的樂趣」(finding things pleasant)、「樂在工作」(enjoying doing things)、「帶著愉快的心情」(taking pleasure in)等術語都常被使用。當在討論個人獨特的嗜好等時,這些術語的功能不盡然是為了要排除做某事的外在理由。他毋寧代表的是當事人特有的喜好,能自得其樂的去追求該活動。這些術語的使用,也不必然要確認當事人是否一定帶著特定的情感做某事。當然,如果當事人不帶任何情感,也非常奇怪,但是我們依然可以說,人們喜歡高爾夫球運動,而不用去發現他揮桿擊球時的情感。

以上對「快樂」的論證,多少提供了合價值性活動的證成理由,但仍然不夠完善。它們充其量只顯示了這些合價值性的活動是隸屬於我們稱之為「快樂」的共通活動範疇,若非如此,這些P. 151 活動不會被視為是具有「內在善」(intrinsically good)。但我們並

沒有提供太堅實的理由，說明為何挑選這些被稱之為「快樂」的共通性活動，並花許多時間與金錢來傳授給兒童。「快樂」包括感官、情緒狀態及活動。我們在此只探討到活動的層面。然而，先前的論點依然成立：一般也同樣名列可帶來快樂的活動是缺少了什麼特質，使得被列入課程的活動較這些也同樣帶來快樂的活動更具有價值？為了處理此一關鍵性的問題，下節將首先探討「活動」的一般時性。

第三節　活動[2]及其證成

活動也者，不用說首先是指當事人是主動而非被動。痛苦、溫暖、焦慮等並不會被稱為活動。不過，除此之外，也並不是人們所做的事都可稱為活動。例如，打噴嚏，咳嗽並不認為是活動，除非當事人是藉此表現其特殊的技能，或藉此表達特定的意義。通常，我們在打噴嚏時，並不會特別表現技術或專注。換言之，活動涉及一些規則與標準，且活動通常都有其意義。不過，並不是我們遵照這些標準所做的事都可稱之為活動。例如，解難解之謎（cutting the Gordian knot）、殺人，或發現祕密都不算是一種活動[3]。這些都算是一種行為表現（performances），其完成固然需要時間，但不像活動需要持續一段時間。活動涉及持續一段時間且涉及特定的技術與努力。例如：梳整頭髮、獵馬、吃晚餐、做愛、寫書、看表演等等。

2　見Griffiths, A. P., 'A Deduction of Universities,' in Archambault, R. D.（Ed.）, *Philosophical Analysis and Education*（London, Kegan Paul, 1965）。

3　見Kenny, A., *Action, Emotion and Will*（London, Kegan Paul, 1963），第八章。

活動是否有趣、能否吸引人或引人入勝，端視從事該活動之人的能力與心理特質，以及活動本身的特性而定。舉例來說，釣魚就某一方面來說，以釣魚為生的人要比視釣魚為運動的人更專注於釣魚活動；然而，從另一個觀點來看，與其說是來自活動目的之急迫性，不如說是來自於活動所需的技術。在未預期的偶
P. 152 發場合愈需要磨練技術時，愈能使該活動吸引人。有些活動之所以吸引人，是因為其很明顯的可帶來快樂，像食色及戰鬥等。不過，植基於願望之堅實基礎，常是規則或傳統習俗等較精緻的超結構，人們較會投注技能、心力，或是方式於這些活動之上。當人們進行這些活動時，逐步發展規則，保障其免於直接獲致明顯的野蠻成果，這些活動也就「文明化」了。飲食可以最直接、快速、盡其所能的把食物放入胃裡——就像在食槽內的豬。當飲食發展成文明的慣例，會逐漸限制人們用如此赤裸的自然方式呈現飲食行為。規則和慣例在此發展，逐步剪裁人們追求這些活動的方式，由於熟練這些活動會產生樂趣，也額外成為快樂或興趣的來源。技擊術可能為某些不打算殺人的人帶來樂趣；人們可能風花雪月、逢場作戲，卻不齒此明顯風流倜儻結果的品味行徑；關心「家庭」的人可能完全超越「住屋」的實用考量。

當城市文明化了，超越柏拉圖所謂「必要的欲念」（necessary appetites）的活動層次，它需要更大的技能、更嚴謹的規則運作，但卻沒有明顯的立論點。遊戲的發展必須要創造「目的」（end），聚焦於技術。要把一粒小白球揮桿進洞，看似平淡無奇，但想，要練到以最少桿數進洞要盡多大的努力。美的事物被創造出來，以便永久體現出這種對水準的追求。聲音要經過多麼複雜步驟，藉由動、植、礦物等以多麼不可思議的組合方式成就的工具才能產生。語言本身不必然使用在要求他人行動，不完全作為自我表

達的工具，也不是要屈辱他人，但語言卻創造了共通的人際對話世界，人們可藉著其個別的貢獻，建立起共享的成果。

指出某些常被視為合價值性活動的諸多特性是一回事，要說明為什麼這些特性合乎價值性，則又是另一回事。很明顯的事實是不會每個探詢「我應該做什麼？」的人，都會竭其所能的追求這些合價值性的活動。有些人是靠肉體衝動的滿足而活，有些人 P. 153 則遵循傳統而活，不思反省、不窮究生活意義。的確，很多人常會嘲笑那些像斯賓諾沙（Spinoza）致力於追求理論生活的人，這些人全心追求捍衛「人之為人具備的善」（good for man），並以此而活。

柏拉圖、亞里斯多德、斯賓諾沙等哲學家企圖去證成生活形式，常訴諸於功能的說法。他們認為，人之所以異於他物，在於人類能夠運用理性。大自然中諸事諸物的善在於發展較其他種屬優越之處或是其獨特之處。因此，人類最需致力的活動即在於理性的運用。這種論點有其真義，當人們訴諸理性而行時，其行為才算是**明智**（intelligible），理性可用以評估行動結果，選擇獲致目的之手段並賦予人類所欲求的事物價值與標準。不過，這還無法據以作結，不能完全**證成**訴諸理性的生活方式，本書第三章業已指出自然主義式論證的缺失[4]。訴諸功能的論證要能成立，必須先接受「凡人必須發展其異於動物的面向」的原則，這項原則又如何能被證成呢？

功能論作為一種合價值性論證，在實際運作上尚有其他的困難。不過，藉著訴求理性的使用，這種古典的證成美好生活的形態，毋寧是往正確的方向邁進，其缺失在於自然主義的論證方

4　參照本書第三章第二節。

式是把理性的使用視為人類自然本性的內容。適當的說法是一開始就把理性的特性視為是某種「先驗式論證」（transcendental argument），也就是人們企圖去回答「我應該做什麼？」時，他已經致力於使用他的理性了〔譯注4〕。

我們前章業已指出，人們要嚴肅探詢：「我應該做什麼？」之問題5，必須假定存在一些使理由適切的普遍性原則。這些普遍性的原則，是坐落在人際間得以限制個人對善的追求、個人自我的願望及對他人的要求等。但給予這些普遍性原則在人際規則系統中的實質內容，則是人們對於其所關切的益趣（interests）〔譯注5〕

P. 154 之判斷。若沒有這些益趣的內容，人際間的規則也無法形成。

有關「益趣」之觀念在爾後將會討論，也是非常複雜6。它涉及人們對所謂善或合價值性事物與其是否適合個人這二種判斷的整合。事物之所以良善，當然有其工具性的意義，或者是可引領獲致其他的善。同樣地，許多對於提供：「我應該做什麼？」政策建議或行動的答案，也在於增進善或當事人益趣之所在。我們在此把探討重點放在那些具有內在善的活動或事態之判斷，而非工具性或技術性的判斷，所謂工具性或技術性的判斷，是因有這些內在善才得以引出其規範性的力量。必定有這種活動內在善之判斷，這無庸置疑，否則，要為行動提供理由將是永無止境的文字追逐。我們在此嘗試回答「為什麼做此而非彼？」的判斷問題時，暫時排除其工具性的理由。有關工具性的判斷，下章會簡要加以探討。

因此，在此即將要說明的是，為何當某人探詢：「為什麼做

5　見本書第四章。

6　見本書第六章第一節。

此而非彼？」之問題時，他會選擇具有某些確定特質而非其他的活動。第一項步驟是必須明白指出，當嚴肅提問此一問題時預設之所在，因為對合價值性活動的深刻反省，確切的指出了有些人的確以不同程度之方式抉擇行動，另些人則完全不是這樣。這首先說明了嚴肅提問此一問題，預設了提問者相當程度的能以一種非工具式、無關個人益趣的態度來探索，換句話說，這些人能夠看出活動本身有其內在價值，這正是其值得追求的理由，這有別於只考量該活動可能引導到柏拉圖稱的「必要的欲念」之滿足。令人驚訝的是，多數人並不是如此，事實上他們對這種自發性追求價值的態度非常陌生。支配他們生活方式的所作所為，可能是因為其所處的位置、責任，也可能是因循普遍性的社會規則，也可能是考量實際的益趣，大部分是習慣、社會壓力、同情、吸引力等指向立即性快樂的結果。

　　一旦人們能以無關個人益趣的超然立場，去探詢合價值性的　P. 155
嚴肅問題時，是否就能使他據以選擇活動？答案在於其考量重點必須在於活動本身的特性，且這些活動彼此間必須在一連貫的生活形態中。一般而言，如果人們能自行探詢此一嚴肅問題，他必定能從這些活動內在的標準加以評價或欣賞，而不是這些活動能獲致何種好處。然而，除了參與這些自身有內在卓越標準的活動外，我們是否能夠加以學習這些不涉及個人益趣的態度？對古希臘人而言，這是重要的，當他們探詢生活的價值問題時，會很自然的導向藝術類的活動。古希臘人視其生活為一個整體，對他們而言，這種方式與藝術的創作或鑑賞類似，是不涉及利益的活動典型。因此，古希臘人把藝術活動視為美好生活的至善例子，並不令人意外。亞里斯多德所謂的實踐智慧（practical wisdom）者，是指他們就像藝術工作者一樣能剪裁（shaping）自己的性情，能

在適當的場合以適當的方式表現出適當的行為。柏拉圖《理想國》（*Republic*）記載，蘇格拉底對傅拉西麻查斯（Thrasymachus）最膾炙人口的批評[譯注6]是，假如知識在超人的生活中如同對權力的純然追求，那麼，以其他的實踐藝術來比喻，這將存在著決定行事方式對錯之限制與標準。如果某人想當個藝術家，即便只是為了自我誇示，也存有某種標準去衡量他表現出其所認為重要的東西的技巧與適當的方式。馬基維利顯然非常讚賞王儲邀請所有敵人來晚餐，並將其一舉殲滅所表現出的「美德」（virtue）。

我們已經提及，若能體會發自內心的一些特質如高雅（elegant）、機智（ingenious）、機靈（shrewd）、適當（appropriate）、端正（neat）以及講理（cogent）等，將易於使當事人以更適切的方式處事。這種考量對於那些能夠純粹從活動本身的觀點加以評價行動的人而言，當有吸引力。他們能從這些活動中挑選出快樂的特性。不過，這些活動仍有其他的面向。探詢「為何做此而非彼」時，無法抽離時間因素及個人願意奉獻的問題。某種活動必須持續一段時間進行，且如果有人決定以某方式花費時間而揚棄另一種方式，一定是跟無聊與否有關。就此觀點而言，必定有一些活動令人喜好，能夠吸引人們投諸相當時間，並源源不斷提供愉快和滿足的泉源。清洗玻璃有賴相當的技術與專注，不過，若說花時間清洗玻璃具有內在價值，而不是為了居家的安適與健康的必需，這種說法恐怕也會讓好學深思者吃驚。吹彈玻璃（blowing glass）則不然。玻璃不好處理，且在成形以前會充滿變數，在成形清洗前，必須時時留意。因此，任何人在深思要花時間專注某些活動時，這些活動也同時提供其表現巧思、資源的機會，常常在從事這些活動的情境中，會有預期外的機會，使人得以獲得技能精進的額外收穫。建立在必要欲望滿足的活動也能因

此加以轉化。「飲食」可以轉化為精緻的飲食文化，可以表現在餐具的選擇、品酒等，也能布置成方便交談的場所。性愛也能轉化成較精緻的求愛藝術，提升做愛的層次。食色都可以透過不斷的精進標準或技術而獲得更大的認可，也都能延展其本來短促的活動。食色當然也可能墮落成為高度文明扭曲下的活動[譯注7]。

　　提問涉及的另一層面，是這些活動的相容性問題。這是討論涉及靈魂的幸福、統整、和諧運作之重點。這一問題的重點不在於人們是否是**因為**其內在價值專注某事，而在於與其他合價值性的活動是否相容。人們若想對投諸高爾夫球、園藝、結交女友相同的熱情，將會面臨問題，除非他定下優先順序，並妥善分配時間。確有一些合價值性的活動無法整合在一貫通（coherent）的生活形態，像是日間運動與觀察夜行性動物。當開啟了：「為何做此而非彼？」之問題是否能同時兼顧多種合價值性問題時，有關「善的貫通理論」（The coherence theory of goodness）得以應用。「貫通」的訴求對於合價值性活動而言是必要的但非充分條件。因為許多瑣碎的活動仍可以整合在一貫通生活形態，我們也無法為這些相容性的活動提供排序（grading）的理由。

第四節　課程活動舉隅

P. 157

　　貫通理論的非充分條件的缺失，也可視為論證合價值性活動的一般缺失。的確，雖然打高爾夫球、橋牌等與科學、藝術的追逐一樣，都具有無關乎個人利益、文明與相當技術的追求，但並沒有其他更堅實的理由可顯示科學、藝術等較高爾夫球、橋牌更合價值性。然而，卻是科學、藝術成為中小學、大學課程的重點，而非高爾夫球、橋牌等。

　　想要證成課程活動的特殊重要性，可從這些活動涉及的論點
著手，也可從這些活動是否能提供鑑別力與技術的機會而定。就
這些列入學校課程的論點而言，哲學家已然為「理論性活動」提
供堅實的論證。他們聲稱，儘管未完全讓所有人信服，與真理追
求、美的創造等活動相較，其他多數活動有很明顯的不足。舉例
言之，食色相當程度受制於人類身體自然循環的條件，也侷限於
投入的時間。理論性的活動則沒有這些限制〔譯注8〕。政治人物、
企業家、調情聖手從事的活動目標具有競爭性，假如人們獲得了
權力、財富，以及像阿斯帕齊婭（Aspasia）般的情婦〔譯注9〕，這
意味著其他競爭者的挫敗。但是在理論的追求上，雖然也有學術
上的競爭者或時尚運作的巨大不良影響，但很難說當事人在知識
的追求目標上類同於財富的擁有權或占有。一位哲學家嫉妒另一
名哲學家，這與丈夫嫉妒妻子移情別戀的愛人，或商場上的競爭
者仍不可同日而語。因為目標的追求與其他活動相較而言沒有匱
乏的問題，如果其他人同樣致力於真理追求或繪畫，也不會阻礙
我們去追求這些活動。毫無疑問，斯賓諾沙也強有力的主張，事
物會死亡消逝。人們對寵物或財物的強烈依戀，當然不具有永恆
性，我們都知道寵物會死，財物會用盡。理論性活動的目標則不
然。只要世界秩序存在，永遠有值得進一步發掘的議題。用這種
理解的層面來關愛世界，也就有一個永恆追求的目標。

　　支持理論性活動的另一項理由，是它能提供參與者不斷精進
技術與鑑別力的機會。許多活動在不同的情境中，常以多樣化的
方式表現出相似的價值狀態。不同的餐飲各有巧妙，橋牌的玩法
也很多。不過，餐飲牌藝花招雖多，各自卻都有穩定的品質，這
些活動都有其自然或習俗的目標，各自可用有限的方式達成。科
學和歷史學科則沒有如此可獲致之目標，因為真理非一蹴可幾，

是逐步漸進的發展。要發現某事，必須要能開啟新事物；要推翻
前人所見，也必須否證新假設。因此，真理的追求必定需要無止
境的新鑑別力與判斷以及不斷的技術發展。有志之士致力於以嚴
格的方法追求真理時，探索的方法自然不會一成不變。高爾夫球
玩家常在精熟之後會厭煩揮桿。許多領域之活動在超越相當層
次後，追求進一步卓越就沒有太大意義。但若致力於科學或哲學
者，說他們會厭煩於其探索之法，則令人無法想像。追求知識的
本質不像類似精熟的活動有其終極性。

　　我們以遊戲或休閒的角度來看，也可以為追逐科學或哲學提
供一些好的論證，但這不太能信服人，因為科學、哲學或歷史學
科主要不是為了休閒，其最堅實的論證是來自於其超越一般遊戲
或休閒活動的那些特質。最明顯的是這些活動的認知特性。遊戲
和休閒所涉及的知識侷限於沒有道德意涵之目的（end）。人們若
精於板球，他對板球會知之甚稔，但除非他從美學或道德的層面
來看待該遊戲，要說他對該遊戲的專注發現有任何嚴肅的目的，
也是一種幻想。板球之所以被界定成遊戲，是因為其目的沒有太
重要的道德性。當然，必須找到一些目的，才能使許多技能的展
現成為可能。板球員或觀眾對板球的知識當然有助於其從事或判
斷板球活動。但是，如果社會學家或心理學家有志於探索板球，
他們的興趣主要在於人們從事板球活動的行為，不在於判斷或玩
板球本身。

　　人們在玩板球時，若能增進相互理解、互助合作及發展道德
品格，會是很好的結果。它也具有社群整合的重大社會價值[7]。遊 P. 159
戲也因此有其教育價值。事實上，遊戲（game, play）的確是重要

7　例子可參考James, C. L., *Beyond a Boundary*（London, Hutchinson, 1963）。

的教育媒介，許多「嚴肅」的內容透過遊戲更有助於學生吸收。板球也是一樣，透過納維爾‧卡德斯（Neville Cardus）[譯注10]的視野，板球也具有美學的教育意義。遊戲的參與者若能以道德、美學的優雅或其他的理解層面**正視**遊戲，那遊戲就不僅僅只是遊戲了。人們常認為高爾夫球「就只是個遊戲」。換句話說，遊戲本身打得好壞、輸贏與否，從全人類的觀點來看，無足輕重。正如花五英鎊或五毛錢來玩，沒有太大差別。相反地，政治「只不過是場遊戲」，人們的意思是從事政治的人只在乎權力的維繫，無視於道德的存在，並蠻橫地排除和孤立於社會的道德關注之外。

　　另一方面，課程活動，如科學、歷史、文學欣賞、詩等「嚴肅」學科在於其能彰顯生命的其他面向，並能有助於生活品質。再者，這些活動都有較廣泛的認知內容可與遊戲加以區分。舉例言之，技能（skill）就沒有太廣泛的認知內容。騎單車、游泳、高爾夫球並沒有太多的認知內涵，它們涉及的是「技能之知」（knowing how）、竅門（knack），而不是「事實之知」（knowing that）與理解。尤有進者，技能之知涉及的認知較少。歷史、科學、文學則不然，涉及非常龐大的認知，如果能充分吸收，他們能不斷的指引、加深加廣人們對其他各種事物的觀點。

　　橋牌、西洋棋等遊戲有系統化的技術，也有相當程度的認知內涵，不過這些認知是內在於遊戲本身。我們一般所稱的「遊戲」，部分的意思即在於侷限於特定的時空下自成一格的活動，這些活動與人們主要的謀生活動無關[8]。遊戲在教育上的重要性，僅在於它們能為人類廣泛生活應用上所需的知識、心靈品格特質、藝術鑑賞能力等提供學習的機會。舉遊戲對道德教育的重要

---

[8]　見 Huizinga, J., *Homo Ludens*（London, Kegan Paul, 1949），第一章。

即可足夠說明。像勇氣、公正、堅毅、忠誠等德行（virtues）都 P. 160
在許多遊戲中能有淋漓盡致的卓越表現——特別是涉及團隊的活
動。遊戲還可提供人們參與的動機判斷、冷靜思考、洞見的視
野。那些相信遊戲教育價值的人，假定遊戲提供教化與陶冶道德
的情境，與較不完整的展現品格的生活情況是大致相似的。

　　科學、歷史、文學鑑賞、哲學等文化性活動與遊戲一樣，都
是不涉及個人利益的追求。他們相當程度是為了內在價值而非外
在目的。不過，科學等活動關注認知以及其廣泛的認知內容，有
別於其他較侷限性的活動，我們以「嚴肅」的追求稱之。這種嚴
肅性主要來自於可說明、評估、照亮生活的不同面向，所以不能
僅單純視之為愉快休閒的活動。它們常不覺間改變了人們對事物
的看法。人們若精讀柏克（Burke）的著作，會發現很難用以往
的方式去看待美國人〔譯注11〕。人們若讀過莎士比亞的《奧賽羅》
（*Othello*），也將更能體會「嫉妒」的概念寓意所在〔譯注12〕。受過
完整訓練的科學家看待世界的方式，也不會與他同時期的未受過
訓練的其他人一樣，因為科學家的思考訓練模式不會被綁在特定
的時空。反之，若某人投諸時間於某種遊戲，並不會因此豐富其
認知內涵，並得以拓展到生活其他面向的事物。當然，人們可能
也會把戰爭、政治活動視為板球遊戲的延長，他會把形塑板球遊
戲的態度延伸到其他活動。但這不同於心理學、社會科學、歷史
學等轉化人類生活的理解。也許那些站在滑鐵盧戰場上充滿決心
的戰士們是在伊頓中學的操場上學到類似的東西。但是他們並沒
有學到為何如此，也無法體會托爾斯泰在博羅金諾戰場所見的一
切〔譯注13〕。

　　前段要表達的是科學、哲學、歷史等活動，儘管它們與遊戲
一樣是在特定時空中追求的不涉及當事人利益之活動，但科學等

活動不會侷限於這些時空。人們追求科學等活動能系統地發展概
念基模、評價形式（forms of appraisal），得以轉化其生活各項活
動。人們也得以用無限、多樣的方式來審視其所從事的活動。舉
例言之，某位馬克思論者正在發動勞資衝突，因為工廠正決定賣
出馬匹轉買牽引機。這位馬克思論者不僅著眼於該時空下的衝
突，他可能還將其行動置入歷史變遷的辯證過程中。「教育為生
活」（Education is for life）的口號至少可以詮釋兩種意義。其一
是假使人們已接受完善的教育，去除後學校的學習壓力，他期待
在學校中被引領入門的概念基模與評價形式仍能繼續發展。另一
項意義是「生活」（living）不能脫離人們在學校習得的認知與評
價其行為的方式。

　　科學等活動與遊戲休閒等較不嚴肅活動主要差異的特性，我
已說得太多了。為什麼那些提問「為什麼做此而非彼」問題的
人，對於那些涵蓋特定認知內涵的活動，獻身與投入的意願較高
呢？答案很明顯，就在於以這些不同方式探究認知的活動，都與
其提問問題的回答息息相關。如果我們正視：「為何要做此而非
彼？」已被呈顯的問題，關於追求這些可能活動的本質、特性，
那就面臨到很棘手、無止境的探究。這些不涉及個人益趣活動的
描述與其價值的討論，不僅僅是觀察，而是靠人們如何學習去
看待這些活動。人們不能只靠從事這些活動就妄圖理解，還必
須審視他從事這些活動的確切方式。這當然取決於人們是如何在
其所處文化中習得並看待科學、藝術、烹飪等概念。這主要在
人們學習不同理解形式的發展中成形。人們所從事的活動，其歷
史、宗教或道德的重點為何？他視自身為藝術或科學工作者，是
要強調快樂、社會責任或是對大自然的虔敬？他是從經濟的基礎
把科學或藝術視為是意識形態的上層結構，還是不被認同的性

趨力的表現？人們是否被教育成把這些活動視為自成一格（self-contained）、不涉及人類其餘的感覺經驗？人們看待科學、歷史、藝術的方式**在於**其普遍性的概念基模，這些概念基模又來自已習得的探究經驗（哪怕是不成熟的）運作下更實際的多樣化的豐富探究經驗。因此，若把這些探究或創造活動僅視為休閒，那就忽略了正是這些活動決定了哪些是休閒，也正是這些活動成為挑選其他休閒活動概念基模之所在。

P. 162

　　有些人可能會認為這很難達成，難道當人們「做科學」或藝術創作時不就像舉起手臂嗎？我提出兩種說法回應以上的質疑。首先，必須先界定「舉起手臂」的意思，可能它代表的不是舉手這個單純動作，像扭動臉部表情一樣，「舉手」可能有其他的理由，像是吸引注意等，即使是這些細微動作，在描述或解釋行動的概念基模裡，也能加以理解。再者，所謂「做科學」或「寫詩」是活動（activities）不是行動（actions）。這造成了描述其活動（行動）的重大差異。當聲稱人們舉起其手臂，這與身體動作有關並不令人費解，但當我們說「只是做科學」或「只是寫詩」時，通常指的不是特定的行動或身體動作。當論及某人「只是做科學」，從消極面來看，通常是否認他能從該科學活動中獲得其他的結果，從積極面來看，可以有更多的詮釋。的確，所謂「做科學」的意思，難道不是來自於身體動作對應於舉手意義的對應性嗎？當有人聲稱他「只不過是做科學」，唯一恰當的回答應該是探詢其所認知的「科學」更精確的特性。要完整回答這個問題，人們必須將其置入無可避免的歷史、哲學、社會科學、美學、道德及其他知識和認知形式之中。的確，人們審視科學就像作詩一樣。

　　討論至今，當某人提問「為何做此而非彼？」時，他僅能夠藉著試著做這個和那個來回答，並藉著不同的方式思考他正在做

的事情，這些不同方式與做該活動是無法分離的。當他以此立場反思他正致力於從事的活動時，他所致力於反思的活動其實也是構成大學課程的大要。他會驀然發現其所著力的探索形式，科學、歷史、文學、哲學等學科正是關注在描述、解釋及評量人類生活的多樣化形式，若說嚴肅自問「為何做此而非彼」的人封閉自身，不去探詢可能對回答其問題有用的任何探索形式，那將是
P. 163 很不合理的。這也是「博雅教育」的幾個基本論證假定之一。也可假定是蘇格拉底聲稱「未經反省的人生不值得活」的邏輯結果。

這種課程活動的論證效力當被許多人認可。不過，也有人認為藉著引入理性的人探詢：「為何做此而非彼？」的認知內涵特性，必定確保了其比遊戲有更高的優越性，仍然只是提供了**工具性**的價值。此一論證也並沒有顯示這些活動有自己本有的理由，特別是那些相當枯燥的活動。運用相同的論證完全可以顯示體育的重大價值。因為若沒有強健的體魄，人們企圖去回答：「為何做此而非彼？」時，會病懨懨、懶洋洋的。所以，強健的體魄也是強而有力的先驗式演繹原則。這種似乎是正確的演繹，並沒有賦予體育本身的價值性。它充其量只說明了理性的人應兼顧體育運動與理論性活動，並沒有說明為什麼理論性活動本身的價值高於體育運動。實際上，許多理性之士會去發掘理論性活動本有的價值，但不會以相同的觀點去看待體育運動，他們只不過認可體育活動的工具性價值而已。

難道沒有更進一步的論證可用以支持理論性思辨、美學探究的價值嗎⁹？是否其價值僅在於工具性的回答「為何做此而非

9　藝術活動運用此項論證有特別的困難。首先，藝術活動中有創造與鑑賞之差異。再者，藝術活動之間與其涉及真理的關係也有差異。舉例而言，我們說

彼？」或者是這些活動擁有較之遊戲休閒活動更卓越複雜的技術？答案部分質疑了在此脈絡下「工具性」概念的適用性。舉例言之，科學性思考並不是工具性的回答「為何做此而非彼？」之問題，因為藉著轉化人們對「此」及「彼」的認知，也轉換了問 P. 164題所在。進入詢問問題之中也就回應了問題之所在。這並不令人驚奇，因為這是來自於理論性活動而非遊戲或休閒活動更深邃的特性。也就是理論性活動的「嚴肅性」，其與前面已經討論過的遊戲與理論性活動差異之大要，大不相同，值得在此說明其義。

　　遊戲之所以不被視為具有嚴肅性，是由於它們是從主要活動分出並且無助於「生活」（business of living），遊戲也不是基於道德或謹慎（prudence）的理由來追求。但是，其不具嚴肅性尚有其他不同的意義，遊戲等是從人類對世界的好奇心、敬畏（awe）、關切自身險境中分離而出的活動。任何具反省之士提問：「為何做此而非彼？」時，絕不能獨斷地限制此一問題的脈絡。假如人們嚴肅地詢問此一問題時，他必須有意識地以一種自然冥冥中有規律性來回答，其中的規律之一即在於形塑其作為一個人的命運。懷德海曾以自己的方式表達類似的觀點，他說：「宗教是個人其孤獨性的作為……，面對這種孤獨性，靈魂會詢問：生命的成就是何種價值？直到靈魂的個人聲稱與客觀宇宙合一時方能找到這種價值。宗教是世界忠誠。」[10] 人們的可能性意識會高度分化

　　文學與詩詞是對這世界認知層面的發展，這是合理的，像音樂，涉及創造另一種有待認知的世界，後者，可能更接近遊戲而不是科學、歷史等。要處理不同藝術活動形式涉及的問題，有賴更多的篇幅，已超出了本書暫能處理的範圍。

10　Whitehead, A. N., *Religion in the Making* (Cambridge University Press, 1926), pp. 47, 60.

成科學、藝術、歷史和宗教等認知的形式,也可能這些可能性只是未區分的朦朧。但只要人們能回顧其生命並**探詢**:「為何做此而非彼?」之問題,必定已能嚴肅的關注真理,將之納入其意識之中。除非人們能充分讓自己瞭解問題情境之所在,以及提供可能答案的不同面向的架構,否則誰會提出嚴肅的實際問題呢?不同的理論探究是人們經驗中不同面向的探索。因此,嚴肅提問:「為何做此而非彼?」之問題,無論多麼原初,提問者已然嚴肅關切到提問問題涉及脈絡中不同探索層面,並將這些界定的探索置於其承諾之中。簡而言之,這些活動的證成不純然是工具性的,因為其同時在**探詢**「為何做此而非彼」之問題,不只是在回答。

P. 165　　這種探詢的態度不僅只是好奇心之一,即使有時可以用此方式提供自然的基礎,例如,同理他人可以成為尊重(respect)的自然基礎。不過,是出自於關注真理的熱情態度,才形成蘇格拉底所稱的「未經反省的人生不值得活」。他指出了所有理性活動的核心在於關切真理與謬誤、適當與不當、正確與錯誤等。任何人嚴肅探詢:「為何做此而非彼?」時,必定已先擁有了這些關注真理的態度。這也深植於「嚴肅」的意義之中。不可能再提供額外的證成了,因為這已預設了所有嚴肅的證成企圖。我們所論列的動機的樞紐(motivational linch-pin),不僅在此能用來辯護倫理系統,也適用任何訴諸討論、論證的論述系統。

　　理性和情感長時間以來的對立至此可以停止。因為,我們業已指出,所有理性活動都有其評價形式,諸如講理、精確、高雅、適切、一致(consistence),這些提供了這些思想形式的內在動機。尤有進者,這些活動唯有在那些對此活動有嚴肅關切或熱情的人,能據以確認真假、效度、適當、正確,才會認真的加以推行。這種情感也有別於獨斷論者,獨斷論者只接受特定的真

理，毫不在乎全面關注真理及其必要的程序性原則，例如必須實
行的自由、容忍等（參閱本書第七章）。

　　因此，任何理性之士，包括教師在內，必須深刻奉行此一態
度並予以傳承。沒有此一追求真理的熱情態度，教學將無法以適
當、有效的方式進行，也必然缺乏基本的動機。我們再重引謝富
樂的話：「教學要求我們教師向學生揭示理由，提供學生評價與
批判。」[11] 但這預設了學生能服膺道理，嚴肅地服從討論的條件。
但學生又如何發展這種態度呢？理性的態度並不普遍。的確，很
難發現人們真正傾聽他人所言。也很少有人在做決定時能虛心考
量反對意見。這種虛懷若谷的決定當然不是天生的，正如培根曾
指出，尋找反例以顛覆原本珍視的意見的意願，這與人類心靈以
少數例子遽加以推論或心想事成的心靈根深柢固傾向相違背。我
們主要從那些已擁有這些特質的人身上，當他們表現在討論或教
學上時加以學習。但是，除非我們浸淫其間、自得其樂，很難體
會那些擁有這些特質者的努力與毅力，因為這些特殊習慣與逐漸
流失的態度，正以同樣的方式顯現出來。這種態度就某方面來
說，當然是肇因於人類作為宇宙中思考者的困境，人類的身處情
狀使得思考成為可能。教師們的任務在於喚醒人類覺察到生存困
境之多樣化的各個層面；他指出這些事物的原委，並在此考量的
基礎上，深究人類生活中行為的適當性。

P. 166

＊本章承蒙李奉儒教授校閱。

11　見本書頁39、40。

第五章譯注

〔譯注1〕
這段文字有點晦澀，皮氏大概是要表明，雖然現代社會中個人自主性強，
不再受制於傳統習俗、宗教等由上而下之束縛。不過，宗教或社會運動，
仍能鼓動人們行為，也因為如此，對各種活動，其所涉及價值的「證成」
在民主社會中益形重要，這也是本章「合價值性」之旨趣。

〔譯注2〕
皮德思在1961年之〈教育與被動活動範疇〉（Education and the category of
passivity，見 *Proceedings of the Aristotelian Society,* 64, pp. 117-134）一文
中，曾經指出，「願望」（want）（或譯為動詞意味的「想要」）與行動有
概念上的關係，至於「念頭」（wish）代表的是不太明確的目的想法，當
事人也不知道如何可以獲致。皮德思認為「情緒」與「念頭」有關，與
「願望」則不一定有概念上的連結，以上也可參考李奉儒之《教育哲學：
分析的取向》（台北：揚智，2004）一書第八章的說明，李奉儒是將wish
譯為「期望」。譯者在此認為want與wish如果照皮氏的界定，很難用中文
類似的語詞加以符應，中文概念下的「願望」、「念頭」、「期望」不一定
能代表皮氏原始的界定。want在前幾章中，有時也譯為欲求。wish有時根
據文意也譯為念頭。

〔譯注3〕
皮德思是把「快樂」視為合價值性的內在理由，雖然他很重視內在價值，
但在本段落中，他似乎也不完全心儀全以快樂作為合價值性的規準。同
時，皮德思也反覆指出，諸如「快樂」語詞的使用，也必然坐落在一社會
的公共傳統的語用脈絡中，這種立場在前兩章中已清楚呈現。

〔譯注4〕
「先驗式論證」是皮德思在《倫理學與教育》一書中很鮮明的論證方式。
幾乎在第二篇論證平等、自由、益趣、尊重人等根本原則時，都離不開

「先驗式論證」，用最簡單的話來說，是指當你想要理性的探討為什麼支持某一種看法（價值）時，你的提問已經預設（或證明）理性思考本身的價值了，因為你的提問本身已經是一種理性的探索活動了。例如，你要探求、提問民主等價值，你的提問已經預設（體現）了民主社會相互討論的價值所在。有關先驗式論證本身的探討，可見譯者為本書所撰的導讀。

〔譯注5〕
本書將interest譯為「益趣」，同時有利益、興趣之意思。詳見第六章。我們之所以選擇某種課程，可能著眼於對學生有「益」，學生之所以致力於某活動，可能是「興趣」使然。本章有關「合價值」性的討論，主要為探索學校的課程選擇問題奠基，也同時有利益、興趣之雙重意涵。

〔譯注6〕
在柏拉圖《理想國》裡，記載著蘇氏與傅拉西麻查斯（Thrasymachus）對正義之論辯，後者認為所謂正義是為強者服務的行為，領導者都是為自己的利益，不會也不必為人民，因此，不正義的人會過得比較幸福。蘇格拉底以醫療為例說明，醫生是為病人的利益，統治者關心人民是可能的，也是應該的。此外，蘇氏認為不正義的人不僅要與正義者競爭，也要與其他不正義的人競爭，而正義之士只需與不正義者競爭，所以不正義的人比較不利。

〔譯注7〕
皮德思在本段是以內在價值來論證，就此，打橋牌也具有其內在價值與興趣。至於「吹彈玻璃」以降的例子，皮氏是要指出，某些具有「外在價值」的活動，仍可發展出內在的興趣或學術精進的意義。

〔譯注8〕
食色當然會占用人類的時間，事實上，很多人樂此不疲。皮德思在此的意思是指單就食色活動本身的完成，其所需時間是有限的。

〔譯注9〕
阿斯帕齊婭（Aspasia, 470BC-400BC）是活躍於當時雅典時期的名媛，也是希臘政治家培里克利斯（Pericles）的情婦。雖然，她常成為希臘喜劇諷

刺的對象，但這可能是時代對女性不公的限制使然。

〔譯注10〕

納維爾・卡德斯（Nevile Cardus, 1888-1975），英國著名板球球評及樂評者，由於他非科班出身，全憑自學，反而使其評論迥異於單純的板球技術及音樂技法，豐富了此二領域的評論視野。

〔譯注11〕

柏克（Edmund Burke, 1729-1797），美國18世紀重要的思想家。

〔譯注12〕

《奧賽羅》是莎士比亞四大悲劇之一。奧賽羅是莎翁筆下少數以黑人為主角的將官，戰場的功績讓他娶得美嬌娘黛緹（Desdemona），但受到小人阿苟（Iago）的挑撥，竟然懷疑妻子的不忠，親手悶死了黛緹，而受到良心的譴責。《奧賽羅》呈現的是人性中恐懼、嫉妒所帶來的毀滅力量。奧賽羅是黑人，也涉及了對自己身分認同上的自信不足，跨越年齡、種族、文化藩籬上的人性自尊與情感的考驗，四百年來感動了無數的觀眾。

〔譯注13〕

這是隱喻表現的說法。伊頓中學是英國著名貴族學校，畢業於伊頓中學的人可能會在滑鐵盧戰場上與法國拿破崙遭遇，博羅金諾戰場則是拿破崙遠征俄羅斯的戰役。本段皮德思是要表達，「遊戲」本身無法加深加廣對人類生活世界的理解，即使我們常說戲如人生，或是把板球運動競技運用在「人生戰場」上，但這與從社會科學或歷史學審視戰爭，仍不可同日而語，皮氏以拿破崙之征俄及兵敗滑鐵盧之役作為說明。伊頓中學的教育，縱使不全然是軍事，但可強化其意志，使其在戰場上戰勝拿破崙。但托爾斯泰在《戰爭與和平》中，卻是藉著拿破崙征俄，反思戰爭在人類生存上的意義，也唯有開展歷史知識的視角，才能有此反思。這與在伊頓公學學習、遷移到戰場以獲致成效，不可同日而語。

第六章

益趣的考量

導言

我們在處理「合價值性」時所做的選擇，已經顯示了之所以選擇某些活動的形式而不選擇其他活動，是有重要的理由，因為這些活動本身有其內在目的。不僅對一般倫理理論來說相當重要，對本書所揭示的教育議題更是如此。因為我們一直強調教育是引領學生進入一些本身具有價值的活動，這些活動具備相當的認知特性。假若本書無法提供所倡議的教育活動理由，那不啻使本書缺乏堅實的倫理基礎。我期待本書能夠提供令人滿意的理由。當然，也必須處理其他的議題，使本書不至於失之一隅。

雖然學校的本務在於教育，但誠如本書第一篇附錄所呈現的要旨，學校還必須發揮其他「工具性」的功能。一方面它必須執行類似育幼院般的工作，照顧這些有父母的兒童們，另一方面，學校也必須以一種特定訓練的方式，滿足社會對公民的需求。換句話說，學校必須考量涉及兒童的「益趣」（interests）[譯注1]，思考到底何謂符合兒童「益趣」，學校也必須思索何謂公眾「利益」。本章即簡要梳理上述概念，並彰顯其倫理基礎。

第一節 益趣的概念

「益趣」是個相當混淆歧義（ambiguous）的概念。「益趣」
的概念之所以值得在此駐足深思，不僅是因為本章的目的即在於
澄清其概念並予以證成，也在於許多教育論述在討論兒童「益
趣」時，也多半被這要命的歧義所困擾。

造成困擾的理由是因為人們使用「益趣」概念時，同時具有
「規範」（normative）及「心理」（psychological）的意義。就心理
上的意義而言[1]，當我們說人們：「有興趣於……」，意思是他們：
P. 168「傾向於要做……」（disposed to attend...）或「留意到」（take
notice of）。我們有時也會把興趣說成更具有某種傾向的特質，
例如某某人的嗜好（hobbies），或某某人有興趣長時間從事的活
動。「益趣」的規範性意義，有時是指在法律上涉及個人作為、
活動的權利範圍[2]；另一更普遍的意義[3]是指「合價值性」的事物
以及某方面來說是適合個人，也就是有益於當事人（beneficial to
him）。當我們說考量某人的「權益」時，正是指「益趣」的規範
性意義。同樣地，當我們說學校要重視個別兒童的「權益」時，
也是這層意思。教師就像監護人，必須時時留意學童們的權益，
不必然完全以學童的想法，或心理學意義上的興趣、嗜好為教學
依歸。教師們所要關心的，要不是在他認可學童有權從事學習活
動的範圍內保護他們，就是確保學童所從事的是合價值性、適合

---

1 參看 White, A. R. 'The Notion of Interest,' in *Philosophical Quarterly,* Vol. 14,
 No. 57, 1964。

2 參看 Lamont, W. D., *The Principles of Moral Judgment*（London, Oxford
 University Press, 1946），第三章。

3 參看 Benn, S. I., 'Interest,' in Politics in *Proc. Aristotelian Soc.*, Vol. LX, 1959-60。

他們的活動（對其有益）。因此，教師不僅須思考普遍性合價值性的事物，也有責任權衡個別學生的潛質與能力。

　　當甲會替乙考量前述問題時，我們可以說甲關心何者才合乎乙的「益趣」。當然，人們最關心的還是涉及自己的利益。判斷什麼才合乎某人的益趣與判斷這些益趣是否會帶來工具性的結果，或是與考量不同的人對「合價值性」喜好的差異，這之間是有些許不同的。這說明了某一項施政或人們的行動所產生的目標，都已被假定具有可欲性。例如，我們會設定某位想要晉升校長的人，離婚不符合其利益，固定作禮拜才符合其利益。離不離婚、上不上教堂，這些涉及利益的判斷與作為，可能都與當事人追求的多樣化目的的一般做法有關，這些目標構成了當事人的生活方式。又如，當事人被告知與披頭族（beatnik）為伍不符合其利益時，這暗示著披頭族的奇裝異服並不符合當事人的生活方式，太不莊重的生活方式。

　　然而，我們對當事人益趣何在的判斷及對其提供的建議也不 P. 169 全然具有個別性。通常，我們會假定某些措施或作為，如傷害自我身體等，完全不符合個人益趣。不管人們要追求的是什麼，健康、安全的維護都會對其有益。換句話說，不管人們的益趣何在，健康、安全都被認定對其追求其益趣有所幫助。反之，痛苦、疾病、不安則會引致相反的結果。所以，判斷當事人的益趣何在，有些與特定的個體無關，因為它們是屬於普遍情況下的共通條件，不管人們意欲何者，這些共通條件都會使當事人追逐其益趣的可能機會提升到最大。反之，則有害其益趣的追求。霍布斯則據此指出，對於猝死的威脅，不符合任何人的益趣。因為這種猝死的威脅將會阻礙或擾亂人們去完成人生所欲追求的大部分事物〔譯注2〕。

　　有些人會認為關於合乎某人益趣的判斷是工具性的判斷，這與當事人的實際欲求（actual wants）有關，用心理學的話來說，涉及當事人的興趣[4]。如果以上一段霍布斯的例子來思考，我認為可以很容易推翻心理學式對興趣之看法。因為對那些信服霍布斯觀點的人而言，我們可以對他們作如下的反駁：「猝死的威脅有助於人們追逐良善的事物。」假如人們生活的每一天都像是他生命中的最後一天，他們才會認真思考：「人生最值得追求的是什麼？」的問題。所以，也可合理的說：「生活在猝死的威脅中，才符合每個人的益趣。」這項對霍布斯立場的反駁絕不是生活在猝死陰影下人們的奇想，而是點出了一個重點：「判定某人的益趣何在，並不能純粹只從他正在想的欲求，或只有興趣追求的活動著手。」而這項對霍布斯立場（指猝死的恐懼對人類無益）的反駁，也並不是真的立基於反對「死亡恐懼的去除可以增加人們追逐真正對其有益的事物」。它毋寧說明了，人們所追求的事物通常是不具價值性的。除去死亡的威脅，將能增加人們更多的機
P. 170　會去做他想做的事。只可惜，人們想做的都是錯誤的事啊！

　　職是之故，衡量人們的益趣或是判斷人們的益趣為何，既不能只取決於人們的實際欲求，也不能以其欲求實現的最大機會來判斷何者應為。正如我們前面的討論，雖然有些人得不到想要的事物，這令人覺得遺憾；但當另一些人只是想要他們已有的事物時，也同樣令人遺憾。換句話說，在抉擇人們益趣時，我們必須對其欲求進行判斷。

4　參看Barry, B. M. 'The Public Interest,' *Proc. Aristotelian Soc.*, Suppl. Vol. XXXVIII, 1964, Section II, 文中有運用自然主義式的分析，但我在此並不贊同。

公共利益（public interest）是個很難闡明的概念[5]。有些人泛泛而論，並用「公共利益」一辭來捍衛那些無法清楚說明的政策。不過，我們藉著探究其涉及的兩種觀念，倒也能夠賦予「公共利益」更特定的意義。首先，涉及公共利益的政策並不是帶偏見的擁護特定私人或個人的利益。假如「全國教師聯盟」（NUT）關切公共利益的話，那就會迫使聯盟考量到社會大眾的利益多於教師，不會只把其訴求著眼於成員之利益。以上是對「公共利益」的消極解釋。對公共利益的積極解釋是，不管個人私自追求的益趣為何，推行的政策符合所有人的利益[譯注3]。如果我們採取公共利益的積極意義，那食物的供應、各式安全條件的維護、健康設施、大眾運輸的服務等，都將納入公共利益之中[譯注4]。

學校顯然已關注促成「公共利益」的消極、積極意義。例如，對於技師、打字員以及各種不同技工的培訓等，這些都是工業社會經濟體制所必須的生存能力。除非工業的巨輪繼續運轉，否則將不會產生人們追求個人利益的條件。讓工業巨輪持續運作是一項有益全體而非獨厚部分的政策。無怪乎經濟學者同意把錢花在學校，將之視為公共投資[譯注5]。

第二節　證成的問題

前章已經處理關於人們益趣內容的相關論證。在「益趣」的　P. 171
規範性意義中，同時涵蓋合價值性或可欲性之判斷（有關合價值性內容之判斷），與關於個人能力和潛能的判斷。我們努力要為

5　參看Barry, B. M. 同前注。他對「公共」（public）的論述比對「益趣」來得令人接受。

合價值性之判斷提供理性的基礎，並沒有特別關注諸如：「誰的益趣應該被增進？」之問題。我們尚未回答為何拒絕將合價值性活動之益趣侷限於能力超群之菁英分子，另外對於提問：「為什麼擇A棄B？」的個人，以及對於：「為什麼不建立一種社群，這個社群只有他能獨享這些有價值性的活動？」等問題，我們也尚未有合理的答案。

換句話說，那些提問：「為什麼擇A棄B？」問題的人，為何不能在考量行動目標時，只考量會影響其自身的活動？為什麼他不該只問：「只考量自身，我該做什麼？」通常，當提出（該做些什麼）問題時，我們考量到的不僅限於活動的性質以及此活動與其他活動的協調，我們同時也會慎重考慮到吾人意欲從事的活動，不管其內在價值為何，是否會損害到他人。康德主張，善意的發展必須是無條件的善（unconditioned good），這是由於一項明顯的事實，即人們常會因為一些務實（ignoble）的目的而追求合價值性的事物。有些時候，人們也的確會為了追逐合價值性的事物而犧牲他人。以上言之鑿鑿，為什麼理性的人必須考量到他人的權益？任何想要促進公共利益的人都必須面對這個問題。

答案很明確，嚴肅的提問「為何擇A棄B？」時，我們就已經預先設定考量他人的益趣了。正如前業已提及，此問題是一公共論述（public discourse），它預設了一個眾人關切的實際政策的情境，大家必須彼此協助、尋求解答。一旦參與這樣的討論，任何一位理性的人不僅要假定存在合價值性的事物，也會致力於這些事物的推動。如果他想到，當他在與其他團體討論合價值性活動時，他的利益全然被忽略，我們很難想像他還會進一步參與些公共之討論。理性之士也必定知曉，即凡適用他自己的，也同時適用於其他參與討論的人，他又怎會認為自己能代言一切呢？

　　我們仍然面對兩個問題，其一是不同價值事物的取捨問題，　P. 172
其二是限制某些人追求這些活動，而不限制其他人所引發的問
題。如果人們還是認為其所欲從事的活動不必經過思考，這種說
法實在缺乏立場。因為公共活動不能淪為打高空。

　　當然，這並不是說，在某些情形下我們不能把某些人的利
益看得比其他人更重要。我們只在於強調這些看法必須「公開」
（shown）。這設定了「益趣」的考量不是為了任何特定的私利。
我們也不否認有些自私偏狂的人會利用公共討論的機會，肆無忌
憚地遂行其私欲。這些人也會假裝講道理（truth-telling）（「講道
理」是追求真理的另一項根本和獨立的原則）[6]，實則騙取私利。
個人也是如此，即使再理智，也可能禁不住人性的弱點，而專注
於個人的立場，這也無須否認。我們一貫堅持的是，「益趣」考
量的原則必須經由實際的討論，這能促使我們發現「何謂善？」
「何者應為？」之答案。任何想認真參與這種討論的人都必須盡
最大的可能依循此一原則所規範的條件來進行。個人的生活計
畫，其實同樣依附在公共的各種實踐之中。擴大來說，我們使
用的私人語言也預設了公共語言的存在，公共語言的原則（如不
自相矛盾）是必須的，私人語言才可據此呈顯意義、觀點，並加
以應用[譯注6]。有些特定、未充分辯護的聲稱確實呈現了一些真
理，像杜爾敏（S. C. Toulmin）指出，道德論述的特性，即在透

6　參看 Winch, P., 'Nature and Convention,' in *Proc. Aristotelian Soc.*, Vol. LX,
　　1959-60。文中將這個原則關聯到溝通（communication）這個更普遍的可能
　　性中。透過論述（discourse）的形式，我們可以建立一個更鞏固的範例作為
　　預設，以探求出何為真（true）、正確（correct）、善（good）等，而不是以
　　一般語言的角度去探求。

過**調合**個人目的與社會公意之功能來彰顯[7]。因此，必須提出一些
P. 173　理由，以限制那些只考慮自己益趣的人。換句話說，問題不在
於：「只考量到自己，我該做什麼？」如果我們接受正義的第一
原則，我們必須提出進一步的理由，來說明為何僅要限制那些問
此問題的人去追求其心儀的善。

　　按照心理學的看法，人們會比較在乎與自己有關的事情，而
不太在乎他人的事；人們也較易於受立即性事物的吸引，而非
那些本身具有價值的事物。道德教育的根本工作之一正是要導
正人們這種心理的習性。就如同巴特勒（J. Butler）所云，人們
最大的問題不僅在於其缺乏愛心（benevolence），而是更欠缺謹
慎（prudence）[8]。當問及僅只會影響到提問者的可能性時，即使
人們有這些心理習性，也沒有理由阻止我們探詢實踐理性或限制
它。該思考的問題是：「有什麼理由可以這麼做？」不要只汲汲
探詢：「個人有何理由要這麼做？」我們已然接受探詢理由的重
要，至於對分配方式的質疑則是另外的問題。

　　再者，個人是否具特殊的能力，使得他們更適合從事某類活
動，也是個議題。有些學校由於有心理學者的協助，特別關心此
一議題。學校諮商學者提供的服務日益增多，取代了舊式生涯導
師（careers masters）或心理學者的巡迴駐校服務制度，也說明了
我們業已體認到要判斷學生心理性向的複雜度。是否心理學的各
種建言而形成的機制有助於教育良善的發展，又是另一個問題，
其引發的考量業已超出本章的範圍[譯注7]。

7　參看 Toulmin, S. C., *An Examination of the Place of Reason in Ethics*（Cambridge
　　University Press, 1950），特別是第十章。

8　參看 Butler, J., *Sermons on Human Nature*, Sermon I。

第三節　基本規則

任何嚴肅思考公共利益的人都會同意，人類不僅僅需要食物、原料等生活必需品，同時也應遵循一套基本規則（basic rules）所構成最低限度的一些儀式慣例，這些基本規則符合全人類的利益，有賴人們相互遵守。如果缺少這套秩序和安全的架構，沒有人能夠追求較長遠的事物，無論是他想要的或者是符合善的事物——當然這兩者可能會有所衝突。這套最低限度的規則對於那些凡事講求實際理由的人而言，算是明確合理且合乎其利益了。

這些社會生活中的「基本規則」與根本原則（fundamental principles）不同，根本原則是公共討論時的預設。基本規則是來自人類共通的經驗事實與情境。最明顯的事實要算是霍布斯所提出最引人注目的說法——人類始終難逃一死，所以人們普遍渴望存活、厭惡痛苦。生存，不用說是滿足一切欲望與計畫的共通必要條件。所以儘管每個人對痛苦的態度與對死亡的畏懼有所不同，但求生覓活必然在每個人的利益之中，因為無論是要滿足其他的欲望或是實現探尋何者應為之答案，都必須以生存為條件。另外一項普遍的事實，是人類往往相當容易受到攻擊而受傷[9]，人與人之間大致如此[譯注8]。假如逮著大人睡覺的機會，即使小孩也能殺死大人。另外一項事實，是人若要存活就必須依賴他人。人們有限的社會情感，也只能延伸到家庭或部落。此外，有限的食物、住所等供給，也是人類存活之所需。

9　有關基本規則的細部討論，見 Hart, H. A., *The Concept of Law*（London: Oxford University Press, 1961），第四章第二節。

　　這些普遍性的經驗情況環環相扣，逐漸產生一些必然的基本規則，任何形態的人類社會生活都必須接受這些規則，人與其周遭環境即由這些規則構成。的確，多數人接受了這些基本規則，也就建構了「社會」（society）的定義。社會也必須制定一些規則來彌補對生命財產的傷害，並允許各式交易進行以貨暢其流。同樣地，除非我們將「益趣」界定為個人自我認定合價值的事物，或是認為人的一生如蝴蝶般，對此生以外永恆價值的追逐無動於衷，我們必定會制定出有關生育、教養後代的規則。這些規則又在不同的情境中衍生，就形成了「制度」（institution）。正如財產、婚姻制度的功能正是要將社會的成員規範在一套特定的義務形式中，這些義務的細節當然受環境影響，不同的社會有不同的情況，然而在人難免一死的共通威脅下，為了公平考量每個人益趣之所在，各地區不約而同制定出義務之規則，也就顯而易見了。

P. 175　　簡而言之，有關「益趣」之諸多考量，最強有力的例子可以獲致一些普遍性的基本規則，諸如禁止謀殺、偷盜、毀約等，這些規則普遍存在於人類實際的各種生活方式之中，不需經過艱深的討論就能證成。我們前章探討所謂「合價值性」活動所須具備的特質，正是立基於本節勾繪出的基本規則。

第四節　實際活動

　　大凡學校若正視到其社會功能，必然會協助家庭致力於培育子女社會生存（social hygiene）的基本規則，如同一些謀生技能的訓練，這也是為了社會經濟發展的工具性必然。當然，這也可透過道德教育的形式，而不必然是窄化的灌輸方式。正如同技術

訓練也能運用適當的方式呈現出教育的價值。

　　然而，那些熱心於公益的人，他們奉獻自己的生命於實際的生活形態，如政治事務、社會工作，或另一些人致力於商業、農事、醫療等活動。這些人可能出自於義務或是生活的必要。從另一方面說，他們之所以如此，可能只是自得其樂。不管怎樣，這些活動是否就因此比理論性的活動更不具價值性呢？

　　要回答這個問題，我們必須審視那些「為科學而科學」（just doing science）情境中的類似重點[10]。政治、行政、商業是什麼樣子，在相當程度上取決於個人在從事這些活動時對自己本身工作上的認定，說得更恰當些，政治家或行政官員關注的是公共利益的提升，這是沒有止境的追求，因為政治生涯中並沒有確切的終點或安全的休憩地。提升政治的活動涉及無數的技巧、權謀與憚精竭盡的企畫。公共利益活動的構作非常仰賴其參與者認知的成長。凱撒（Caesar）與龐培（Pompey）在羅馬共和頹亡之際，一起投入政治的活動，但此二位並世之雄對於政治活動的觀念及作為極為不同，他們從事的幾乎不像是同一種活動，這是由於凱撒是個極富理論興趣的行動者。他對秩序的熱中以及將一切具體目標置入一普遍計畫的處事態度，在其時代中無人能及。凱撒從政治、戰爭中獲得的成就感及樂趣，與他處理這兩種活動的層次有關。 P. 176

　　凱撒的例子明顯的指出了兩點，其一是若只把理論孤懸成研究，以為實踐的活動可以不依賴個人心中所關注的相關理論的理解，就能加以實施，這種想法是荒謬的。其二是實際政策的推行毋須視為是出自於義務或必然性的後續作為，其實，只要人們以

10　參照本書頁261、262。

這種態度從事活動，相關的標準與技能會自然滋生，許多一開始只被視為是系列工具性的活動，會變得本身就令人愉快，而成為吸引人的活動。或許，許多家庭主婦正是以此將家事義務轉化為樂趣。

這些涉及公共利益的活動，其道德的憑藉有何可進一步討論呢？它們顯然類似於遊戲和娛樂，因為其所需的技術和可能獲致的成就感都令人愉悅。但這些活動顯然又比遊戲高級，因為不僅僅只是為了快樂。它們以嚴肅認真的方式在益趣考量的原則下進行，這是遊戲所欠缺的；它們也關切到秩序的條件，若不如此，也不可能去追求所謂的善，就此點而言，它們與飲食的活動類似。飲食固然能使人愉悅，但飲食也是維持良善生命形式的必要活動。這些活動也有其嚴肅的一面，其也關切到了促進社會形態進步已然形成的各式道德原則──諸如正義、平等、自由、尊重人等等。然而，因為這些活動的證成部分是取決於其工具性的價值，部分也來自於人們對這些活動品質的理解程度，其價值的高低必然有一部分是取決於不同形式的真理追求，以及能轉化提升的程度。

當然，這並不是否認那些認知內容有限活動的價值。當人們問到對部分既不聰明，也對理論追求毫無興趣孩子的教育問題時，尤其重要。舉例而言，烹飪是維持生活的必要活動，它可以是單調、煩人的瑣務，也能因提供手藝巧妙與創意的機會，而帶給人們快樂。它能同時成為令人愛不釋手又合價值性追求的活動。當然，如果人們能充分理解烹飪的原理，不只把它當成手上的生硬技術，那它完全可以化臻到「藝術」的境界。正因著眼於烹飪本有的內在價值，不再視為純然工具性的技術，反而可以提供人類實際生活的品質貢獻。

本書第一篇曾論證過「教育」包含了認知的內容以及不涉及利害（disinterested）的追求合價值事物。我們不能因為烹飪活動在實際進行中只合乎第二規準，卻因其第一項認知內容有限，便予以輕視〔譯注9〕。當然，若能發展烹飪的認知通觀力更好。假如不針對部分兒童，沒有理由據下結論說類似烹飪的活動沒有教育價值。我們前面業已論及，雖然教育必然包含合價值事物的傳遞，但這襲價值的外衣也必須根據學生的性向加以裁剪，這是課程選擇最確切的原則所在。有關學生理解的發展不是全有或全無的問題。易言之，這是學生能將理論架構發展到實際行動到何種程度的問題，而不是哪些學生能、哪些學生不能做到的問題。每個小孩都可以學到某些技能，而且愛其所學，不純然是工具性的。這些活動很明顯的涉及人際關係、溝通對話、健全體魄、手藝、服飾品味、居家的裝潢與布置。這些技藝的養成都能提升居家生活，人們得以用更高雅、更有尊嚴的方式來生活。

以上對於學校考量學生益趣的責任強調，不在於要鼓勵資質平凡的學生去製作船、彈吉他、學烹飪或做銲接黑手，較聰明的學生則提供學術導向的課程而不讓他們接觸實際活動。就一方面來看，文法中學（grammar school）的缺點之一，即在於不太留意實務性、創發性的活動。就另一方面而言，資質平凡的學生也 P. 178 能夠領略那些被歸之於「學術性」課程中較簡單的活動形式。

本書第一篇的附錄[11]已經指出，在教育過程的最初階段，每位兒童都可能學到所謂合價值的簡單形式。一位資質不高的十二歲孩子，其心智年齡只有八歲的程度，也應能享受到八歲孩童所

11　見本書第一篇之附錄之第三節(a)之說明（譯注：此處疑為第四節(a)之誤植）。

能理解到合價值性的不同知識形式，而且還不只限於一些實際的
活動。這些資質較差的孩子能夠欣賞一些簡單的故事和詩歌。或
許他們永遠無法一窺白朗寧（Browning）、艾略特（T. S. Eliot）、
詹姆士（Henry James）之堂奧〔譯注10〕，但是同類作品形式中較簡
單的作品卻是這些孩子可以吸收的。以《聖經》和荷馬的故事、
史詩為例，對大多數人而言，這些算是老少皆宜。令人遺憾的是
當今許多驚險的連環漫畫和卡通影片欠缺起碼的藝術水準，卻
大行其道〔譯注11〕。我以上以文學為例，企圖說明其簡單形式可適
用所有兒童，也同樣可類推到音樂、基礎科學、歷史和道德等科
目。

　　簡言之，教育不光是為資優學生，問題不在於誰行誰不行，
而是在於學生們沿著相同的探索之道，各自能走多遠。也許一
開始的區區一條小船就激發了興趣的泉源，誘發出兒童爾後持續
的努力，但這份努力不見得要導入兒童去製作更大更好的船。
我們可以將之導入歷史如撒頓胡舟塚遺址（the Sutton Hoo burial
mound）〔譯注12〕，也可導入環繞著船的文學詩歌，以及有關潮汐、
風向和海洋等的基礎科學。部分學生在此探索、鑑賞的學習之途
表現得較好的事實，不意味著其他學生連半步也無法踏出。追求
生活的品質絕非知識菁英的特權。

＊本章承蒙方永泉教授校閱。

第六章譯注

〔譯注1〕

interest有多種不同的意思，在教育的脈絡中，至少可區辨出兩種，其一是利益、權益之意，其二是興趣之意。本章中同時有這二種意思，故譯以「益趣」作為一通用的概念。惟在翻譯的上下文中，為了顧到文章的流暢性，若已有明確的意義，也會以「利益」、「權益」或「興趣」稱之。例如，「公共利益」（public interest），就直接以「利益」呈現。皮德思在本章中前三節主要以「利益」、「權益」為主要分析內容，最後一節則交代也應盡力使學生有「興趣」去學習這些對學生有益的教育課程。

〔譯注2〕

霍布斯（T. Hobbes 1588-1679），英國政治哲學家。皮德思於1956年有對霍布斯之專著出版。霍布斯以《利維坦》（Leviathan，或譯為巨靈）聞名，描述個別的人身陷於自然狀態下的恐懼無助，因此與國家簽下契約以求自保。霍氏的契約論與盧梭等不同，反而賦予國家無可挑戰的地位，被後來許多擁護專制極權之人士視為理論基礎。皮德思在此以霍氏對自然狀態的恐懼無助，來說明人類生活中對「益趣」之原初思考。

〔譯注3〕

政治哲學上，I. Berlin曾以積極、消極之概念來說明自由的二個意義。所謂「消極自由」是指在何種限度內，個人可以不受干涉而容許從事的自由。而積極自由，是指何人有權控制、干涉，從而決定個人該做何事。有關皮德思對自由的討論見本書下章。在此中，似乎並無Berlin之原意。皮德思認為對個人而言，其消極益趣是直接對其有益之事物，積極益趣則是對全人類有益之事物。

〔譯注4〕

有關「公共利益」的討論，皮德思弟子P. A. White有更精緻的討論。見Peters, R. S.（ed）（1973）*Philosophy of education.* Oxford University Press. pp. 217-238.

〔譯注5〕

皮德思雖然重視教育的內在價值，不太同意教育只為社會提供技術服務，
但從本段論述中，可看出他並不質疑民主社會、資本主義體制的預設，這
與馬克思論者及其後繼者批判教育學（critical pedagogy）等的教育主張，
有顯著的不同。

〔譯注6〕

在1960年代，後期維根斯坦理念已經廣為流行。其實，整個倫敦路線雖標
榜分析哲學，也重視概念精確的掌握。但在有些文本中並未太堅持前期維
根斯坦、邏輯實證論等之立場。以上的論述，雖與後期維根斯坦「反私有
語言」的論證旨趣不同，但皮氏運用「私有語言」一詞，應該也可看出是
受後期維根斯坦著作影響。

〔譯注7〕

眾所皆知，1960年代正是進步主義影響英國的年代，此反映在《卜勞頓
報告書》（*The Plowden Report*），至為明顯。皮德思雖然也強化其「自願
性規準」以吸納進步主義的訴求。不過，整體來說，皮德思卻是藉著對教
育認知性、價值性的強調，來捍衛一些傳統的教育價值。因此本章字裡行
間對全以「興趣」為主導的教育想法，仍有所保留。當時對有關interest
「興趣」之討論，可以參考Dearden, R. F（1968）*The Philosophy of Primary
Education: An Introduction*（London: Routledge & Kegan Paul）一書中第二
章的討論。Dearden大體是承襲皮德思的立場，也對興趣有些許保留。另
也可參考Wilson, P. S.（1974）*Interest and Discipline in Education*（London:
Routledge & Kegan Paul）一書。Wilson則較堅持教育的內容應從學生有興
趣的內容中來挑選。本段落所討論的心理諮詢對學校教育的貢獻，皮德思
並不否認，他同時也不斷強調這是實徵經驗的議題。心理學的諮商輔導，
在台灣教育一直扮演重要角色，近年來部分中小學更有心理師進駐學校。

〔譯注8〕

霍布斯認為在自然狀態中，雖然有些人會比其他人高壯或卓越，但每個人
之間是相互平等的。霍布斯還是認為就人類全體來看，大家是相似的。
他舉的例子已被皮德思在本段中引述，即最弱的人也可能逮到機會把強

者殺死。雖然在此一自然狀態下，沒有一個人有足夠的力量可以完全控制別人，但霍布斯認為，因為要結束這種相互平等卻又紛擾爭戰不斷的自然狀態，必須創造出一個令人敬畏的共同權力。人們透過契約的方式，將其自然權力讓渡給一個絕對君主。對霍布斯的通俗介紹可以參考林火旺（2009），《基本倫理學》（台北：三民書局），第二篇第六章〈為什麼要有道德？〉之介紹。

〔譯注9〕

根據第一章，教育的第一規準是合價值性，第二是認知性。此句皮氏雖然是運用第一（first）、第二（second）之字眼，但觀乎全段脈絡，討論的重點全在於教材認知性深淺與否的內涵。這裡的「我們不能因為烹飪只符合第二規準」的「第二」，應該不是第一章教育三大規準的順序。譯者認為這裡的順序是本段第一句話「教育蘊含了認知的內容以及不涉及利害的追求合價值性事物」的順序。

〔譯注10〕

伊莉莎白・白朗寧（Elizabeth Barrett Browning, 1806-1861）是英國19世紀著名的女詩人。以《葡萄牙十四行詩集》聞名。1846年，她與羅伯特・白朗寧（Robert Browning, 1812-1889）結為連理，羅伯特・白朗寧也是詩人，更是維多利亞時期英國重要的劇作家，二人擁有15年幸福的婚姻，直到伊莉莎白・白朗寧辭世。皮德思在此，應同時指稱二人。

艾略特（Thomas Stearns Eliot, 1888-1965），出生於美國，後入籍英國。是20世紀重要的文學家，《荒原》長詩（*The wasteland*, 1922）為其代表，1948年諾貝爾文學獎得主。葉公超（1904-1981）是把艾略特介紹到中土的先驅，有興趣的讀者可以參考湯晏（2015），《葉公超的兩個世界：從艾略特到杜勒斯》（新北市：衛城）。

亨利・詹姆斯（Henry James, 1843-1916）美國知名文學家，長年旅居歐洲，知名的實用主義學者威廉・詹姆斯（William James, 1842-1910）是其兄長。

〔譯注11〕

此處仍可看出皮德思教育觀較為古典與保守的一面，他當然不反對可以用

較輕鬆的漫畫等方式引導學生探究理論性學科的興趣，但他不認為這些輕鬆的活動有內在的價值。晚近，也是崛起於英國伯明罕文化研究中心的「文化研究」，則賦予這些通俗、流行的大眾文化更深邃的主體意涵。

〔譯注12〕

撒頓胡舟塚在1939年出土，代表7世紀以後羅馬帝國撤離不列顛後的文明所在。傳統認為，羅馬撤離後歐洲進入「黑暗時代」。撒頓胡遺址的出土，顯現當時「東安吉利亞」（Eastern Anglia）王朝的文明不亞於羅馬。遺址是統治者之陵墓，以船身為基底，其最代表性的遺物是經學者根據出土碎片拼湊而成的頭盔，存於大英博物館，該遺址也可見證早年日耳曼民族與英格蘭文化交流的頻繁，具有英國歷史文化的重要意義。

第七章

自由

導言

我們已經討論了涉及正義的原則，也審視了涉及益趣的諸多考量。不過，這些原則都帶些善意獨裁之意味（benevolent despotism）[譯注1]。因為，人們在處理他人的生活時，若要符合正義原則，他一定得戰戰兢兢的力行公平；而考量別人的利益時，有時也不能放任當事人自由。的確，許多老師若在生活上能服膺這些原則，就會依循這些原則去教導兒童。

當然，一般人欲證成自由的原則，常會把它置於可增益人們利益的基礎上。自由增大了人們選擇合價值性事物的機會。不過，誠如我們平常所觀察的，小孩或大人們，如果放任他們自由選擇，他們常會選擇對其有害的，並就此沉淪墮落下去。父母師長們對此一問題常會面臨兩難；到底要尊重孩子自由選擇的意志，眼睜睜的看到他們受到傷害，還是堅持孩子必須去做對其真正有益的事物。例如，一位花樣年華的大學女孩吵著要嫁給一位糟老頭，而放棄眾多大學周遭的追求者，她的父母就面臨和上述同樣的困擾。

　　當然，論者會說這只是一個極端的例子，在大多數的情況下，人們的自由會增加其利益。畢竟，自由提供了更多發現美好事物的機會。這種說法要能成立，僅僅在於其選擇必須設限在好的事物之上，如：學校所提供的各種多樣性課程。如果選擇包含壞的或不重要的事物，例如：我們放任孩子去吸食禁藥或玩賓果遊戲，而不啟發他對藝術、算術的愛好，我看不出自由能增加人們的利益。再者，不加限制的自由，也會造成社會之恐懼。佛洛姆（Eric Fromm）[1]指出自由的發展會導致心理的壓力及不安全感，會使人願意回到更限制、更原初（womb-like）的生活形態〔譯注2〕。

P. 180 相反地，信仰自由的人們不太願意承認，他們之所以擁護自由，必定是受制於一些事實上是太傾向於放大世界美好活動的說法。這些人認為不管結果如何，自由遠勝於奴役。這種說法必須要禁得起一個獨立的論證，即自由之所以值得追求，不必然伴隨著其結果一定能增益人們的利益。

　　即使人們將自由視為一種獨立原則，也很難把它當成一絕對原則。人們也可同時接納正義原則，並兼顧益趣的考量。人們可能也會接受這些原則，但承認仍有其他原則會比自由原則優先。例如，信守正義原則的人，可能也會同意極端的正義會與人們的利益相違，而加以修正。同樣地，熱愛自由之士，也會因為自由的擴張，有可能會傷害到他人，影響到他人的公平性，而加以斟酌。彌爾對此主張最力，他認為僅有在明顯的傷害到他人時，才可加以限制自由。也就是說，允許人們做其想做的事，必得有一基本前提。當我們欲干預他人，不能放任他人做其想做之事時，必須要有堅實的理由。但是，自由也者，其意為人們可以不受限

1　Fromm, E., *The Fear of Freedom* (London, Routledge, 1942).

制的做其想做之事。我們所要證成的，就是如何把道德上之前提
置於自由之上，提供必要的理由，以節制人們為所欲為的願望。
換句話說，自由的原則很類似平等的原則，也有其前提。限制人
們自由要有相當的理由，就像要去區分人之差異以行差別待遇，
也得有相當的道理。當然，正如同平等原則，加諸在自由之上的
理性假定，也必須加以證明。

第一節　自由原則的證成

　　我們之所以擁護自由的假定，一項最根本的論證是源自實踐
理性的情境。如果我們嚴肅的問一個人：「他應該做何事？」「什
麼理由必須如此做？」只要他能言之成理，必會要求不得加以干
涉。之所以要干預某人做某事之理由，必然是來自其他之原則。
但假如在其他條件都一致之下，他必會要求允許去做合乎理由之 P. 181
行為，否則，他的多樣化思考將無任何意義。人們的思考並不是
像植物出芽般的從腦袋瓜上萌生，它反映了人們被引領進入社會
情境之中的情況，人們相互討論，並從這些思考中獲得各種行動
的建言。這種思考所產生的所謂「聰明」或「愚笨」的評價，被
用以彰顯公共的標準，形成言說論述的形式。

　　由上所述，由於公共情境之特性，實踐理性乃得以發展，並
賦予我們平常所評價的各種術語其意義。如果人們忽略這些源出
公共考量之下的各種術語賴以存在的基礎，而唯心式的以個人之
想法去體會，那就會產生矛盾突兀之現象。例如，一個人為了謹
慎，當他專注在所應做之事時，他將自己封閉起來，不管別人對
此事之看法與理由，那他實在是非常愚蠢。更荒謬的是他限制別
人之發言，阻止別人給他建言的機會。斯賓諾沙曾說，對我們而

言，沒有東西比其他理性的人更為有用2〔譯注3〕。因為與他人交談，
是增加我們理解世界最有效的方法。同樣地，藉著與別人交談，
我們可以很實際的瞭解此時此刻他人的想法，從而強化我們對不
同看法之判斷力。總之，任何一個理性之人，當他認真思考要如
何回答：「我應該做什麼？」之問題時，必然會得到至少對理性
者而言，要有表達自由（freedom of expression）之結論。這並非
是個人之好惡，而是公共的規準。如果他自絕於其他人向其提出
建言之管道，那麼他是非常愚蠢的。

　　當然，對於自由的論證，不能只建立在嚴肅思考：「何者應
為？」之當事人明確的利益之上。關於自由的原則，至少考量到
「意見」之層面時，已假定了透過此一論述的形式，可以啟發人
們的理性發展。理性當然要勝過獨斷及個人的私見。有關自由論
P. 182 證的條件，亦包括了使人們能貢獻於公共的討論。因為，彌爾很
久以前就指出了，禁錮意見將會導致真理淪喪3〔譯注4〕。

　　我們前面之所以擁護自由之原則，是著眼在意見的層面上，
同樣的情形也可以證成到行動的層面上，這並不困難。因為意見
表現在實際的論述中，是與行動息息相關。當人們詢問：「我應
該做什麼事？」已經很明顯的指出了，只要他能為其行動提出恰
當的理由，他要求應有行動的自由，否則，他的種種思慮都是無
意義的。但是，他能夠為他人也要求這種自由嗎？

　　這個問題與我們前章討論到應尊重別人的益趣的論證方式類
似。假如人們與其他理性之士針對實際政策方案相互討論時，又
假如，身為一個理性之人，對依理可行之事，他必然會要求要有

2　Spinoza, *Ethics*, Part IV, 命題. XXXV. 1和2。

3　見Mill, J. S., *On liberty*, 第二章。

行動的自由，他如何能夠一方面堅持自己的行動自由，但又拒絕別人也有同樣的自由呢？如果其他人都與他一樣有足夠之理性，他們在思考：「做此事的理由何在？」也必然會反對任何對他們深思熟慮後的干預。所以，我們如何能一方面認同他人在討論過程中所提供的慧見，但又同時拒絕他們是理性的人，在欠缺完善的理由之下妄加干預其自由呢？在實踐理性的層面中，討論與行動是緊密相連的。讓我們再重申，一個理性的人，當他思量：「我應該做什麼？」時，只要有充分的理由，他必會要求有行動的自由。所以，行動的自由與思想的自由是實際論述的普遍性前提所在，也是理性之人藉此公共活動而貢獻之所在。

第二節　自由原則的具體實行

　　我們前面是以比較抽象的方式來闡述自由的原則，目的在於為自由提供理性的基礎以維繫擁護自由的預設。即便是抽象的領域，仍然必須明確區分思想、表達的自由與行動自由的差異。在 P. 183 具體的情境中，當論證到實際限制人們的自由時，這種區分更為基本。因為「自由」這個字眼，就跟「平等」一樣，乍看之下，似有「讚許」之意味，但很難與實際的應用相配合。搞政治的人最擅於玩自由、平等術語的遊戲。因為二者都是讚許的詞彙，都可加以巧妙運用在不同的事態中，都會引起一般人的讚賞，也就能夠藉此獲得共識並喚起大眾的高昂情緒。邱吉爾在競選時喊了一句口號：「讓人民自由。」（Set the people free.）引起了廣大聽眾的回響，但是他的聽眾卻自忖著自己會成為多項不同限制的犧牲者，諸如限制私人購屋（private building）、外貿的限制以及配額的食物供給等。邱吉爾呼籲爭取自由的口號與盧梭有名的聲稱

「人生而自由,卻無處不處於枷鎖之中」有何共通之處呢?

很明顯地,一般在使用「自由」時,有歧義產生。大體說來,自由是指當人們想要做某事時,沒有受到阻止或限制。由於人們的想法千奇百怪,也就有著各種不同的限制或阻礙,所以「自由」就有著各式各樣的解釋了。通常我們不難從脈絡中找出使用「自由」此一詞的意義。例如,一個人將要入獄,或是正在訴請離婚,當事人將能體會何時能獲得自由之真義。但是,如果一個演講者在演講過程中,突然問在場觀眾是否自由,聽眾將很難掌握演講者的意旨。這並不僅是因為人們有著太多必須被限制的想法,而是自由通常只有在被限制的意識下才會被喚起。就好像當我們要致力於平等理念的落實時,我們並不會採取齊頭式的平等,把每個人都看成一樣,我們主要會著眼在那些人為上不當的分類理由。同樣的,如果我們要致力於落實自由,也不會只停留在解除限制的一般吶喊,我們會著眼於那些帶給人們不快或未經合理證成的特定限制。當干預別人非常困難或事情無足輕重,P. 184 這些都不涉及自由與否的討論。所以,人們作夢、動動拇指、種植蔬菜,無關乎自由的行動。而像選擇伴侶、雇請員工、外貿、公共言論與出版,又另當別論了,因為這些活動對人們而言至關重要,人們想從事這些活動時也不難制止。

所以,想要具體的探討「自由」之概念,必須釐清人們的願望是什麼?何人或何事可能會阻礙這些願望?因為人們的願望分殊,也會有不同的限制,所以,「自由」的概念也就各有其適用性了。以英國為例,我們很珍視言論的自由,人們可以公開的批評政府,把內心的想法都說出來,若他被禁止說想說的話,我們會認為他是不自由的。在蘇聯,則又是另一種光景;他們認為若被擁有資本的個人干預,而影響到眾人工作的欲望及起碼的經濟

必需，反而是「不自由」的。我們英國在不同的階段，常有不同的權利訴求，完全仰賴當時生活是受到何種的限制而定。人身保護法、宗教信仰自由、資遣勞工等都是具體的例子。

所以，要探索自由，首要之途在於檢視人們滿足願望或言論表達被限制的情況。同等重要的，是考量限制或阻礙人類的種種可能類型。大體上，可以簡單的區分成兩類：自然的限制與人為的限制。前者是外在於人類且阻礙我們實現願望，人們常說的無法翱翔天空、無法在雪地上打網球，均屬此類。當然沒有人真正阻止他們從事這些活動，是人們自己想像深受自然之鏈的限制。說得更精確一點，正是由於這種自然的因素，限制了人類願望的實現，人們才會認為自己「不自由」；另外的一些限制是來自我們人類本身的特性。因為個人先天的才性稟賦，無法每個人都能成為詩人、神學家或財政官員，這些限制常常被誇大了，致人們常掛在嘴邊上說自己並沒有「自由」能夠去做他們真正想做的事。而當人們的心靈被視為是一小型的社會，其「自我」P. 185（self），或是「真實的意志」（real will）必須與激情（passions）相拮抗時，「自由」的概念也就變得更為明顯。柏拉圖最有代表性的論證——能夠控制激情的人，才享有真正的自由。這種「積極自由」（positive freedom）的崇高概念與另一些人較世俗的概念成一對比，持世俗概念的那些人認為唯有人有自由，不著重「意志」或「真我」（true selves）；在他們看來，「自由」正意味著其行動不受他人的約束。而所謂理性之士「積極自由」的觀念，我們將在後文中指出，這種概念在社會的脈絡下無限的擴張，也會有其負作用[譯注5]。

關於「自由」此一延伸概念其適用或不適用的考量涉及到

「意志自由」（free-will）的哲學式討論[4]，我們無法在此詳述。「自由」（free）一詞更適用在人為限制的情境，這是它被使用的地方（natural home）。而這也是本章所著重之處。這種限制無法一概而論；受制於流氓或獨夫，與受法律的約束不可同日而語。法律，這是人類所設計出最有效，也是最深遠的社會控制。

在英國史上，不同時期的限制，常被認為是最可惡的壓迫形式。在17世紀，洛克（John Locke）曾疾呼，人類之惡莫過於：「較易曲從於另一人浮變、未定、無知與獨斷的意志。」[5]洛克正是要起來抵禦斯圖亞特（Stuarts）王朝日益擴張的王權。此外，在其他時期，受制於習俗或公共意見也會壓制人們。彌爾在其《論自由》一書中，生動而理性的反駁了英國維多利亞時期的諸多限制。至於當代對人的自由限制，諸如常喜歡與他人較量社會地位（keeping up with the Jones），在「組織人」（organization man）[譯注6]與「青少年文化」（teen-age culture）中受制於他人的情形，

P. 186　都是顯例。當然，法律本身也有其限制，它也常受到攻擊，認為束縛了個人的創發與進取。所以，要具體的討論自由，必須去發掘在特定的社會情境中，何種限制被看成是一種壓制？自由所涉及的問題就如同平等一樣，不會只有單一層面。

4　有關此一議題的進一步討論及該領域的主要文獻，見Benn, S. I., and Peters, R. S., *Social Principles and the Democratic State*（London, Allen & Unwin, 1959），第九章。

5　Locke, J., *The Second Treatise on Civil Government*（Ed. Gough, J., Oxford, Blackwell, 1948），第四章, Sec. 22。

第三節　自由的弔詭

　　主張對抗專制的獨夫及違逆民意的政權是一回事，但是要具體的把限制我們的桎梏解除，又是另一回事。在此我們面臨到巴柏（K. Popper）所謂的「自由的弔詭」（paradox of freedom）6〔譯注7〕，也就是太多的自由導致不自由。因為一個群體，其成員不可能沒有差異，也不可能全然沒有干預，如果人們只想為所欲為的話，顯而易見的是強者會限制弱者。在此情形下，人們所謂的自由正賴法律或輿論加以保障。歷史的教訓告訴我們，人們總是用一種限制設法解除另一種束縛。

　　人們總是期待不受制於各種規範的約束，不聽命於權威人士的頤指。不過，如此的自然狀態並不是毫無限制，反而其限制常是沒有道理的。這些限制不會像人突變成天使一樣一下子就憑空消失；而是逐漸經由另一較為人所接受的限制或為保障弱勢團體，促進平等的限制所取代。當然，我們多數人都循規蹈矩，不會去妨礙別人，法律不是為這些守法之人而設；相反的，法律是藉著限制那些不認同規範或意志不堅的人來保障一般人。誠如洛克在討論自由時指出：「自由使我們免於別人的限制與暴力，但若無法律，自由也無處棲身。」7一部西洋的開拓史，隨著偉人傑士征服新土地，也就開啟了弱者被壓榨的苦難史，直到正義法律 P. 187 的制定，才得以免除。考量近代經濟的發展，也是同樣的情形。自由企業最初只對少數人有利，後來許多人對少數人聯合壟斷的情形加以質疑設限，並以法律保障雇員的薪資與福利，經濟弱勢

6　見Popper, K., *The open Society and Its Enemies*（London, Routledge, 1945）, Vol. I, pp. 225-6。

7　Locke, J., 前揭書，第四章，Sec. 57.

才能免於被資本家剝削。言論自由亦然，我們必須靠法律及公意來保障我們表達的權利。

由上可知，個人為了確保其自由，必須認可一些他可以接受的限制，一則保障其自由；再者，也可約束他不要干擾別人。試以投票行為為例，這再簡單不過了，只要在紙上打個 X 號就可以了。不過，直到選舉法的制定，才能真正保障投票者可自由圈選出其心儀的人選。在選舉草創時，幾乎成年投票人都要背負許多選舉的壓力。選舉法正是要保障每一個人選舉的自由，欲落實民主，確保個人投票的自由毋寧是重要的一環。

很遺憾地，不少政治哲學家們從「自由的弔詭」中，作了不當的推論。他們認為「自由」正意味著人執行其意志時，必然受到限制，而人也必得接受法律或社會的「真實意志」（real will）〔譯注8〕。我想指出，自由當然有它具體應用的經驗條件，但不可與自由本身的意義混淆。不錯，人們當然不可以為所欲為，除非他可以接受某種限制，以防止人我之間的相互干擾。但我們絕不能同意「自由」就是接受某種限制。我們隨便舉個例子：人們沒有腦子絕無法思考，但我們絕不能說「有腦子」是「思考」意義的一部分。那些混淆了自由的經驗性條件與自由本身意義之人士也容易誤入歧途，是因為他們也是「積極自由」（positive freedom）的擁護者，認為個人的激情（passions）可以精進，使其「意志」超脫內在的限制，像盧梭之類的思想家，就把個人的「真實意志」等同於加諸於人們之上的社會法律。以上二種歧途交相衝擊，使得人們普遍認為個人的真自由在於遵守國家法律，以及個人的自由是「被強迫要有自由」（to be forced to be free）。

當代的人們可能要稍微回想一下法律能載舟，亦能覆舟的道理，這是人們所能想到最好、最有效的限制形式，它既能壓迫，

P. 188

也能保障人們的自由。國家，可以是霍布斯精心設計的巨獸，或是如馬克思所描述的階級壓迫的工具。諷刺的是，一些政治哲學家們同意國家可以闖入個人的私人生活中，理由是需要「真自由」。

第四節　形式與實質的自由

自由，與平等一樣，吾人可以考量其形式原則與實際結果之差異。自由的弔詭的例子已多少指出了形式與實質之間的階段性差異不大。在自然狀態下，當人們有形式上的自由，意指其不受規則的約束，可自在的做其想做之事，這種情形之所以可能，常是伴隨另一個形式制度的事實，由之產生其他具有約束力的規則，以確保個人不會受到干擾。

不過，形式上與實質上的差異仍然存在。固然，形式之自由制度可以規範及保證行動不受到干擾，但這並不是說人們可以完全享受到其效用。不錯，法律可以保證公共的言論權，也可以保障個人更換的工作及草創事業，但是，卻有其他原因使得這些理想無法落實。也許是輿論，或是宗教的顧忌，使我們不敢在公開場合大放厥辭，這情形就像是自由的弔詭一樣，它更說明了法律不一定能完全保證自由的落實。此外，還有另外一種情形，個體想要做某事的自由已被確保，但他卻無法隨心所欲；例如：缺乏金錢或時間等。這種情形，我們常說，他只有「形式」的自由，P. 189而沒有「實質」的自由。舉個例子，某人想要出國，或是把其子弟送到私立學校就讀，國家法律雖然允許，但他卻受制於經濟的原因，無法支付旅費或學費。此一情形，他實質上並無法做其想做之事，我們說他沒有自由去做，是否恰當？有誰限制了他？再

舉個類似的例子，美國保障成年人都可以競選總統，但是就我們的觀察，大多數的人缺乏成為總統的能力，這是否矛盾？人們自由的實質展現，是否受制於其諸多能力的缺乏，這與一些人在形式上被排除了自由，有明顯的不同嗎？有能力做某事是否是有做該事自由的必要條件？顯然地，就一般情形來看，如果人們沒有做某事的能力，卻說他有做某事的自由，是沒有意義的。但是，一般人從經驗的事實來看也會同意，人們有自由從事的事情，不一定有能力做好。

當然，如果純粹以平等的理由，我們仍可反對上述現象（指無法每個人心想事成）。既然只有一部分人才可以真正享受自由的利益，我們當然會認為這並不公平。不過，缺乏自由的能力因素是肇因於人為的不當措施（其實本可以利用另一套「社會工程」加以改造或培養其能力），或是出自有意的壓榨與限制，我們才有反對的理由。例如，馬克思主義者認為財富的不平等，其實是剝削階級為了保障其利益的巧妙設計。因此，某人若是因為財力的關係而無法從事某事，馬克思主義者認為他才是被壓榨的受害者，他人其實是間接地阻礙了他想做的事。這種社會理論的看法，把「自由的弔詭」（泛指無法心想事成）的事例解釋為，某人沒有實質自由的能力，是因為別人的壓迫使然。如果我們不接受這種看法，就會默許人們無法心想事成，只能怪他太不幸了。這種情形可以從社會正義的角度加以責難，但不必然要責之以缺乏自由，從實質上來看，惟有當其他人事實上的確阻礙了當事人做他想做的事，才是缺乏自由。

還有另外一種情形值得提出，在此情形下，人們有能力，也P. 190 有自由去做某事，但他們不想麻煩，而心甘情願的放棄自由，也就是人們願意緊縮其自由；佛洛姆的「逃避自由」（fear of freedom）[8]，即為顯例。當此之時，個人的安全感會隨著其所能主宰的領域擴大而不安；太多的選擇所導致的不確定性使個人無法容忍，人們寧願遁入子宮般的保護囊中，等待既定的安排。以上的情形可以說明即便在當代，仍有人自願放棄自由，而進入極權主義的懷抱裡，任由團體的普遍意志決定其命運。從心理學的觀點來看，人們這種逃避自由的傾向，是因為他面臨到了危險與威脅所產生的不安全感，使他退回到早期嬰兒期依賴的狀態，並獲致那份被保護的安全感。當然，還有其他社會學理，可以解釋人類這種逃避自由的不幸傾向。

　　個人主義的發展，伴隨著對個人主動性與自由的強調，並經由立法的保障，變成是主要的社會控制方式。舊式社會的控制通常是藉著風格與家鄉（local community）的有機連帶。隨著交通的進步及社會流動的加速，現今的社會控制逐漸經由國家法律的運作及個人的內在良心。這種發展誠有助於個人的自由，但也使個人逐漸非個性化（depersonalization），而逐漸置身於科層的集中體制生活中。在中古時代，人們是面對面的接觸，心想事成的情形，不如當今遠甚。當時的社會並不公平，個人對於其事業生涯、宗教、婚姻及所效忠的統治者，很少有置喙的餘地。不過，即使是在暴力、疾病、動亂的肆虐之下，人們仍然有安全的感覺，也有很強的歸屬感，這是由於他們生於斯，長於斯，有共同的家庭、宗教、桑梓的凝聚力，而能安身立命。個人主義的興起，要求人們從宗教中解放，強調個人的成就，而非世襲 P. 191 的地位。於是拖尼（R. H. Tawney）生動勾繪的一種理念——博

8　Fromm, E., *The Fear of Freedom* (London, Routledge, 1942).

愛（fraternity）乃脫穎而出[9][譯注9]。生活已淪為一種競賽，為公平競爭而制定的規則必須保障個人，這種競賽就像是霍布斯生動描述的「進則生，退則亡」[10]般的殘酷。正因如此，藉著人為強調的博愛正可填補人類為競爭而產生的空虛感。馬克思主義的訴求之一，正是要凝聚所有被壓迫者於一爐；國家主義者也強調團體的使命感，要人們認清「覆巢之下焉有完卵」的道理，而竭盡所能，報效國家[11]。

隨著可自由抉擇生活方式的擴大，當代人這種無根的情感反而日益使其不安焦慮。所以，很多人在形式上有很多的自由，但卻不一定能享受此機會帶來的益處，或是人們藉著參加某些組織，由這些組織為其抉擇，而自願放棄自己的裁量。這並不是說，像佛洛姆等作者所稱的人們缺乏「積極的自由」，該自由與我們在此所辯護更為世俗的自由概念同等重要[譯注10]。我們要指出的是人們處自由之境，不見得就會快樂。自由之獲得常常會犧牲到安全及互愛。人們並不想去做其可以自由從事之事，他仍可能是自由的。只要人們不被阻止做其想做之事，就可說他是自由的。不過，當論及某人是自由的，並不意味著他一定想做未被他人阻止的事情。事實上，自由意識的喚起，正是由於人們想做的事情被阻止時，才會滋生，像是公共集社等。當人們有集會結社的自由時，即使他厭倦了集會結社，他仍有該項自由。換句話說，「自由」可以解釋為是一種人們可能想要做的，而不是真的

9　見Tawney, R. H., *Religion and Rise of Capitalism*（West Drayton, Penguin Books, 1938）, Part IV.

10　Hobbes, T., *Human Nature,* English Works（Molesworth, Ed.）, Vol. IV, p. 53.

11　見本書第八章第二節。

會去做的。所以，自由被視為是一種重要的原則，即已足矣，因為在某些情況下，人們實際的願望會受到阻礙。所謂「積極的自由」也者，其實並不必要，而且在某些時候會誤導我們。

以上已簡單的探討了「積極的自由」，仍有些許不同於一項 P. 192 非常重要的概念，那就是個人自主性（autonomy）之價值──經全盤審慎各種原則後，指引自己生活的抉擇。假設在沒有形式自由的情況時，人們當然會被阻止去自主抉擇。譬如，一個人決定要迎娶異族而被同族人知悉時，可能因此會身陷囹圄。不過，人們也可能擁有形式上之自由，但他的抉擇其實是受到他人之影響，甚至於根本就是日復一日，隨其喜好而定，根本沒有任何一致性可言。所以，當人們問到：「我應該做什麼？」已是邁向自主之途了。但他是否自由，則是另外的問題，這端賴是否有任何限制足以阻礙其所欲從事之抉擇。自由概念之使用，不應與「自由做某事」相混淆。

第五節　教育的自由

迄今，我們已對自由的原則予以分析，也企圖證成並考量了其應用上的一般性問題，現在就要來探討其在教育上特定領域的應用。這與前兩章涉及的問題非常不同。在前兩章，我們所關心的課題是教育的分配與內容，而現在我們處理的問題則涉及教育的方式。當然，關於父母的自由，其實與教育的提供有關，這也就涉及了分配的問題。不過，更複雜的問題卻在於兒童、教師們的自由。自由原則運用在不同教育情境中，有不同的需求，這些差異乃滋生了種種問題。我們首先討論兒童的自由、再論及老師，最後再討論父母的自由。

（a）兒童的自由

自由的概念涵蓋了兩項主要之成分：其一是對人們其願望或抉擇的保證，其二是排除加諸人們的限制。對成人而言，其願望的保證是理所當然的，當這些願望受到限制時，才會引發自由的問題。

P. 193

然而，在教育的情境中，自由原則的應用並不如此直接，通常在定義上，教育是一種對兒童願望加以限制之情境。首先，兒童就是被強迫入學的，這並不是建立在兒童自由之原初點上。雖然，也有兒童是自願入學的，但是，法律的強制性與父母之壓力，至少與自由的抉擇與行動並不是很契合。

再者，從學習的過程中來看，教育情境中律法之規則等有其必要性。在班級裡，必須確保足夠的條件，使班上同學能在有限的教室空間中依進度學習，雖然教師也會鼓勵兒童發展興趣，並依自己的進度學習，但這些條件得依靠班級學生人數、學生年齡、學習內容以及有效的學習空間而定。若班級教室的條件沒有達到最低的標準，就像巴比倫的通天塔（Tower of Babel）〔譯注11〕未完成般，某些學生將犧牲其他學生的自由。教育將無法持續下去。

第三，教育情境著重對環境的設計與控制。在兒童的學習中，應鼓勵其選擇事物及遵循其興趣。兒童的自發性及自主性非常必要。不過，這種選擇卻常常被限制在一些可欲性事物的範圍內。在這些事物中，我們鼓勵兒童去經驗，但是，小刀、液態蠟等則反是。恐怖漫畫、黃色書刊，不可能陳列在學校圖書館架上，更不能鼓勵性經驗。這些控制的活動，都對兒童的願望構成了限制。成人藉著這些措施，形成了對兒童種種溫和性的壓力。

　　教育的情況正是如此，沒有教育學者會視所有兒童的願望為當然。部分原因是教育工作者的任務，正是要將兒童的願望加以轉換，既要尊重兒童願望的品質，也要尊重兒童願望的穩定性。要使得轉換的工作得以完成，對兒童願望的限制是必要的。在教育情境中，合價值性的教育內容，一方面可透過控制的方法，使　P. 194 學生更能理解其願望，具備更多的技術，並能據以評估其願望，諸如：建獨木舟、彈吉他、跳舞等，或是以兒童本有的願望為方法，去發展新的活動，如：設計教學法（project method）〔譯注12〕。不過，兒童有時也必須承受一些壓力，他們才能專精於本來無關乎其願望的事物。例如，許多學生被要求提出一份他們原先不感興趣的論文，結果，反而引發了他們對該主題之興趣。這種現象涉及了內、外在動機的探討，不僅是經驗上的研究課題，也是道德上的倫理爭議，即是否允許運用多種方法以改變人們的願望。但基本的課題是：沒有教育工作者會不關心兒童的願望。教育工作者不可能接受只要學生不傷害他人、不妨礙他人自由，他所做所為都是其自家事的做法。這種放任主義的態度不配身為一名學校教育者。或許，值班看管人可以如此，但絕非教育人員應有之態度。

　　有關建立學校秩序架構的論證，當然不能夠只靠自由的原則，它也有賴提升善的原則，以及更次級，有關人們益趣的原則。不過，一項有關自由在學校實際運作的事例可看出，自由仍有其弔詭的一面。即使學校當局沒有公平的校規來約束，學生也不見得就能遂行其所欲，他們可能仍受制於校園小霸王的命令或同儕的壓力。進步主義取向的學校教師常常忽略了學校應擔負社會控制的公平性功能，使學生屈從於同儕壓力，任由學生自行嚴格去執行、增生各種規則，以致惡名昭彰。或者像威廉・高汀

（William Golding）在《蒼蠅王》（*Lord of the Flies*）一書中所描繪誇張、殘忍的自然景像[譯注13]。我曾經問過我的一位同事，為什麼當年他的父母要把他轉出這些所謂進步主義式的學校？他告訴我，只要校長不在，學校就像地獄般地充斥霸凌（bullying）現象，而校長卻以校內老師不制定校規而沾沾自喜。這位校長沒有領悟的是，即便沒有制定校規，只要老師在，其實還有其他很好的方法來掌握學校。

P. 195　　人們聚群而生，在這些情境中，要說人們可以根據其內心的想法，或是其思慮之結晶而自由行事，這是不真實的。除了道德律以外，人們事實上也因為有某些規則，使其免於被他人干擾，從而享有自由。人們實際上面臨的抉擇並不是兩極化地想做某事及被加以限制；而是隸屬於不同形態的限制之下。就此觀點，自由對個人而言，其實是一個較佳的賭注，他接受一種公平的限制，雖然會束縛了其自身的行動，但也會確保不會受他人無端干擾；否則，個人將會冒著被別人壓迫的危險，或是屈從團體的壓力。青少年們反抗父母師長等權威是否能獲致自由，不無疑問，因為青少年不久就會發現他們為所欲為的情形仍然受制於同儕壓力。

　　以上的論證，旨在表達教育是一精心設計之情境，用以傳遞、提升美好之事物，為了使教育理想能夠實現，有些情形必須靠秩序維繫。不過，自由就如同正義一樣，是一獨立的原則，不能為了追求美好事物而排除自由。支持自由之假定仍然必須維繫。我們匠心設計的教育情境，加諸於孩子之上的限制，固然對善的提升有所助益，但如果這些規則就是規則，毫無理由，或是代表老師所享有的權力，這就像是加諸在一理性人身上的魔咒。我們已經討論過，某些規則形態涉及自由的弔詭，但可證成確有

助於善之提升。當然，愈少的限制愈好，而這些規則也一定要有
其著眼點。規則的意義、抉擇，以及如何運作，有賴不同情境的
權變考量，像是兒童的年齡、學校的規模、類型（寄宿學校或
「完全管制的機構」〔total institution〕）等。當普遍性的原則落實
到具體的層次時，就離不開權變了。這些權變的現象，哲學使不
太上力，常識很難通過哲學之分析。哲學僅是教育理論的一部分。

　　當教育理論形成特定的原則應用到特定的學校時，哲學必　P. 196
須與心理學、社會學，以及老師的真實經驗相結合，它的抽象
分析與對原則的證成才有貢獻。所以，哲學有助於實踐智慧
（practical wisdom）的達成，但並不能據以取代。

　　進步式學校還有另外一項與兒童自由相關的理想。這些學
校並不汲汲於強化他們嘲諷的所謂「學術」（academic）式的教
育。他們更在意的是學生的道德重整、品格歷程與情緒成熟等。
進步式學校或許對學生道德自律、獨立的發展特別有興趣。兒童
必須學習根據自己的條件做出有益自身的決定。渠等認為這種放
任式的氣氛最有助於學生自我抉擇。

　　任何嚴肅探詢「我應該做什麼？」問題的人，也會同樣關切
此一理想之達成。為行動探詢理由也正是自主之人的特徵。自主
之士不準備接受權威者的宣示，也不會滿意於依樣畫葫蘆，不求
甚解。他會很在意教育人們應該以鼓勵心靈獨立的方式為之。
不過，他也會希望追求自主之餘，不會付出太多安全和幸福的代
價——特別是順從權威式團體的危險，一如前面提過的「逃避自
由」（the fear of freedom）。自主之士將會關切到在自由社會中，
個人能在其允許範圍內，適當的運用其判斷之發展情形。然而，
這種自主性發展的條件，吾人尚未完全掌握。是否在兒童年幼成
長過程提供一放任的氣氛，排除各種秩序架構，兒童就會學到行

為自主？無論是就一般的立論或是有限的經驗證據，似乎都並不是如此。我們在此不太適合檢視更細部的經驗證據，不過，當人們考量教育時，常忽略了討論兒童的自主性和選擇，有關自主性的一般立論理由，可簡要在此提及。

P. 197　　自主性蘊含著當事人有能力運用他本身所接受的規則去規畫、抉擇自己的人生──該規則之理由對當事人而言是相當清楚，且能加以信服。皮亞傑指出這種遵循規則的態度，不太可能在七歲前發生。再者，有證據顯示，在兒童早期階段，對其行為提供理由並沒有什麼教育效果。然而，在此之前，為了他們自己生存或其他人著想之理由，兒童也必定以**其他**的方式獲得基本的行為規範[12]。第三，兒童在學到為自己抉擇行為規範的重要前，他必須先學會依理而行的意義。也唯有如此，兒童習得的選擇才能真正落實，不致淪為考試題目上的口惠。學生一定可以在他們真實經驗的基礎上，從不同的選項中加以選擇。這與「選修課程」（elective curriculum）的問題類似。當我們說兒童可以對其所學習的科目加以「選擇」（choice）時，除非兒童對這些科目的認識是立基於一些經驗，否則說他們是在選擇，又有何意義？在眾多選項中選擇（choosing between），與執意於立即性吸引力的「挑選」（opting for）有天壤之別。我曾經與一位女學生討論為何她「選擇」進入教育學院，那位女孩透露她選擇的理由是學院導引手冊上的圖片。真正的選擇不可與從廣告代理商中的挑選相混淆。兒童要習得真正的選擇，他們必須生活在一個公平、可預測的環

12　有別於自主的「其他」教育方式涉及的問題，見Peters, R. S., 'The Paradox of Moral Education,' in Niblett, W. R.（Ed.）, *Moral Education in a Changing Society*（London, Faber, 1963）。

境，才能學到實際的後果評估。人為的環境是法律、標準的社會
性建構。如果法律規則無法提供可預測性，兒童又怎能發展選擇
的能力呢？假如造反有理，那就會對造反者提供具體造反素材，
兒童會學到如何造反，也知曉何事可能發生。法律體系涉及了促
進自主性的益處，在於其提供了規則懲處的決定性約束力。個人
若違反，他會很清楚的知道一旦被捕後的下場。法律在此向人們
展現了具體違法的可能後果。如果兒童沒有在穩定的法治環境中　P. 198
成長，他們很難學會如何作真正的選擇。

　　第四，有些忠實擁護自主性的人士，像存在主義者（Existen-
tialists），把注意力放在規則與選擇衝突的特定情境中，藉此強調
自主的價值與衝突的必要性。很少被指出的情況是，這種衝突如
果會發生，只有在個人已接受某些規定，但這些規則同時也限制
了他的自由時。如果人們沒有在一內化規則的環境中成長，人們
的獨立性與品格的韌性又如何從衝突中發展？

　　第五，雖然命令其本身談不上有什麼好處，但若沒有適度的
提供命令，人們似乎很容易不安。人們若處於焦慮、不安的情
境，會去尋求各式非理性壓力的慰藉。他們會臣服於權威的規
範或同儕關係的壓力；他們會被周遭各式立即性滿足的選項所吸
引。如此一來，他們將遠離能指引其自主生活的學習環境了。

　　自主性的發展是一緩慢、費力的工作。年輕人必須逐漸學會
站在自己的立場上去指引自己的生活，如果不能在學生有限的經
驗中課以責任、鼓勵他們在重要的事情上選擇，不可能達到自主
之目標；若將他們置入一混亂的情境中，也不用期待他們能為自
己做出適當的抉擇。理性的發展是介於權威主義與放任之間。父
母、師長需要的是在執行權威時，要能融入理性之態度，有關此
一討論將保留在九、十一兩章。

（b）教師的自由

　　有關教師自由的問題，主要集中在其教授內容的自由，以及對有爭議性的議題所持的立場。教師教學自由之論證類似於彌爾在《論自由》中的論證。彌爾在該文中指出，不管多離經叛道，唯有允許人們自在的發聲，才有助於真理的進步。如果正統的觀點為真，其真理將可藉著衝突意見的挑戰而強化。假若正統的觀點為偽，那除非允許挑戰，否則無法撥亂反正。禁止思想的自由正預設著某些人是不會錯的，但真理的追求是不斷從正統意見的修正而逐步發展。

P. 199

　　彌爾的說法多少補充了洛克在〈寬容信函〉（A Letter Concerning Toleration）中所說的「思辯意見」（speculative opinions）的不足[譯注14]。不過，洛克的這項說法遠沒有他在該函討論「實踐意見」（practical opinions）的直接。這兩種意見所規範的自由對教師而言，都不像是成年人為成人讀者出版專書或在科學會議上閱讀論文般的單純。差異之處的衡量標準必須予以敘明。

　　彌爾在其文中區分了思想的自由與行動的自由，他認為思想的自由是絕對的，至於行動的自由，則受制於傷害他人的可能性。洛克所謂「實踐意見」所引起的困難，在於其與行動有關，「實踐意見」可能會危害到公共秩序，以及他人所享有的權利。彌爾沒有更仔細審視此一意見的狀態，致弱化了其對寬容的說法。事實上，法律明禁這些實踐意見中極端的表達方式，像是誹謗、公然侮辱、開黃腔、煽動叛亂等。這些禁令可以延伸到何種程度？某人堅信應容忍反體制的種種意見，他應該具有何種態度，才能使容忍成為可能？要容忍馬克思對歷史進展的思辯式詮釋是一回事，但公然倡導革命的行動策略、教唆黨員如何滲透進入國家權力核心，又該對這些行動言論持何種態度呢？理性的做

法是介於麥卡錫主義（McCarthyism）[譯注15]與脆弱的威瑪共和（Weimar Republic）之間。這是一個兩項根本道德原則——自由與人們益趣考量——衝突的例子，沒有堅實且速成的規則可茲取法。吾人期待在民主的社會中能夠維繫寬容的平衡，使個人能有涵養去接納革命性及顛覆式的意見。人們確實在其心中盤聚著非常巨大的非理性力量，使得不支持容忍的偏見得到證成。不過，更嚴厲管制的時機已然到來。種族的偏見在社會中就像化膿般的擴散起疹。不安全感以及失業攀升會使人們傾聽那些在利用民主社會中行使言論自由的人所批評的，對言論的管制已淪為階級壓 P. 200 迫的工具。這種言論對在哪裡必須加以檢視，要如何運用安全檢查的方式，都是判斷的問題。

　　教師所在的立場較一般意見表達自由更為複雜的原因，一則在於其教育的角色使然，二則在於其所面對的學生心智未臻成熟，教師對其負有特別的責任。對大學教師而言，前述複雜情形的重要性相對減低。大學教師醉心於真理的追求、探索不同的真理形式，並視引領學生探索知識為己任。他們當然必須依循教學大綱與考試，達成知識啟發目標，但是教授們毫無疑問有權用他們自己的方式詮釋教學大綱。他們主要關切的重點在於真理的追求。彌爾所謂的「思辯」的意見[譯注16]，大學教授應用得淋漓盡致。教授們在課堂上對所任教師科目的衝突觀點提供他個人看法時，亦不曾感到不安。因為教授們知道，只要學生願意的話，學生可以聽到其他不同學者的看法。教授們也能體會其學生正開始學習思考的方式以篩選、評估、批判教授們的觀點。的確，如果大學生們不勇於駁斥教授所教的內容，教授們可能還會認為自己失職。當然，有些大學教授對於其教研活動中更廣泛的教育或道德內涵並不在意；他們只是被要求上課，將私人沉思所得

（musing）向大眾介紹。

　　中小學則不然，首先，雖然中小學老師與大學教授一樣，對其所受的學科訓練都有很高的忠誠度，但他們比較不像大學教授特別重視知識的拓展，他們更為關切教育。他們也比大學教授更受到公共的監督；許多中小學老師為了因應學生準備校外考試，不太能更動教學大綱。雖然英國中小學校長擁有相當的自主性，教師們必須嚴格依照校長或其科主任的規畫來執行。雖然大眾認可中小學老師對於教學大綱的詮釋自由，但由於窄化的考試要求，中小學老師要比大學教師更為在意學生表現，中小學老師也能意識到其所扮演的學制選擇的徬徨角色，因為頂級學校名額有限。

P. 201

　　許多生活上不完美的地方，都可能阻礙教師們展現其自由，但即使沒有這些因素，教師們所面對的情境都會使他們認真思考，要多大程度才可以讓自由的理念發揮至極。教師們首先會自許自己是唯一夠格的思想解說者，學生無法從其他人身上聽到對相同素材的其他觀點。再者，即使是在第六學級（sixth form），學生在學習思想形式的內容之餘，對於獲得知識的程序仍處於學習階段，學生們還不完全具有能力去評估、批判老師所教導的內容。例如，老師向第六學級大學預科生介紹經濟史，可能只有極少數的學生具備反駁的能力。假如老師完全以新教徒的觀點來呈現宗教改革，班級中的天主教徒恐怕會很困惑，也缺乏能力來表現其內心的不安。細心、勝任的教師，會知道這些素材可以提供不同的證據解釋。他的教學重點不應強把意見加諸在學生身上，而是要能鼓舞學生獲得形成自己看法的能力。因為教師的基本任務不在於教授思考內容，而是要學生懂得如何思考。

　　這當然也不是說教師要像佛陀莫測高深般端坐紫金蓮上，不表達個人意見。兒童常常會去找出教師的真正立場，即使教師不

承認。如果教師是一理性的人，他對教學的態度應該是，他所持
的特定立場不是建立在偶然的事實上，畢竟，老師也會出錯，重
點是教師要清楚呈現自己、他人或對立立場的立論根據。教師在
自己的教學領域中，必須盡最大可能成為該領域權威。若非如
此，他也不應該被委派為教師。教師的教學權威不是來自於他對
所教授的實質內容所持的各種特定看法，而是來自於對這思考形
式的精熟，然後再形成自己的看法。這也是教師必須傳遞給學生
的精緻之處。教師以此種方式施教，學生最後才可以不依賴教師
而自行求知。

　　迄今的討論，僅關係不同學校學科對思辯式意見的教學。雖　P. 202
然有些人認為大學教授的任務仍然要啟發其學生的道德承諾，不
過，大學教授的責任卻也未如此延伸擴大。然而，中小學的光景
就不同了。道德教育是中小學教育的重要層面。老師無權利用此
特殊的師生關係，向學生炫耀自己個人的意見。教師可能是素食
主義者或堅定的反戰分子；教師或許對於裸體、一夫多妻的好處
堅信不移。但教師不能因為受到學生的喜愛而企圖改變學生去接
受這些實質的主張，而是要讓學生去審視這些主張的立論理由。
因為教師的任務是教學，而非灌輸。教師要讓學生直接面對：
「我應該做什麼？」的問題，並且引領學生運用根本原則去回答
該問題答案之立論依據。至於學生是否同意這些實質主張，則是
另外的問題。

　　社會大眾對於一些道德規則雖有廣泛的共識，但教師卻可能
有不同的想法。無論個人對所謂美好生活的看法為何，這些被
視之為基本道德規則[13]也是人類利益之所在。禁止傷害他人、偷

13　見第六章第三節。

盜、說謊、違反契約等都在人類生活上有其必要，學校與其他社群沒有什麼差別。教師們堅持奉行這些規則時，必須同時從學校秩序維護必要性的角度，也要從整個道德教育的視野來看。不過，教師不能只自滿於在口頭上向學生宣導這些事是不對的，教師更應該使學生知道為何不對。也就是說，僅僅知悉（seeing）是不夠的，學生還必須有感（feel）。否則，這些道德規範將不會在學生行為上產生任何效果。至於要如何才能達到此教學效果，是另外的問題，我們所知仍有限。諸如，在正式情境中討論，是否有助於深化道德意識？是否德育的教學主要在具體的情境中？是否同儕團體的影響力遠大於成人的範型？這些都是經驗科學的問題，並不是哲學關切的重點。這些問題的答案也較無涉於教師P. 203 教學自由的議題。不過，這些經驗的議題，與道德教育工作者實際教學的關聯甚大。

有關宗教與政治理念的領域，教師們必須表明自己的立場。教師並不受雇於特定的教會，也不是從事政黨黨員招募工作。教師的任務主要在於引領學生進入參與民主生活所必要的知識、態度、技能之中，使學生日後能明智地扮演公民的角色。如果教師在正式教學過程中觸及了宗教或時政，教師的重點應在於深化學生對宗教或政治的意識，而不是要為特定的教義或政策辯護。如果教師本身是無神論者或不可知論者，狀況又有不同。很明顯地，教師本身若不熟悉宗教，或是反感宗教所立基的認知形式，他也無法把宗教當宗教教。然而，教師在宗教的保障下，他仍可以轉換一些教學素材，例如：教授希伯來史、比較各種宗教、道德，或是用科學的基礎等來反駁涉及宗教的主題。若要詳細析論，不能不觸及有關宗教本質、宗教與道德的差異，以及〈1944年法〉後宗教在課程中的地位，其衍生的難題等之細部討論，這

必須要專章處理[14]。

　　教師在校外的言行，假設沒有與校長等雇主牽連，當然是他自己的事。教師就如同其他一般人，其行為必須守法與受輿論的監督。身為教師一事，並沒有剝奪他作為公民的正常權利。他也可以對一些事情有異於常人的觀點，或是發點小脾氣；他也可參加並非主流的政黨或宗教團體；他甚至於也可沉溺於一些古怪的活動，套用彌爾的話──生活的實驗（experiments in living）。除非教師的言行已嚴重的對其教師身分工作產生扭曲或偏差，或是其教師形象對學生產生不利影響，否則在民主社會中，長官們似乎也無置喙之餘地。舉個實際例子：某位教師在課餘的時間參加一些致力於改善同性戀處境的團體，父母和一些義憤的公民們，不能認為這是亂源，聯合起來鼓動要讓該老師離開教育崗位。或 P. 204者是另一個例子：某位教師飲酒無度、性生活無度，可能會被認為是不適任教師，給學生帶來不良的示範。然而，教師的去留仍將取決於其言行是否構成傷害學生或不適任的具體證據。一般的或然性證據是不夠的。如果這些對教師的要求一旦被廢止，那該社會中老師的地位將令人無法容忍。

　　一個例外的情況是，教師們所依循的實踐意見（堅持的信念）必然涉及對兒童的特定態度。某位男老師若有同性戀之傾向，必須證明他一定會傷害男童，才能將之解職。許多「正常」的異性戀男老師，在男女合校的班級裡教學，也不必然就不會讓女同學陷入道德危險的情境中。教師的性傾向在學校情境中，具體的表現方式要成為傷害兒童的必然證據，才能思考教師去

14　見 Hirst, P. H., 'Morals Religion and the Maintained School,' in *British Journal of Educational Studies,* Vo1, XIV, No. I, November 1965。

留。然而，一個可能的情況是，若有教師堅持法西斯主義立場，他必定會對班級猶太或有色人種子女持有相當的態度。即使沒有充分的證據支持此教師一定會對猶太及有色人種子女持有偏見，但班級內猶太等子女可能也會知悉教師想法而心生恐懼。類似的論證也可進一步思考，一位活躍的共產黨教師對待布爾喬亞（bourgeois）兒童的可能態度，雖然這可能沒有什麼關聯。這些極端的例子可以視為普遍性原則的例外，即先要有一些明確的具體證據才可放棄寬容的假定。不過，英國目前這些事例還不多見。

（C）父母的自由

父母根據自己的理想教育子女的權利，其立論基礎，尚未明白闡釋。這預設了親子關係中所有的情事，需要花些時間討論。有些學者認為父母對子女的教育權類似於財產權，另有些學者則認為近似於保護者（trustee）的角色。由於父母權的立論基礎不明，英國很少有人會質疑父母的這項權利。的確，英國長時間以來視父母教育女子的權利為人民最久遠（long-standing）的權利之一。柏克（Burke）攻擊「抽象權利」（abstract rights），包含人民「真實權利」（real rights）中的「人民後代的繁榮與進步」的權利。即使是當代集權主義先驅之一霍布斯，也認為統治者不應該干涉人民的職業選擇權、選擇妻子的權利，以及父母對子女的教育權。這種權利對於有宗教信仰的父母希冀其子女接受特定的教育，尤其重要。

父母對子女的教育權，當然較為所有人提供義務教育（compulsory education）的想法久遠。這種義務教育的強迫性明顯地會侵害到父母的自由，因為父母喪失了不讓他們的子女接受教

P. 205

育的自由。有關此一限縮父母自由的論證已是汗牛充棟[譯注17]。在高度工業化的社會中,全民若沒有相當程度的識讀書寫、計算素養,若沒有足量的高專業知識、技術人才,社會根本就無法順利運作。維繫社會運作的教育體制,若無法堅持最起碼的條件,那個人也將被剝奪謀求基本生活品質的必要條件。義務教育無法強使人變得有教養,但若沒有義務教育,不啻是剝奪許多兒童親近文化遺產的機會。因此,對父母自由設限,可同時從整個社會及個人均蒙受其益、加以證成。上述這些事事關重大,不能只聽任父母的好意。

隨著國家教育的發展,所謂父母對子女的教育觀,也就淪為只要父母花得起錢,父母可以將子女送入私立學校。不過,對大多數父母而言,雖有此「形式」上的權利,卻不一定在「實質」上能加以行使。因為只有少數的父母玩得起花錢的教育。當然不能期待國家替父母支付此高昂的學費,不過,堅持國家必須確保基本的辦學品質,卻是合理的要求。從這個觀點來看,義務教育的推行不能不堅持一致性,若沒有這些堅持標準,那國家將造成兒童可能因為父母不讓其接受教育而受害。

在民主社會中,只有少數人敢於挑戰這種最原初、稀釋的家長權之議題。反對私校存在的論證,在於人們相信金錢造成特權 P. 206 地位是不公平的,特別是許多父母投資子女的經費,也是繼承而來,並不是他們自己辛苦賺來的。當只有少數人真正實質上擁有父母選擇子女教育的形式權利時,也就應該加以廢止了。公平必須優先於自由──特別是當今的教育學制分化是傾向於維繫既有的階級態度,這缺乏對人的尊重。

就此觀點,另一項原則更為適切──追求美好(good)。那些花得起錢的父母,堅持其教育選擇權的最大理由之一,是最好

的私校提供的教育品質確實良善。這當然也不盡然，特別是在高中預科階段（preparatory level），有些學校並不出色。父母錢花在刀口上，自然也就有強烈的社會動機希望擁有選擇權。他們不希望子女被其他社會階級的小孩帶壞；他們希望藉著子女就讀私校能有助於日後謀職及向上流動。事實上，許多私校累積了過去長時間以來的績優辦學傳統，經過不斷嘗試錯誤，也成功地兼顧了學業成就與品格訓練。私校在許多教育實驗課題上扮演著開路先鋒的角色，國家從私校的辦學經驗中獲益良多。若要取消這些對英國教育品質貢獻卓著的教育制度，實屬不智。真實的情形是主要政黨及社會大眾在過去根本就不關心教育，他們並沒有從國家整體的角度投下足夠的教育經費，也不增加教師待遇。他們只是口惠式的誇言教育的重要。一旦涉及擴大經費支出，以促進教育體制的效率與公平時，財政部總是以有其他更重要的支出來搪塞。對於這個問題的答案是——唯有在少數富人和有影響力的人士必須將其子女送入一般人就讀的學校時，才會看出國家教育體制的顯著成效。

　　有關私校的聲望地位諸多說法之間的爭議，係源自於自由、平等及生活品質的論點。這是基本原則衝突的典型爭議。很明顯地，吾人可以獲致某些妥協，這些妥協意見並沒有剝奪父母認為最適合其子女的教育選擇權。雖然這些根本觀點據以抉擇時，哲學分析有助於相關概念的澄清，但僅憑哲學分析是不足的，妥協之道仍必須仰賴實務人士的巧思。

P. 207

＊本章承蒙蘇永明教授校閱。

第七章譯注

〔譯注1〕
這裡是一種隱喻的用法，「獨裁」在此並無太大的貶抑，是指自由並不是我行我素，仍須受一些規範。

〔譯注2〕
佛洛姆（Eric Fromm, 1900-1980），美籍德國猶太人，法蘭克福學派成員之一，企圖以精神分析、人本理念為現代人的精神處境尋求出路。在心理學領域裡，他也是「新佛洛伊德學派」的重要成員，與荷妮（Karen Horney）、蘇利文（Harry Sullivan）、阿德勒（Alfred Adler）齊名。在此皮氏主要是以佛洛姆成名作《逃避自由》為立論依據。本書1942年由倫敦Routledge出版，名為 *The Fear of Freedom*，另一個版本更早於1941年，由美國Henry Holt and Company出版，名為 *Escape from Freedom*，二本書內容一致。台灣在1970年代即有翻譯本，莫迺滇譯《逃避自由》（台北：志文出版社）。2015年有劉宗為的新譯版本（木馬文化）。佛洛姆認為傳統社會安全而不自由，現代社會自由而不安全；正是這種不安全的自由使人產生種種逃避傾向。法西斯政權下，人民正是以此逃避自由心態，賦予統治者更大的權力，希望能獲得安全保障。佛洛姆也認為在資本主義的現代社會，人民固然不會縱容領導者濫權，但是多樣的選擇，造成人心內在的疏離與逃避，無法正視生命的積極意義，而產生種種虛無現象，也算是二次大戰後西方世界深刻的思想反思。

〔譯注3〕
斯賓諾沙（Benedictus de Spinoza, 1632-1677），西方近代重要哲學家，與笛卡兒、萊布尼茲齊名，俱為理性主義的巨擘，強調本體一元論（substance monism）主張此世界只存在一種本體，即God，他企圖利用理性的方法來論證天主即自然。其《倫理學》，分成五章（part），各章均先列出「定義」、「公理」，再具體列出多項「命題」，每項命題則提出證明（corollary）。本文所述為第四章「論人的苦役，或說情感的力量」之

「命題三十五：人只有在按照理性的指引下過活，才必定會在本性上永遠相合。」此一命題，斯氏提出了兩項證明，其一是：「對人來說，在自然中，沒有比按照理性指引過活的人更有用的單一事物了。」其二是：「當每個人最為自己謀利益時，眾人就對彼此最為有用。」以上論述參考邱振訓譯之《倫理學》（國家教育研究院及五南圖書出版公司，2013）。

〔譯注4〕

彌爾的這本《論自由》，自嚴復以下已有多種譯本。但昭偉以譯敘的方式，應該是最能切近年輕讀者。見但昭偉（2002），《重讀彌爾的自由論》（台北：學富）。

〔譯注5〕

皮德思在此對「積極自由」的論述並不明確，他在本章中也並未徵引以撒・柏林（Isaiah Berlim）對積極自由、消極自由之看法。根據柏林之看法，所謂「消極自由」旨在探詢：「在何種限度內，一個人或一群人可以不受別人干涉的做其想做的事？」也就是「免於……的自由」；所謂「積極自由」，是源自於個人想要成為自己主人的期望，能夠有自己的意志，而不是別人意志的對象，皮德思在本段所述的「真我」、「意志」及引柏拉圖以理性克制激情，也大致是柏林在論述「積極自由」的說法。不少學者認為積極自由的倡議者，為了凸顯內在的「真我」來克制經驗上各種自我欲望的追求，很容易變成一種外在的力量，如歌頌時代精神、普遍意志等，反而會限縮了個人的自由。柏林的論述與《開放社會及其敵人》的巴柏不完全相同，但都有相同的旨趣。皮德思在接下來的探討中，也有類似對「積極自由」的些許疑慮。譯者認為皮德思在本章中同時受到巴柏《開放社會及其敵人》、佛洛姆《逃避自由》及柏林《自由四論》（*Four Essays on Liberty*）的影響，讀者可同時參考這些著作。

〔譯注6〕

《組織人》是美國社會學者兼新聞記者偉特（W. F. Whyte, 1914-2000）在1956年出版的暢銷專著，描寫在現代社會中，每個人都像是零件一樣附屬於組織中。

〔譯注7〕

巴柏在《開放社會及其敵人》上冊第六章「極權主義的正義」、特別是第七章「領導原理」中曾提及此一自由之弔詭。巴柏引柏拉圖之看法，柏拉圖認為人們欲享有自由，不受限制，反而會造成某些人為所欲為，到頭來弱者臣服於強者，弱者反而喪失自由。不過，巴柏並不認為有弔詭存在。巴柏在此生怕大家以此否定自由的重要而輕率決定由「最聰明的人」來統治（如柏拉圖之哲學王）。巴柏認為，只要運用制衡原則，民主體制是有可能充分訴諸理性避開所謂自由的弔詭。《開放社會及其敵人》的台灣中譯本由莊文瑞、李英明合力譯出（桂冠出版社，1984），有興趣的讀者可茲參考。

〔譯注8〕

以巴柏及盧梭為例。巴柏認為若我們過度高漲了歷史過程中知識領袖的預言（他稱之為歷史主義），這種改革是「烏托邦社會工程」（utopian social engineering），就很容易墮入到極權主義中，反之，應該強調運用理性、批評之方式，進行「細部社會工程」（piecemeal social engineering）。盧梭雖然強調個人的自由，但在社會契約下，也得服從「普遍意志」（general will），稍一不慎，就可能得出與霍布斯相同的結論，即完全臣屬於國家集體意志。對照下段，皮德思應該是要表明，對自由的限制，不應淪為對自由的壓制。

〔譯注9〕

Fraternity，有手足之情、兄弟之情、同袍之情的意思。本書譯為「博愛」，見本書第八章之討論。個性與群性孰優孰重的爭議，在二次戰後的時代，似乎重個性之說較為主流。巴柏《開放社會及其敵人》即為具體的代表。1980年代以後，自由主義與「社群主義」（communitarianism）之對壘，又是一新的學術盛事。社群主義批評自由主義過於重視自主性，讀者也可用之來反思皮德思所主張之合理性。

〔譯注10〕

佛洛姆在其《逃避自由》一書中，也用了「積極自由」一詞，但他的意思與柏林「積極自由」一詞不盡相同。佛洛姆認為西方社會所讚許的自由，

著重在從機構、傳統、習俗的束縛中解放出來，但獲得了這種自由，如果沒有更進一步的自我實現，反而會更顯空虛，從而屈服於權威、獨裁之下。身為左派法蘭克福學派的成員，佛洛姆並不滿意西方資本主義世界所提供的自由方法。同時也是法蘭克福學派傑出的精神分析心理學家，佛洛姆要我們從人本創造的自我實現過程，尋找生命的意義、人生的方向。

〔譯注11〕
根據《聖經·創世紀》中第十一章記載，上帝阻止了人類聯合起來建立的通天高塔，讓人類說不同的語言，因此阻礙了人類的團結。原意是人類狂妄最終落得混亂的下場。在本段中，皮德思是指若標舉自由，但卻沒有規範任何學習要求，也可能造成教育混亂的下場。

〔譯注12〕
「設計教學法」由知名美國進步主義學者克伯屈（William H. Kilpatrick, 1871-1965）提出，鼓勵老師們從系統的學科知識中走出，利用主題統整結合活動的方式，設計課程與教材。1960年代受進步主義影響的英國，正強調「發現教學」或「統整課程」。倫敦路線的學者贊成之餘，也不忘提出反思。大體上，倫敦路線赫斯特等學者並不完全同意類似設計教學法的統整課程概念。台灣在1990年代九年一貫課程改革中，也曾大力提倡統整課程，可以參考1960年代英國當時的討論。

〔譯注13〕
威廉·高汀（William Golding, 1911-1993）英國文學家，1983年諾貝爾文學獎得主，其代表作《蒼蠅王》（1954）的創作正是麥卡錫主義盛行，東西方冷戰逐漸升溫的年代，藉著寓言的文體，描述一群六至十二歲的孩子在一荒島中所建立起爾虞我詐的體系，最後，人內心的暴力、欲望、野蠻景象主宰了這群小孩。

〔譯注14〕
是指洛克在1685至1704年間所寫的四封書信，其中第一篇〈論宗教寬容〉，也是西方自由主義重要的經典。

〔譯注15〕

麥卡錫主義是源自1950至1956年之間，美國參議員麥卡錫（Joseph R. McCarthy, 1908-1957）大肆渲染共產黨滲透美國各界，幾乎造成人人自危、互不信任，那是個人們相互藉政治打擊異己的時代。現在泛指在沒有充分證據下，以國家安全之名恣意指責他人對國不忠，意圖叛國等而隨之產生的白色恐怖氛圍。

〔譯注16〕

依前文，思辯的意見為洛克提出。在此，是對比於「行動（實踐）意見」之言論自由。

〔譯注17〕

台灣這一方面的討論集中在政治哲學學者，教育學界的討論不多，可以參考但昭偉〈學區制之商榷——家長有沒有權利為孩子選擇國民中小學〉（見《國教新知》，39期，頁31-38）及〈父權主義、兒童義務與強迫教育〉（但昭偉（2002），《思辯的教育哲學》，台北：師大書苑）。

第八章

尊重人、博愛與人的概念

導言

第二章已大致勾繪了教育即引領入門的要旨,也評論了當強調師生之情必須以非個人的關係建立時,會犧牲到師生關係。要能回應此一反對意見,教學情境中「尊重人」(respect for persons)與「博愛」(fraternity)的觀念至為重要,不過針對這些態度尚未充分予以證成。

在討論「平等」觀念時,也可看出「尊重人」觀念的重要。若是以勢利或依附權貴的態度,而不是以平等作為分配原則,也正是缺乏對人尊重的觀念。不過,我們也尚未提供論證為何要尊重人而不是輕視人(contempt for persons),才是適當的態度。

迄今,我們所討論的根本原則也存在鴻溝,因為有關人們規範其行為的適當態度尚未充分論證。然而,若缺乏這些態度,我們很難看出任何理性之士是如何應用根本原則來端正其行為。有關種種態度的強調,是第三章中倫理學情緒理論的強項。無論是從倫理學的共通理論或是本書從中挑選出的相關層面,本章要揭示的是理性的人必須要具備的態度,讓我們從「尊重人」與「博

愛」說起〔譯注1〕。

第一節　尊重人

　　康德提出對人尊重的概念是來自其尊重法則（law）。雖然康德認為尊重是一種情感，但並不是透過影響而接受的情感，P. 209 而是：「訴諸理性概念而自生的情感，這與之前其他大多數來自喜好或恐懼的情感不同。我直接認可為我的法則者，我是以尊重認可之……尊重的對象只在法則本身。我們將法則加諸在自身，並認可其自身有必然性……尊重一個人也就是尊重法則（如誠實等），此人為我們提供範例。」[1]康德這種說法困難之處在於「輕視人」，就表面上來看，也可與遵循原則而行相容。例如，監護人之於其被保護人，也算是小心翼翼地呵護其利益，但監護人卻可能輕忽被保護者是一個人的事實。因此，假如僅讚許尊重法則或原則，不必然會導致尊重人之看法。

　　對康德而言，至少在實踐層面上，是有著很明確的法則概念。康德認為這些法則無法脫離那些創設法則的理性自主之士。實踐理性的原則並不是「在那兒」等著被發現，並不像如柏拉圖理論體系，原則是浸淫在事物本質中，理性之人得以識別；這些原則是由擁有理性和渴望探求真理的個人所創立。因之，康德的法則概念無法脫離其立法者理性個體的價值、尊嚴、活動的信念。對康德而言，個別的理性存有者的存在，並不是一個關於世界的事實，而是一個關於「最高的倫理學重要性」（supreme

---

1　Kant, I., *Fundamental Principles of the Metaphysics of Morals*（Ed. Abbott, T. K., London, Longmans Green, 1940）, pp. 22-3, 腳注2。

ethical importance）的事實。「人」的概念所點出的不僅是事實，它更見證了此一事實的倫理學重要性，而這個事實，與人作為理性存有者在慎思其為所應為的活動緊密相連[譯注2]。

（a）「尊重人」的意義

康德的人觀有許多可供論述之處，其與人們實踐理性的內在特性、依原則而行動及援用過去知識且瞭解其性質以抉擇未來都有所關聯。選擇（choice）與實踐理性的運作密切相連，是太窄化之概念，因為選擇代表著在不同選項間的慎思考量。選 P. 210 擇並未涵蓋掌握規則、並未觸及意向性的陳述，也並未從個人抉擇未來中建立其許諾[譯注3]。就好像斯賓諾沙用「努力」一詞（endeavour）企圖去捕捉人類的共通性，未免失之空泛[譯注4]；因為這也同樣適用在植物及某些自我平衡的生物系統，他們無法意識自我，也無法從過去思考未來。這概念比較是一種宣示性的論點，是形塑事件的一種論斷、讚許、意向與決定，人們的諸多特徵是由之前固定或半固定的傾向決定。用這種方式塑造生活形態，就構成了我們所稱的個別的人。當我們說替別人洗腦或未與他人商量就逕行安排其生活是不「尊重人」，這意味著沒嚴肅把他人視為一能動者（agents）、輕忽他人對自我命運的抉擇，無視於他人的看法與感受。這也同樣使他人處在一意向、決定、評價和選擇無法有效運作的情境中，或者說是有意的阻礙或弱化他人自我導向的能力。不尊重人者認為無須對人們提問：「我應該做什麼？」之問題，或此一提問僅聊備一格，好像潮汐間的浮木，載浮載沉。不尊重人者拒絕承認人作為自我抉擇主體的尊嚴、否定人價值選擇的能力、也不重視人自我看待未來與利益的權利。

「人」的觀念在此被特別提出，較之「個體」（individual）的

觀念為窄。例如，個體能知覺痛苦或其視覺經驗不必然可以彰顯人的存在；若然，則狗與章魚都可視為人。我們無須把狗當人，也可以把利益考量的原則用在狗身上。某一政策在於避免痛苦或使個體獲得極大化的滿足機會，也不必然是循「尊重人」的原則，僅憑「狗」的觀念，而不是敬「人」，也可考量其滿足的形式 [譯註5] 。

當然，生活在社會中個別的紅男綠女，可能對自身作為一個人並沒有明確的意識。他們可能被認為是以在社會的某種位置發聲或追求利益；不過，其作為個體的發聲或追求利益，可能也全然被忽視。社會是由無數個人所構成的團體，個人被引領進入社會之中，接納並維繫公共的規則體系中。然而，置身於社會中的人們卻相當有可能缺乏個人扮演的決定性角色。的確，人們不會清楚釐清社會秩序和自然秩序的差異，認為個人對此是無能為力的。雖然，我們也會說人類具有個別之人的潛力（potentially individual person），從小就被制約去接受他是**隱性**的存在（womb-like existence），但人們自身可能完全沒有作為人的意識。他們可能只意識到其自身特定的社會角色，以及在社群中一般的親屬關係。他們既沒有尊重人的觀念，也不會特別意識到把自己和他人視為人的重要意義。年輕小孩特別如此。

P. 211

唯有當人們開始思考將自身視為人，是價值、決策（decision）和選擇的中心，意識到個性化為核心的事實，將身體和獨特的觀點整合在一起，才是社會進化的重點。當人們以這種方式學習看待自身，才能真正發展出作為人的觀念。換句話說，成為一個人的概念，是來自於社會看重個人化觀點決定性角色的價值。個人將以個人的身分主張其權利，以其成就為榮，深思熟慮並且「自行」（for themselves）選擇何者應為，發展個人獨特的情緒反映

——換句話說，人們將因此發展各式隸屬於「人」的各種屬性
——假設人們被鼓勵如此做。道德法則得以使人們擁有前述之權
利，在此意義下，他們當然以被人的方式對待；不過，如果這些
權利沒有獲得認可，他們不會被以人的方式對待，他們也不會以
人的方式看待自身。即使有些社會已開始重視個人觀點、已開始
深受人觀浸淫，個人仍可能不被鼓勵或被壓制，而對自我有卑下
的看法，我們也不認為他擁有把自己「當成人」（as a person）的
概念。我們在此要說的是，設若當事人有人的概念，但由於特殊
的環境使然，當事人也將無法應用在自身身上。人類歷史的某一
時期，奴隸大概就處在此一不幸的情境中。

　　在我們的社會中，成為一個人非常重要。個人被鼓勵「自　P. 212
己」去作判斷和選擇事物。他們必須為其個人的行動結果負責，
並以此接受讚美和指責。事情做得好，與有榮焉，做得差，則躬
自悔恨。人們被鼓勵盡最大可能成為自己命運的決定者，**他們之
所以如此**，是因為我們當今社會極力鼓勵個性化的訴求形式。能
夠意識到作自己，而不是團體的一分子，是值得興奮且嚴肅的
事。專精的感覺與深受自己所做所為影響也會混雜著對失敗結果
的感受。然而，人們自己從事價值判斷與依從社會，是截然不同
的感受。的確，假如人們沒有太多自我評價的空間，很難看出社
會如何將其價值依附於個人自我觀點的聲稱之上。

　　或許，建立在互惠協議的人際關係經驗，此時人們聯繫彼此
關係是來自於個人的評價與選擇，而不是任何地位或機構位置，
成為人的意識才會達到高峰。人們藉著自願性的相互共享，提供
一己慧見，促成社會公共生活的發展，而創造出他們自己的世
界。義務，主要是契約式的本質，因為其明確的保證，反而較許
多責任的要求，更能維繫彼此的關係。也因為契約式的義務制定

了可資預測（predictability）的標準，透過人情的排除及體制的壓力，讓人不再僅受制於捉摸不定的他人喜好或厭惡。

人們若能意識到他自己掌握事物的能動性，他也必然深惡痛絕干擾或阻礙他意願而行的任何外在壓力。然而，他也學到了自然的種種限制。他一方面能知悉自己作為一能動的主體，卻也瞭解自然並不隨人主觀奇想和念頭所改變的事實。只有嬰孩自我中心思考或魔法世界，自然世界才臣屬於人類的主觀奇想和念頭。雖則如此，他仍對他人強加其上的限制，感到強烈的反感，因為他知道這些限制是可改變的，而且常是沒有必要的，只會阻礙其P. 213 目的之完成。但最可惡的莫過於不讓當事人決定自己的命運，無法自行在生命的重要層面深思熟慮，無法安排自己的喜好並據以執行自己的抉擇。人們若能正視到自己具有自我抉擇之潛能，他將無法忍受別人把他視為低能，僅是實現他人目的之工具，也無法忍受他人漠視其情感。當然，假如一個人曾經為奴，他可能不會有此自覺，也可能無法意識到自己能成為一個能動者；只要奴隸認為他的處境是既有秩序的一部分，我們也沒有理由假定奴隸會不滿其命運。

（b）證成的問題

我們業已指出，只要人們對自己和他人懷抱著人的概念，他必定可以被引領進入一共通規範的社會中，此一規範揭示的重點在於可以將個人自我中心的意識解放出來。人們發展出將自己與他人視為人之概念時，他也能珍視人之為人涉及的種種，這有別於從社會規範的角度來看待這些價值的重要。去詢問人是否要受到尊重，不啻是詢問人是否應畏懼危險的情境；因為尊重的概念必然得經由人的意義，才能加以闡釋。假如大家皆具有人的概念

並且能夠完全從「內在」（the inside）（這並非像人類學家，純然是建立在外在觀察的基礎上來「理解」人，或無從理解人）來理解人類，那麼大家也一定會瞭解，每個人都有其獨特觀點的重要性。

　　當然，僅僅是概念的闡釋，並不能解決政策的問題。問題在於提出論證用以說明，任何理性之士必須要有人觀，方得以尊重自己及他人。此一論證的程序也就因而回到實踐理性的情境中，並明示尊重人是任何參與此一情境的人都必須接受的預設。論證必須更進一步指出，若缺乏敬人的態度，人們也不可能嚴肅參與實踐理性的情境。

　　這種論證不難找到。假如循「人」的概念分析無誤，也都隱含著成為人意義下的諸多特性，人們也的確如此期待。個人是自己命運的決定者並能有自己的主張，成為人之為人的共通經驗。 P. 214
這些語彙企圖拉近這種預設，即任何企圖討論何者應為的理性之士都必須具備對自己及他人的人觀。前章對「自由」和「益趣」的討論中，我們業已指出，任何企圖嚴肅討論此一問題的人都必須確保，當人們有理由做某事時，有不受干涉的自由；也必須假定，只要當事人決定了他的益趣何在，我們就必須予以充分尊重。如果人們屈從於獨斷的干預，完全忽視個人明顯直接的利益，這種討論也將失去意義。任何其他想要嚴肅參與討論的人都必須要與他持守相同的假定。在這種討論的場合，必須遵循公平的原則，他必須聆聽每一個人的意見，也必須運用適切的標準來判斷其同意或不同意某訴求。例如，論證過程援引例子的效力，不能受無關因素所左右，如：人們的髮色或眼珠子顏色。正是這些主宰實踐理性的共通原則，捍衛了人之所以為人的種種經驗，也就是不能被他人不當干預，能遂行個人願望與抉擇。個人的主張和利益不會被忽略，也不會受到不公正和偏見的對待。證成這

些原則的各式論證已見諸前幾章，也無須在此為了證成尊重人而再加贅述。

也許，某一些人資質魯鈍、無法清楚說明，或是對這些原則無法知行合一，這些因素對特定的人事情境，當然都必須加以正視。不過，我們論證的重點，不在於指出任何人在任何特定情境中必須做的特定之事，相反地，我們論證的重點，在於人們能夠且願意在討論的情境中抉擇事物所必須接受的「**普遍**」（in general）立場下的最表面的原則（prima facie principles）〔譯注6〕。

P. 215　因此，尊重人是人類不同經驗形態中重要的規範，是挑選自坐落在個人意識中心的多樣化生活經驗中的重要原則，任何人欲與他人嚴肅討論生活方式或行動都必須正視敬人的重要。「尊重人」也因此成為我們嚴肅討論何者應為時，歸結出的對他人態度必須持守的原則。他人的觀點必須被視為共同主張和利益的來源，人們追求其益趣時，首要之務是不被干擾；人們身為參與討論的一分子，更不能受到專橫的對待。擁有人觀也就是在生活中把個人當成尊重的對象，正是這些實踐理性運用上的先決條件的敬人原則，成為端正人們生活的基礎。

第二節　「博愛」的影響

我們已論及理性討論之得以產生，必須假定每個人對於討論之事都必須加以關心，不僅及於自己，也及於他人。但是也有可能人們在討論何者應為時，將團體視為全部，根本沒有考慮到對個人利害關係的影響。他們並沒有考量到個人主張及益趣，僅關注在團體之目的，個人只不過是團體的一分子。從人們共同關懷而為團體尋求可欲性事物中，人們得以被博愛（fraternity）之情

感結合，拋開個人的痛苦、快樂或困難。在他們思索可欲性事物時，很在意達成團體之目標，而不太在意個人的角色。任何人若在團體討論中展現無效率或無法執行分派之工作，都會被別人不齒。簡言之，此一理性者之團體所缺乏的，正是任何有關**個體**意識重要的一般概念，也就是**個人**抉擇其目的之角色。

這樣的團體也可以說，其成員事實上並不把他們自己視為人。就像康德概念下的理性之士尊重法則，帶著法則的意識，依他們自己主動的思慮，界定可欲性之事物，並透過共同的努力加以實踐。他們所欠缺的是康德另外堅持的重點，是**個人**自己的努力，「就像一顆寶石，獨自閃耀」，即便是「如後母般本性的吝於提供」[2]，或者是忽略了效益論所指出的個人益趣的重要。人們可能也會有生活品質的概念，如來自於柏拉圖理型說或亞里斯多德本質說中不是很明確的事物秩序。也可能是在沒有階級的社會中，人們的道德取向是受集體行動促發或阻礙。這些道德行動不必然是由康德道德律下的人類主體所制定及實踐。個體化的人觀本身能信服個體經驗的重要，個人為自己未來抉擇的尊嚴必須被尊重，這種人觀不一定在人們思想體系中扮演關鍵角色。

然而，問題在於社會成員彼此思考其所隸屬團體的「善」的性質時，假如他認為這種善並不繫諸於組成社會的個人，他就必須覺得自己思慮不周、大而無當嗎？當然，像是「安全」之善，團體中的每一分子，都有其共通的需求。誠如之前已提示過的，滿足「公共利益」的政策，人們所支持的特定利益，不在於個人或社會的某一團體[3]。不過，若沒有個人的意識來參照，公共利益

P. 216（右側）

2　Kant, I., 前揭書, p. 11。

3　見第六章第一節。

的概念又如何能運作呢？一個群體除了構成此群體的個人外，並沒有意識或生命；難道因為無法正確表達任何關於這群體的「目的」或「福祉」等概念的事實，這些概念便注定是思慮不周？這是亞里斯多德批評柏拉圖《理想國》最主要的論點。亞里斯多德認為，要犧牲衛士的幸福來成就國家的幸福是不通的，因為幸福僅能由個別成員來享受[4]。除非成員能享受其生活品質，否則誇言國家幸福的觀念是不著邊際的。若缺乏快樂、痛苦的經驗連結，也很難看出個人如何能學習運用理性之概念為自己而行動，更遑論其作為一分子的團體。

P. 217 　　然而，博愛之情是由凝聚性強的團體成員促發，力量之大，即使理性之士也會援引應用於根本原則，把集體視為一超越個人的實體，不過，其應用之範圍仍應在於個體。博愛之情應用得如此不著邊際，正適足以證明其力量之強大，很容易遮蔽或扭曲理性人之判斷。

（a）博愛的意義[5]

　　博愛就字面上的意思是指隸屬同一家族的成員，同血緣的共通事實產生了強有力我們一體的情感，此一情感超越了個人的好惡。亞里斯多德亦曾批評柏拉圖混淆了國家與家庭間的一體感。的確，對團體中的人而言，想像他們之間有親屬關係，是非常奇怪的事。誠如亞里斯多德所云，如果年輕人都把長者視為父親，那麼此一種愛也是「稀薄的」（watery）。不過，一個如城邦（city-

---

4　見 Aristotle, *Politics*, Book II。

5　本章的討論，許多來自 A. P. Griffiths 一篇未發表的論文，該文我曾經花了一些篇幅討論過。

state）的小社區，同質性夠高，確有可能發展出一體及歸屬的情感。同語言、宗教的共通傳統成員會凝聚在一起，他們可追求共通的文化利益，表現出農業、商業、軍事防禦以及社區治理等共通的利益。

在如此一小社區中，人們仍可能以理性的方式整合，他們堅定擁護正義、平等、自由、益趣考量等根本原則。不過，應用的方式也各有巧妙。柏拉圖重視的是人們對共同生活的奉獻，而不是個人的權利。正義，唯有在相當差異的情形下，才可作為一種差別待遇的區分原則；最高的差別待遇，端視社區不同位置的人對社區整體所作的貢獻。人在此只被視為一功能體，而不是具有獨特看待世界的個體。自由在此被視為是社區的自己自足（self-sufficiency），不受外在勢力的打壓。或者是盧梭企圖利用社區「普遍意志」（general will）創設城邦的理想，使個人從其自我 P. 218欲望的獨斷中釋放出來。盧梭在《社約論》（*Social Contract*）一書中，也同樣是藉著考量社區共同利益，而非個人的喜好，思量「益趣」之意義。

在雅典城邦政治或瑞士的各邦中的生活，博愛的態度在社會生活根本原則的應用上，再自然也不過。因為傳統、共同利益以及共通關心的重點，在面對面的社區生活上確實存在。但博愛的態度在一些我們設定存在的實體（如國家或社會階層）也會以一種較淡薄的方式出現。小國寡民例子的重點，在於強調相同階級或國家成員所共享的共通生活態度。

許多人曾認真思考晦澀、荒謬且有明顯錯誤的馬克思主張，都會驚訝為何如此空想的教條會擄獲大眾的芳心。部分的理由在於馬克思主義訴之於其體現的博愛精神，這是那些個人主義式的主張所望塵莫及的。因為馬克思主義的原動力即在於訴求於共通

的苦難及燃起共通的希望之上。世界各地無產階級的共同苦難在
於其被奴役之窘境，他們是資本主義下共同的犧牲者與受害者。當
無產階級持續不斷的瞭解其共同的苦難，無產階級就會更為團結。

　　訴諸苦難只不過是消極的動力，另一半積極的力量來自於馬
克思主義確信唯有無產階級有共同的利益，能允許真正的博愛精
神，這是法國大革命欠缺的理想。在馬克思看來，資本主義國家
體現了階級之間剝削的事實，不可能有共同的利益。不僅僅是因
為資本主義國家之間，面臨持續不斷的基本利益衝突所造成不公
平的現象，也在於資本主義國度人們的臍帶無法相連。馬克思認
為傳統的文化、道德、宗教是隸屬上層結構，只不過是下層結構
所反映的表象，代表著資產階級的利益。資產階級不可能發展博
P. 219　愛精神，因為資產階級的共通利益在於剝削勞工，為了要極大化
自己的獲利，必須犧牲對方，所以資方之間也相互敵對。無產階
級則不然，他們之間不會互相敵視。無產階級的某一方倒了，無
產階級的另一方不會因此獲利。馬克思指出：「唯有在此〔指無
產階級〕之中，才會發現人類的『兄弟之情』（brotherhood）。」
唯有在沒有階級的社會到來時，只剩下唯一的階級，即無產階級
者，共同的文化、共同的道德，追求人類共善的政治體制運作，
方為可能。沒有階級的社會願景，真博愛精神方可能到來。正是
這種虛幻的希望，提供了馬克思主義積極的原動力。

　　在共產主義的理想世界裡，人們經由博愛加以整合，根本原
則所強調的博愛精神得以發揚光大。分配正義在此毫無問題；不
過，由於物質條件豐沛，也沒有太嚴重的分配問題。一個社會相
互競爭愈低，人們就愈能齊心共通的事物。人們不再會與他的工
作、朋友疏離。在共產世界裡，區分人的標準在於對共善的貢獻
能力，或者在將來是以他們的不同需求（need）來區分（不管這

需求是如何決定的）。自由在此，不是以政治語彙，而是以經濟語彙加以詮釋。人們可以免於他人的剝削而獲得自由，可以從部分他人剝削的願望中解放出來，也能利用科學，讓人們從自然的專制中獲得自由。人類本然的天賦差別有限，是人為的各式社會區分造就了人類間的差異，只要排除之，就可以獲得真平等。馬克思主義對於益趣之考量主要集中於所有個人認可的共善。

　　馬克思論者接受主要的社會變遷是來自於技術的變遷，觀念是使不上力的，觀念的重要性只在於其反映經濟變遷的事實。馬克思論者否認的眾多主題之一，厥為現代社會中影響深遠的「民族」（nation）概念，此一概念也是觀念史上最晦澀不明的概念之一。馬克思「階級」的概念雖然也不精確，但比「民族」的概念要清楚得多。民族到底是什麼？民族與國家（state）有明顯的區別。的確，黑格爾是最擁護民族主義的代言人之一，認為一 P. 220個民族成為一個國家是重要的事件：「民族的存在，其首要目標就在於成為國家，使民族得以長存。一個民族若無法形成自己的國家——僅僅是一個民族——嚴格說來，幾無歷史可言，就像是處於野蠻情形下的民族一樣。」共同的語言是民族的標準嗎？不一定如此。斯拉夫與印度民族說多種語言；一個民族有共通的宗教嗎？當然不，非洲人並非以宗教加以整合；一個民族有共同的歷史嗎？那阿拉伯人、猶太人、美國人又怎麼說？他們有著不同的歷史，也以「民族」自居。假如國家（nation）的構成是經由一群人共同接受的立法程序，這將排除了許多自認為是國家的民族，猶太人便是其中一例。要去釐清國家與民族的差異，是非常困難的。那人們常說的國家應該建立在民族自決的原則（principle of national self-determination）上，又當如何？

　　現代信念中所假定的和非常存疑的「民族」概念，難道不是

博愛挫敗後的產物？或者是另一種需求，博愛的情感可資依附的
積極對象？當小社區被外族征服、技術革新，特別是遭逢共同的
苦難（如外力入侵）而崩解時，難道博愛的情感不會投射成一
民族力量，使苦難的眾生休戚與共？舉例言之，黑格爾時代，正
是德國處於普遍不滿於拿破崙征服之後，各邦瀕於衰亡，強力呼
籲整合以取代弱小分立各邦的時期，黑格爾感受到這種強力要求
整合的呼聲，極力表現在其著名的「認同哲學」（philosophy of
identity）中。首先吸引黑格爾注意的是來自盧梭的啟發以及古
希臘城邦共同生活的理念。黑格爾注入新普魯士國家誕生鑄模裡
之民族情感，也同被他所批評的德意志國家主義運動（German
Nationalist movement）共享。民族的概念，較之「國家」偏重行
政管理之意味，提供了更豐富的博愛內容。

　　從民族主義式的態度來詮釋自由、正義、益趣考量等原則，
是非常類似的，毋須一一說明。「自由」，從國家觀點來看是指
民族自決，所謂個人的「真自由」在於服務國家。正義，簡單來
P. 221　說即是遵守國家法律。國家的利益至高無上。藉著強調個人作為
公民的「職位與責任」，將個人利益等同於國家利益，或者予以
取消之。博愛之情被曲解到依附在神祕的「民族」實體上，自由
正義等根本原則也會引申過當而形變。例如，過度強調親屬一體
的想法，若淪為空洞的意識形態，常會強烈的憎恨「非我族類」
（out-group）。的確，像所謂亞利安（Aryan）血統的迷思，它固
可滿足散居各地自由漂泊的亞利安人情懷，但也可能衍生對非我
族類之暴行〔譯注7〕。

（b）基督教的博愛與敬人

　　我們從各思想體系的例子中，大致可看出，是博愛而非敬人

扮演三稜鏡的角色，從中可映出根本原則的光芒。當然，在有些思想體系中，博愛、敬人這兩種態度也會有緊張的關係。基督教之明顯功能在於對於人及其命運的基本態度，不在於建立社會原則的體系。深受基督教影響的各種思想體系，也會存在著博愛、敬人的緊張關係。

耶穌對於天國的現身說法構成其佈道的核心，可以有多種詮釋。有些詮釋強調內在超越（inwardness），認為心靈就像芥子一樣，如同酵母作用於麵包；另有些詮釋則強調信徒間共同以耶穌之名的凝聚，而非個人的內在性。早期教堂的教義同時強調個人價值的二種立場，既強調不朽的耶穌論、神愛其每一子民及聖保羅大力疾呼的救贖說，另一方面也強調基督聖體對信徒凝聚的重要。「因為我們不同的兄弟姊妹共聚一體，所有兄弟姐妹各有其棲身之體；所以，所有的兄弟姊妹共同凝聚在基督團體之上。」[6]路德也持同樣的說法[7]。早期基督信徒們擱置家庭的聯繫，他們認為宗教精神的聯繫，要比親屬或血緣更為緊密及持久。他們當然也認為每個人必須更關注自己的靈魂狀態，因為每個個體都是神 P. 222 眷顧的重點[譯注8]。

在基督教發展史中，這兩種態度都成為基督教的基礎，不同時期有不同的強調。拖尼所描述的對比現象為個中翹首，其經典性的篇章「清教徒運動」對此一對比有如下的描繪[8]：

6　Romans xii. 4, 5.

7　見 Wolin, S. S., *Politics and Vision*（London, Allen & Unwin, 1961），第五章。

8　Tawney, R. H., *Religion and the Rise of Capitalism*（West Drayton, Penguin Books, 1938），pp. 228-9.

　　當他們（天主教徒及英國國教徒）已把社會看成是一個神
祕的主體，成員依次序及階級精密的分門別類，但因參與基
督王國的日常生活而莊嚴，他（清教徒），看到了在冷漠或
敵意的世界裡，於復活教義者和外教者之間，他們精神上嚴
峻的對立。當他們已尊崇這種從過去一直編織到今日合宜的
次序，透過團契慈善工作，在節日與慶典中，以及教堂祈禱
者和慶祝儀式中的合夥關係，人對人與人對上帝的尊崇，清
教徒帶著戒慎恐懼，從人類不足掛齒的正義而轉變……清教
徒道德上的無欲無求激勵其意志，卻腐蝕了社會團結感……
一位失去自由博愛精神的貴族，從個人權利理論的個人責任
的理想化，欲使宗教世俗化及普及化，已成為全世界都知曉
之威力強大的爆裂物。

　　基督教的人觀一直在此一對比中擺盪。它時而強調個人與他
人之間的精神聯繫，共同成為領受基督聖體的一分子，有時則強
調個體追求救贖時心靈終極的孤獨性。

　　由於受基督教的深遠影響，西方世界許多運動都存在類似的
緊張關係。舉例言之，英國工黨（The Labour Party）受到社會主
義者的啟發，認為真博愛精神是可能的，他們熱烈擁護社會團結
的諸多美德，抨擊個人主義式的「逐利動機」（profit motive），
個人式思想體系認為除非國家面臨緊急危難，否則致力於追求
共善是不可能的；再者，工黨的支持者中，許多人也接受若財
富能更合理的分配，假如主要經濟力量來源能夠更公開且控制得
宜，個人將有「相同的機會」（equal opportunity）去發展自我。
P. 223 公立學校系統也因此致力於培養類似的美德，諸如團隊精神、團
體效忠以及對傳統共同符碼的凝聚；學校也會鼓勵個人的進取

（individual initiative）、責任感，並樹立面對社會壓力而堅持個人原則的典範。

（c）證成的問題

關於博愛這種態度的證成問題，其立足點與敬人的證成相當不同。就博愛而言，每個種族都有類似的兄弟情誼，然而，在人類歷史中，敬人卻是相當少見的現象。再者，敬人的態度是在理性評價的保證之上，博愛則是如同前面已呈顯的，歷經歷史過程的不斷變遷循環。因此，博愛的爭議不在於是否應有這種情感，而在於這種依於「親屬」的共通情感是否重要。

人類有許多的相似性，如頭髮或眼珠子的顏色，都可產生出類似「親屬」的情感。不過，在某些社會也只有其中的一些才會受到重視。這類「親屬」的共通感有雪球效應，是社會信念產生社會實體的普遍性社會律則的特定例子[9]。假如人們覺得他們是「一家人」（kin）或者隸屬於共通的理想與實踐，就會發展出思想和行為習慣的標準，這又會強化人們視彼此為共同親屬的基礎。當代最鮮明的例子是所謂「青少年文化」（teen-age culture）的發展。「社會階級」、「民族」則是另一些有關博愛之情的實例。通常，一些很明顯的相似性如人們的膚色等，只不過是語言、信念、已存在的一般生活方式等深層相似性的外在符號而已。膚色作為一種重要的相似性，不在於本身有什麼重要，只不過是其明顯的特質而已。

有一種重要的「團體內的意識」（in-group），普遍存在於人

9　見 Merton, R., *Social Theory and Social Structure*（Illinois, Free Press, 1949），第七章。

類之間，而它也構成了「博愛」字面上的意思──兄弟情誼，那就是家庭。當然，不同的社會，其家庭的構成及內在結構等有很大的差異。但是家庭的存在及家人間的「歸屬感」與忠誠度，則

P. 224 是人類共有的。這種說明俯拾即是。人們正是先經由這些「原初團體」（primary group）的一分子所滋生及習得的博愛之情，逐步引入社會。的確，有研究證據顯示，假如人們早期在原初團體中，被剝奪了獲得這種態度的機會，那他終其一生很難再獲得類似的情感態度。

假如，有個人對於其隸屬的團體無動於衷──即便是同一家庭──他也將無法看出與別人隸屬於一體有什麼好高興。我們應該怎麼說服他，他所承認的「團體」（kinship），對他來說應該不是無關痛癢的事？這就好比人擁有「人」觀，但又不認為人應該受到尊重，夫復何言？這兩個例子都有規範的概念涉入其中。如果人們真的認為他本身和其他人所持的獨特觀點是重要的，他才能說他擁有「人」觀；同樣地，當他認為成為所隸屬的團體的一分子是重要的，他才能說他擁有「團體」的概念。在此，尊重人的例子，其概念的說明仍然無法處理政策問題。我們只能說明某一團體成員之所以比其他團體成員重要的原因，以及能理解團體內博愛精神賴以維繫的證成理由。

要如何從各式博愛精神中，挑選出合價值性的忠誠態度？首先，必須先釐清合價值性的忠誠，與加諸其上神人合體的基礎之差異。人們可能隸屬相同之國籍，作為一國公民，他們共同生活在規範權利、義務的律法體系下。即使個人死亡，律法體系依然長存。我們可以這麼說，只要執行者依照制定的公共程序而行，就可說是體現了國家或國家行為的「意志」（will）。即使個人更迭或凋零，律法程序仍得以長存。這種建立在法治上的權能關係

與程序，界定了立法、行政、司法的行為，給了法人內容的想像內涵。對任何理性的人而言，法治秩序的架構極其重要；如果沒有這些法律規則，個人將很難享有必要的安全條件以追求其自由　P. 225與善的活動。因此，理性之人必須視公民的責任為首要，其將他人視為公民夥伴的團體情懷，是建立在重要的忠誠之上。因為他必須藉著公共利益將自己融入到團體中，以維繫對所有人都重要的機制。然而，若沒有個人願意按此規則而行，將無法確保此一規則體系之完成。

因此，對任何理性之人而言，他會自行考量對不同規則的效忠情形、效忠之目的，並以此基礎加以評估。舉例言之，假如人們自認為隸屬社會中的「中產階級」（middle class），這與他有關嗎？假如中產階級是依國家戶籍登記欄上的職業類別，那可能沒有什麼關係。不過，如果中產階級被看成是「布爾喬亞」的價值，如誠實、進取、確實、勤勉和公正，那就與他密切相關了。很多忠誠度無法如此廣泛的解釋，假若人們是基督徒知識促進會的一分子，他博愛的關心重點就會非常明確。

循此我們可以得出，對理性的人而言，無論其效忠的情感是家庭、階級、社團、國家，有一項很重要的團體關係，即是把其他理性之士視為人。只要理性之士彼此共同探索何者應為時，他將其他人間的團體關係視為人，就會公平地審視、評估每個人的觀點與主張，強調不受不合理的干擾，自在的追求益趣之重要。這是因為這種最起碼的團體形態，是實踐理性情境的先決條件。博愛情懷至少必須依附在把人視為人的團體關係上。

然而，博愛情懷的力量不必然循著理性證成之途。對理性的人而言，將博愛情懷依附在所有參與者的理性討論之下，是最合理不過的；但對個別的人而言，這種依附理性的形式不必然最能

影響人。這是因為實踐理性的發展曠日廢時，以致常被其他更
P. 226 有勢力和原始的心靈力量所影響。個人在家庭中成長，內化了認
同父母的行為符碼。之後，從同儕的壓力中習得了其他的行為符
碼，這些行為符碼不見得經過理性的證成。個人固然可以發展到
理性評估各種規則的階段，並可參考其他理性之士面臨與他相同
處境的想法而加以行動，但他卻可能更受到早期舊有行為符碼機
制之影響。諸如恐懼權威、熱愛領導人、盲從公共意見等都可能
壓制了尊重人的概念。個人的正義之感固然強大，但假若更原初
的壓力加諸其上，也會相形褪色。許多理性之士雖然能尊重人，
但也參與對少數者之迫害行列。

　　視他人為人的情懷，較團體內人們面對面所凝聚的情感更為
抽象，這也是不爭的事實。道德主體者並沒有透過對道德議題的
討論而形塑特定的社會；面對面凝聚力強的團體，也不是其成員
接納根本道德原則而構成的。道德也不是社團、階級或國家設定
的符碼。對康德而言，理性之人生活在「目的王國」（kingdom of
ends），道德律令是由理性之士所立之客觀之法，並奉行不渝，
不過，此乃道德哲學家理想上的天國願景，而非具體人間社會的
說明〔譯注9〕。「道德社區」（moral community）不見得見容於眾人
長期經年效忠的情感，這些情感與面對面的團體的共通任務緊密
相連。的確，要把所面對的人視為人，正是要能知曉把人從其自
然的歸屬、所處的地位、扮演的角色等抽離出來。從更消極的層
面來看，「道德社區」在定義上，並沒有特別的結構，不是來自
於已有的共識。這意味著道德規則的效力不是由權威來定奪，不
是來自於國家或社團大多數人同意所訂的規則。因此，道德的強
化也無法以心理式或物理式的可行約束力。道德的效力是來自於
理性的定奪，人們良心上的心理強度不完全跟得上其至高無上的

自我立法。如同巴特勒（J. Bulter）談論良心時說道：「假如良心因其具有之義理而產生力量，假如良心因其展現的權威而發揮威力，那麼良心將能完全主宰全世界。」[10]因此，我們毫不驚奇理性之人常常會默許把其他人當成人的這種情懷，讓位給其他更巨 P. 227 大、更原初的效忠類型。黑格爾、馬克思等理性之士所書寫的思想體系，其根本原則的闡釋就更為強調團體忠誠，而非尊重人。

第三節　教育和人的概念

我們在第二章第四節已經討論了尊重他人、博愛之情，進入教育情境中的方式。對教師而言，尊重人所要強調的其實是教師面臨著學生正在發展中的主體意識。教師不僅須專注於每一個別學生的發展，教師理性所接受的自由原則，也必定揭示了其所選擇的教育活動、行為模式是可欲的，而非個人的偏好。

如果教師欲引導兒童邁向合價值性活動的發展任務，不能只光靠教師對價值性事物的正確掌握、關注個別學生，或是盡可能遵循自由原則，這些都還不夠。教師還必須熟諳有關動機、學習與兒童發展原理。教師若不具備把學生視為人般尊重的想法，他不可能運用本書諄諄呼籲的各種道德原則。我們也可如此思考，即所有老師若欲貫徹尊重學生，為了豐富其人觀的具體內容，他們必須轉入心理學家的成果。但老師一旦踏入心理學者的園地，也不免困惑於心理學家們紛歧的看法。這些紛歧的看法不完全來自於不同的實徵研究發現，也在於對兒童發展持不同立場的心理學者，他們各自運用不同的概念基模加諸在其研究發現之上。

---

10 Butler, J., *Sermons Upon Human Nature*, II.

　　譬如，假如教師徵詢佛洛伊德取向的心理學者，他會得到兒童所作所為不能只看表面的鮮明印象。教師會認為兒童具有純真的興趣，藉著玩沙、水或捏圓柱等形狀以探索自然世界的各種物理特性。教師們也會將兒童這種操弄或探索解釋成排洩、撫弄生殖器、性好奇快感的替代。教師們會瞭解佛洛伊德式對於所謂基本活動及其衍生活動的界定。雕刻、科學研究等合價值性的活動只不過是來自於嬰兒時期活動的遺緒。因為這些合價值性活動的「自然」並不被視為是與吃、吸吮、性活動等「自然」一般。頭腦清楚的教師都能體認，即使前述遙不可及的故事為真，也不會影響到其對合價值性的追求。不過，他卻會不知不覺地改變其對合價值性事物之觀點。

P. 228

　　教師們也將會發現佛氏理論對兒童發展的看法不在於認知層面，而在於其情緒反應，特別是對性、焦慮以及攻擊等的強調。兒童在口腔期（oral）、肛門期（anal）、性器期（phallic）階段，與之對應的身體部位會變得敏感，兒童必須學習處理其伴隨著被成人禁止轉化為行動的身體快感的衝突。親子關係與父母取替（parent-substitutes）是重要的，兒童性格大半是來自其不同階段努力抗爭後的沉澱遺留，假如教師們鑽研佛洛伊德式的心理學，他很難發現對兒童認知發展或課程內容有關聯。反之，教師們會發現佛氏心理學相當強調兒童情緒生活與師生關係，課程內容也集中於此。教師看待自身的角色宛如父母或治療師。佛氏理論重視外在動機。教師對於兒童以及所教科目的態度，至為關鍵，因為佛氏理論把許多隸屬「文化」的困難事物，視為權威人物認同後挑選的結果。

　　假如教師們認為佛氏心理學對兒童發展的說明晦澀未明，無助於其日常教學，他也可轉向當代教師間日益普遍流行的皮亞傑

理論。教師們將會發現皮氏致力於建構兒童概念的發展序階的學
理，更適用於學校科目——特別是數學與物理學。教師們可大致
學到康德心靈發展史的範疇概念發展，也能學到兒童在特定年
齡時，其心智運作中可逆性與連續性發展的可能。教師們也會學　P. 229
到，兒童們是何時可以模仿亞里斯多德對自然世界各種事物的分
類和編目，何時可以更進一步學習伽利略式之假設——演繹的思
考形式。教師們也會用心理學的外衣裝飾邏輯真理，諸如學習是
由簡單到複雜，或是從具體事物的操作進階到抽象思考。

　　教師也會發現，皮亞傑的理論體系是把動機視為內在的，教
師的角色不在於刺激學生興趣或樹立標準，皮亞傑特別看重「準
備度」（readiness），教師的角色主要在於鼓舞學生自行發現事
物，並且當學生達到發展的年齡，盡情練習其認知能力。道德的
發展也同樣是運用康德的術語，兒童從他律（heteronomy）發展
到自律（autonomy）階段。不過，皮氏的學說並沒有討論促成發
展階段轉換的社會條件，也沒有細究阻礙或扭曲兒童早期發展的
諸多影響。皮亞傑也同樣沒有觸及兒童情緒發展，或一般社會發
展形式的主題。皮氏的說法會讓教師們聯想到個體就像是萊布尼
茲（Leibnizian）的單子（monad），個體的發展是依照其自身天
性的律則，當其探索外在世界時，是從自身不斷綿延其範疇與概
念[譯注10]。

　　深受皮氏影響的老師具有冷靜的頭腦，高標準的科學知識，
他會因此認為佛洛伊德對理論術語的使用太鬆散，其假定太思辨
性而無法加以檢測。教師可能會認為皮亞傑是用實徵心理學包裝
哲學，因為皮氏的研究並沒有精確掌握實驗變項，樣本人數也
太少。這些教師也可能因此轉向到行為主義與學習理論，尋求希
望。行為學派對心理學的主要影響是將心理學建立成一門實驗科

學。教師們在此會發現老式連結律應用於動作，而非觀念連結的
勢力，依然強大。教師們將會發現利用興趣作為學習動機的效果
驚人，早期行為學派著重外在動機，過渡到逐漸承認內在動機。
的確，教師們意識到好奇心會以「認知趨力」（drive to know）或
「探索趨力」（exploratory drive）的虛矯方式被包裝起來。教師
們也能從黑猩猩學習的實驗，明證訓練遷移過程中興趣的重要。

P. 230 不過，教師們也會質疑，這些研究成果是否能代表人類一般的學
習現象。的確，研究結果顯示動物的實際學習，與動物在特定
條件下的選擇而獲得的學習成果，是截然不同的。教師們會承認
一些簡單的動作技能是透過工具制約，而一些心理學上的恐怖症
（phobia）、成癮（addictions）或嫌惡（aversions）也是由制約現
象所造成。不過，頭腦冷靜的教師們對於行為學派學習理論眾多
研究與兒童在學校必須學習的內容之間的關聯性，仍然不完全信
服。

　　具有博雅心靈架構的教師們，可能會反思行為學派者的決定
論會把他們侷限在可觀察的資料中，而否定內省式（introspective）
報告，這將嚴重限制行為學派探索的可能。假如人們內在生活排
除在研究之外，人們的行動必然涉及其意向、情緒，這也一定涉
及對情境的評價。這些意向、情緒所伴隨的想像、記憶、知覺、
夢幻和痛苦等現象，由於涉及的意識無法加以客觀描繪或界定，
都無法成為適當的科學探索對象。若果如此，那人類行為中值得
探究之處將所剩無幾。所以，行為學派對人類學習研究取向的貧
乏並不令人意外。

　　當然，桑代克（Thorndike）的練習律、效果律等，無論是
對於何種學習現象，都提供了外在條件的通則。不過，假如行為
主義理論都整合成類似的通則，企圖運用類推的方式到人類學習

的情境，必然會有一些此一模式無法處理的特性如影隨形。行為
主義的教師被視為是一外在的操弄者，其功能在於以既定的形態
「塑造學生行為」（shape the behavior），就好像是馬戲團的馴獸師
訓練海獅各種雜耍。兒童的世界觀看不到、摸不著。師生關係僅
僅被視為是進階的實驗變項。學習過程在於外顯可觀察行為的建
立，而不在於可感態度（sensed attitudes）之發展。行為學派的各
式通則，以「增強」（reinforcement）而言，可看出其效果，但增
強所涉及的概念基模，無法標示教學情境中的道德特性。的確，
一位徹頭徹尾的行為論者，很難充分討論道德關係；因為道德行 P. 231
為不是身體動作的對錯與否，而是其行為整合了特定的意向。

　　教師在致力於探究兒童發展、人類學習諸專家諤諤之言的沮
喪朝聖之途時，至少可以獲得兩點啟示。其一，各理論之間是互
補的，不必然相互敵對。不採取折衷的方式會造成錯誤。皮亞傑
提供了最多有關認知發展的建議架構。他標示了理論及實踐理性
的發展階段，並據以審慎探究涉及科學、數學和道德思考必要概
念的獲致。皮氏之說首先要靠歷史、宗教、美學等其他思想模式
更仔細的審視，對個別的人或團體思考模式的再探究，才能加以
闕補。再者，皮氏理論也有賴佛洛伊德主要致力理論的被動性
（passivity），加以補強[11]。佛氏之論解釋了思想、知覺、記憶、行
動的扭曲與錯誤，也觸及了夢境、歇斯底里和幻想的諸多現象。
佛氏之說也說明了理性不同面向的錯誤，而產生不同形式的病態
思想和行為。佛氏揭示了有關願望之不同心靈運作層次，正說

11　見 Peters, R. S., 'Emotions, Passivity and the Place of Freud's Theory in
　　Psychology,' in Wolman, B. B., and Nagel, E., *Scientific Psychology* (New York,
　　Basic Books, 1965).

　　明了前述現象。這些與愛、憎、懼等基本情緒緊密相連的各式期
望，被視為是心靈中理性層次遲滯發展的現象，加以探討。佛洛
伊德的理論不僅說明了理性發展失敗的現象，也說明了人們若固
著在嬰兒階段的認知模式，會造成理性的瓦解。行為主義有助於
我們理解一般的學習條件，以及簡單的學習反應。

　　第二項啟示可歸結為教師們面對各式學理的概念基模，企圖
整合有關人及其發展的實徵研究發現時，要獲得共識的希望是渺
茫的。佛洛伊德的理論可以看成是那些隸屬不同宗教、種族之道
德學者的作品，或者是當代斯多葛論者所倡議的在充滿衝突、挫
折的生活情境中，擁護過著謹慎、制欲的生活方式[12]。行為主義在
P. 232　本質上可視為是人們在公私領域混淆下的產物，其生活態度主要
是工具取向與物質取向。皮亞傑的理論算是一種哲學的輻射，代
表溯自19世紀以降，對自我發展生物信念的樂觀主義。換句話
說，不同的概念基模都隱藏著一些偽裝的價值。當進入各式人類
本質及發展的訴求中，其實也都夾帶著人類應該是什麼模樣的規
範。這些學理不僅刻畫著人類合價值性生活形式發展的通則，也
暗中規範了其內容〔譯注11〕。

第四節　對人類價值中立的可能性

　　我們可以很明確的指出，各種「人觀」都與文化綁在一起，
某一文化內的人們珍視創立其文化的各種價值。然而，這並不是
說這些人觀一成不變，過去如此，就一定如此。當然，過去所建
立起高層次人觀的通則，也可能具有普遍性。人有多方面異於禽

12　見Rieff, P., *Freud, the Mind of the Moralist*（New York, Viking Press, 1959）.

獸，但或許人類生活中最明顯異於動物的地方，在於人類生活方式深受其看待自身的觀念所影響。人觀是人類被啟發進入的公共傳統中最重要的、最難企及的道理之一。它在不同社會中並非是一成不變的想法，或許不變的是人類都要吃喝拉睡，這些生物功能的表現方式則是取決於不同的社會傳統。進入不同的社會傳統也就是進入不同的人觀——特別是個人與社會、個人與自然關係的不同範疇。這種人觀上的差異對於決定人們行為準則的應用，至關重要。

　　馬克思曾經很生動的以其著名的格言描繪前述現象：「不是人的意識決定其存在——反之，是人的存在決定其意識。」馬克思的洞見值得其他擁護個人化人觀的人，嚴肅以對。很明顯地，本書第二章對於教育概念及心靈發展的論證，也指出了許多思想傳統都看重社會存在對個人意識的影響。不過，馬克思強調社會　P. 233 層面之餘，卻未同等重視個人傳統。隱私是個人心智的標示，個人在限制的條件下，可以透過選擇形塑自我。一位當代哲學家如是說：「靈魂的特性不在於沒有人可以看到，而是只有他自己能看到。」[13] 馬克思在他探討「異化」（alienation）時，也些許觸及此一層面〔譯注12〕。不過，大體上，馬克思理論外貌上忽略了個人及觀念的重要，都只從事件、制度的解釋來看待人，以至於使個人意識的隱私及其選擇的責任曖昧不明。存在主義則另闢蹊徑，其將人類本質環繞在個人決定或抉擇的重要。的確，沙特的人類本質理論即在於拒絕道德對人性的枷鎖。在沙特看來，人類本質是由個人抉擇產生，人類是由其自身決定。假如人們認為真有

13　Wisdom, J., 'The Concept of Mind', *Proc. Aristotelian Soc.*, N. S. Vol. I, 1949-50, p. 195.

「本質」可加以限定人類，人們就會把心思放在自我欺騙以避開責任的負擔；「選擇」可以在人類受制於生理及情緒反應中昂首抬頭。

從這些不同的學理觀點中，我們將有可能發展出更精要的「人觀」層次，這有賴心理學家、哲學家和社會科學家們通力合作。就此一理論層次，皮亞傑、佛洛伊德、馬克思、沙特等的觀點並非不相容，這些殊異的立場可以整合成重要的真理，其形式可適用在某些具體、特定的情境中。舉例而言，佛洛伊德理論中的奧迪帕斯情結（Oedipus complex，又譯戀母情結）可歸納出一重要的通則，即兒童早期經驗中社會關係的重要。其潛意識中泛性說中的性幻想，可視為廣義的被動理論及未分化的認知作用。皮亞傑則開拓出兒童另一思考發展模式。沙特則著重抉擇及人們可能的自我欺騙形式。馬克思注意到了人們思想和行動的社會決定。

P. 234 這種學科間的通力合作在教育理論上，至為關鍵。哲學只能部分回答教育議題。它有助於釐清何種生活形式值得傳遞下去，但無法定奪這些任務要如何完成。我也一再強調，本書雖已指出哲學可證成教育中根本的倫理原則，但這些原則若缺乏人觀則無法加以應用。困難的是許多人觀隱含著倫理價值。因此，想要提升教育或政治理論的人根本的任務，是要將心靈哲學的成果與心理學家、社會科學家、歷史學家以及各式實務經驗豐富的才智之士的成果加以整合。哲學家僅憑個人的觀察或反思的鮮明意識，就想建立人類本質理論的年代已成過去。

＊本章承蒙但昭偉教授校閱。

第八章譯注

〔譯注1〕

respect for persons 係表示「對人的尊重」，將視內文脈絡之意義譯為「尊重人」、「敬人」。有時皮氏原文也會出現 respect for others，將特別譯為「尊重他人」。fraternity 為博愛、兄弟之情、手足之情、同胞之愛、同袍之情等。本書暫以「博愛」譯之。不過，如果在內文脈絡中若有很明確的意旨，也會以前述之詞代之。concept of man 直譯為「人的概念」，有時在文意脈絡中，也逕譯為「人觀」。

〔譯注2〕

這裡的「最高倫理學的重要性」是康德哲學中「純粹理性」與「實踐理性」的分野。對康德而言，個別理性存有者的存在，並不是一個實然的、經驗的事實；它反而是一種應然的、價值性的設定。人必須被設定為一種理性的存有者、一種「人格」，人的行為的道德面向才有意義。如果人不是理性、自由的，那就無法歸責於他，道德行為就無意義。實踐理性的原則並不是像一個實然的事物，「在那兒」等著被人們「發現」，如柏拉圖發現浸潤於事物之中的理型一樣；這些原則反而是理性存有者所「創立」的。因此，它不是一種關於世界的事實，而是一種倫理學所必須設定的原則——具有最高倫理學重要性的原則。

〔譯注3〕

皮德思在此是想表達，單純的「選擇」只是表達個人喜好，並不是康德理性自主之真諦。我們應該賦予「選擇」實踐理性的意涵，使「選擇」也能反映出深思熟慮，從而體現理性自我依循無上命令的意涵。

〔譯注4〕

皮德思在此並未加以注解，但應該是來自斯賓諾沙《倫理學》第三部分「論情感的起源及本性」之命題六：「每個事物都盡其所能地努力維持其存有。」命題七：「每個事物藉以努力維持其存有的努力，就是該事物的現實本質。」命題八：「每個事物藉以努力維持其存有的努力，並不包括

有限的時刻，只包括不確定的時刻。」命題九：「因為心靈擁有清晰明白的觀念，也有混淆的觀念，所以心靈會在一段不明確的時段中，努力保持其存有，而且意識到心靈的這份努力。」譯者力不足以在此作完整的介紹。斯賓諾沙身為理性主義之大儒，藉著「努力」（endeavour）來彰顯人心靈之主體性，皮德思在此認為過於空泛。以上對斯賓諾沙《倫理學》之說明，參考邱振訓譯《倫理學》（國家教育研究院、五南圖書出版公司，2010）。

〔譯注5〕

晚近，西方應用倫理學嘗試論證人的倫理概念應該及於動物，「動物權」的概念也應運而生，以辛格（Peter Singer）為代表，其《動物解放》（*Animal Liberattion*）一書，由孟祥森、錢永祥譯出（台北：關懷生命協會出版，1996），值得一讀。辛格以動物具有感知痛苦能力及以動物為食，會帶給人類更大的代價來論述，是效益主義式的論證。皮德思當時顯然還是以人為萬物之靈的理性來思考。孟子：「人之異於禽獸者，幾分。」也是以人為本。部分後現代主義者即曾批評傳統人文主義以人為本，反映了人類中心的霸權。我們無須以此苛責皮德思「歧視動物」，但讀者仍可從不同立場，多元的加以思考。

〔譯注6〕

直覺倫理學論者羅斯曾提出「表面義務」之概念（參看第三章譯注9），認為是最原初的人類德行，在此，皮德思援用其語詞，企圖說明「尊敬人」也類似表面義務一樣，是最基礎的倫理原則預設。

〔譯注7〕

19世紀到20世紀前年葉，「民族主義」曾經是一正面的意義。1911年後孫中山所領導創建的中華民國亦復如是。孫中山在其《三民主義》演講本中，曾明白指出，中國人個人太過自由了，但是國家受到列強的侵略，反而沒有自由，其「民族主義」即是要追求國家自由。至於個人自由，在時程上有階段性，「民權主義」、「民生主義」逐步推展後方能達成。「軍政」、「訓政」、「憲政」是孫中山的建國階段。不過，由於20世紀歷經法西斯集權主義，二次戰後，西方國家也深刻反思民族主義坐大可能腐蝕自

由，因為西方自由主義的發展，本來就是對王權、宗教等集體力量壓制個人的反思。五四運動時期自由主義者胡適等人，並不完全同意孫中山等人之論述，胡適在闡述易卜生的「救出自己主義」時即指出，犧牲個人自由以求取國家自由，在程序上是錯的，正確的做法應該是爭取個人自由即是爭取國家的自由。胡適的主張也是建立在西方自由主義的傳統上。大體上，1960年代西方自由主義者對於民族主義的坐大是戒慎恐懼的，不僅擔心國家可能吞噬個人，也擔心種族優越意識可能造成族群間的暴行。皮德思本段所述，當是此義。

〔譯注8〕
基督教的人觀，簡單說來，即：「上帝說，我們要照著我們的形象，按著我們的樣式造人。」（〈創世記〉，1：26）這不僅是指外表，也賦予人一共通的價值。每個人既是領受著上帝的榮耀，人與人之間也就有共同的關係。

〔譯注9〕
「目的王國」是康德對「定言令式」（Categorical Imperative）四種描述方式（formulation）中的一種（普遍定律、人性、自律和目的王國），大意如下：每個人本身都必須被當成目的，而不是工具或手段，也就是說，人作為一行動者，他所具有的自由自律的意志使得他具有一種至高無上的價值，而不是任何其他物品或目的的工具；康德稱之為「人之為人」（humanity）的價值。用康德自己的話來說即是：

> 你應當這樣行動，即在每一情形中，你總得把「人之為人」之人，不管是你自己人格中的人之為人抑或是任何別人人格中的人之為人之人，當作一目的來看待，絕不可只當作一工具來看待。（牟宗三譯，《康德的道德哲學》，學生書局，頁66-67）。

簡單地說，不論是對別人或對自己，我們都必須把人當成目的，而不是把別人視為工具。然而所謂「在家靠父母、出外靠朋友」，在現實生活中，我們有許多事情必須透過其他人的幫助才能完成，但是在得到他們幫助的同時，我們仍然要以人為目的，比如說尊重他們，而不是把他們當成工具

來利用，許多不道德的行為都或多或少是因為不把人當目的，而把人當工具所引起的。「人即目的」就是我們為自己的行為的規範，一個不可踰越的界限。而在我們每個人都能把自己和他人同時視為目的時，我們既為立法者又為遵行法則的人，所有人就能建構出一個「目的王國」。一言以蔽之，「目的王國」是一個理想的國度，它確保著個人的自律，容許每個人被當成目的來看待，而不是當成目的的工具。西文中的「天國願景」當與其特定宗教信仰有關，但華人世界不宜把康德目的王國之概念，視為是宗教彼岸或烏托邦之境，其精神仍然是要體現人理性自主，不把其他人當成是工具的堅定信念。本譯注承蒙賀瑞麟教授協助修正。

〔譯注10〕

皮德思在此應是指萊布尼茲的「預立和諧」（Pre-established harmony）。每個人心靈儼然是獨特的，但上帝卻安排了人與人間、人與世上其他對象間的相應性，使得各單子間可以相互感通。科幻小說家張系國之知名小說《棋王》，即曾以萊布尼茲的理論賦予該小說意涵，有興趣的讀者可以一閱。

〔譯注11〕

皮德思也是一位傑出的心理學家。本節他充分運用了截至1960年代卓然有成的心理學家如皮亞傑、佛洛伊德及行為學派等觀點，以闡述人的概念。譯者也期待台灣教育心理學者，不要只把心理學視為一種科學量化的專業。一流的心理學家必然有他整全的人觀視野，台灣教育或心理學界也應該取法皮德思（也包括美國杜威）當年結合哲學與心理學共謀教育理論的氣魄。

〔譯注12〕

也譯為「疏離」，馬克思在〈經濟學哲學手稿〉中，曾以「異化的勞動」為題，指出在資本主義、工業革命後，人們在工作勞動中，會逐漸不快樂、無法發揮其主體創造。因為，人們勞動生產的產品，反過來會支配人。人與物之間、生產方式、人與人之間都產生扭曲。馬克思原來是要指責資本家對工人的剝削，不過，更多的學者以此來反思現代社會、科技或數位資訊社會下，人們的確處於「役於物」的窘境。

第三篇

教育與社會控制

第九章

權威與教育

導言

在第一篇中，我們已指出了教育在本質上是引領社會成員進入合價值性的生活形式中。本書第二篇則企圖證成教育所傳遞的內容，以及資源分配和適應學生的方法。教育引領的過程，絕大部分是在中小學和大學內進行，但是卻很少人討論到社會控制（social control）涉入各級學校的種種問題。即使是在一個民間會社，人們為了所要追求的目的而自願加入，也會面臨到很尖銳的社會控制問題。其實，社會控制問題在學校將可能益形尖銳，因為學校的學生並不是自願性的進入學校，他們也不完全明瞭進入學校的目的，等到他們明瞭時，大概也要畢業了。由於社會變遷的快速催化加深了代溝與隔閡，也更強化了社會控制的問題。這使得年輕學子要認同學校欲傳遞的價值，變得更為困難。

本篇各章正是要討論這些社會控制的基本問題。若是缺乏對這些問題的涉獵，任何討論教育或是企圖證成教育內容與方法的論述，都是不切實際的空談。

討論社會控制之於學校，最重要的概念莫過於「權威」

（authority）。學校並不像監獄般，以高壓（coercion）作為社會控制的主要形式；也不像是業界，以經濟的酬賞作為主要的控制方式。學校存在的理由在於傳遞社會價值。學校當然也可以像個監獄，或是反映社會中的各種瘋狂競爭（rat race），但這將曲解學校組織的意義。欲澄清何者才是在學校中恰當的社會控制形式，我們必須多加著墨「權威」此一關鍵概念。

P. 238

第一節 「權威」的概念

權威的觀念與人們用規則治理（rule-governed）的生活形式是密不可分的。當人們對某事的想法、說法或做法是否正確或真實產生疑問時，權威才有用武之地。權威藉著各種判決、命令與宣示，伴隨著種種言說、肢體語言（symbolic gestures）與儀式，而制定何者為正確或真實之規則，循此宣示並彰顯其意義。所以，「權威」其實預設了一些必須被弘揚、維繫與行之久遠的規範秩序。立法者、法官、裁判、軍事將領、警察及牧師們，都是典型的權威代言人。這些人只要遵循程序規則，都有權去作決定，以制定法律、宣判案件、發布命令等。這些人士被授權去制定各種實質的規則，並能運用這些規則到特定的案例，能公開甚至藉著各種適當的儀式以宣示或推行這些規則。換言之，除非我們先要有根據是非對錯而行的遵守規則的內建概念，否則無法掌握權威的概念。

反之，卻不必然為真。我們想像一個具有崇高道德感的社會，人人遵守道德律，並視彼此為理性之人，相互之間友善的生活。沒有人具有權威，也沒有人被視為權威者。但是，假如有一天，他們進入世俗的社會，而不是有如天使般地成熟，大概他們

就會滋生「權威」的概念了。他們將會如兒童般地，從父母師長那裡學到是非對錯。在這樣的心態下，他們自然會浮現一種觀念，那就是有特定的人能夠判斷事物的真假善惡。不過，從邏輯來看，他們也許會在成年生活中停止應用這種權威的觀念。當我們論及傳統的「權威」，或者是道德律的「權威」，我們是利用「權威」一詞來支持這些應被遵守的種種規則。不過，權威並不全用在涉及對錯爭議的領域裡。唯有在需要訴求某種來源、原創者（auctor）[譯注1]，或是需要借助某些人的洞見，以決斷正確與否的情境中，才真正運用權威。

P. 239

因此，「權威」很自然地存在於立法系統、軍隊以及宗教團體裡。在這些組織中，特定的人有權決定在一般狀況下何者是正確的，他們能將這些規則應用到特定的案例，並強制執行。大家也都認為這些特定的人具有超出一般人視野之外的洞察力。當我們訴求特定的人以作為創制、詮釋、執行規則的來源，「權威」一詞就被適當地運用在上述人身上。這種「權威」的分析，也相當程度從語言學上得到支持。因為權威一字的拉丁文 *auctoritas* 正指涉著在意見、協商、命令等領域內的「製作」（producing）、「起始」（originating）、「創發」（inventing）等觀念。

在已有的權威體系的社會控制領域中，權威是最明顯不過了。例如我們常會提到「法定權威」（in authority）或「知識專業權威」（the authorities）[譯注2]。在探討權威的領域時，一定要釐清與「權力」（power）的不同，政治理論學者或社會學者常混淆不清。「權力」基本上代表一種方法，經由該方法，某人可以利用諸如肉體壓迫（如施加他人痛苦、限制行動），或藉著心理壓迫（剝奪食物、飲水、住所或阻礙獲得這些必需品的方法），或是利用一些獎懲方法（如操弄控制他人取得物質、酬賞或性滿

足的途徑），或者是利用個人的影響力（如催眠或性吸引力），來
迫使他人屈從這個人的意旨。權威則不然，它涉及某些被大眾所
接受，可以規範彼此行為，非個人式的規範秩序或價值系統的訴
求。由於大眾能理解並關注在生活中必須以法則來規範的事實，
權威才得以產生、運作與維繫。當然，權威可能會，也常常會被
不同形式的權力所支持。例如，警察的眼神或手勢，正代表著他
能運用的權力。不過，儘管如此，我們仍不應混淆權力與權威概
念上的差異。

　　然而，權威並不侷限於社會控制的範疇中。我們可以純粹從
知識的領域內，稱某人為某種學問之**權威者**（an authority），例
如印加人、希臘史、候鳥等領域之權威。由於這些人有特定的能
力、訓練及洞見，讓眾人認定他對該項事物有較大的發言權。
這裡所討論的權威，並不同於社會控制層面的權威。在社會控制
P. 240　的領域中，以法律為例，其有效性是取決於有權威的人士或當局
是否訂下了規則。雖然這些規則可能不明智或不道德，但是其有
效性並不建立在上述評價所蘊涵的理由之上。就如同霍布斯所說
的，制定法律的是權威，而不是智慧。同樣地，一位法官的判
決，除非受到更高層級權威的廢止，不會因為原判決的不合情理
而視為無效。在軍隊這樣的權威系統裡，抗命的唯一合法方式是
質疑發令者是否有權去發令。在知識界中，情況則大不相同。權
威的終極訴求在於理由，而非「原創者」（auctor）。知識界中沒
有絕對的裁判或法官。所以17世紀查理二世以領袖之尊介入化圓
為方（circle-squaring）之爭，並不合宜[譯注3]。在知識領域中，不
管是何種權威人士，別人總是可以藉著證據或更堅實的理由來挑
戰其主張。權威人士的主張也經常犯錯。在知識界中被認定是權
威之士，其權威導因於他們看法的正確性很高，這可能是由於他

們所受的訓練或特別處於有利地位，也可能在過去其看法被證明是禁得起考驗。因此，知識上的權威總是被視為是暫時性的，他們的地位就好像是知覺過程中可靠的目擊者。知識界與法律判例不同，不會只因為權威人士的說法，就被視為全然正確。

在知識的領域中，我們經常提到「專家」（experts）與「權威學者」（authorities）之字眼。其間的差異主要在於對其所處理知識的觀點。如果該種知識被視為是工具性以獲致某種目的者，而不是為知識而知識，我們傾向於以「專家」稱之。政府各項政策的推行，必須仰賴專家提供建言。然而，人們只是單純的為知而求知，他可以去向該領域的權威者請益。「專技知識」（expertise）不僅代表專家對知識的擁有，也意味著該項知識的應用。一位游泳或擊劍的專家，與該種活動的權威者是有別的。

在上述兩種類型中，老師都是權威的化身，他為社會執行教育工作，並在學校工作中維繫社會控制，是被賦予法定權威。而教師被雇請傳承社會文化時，他也必須是該文化的某一領域的權威者。社會也相當程度的期待，教師在兒童的行為與發展方面，在教導學生的教學方法方面，最好是位權威的專家。我們接下來就要加以探討上述的複雜性，以及其所引發的種種衝突。

第二節　形式權威和實質權威

P. 241

前面章節討論「平等」與「自由」的概念時，我們強調區分這些規範法則之形式定義和實際狀況的重要。對「權威」來說，亦復如此。例如，一位老師在教室中應有其形式上之權威，但是事實上他可能無法在學生身上執行權威。也就是他雖有發令權，卻無人肯服從。也有可能在某一種社會環境下，眾人會遵守那些

在權威層級中，並無正式職位之人所發出之命令。這通常發生於該人的特質與能力符合團體多數人的願望與需求，而正式的領導者卻不具備。也有可能是非常時期的領導者持不同的價值體系，以致得到團體的愛戴。通常，形式上的權威者仍可安其位，即使內部可能會有緊張和不滿的聲浪，或者是形式上的領導者禮賢下士，借重實際領袖的判斷與充分授權，使彼此相安無事。

　　到底有那些通則可以產生實際權威，對社會心理學家來說，仍有待進一步思考。一般說來，在穩定的社會環境下，如在承平而非革命時，合法的職位會造就權威者。人們會很自然地遵守身居職位者的權威角色。人們會為領導者的行為設定期許，假如領導者擁有相當的能力以滿足這些期許，人們更會認可其領導的效能。當然，身居要職者必須全心投入群眾所追求的理想目標，而且必須有足夠的學養和能力來貫徹這些目標，也就是他肚子裡多少得有點貨。假如他有點「權威的味道」（air of authority），明快的決斷以期望別人遵守或信服，這種外在的權威形象將會益形增加其實際權威的掌控。當然，他也必須以很機敏、圓融的方式來處理團體成員的抗爭及緊張情勢。簡單地說，他必須有足夠的能耐以行領導統御，對內使團體成員奉行其命令，對外樹立一堂堂正正的領導「形象」（image）。以上關於領導統御的通則，或是指實際權威的掌控，均可適用於到教師及任何希望運用權威於他人身上的人。

P. 242

　　權威的有效執行，除了上述的一般特性外，也取決於組織的形態和情境的急迫性。宗教團體、軍隊、工業界，各自需要不同稟賦的領導者。和平的時候不同於戰時，充分就業的情況也迥異於失業率高的社會，這些不同的情境，需要不同類型的人來領導。更常出現的情形是，領導的功能由兩個能力互補的人相互合

作而達成。像摩西（Moses）這樣的先知，也必須時時靠更具僧侶氣質的亞倫（Aaron）[譯注4]的支持。伊莉莎白一世身後常站著柏格利公爵（Burghley）[譯注5]，克倫威爾（Cromwell）[譯注6]身旁有個艾利頓（Ireton）。是否有額外一些未定的特質，有助於使領導者展現其力量於他人身上，更難於定奪。在「磁石般的人格魅力」（magnetic personality）或「致命的吸引力」（hypnotic influence）等形容詞背後是否暗示了什麼？是否有人能夠像性吸引力般地使人著迷，進而讓大家對其言聽計從？佛洛伊德認為人在陷入愛的情形與被催眠的情形類似[1]。這個相同的概念家族能夠多大程度地解釋追隨者信仰領導者的情況呢？

社會心理學對上述問題有更深入的處理[2]。哲學所關切的問題不在於是否及為何權威實際運作上的經驗問題，而是權威者所擁有權威名目的基礎。韋伯（Max Weber）正是以對權威的分類回應上述的問題而聞名。韋伯指出，不同的權威體系，各有其被支持的正當基礎（grounds of legitimacy）。在他所稱的「法理系統」（legal rational system）下，權威的正當性植基於人們：「堅信各式規範性規則，以及某些人在這些規則下提升發號施令之權利的『合法性』（legality）。」[3]這與傳統權威不同。傳統權威乃是起因於人們對古老傳統的神聖性之信仰，及承認既存權威者的正當地 P. 243

1　見Freud, S., *Group Psychology and the Analysis of the Ego*（London, Hogarth Press, 1921）。

2　例子見Homans, G. C., *The Human Group*（London, Kegan Paul, 1951）, Asch, S., *Social Psychology*（New York, Pretice Hall, 1952）and Krech, D., Crutchfield, R. S., and Bellachey, E., *Individual in Society*（New York, McGraw-Hill, 1962）。

3　Weber, M., *Theory of Economic and Social Organization*（Ed. Talcot Parsons, London, Hodge, 1947）, pp. 300-1。

位。當今如委員會的主席，公僕們、板球裁判，都具有前述第一類型法理系統下的權威。而諸如18世紀的貴族，或是維多利亞時代的神父，則是第二類型傳統權威的範例。韋伯認為從傳統權威轉型到法理權威，是當代西方世界最重要的社會變遷。如果不喜歡這種說法，也另可說是科層體制（bureaucracy）的興起。

　　以上兩種權威形態的區別在社會控制的領域中，是極其明顯的。的確，在16、17世紀，英格蘭在政治上的抗爭，是從傳統過渡到法理權威的明顯代表。當時，政府必須經由同意而產生之理論，企圖合理化國家之權威。當然，誠如大多數英國的抗爭，這是經由妥協而落幕。由民選而任命的總理或攝政王的理性設計並未成功，皇室仍保有傳統的徵兵權、儀式及皇權的榮耀，雖然國王在議會中享有決策的傳統仍被保留，但皇權在許多重要問題的決策權已然受到限制。

　　韋伯也論及，不同形態的權威各有其正當基礎。傳統的領導者，本身就是眾人必須服從的象徵。他底下的幕僚們可能是受到恩賜或是皇室家族成員，才能在其位，並沒有清楚界定其工作所需的能力，薪俸也沒有固定的標準，全憑領導者好惡。理性的權威則不然，政府官員的任命以及其受尊重的程度，取決於其能力。一位行政最高首長在打板球時，可能必須接受其精於板球下屬的指揮，這在傳統權威秩序看來是無法想像的。政府官員的委任很嚴格的由其是否具勝任工作的能力而定，其權威行使的範圍也限定在此。他們的薪俸也有固定的標準。由於英國過去只有在自由黨首相格列斯頓（William E. Gladstone）時期[譯注7]，才引進文官考試制度，所以人們容易忽略整個英國權威理性化的嶄新風貌。

　　就探討社會控制的形態而言，韋伯的理論十分有啟發性。但
當我們將之運用到知識的領域中（教育中權威的考量特別涉及此

一層面），就會引出許多複雜的問題。因為在知識界中，人們之所以被視為某項權威或專家，並不一定受到合法的委任，也不是承繼傳統地位。當然，對人們——主要是教師們——之所以被委派某種工作而言，是由於他們在某些知識領域享有權威。在人類社會中，也曾出現以傳統來界定智慧者，如特別的家族或階級。不過，在知識的領域中，人們的確可能不是經由合法的委任或傳統的世襲取得知識權威的地位，古希臘的辯者即是最好的例子。不消說，假如這些權威之士要受到廣泛的尊重，必定要有一個能夠庇蔭他們發聲之知識領域的傳統。在某些社會，固然也有類似的考試制度以鑑定是否有魚目混珠或心智狂亂者。但是知識權威頭銜的獲得，其基礎則迥異於法定或傳統。他們之所以能贏得先前未有的知識地位，是靠他們自己的成就，在他們所投身的領域中贏得殊榮。

　　一個人的能力、深度及其所受的訓練，與他成為某一領域權威所要處理的實務問題之間的直接關聯，很類似於在社會控制的領域，如戰爭領域中未經官方的委派，或是世襲地位的領袖群倫者。在此，個人的特質與能力必須直接涉及團體的主要目的與需求，以上兩種自發性的權威是不同的，一位先知可能被認為極具智慧，就如同路德（Luther）與羅素（Bertrand Russell），但卻無法有效的執行其理念，或是缺乏與其成員共事的技能。另外一個例子，像是龐培（Pompey）與馬流士（Marius）〔譯注8〕，他們在設定的目標內能有效的執行，也是傑出的管理人才，但是卻缺乏智慧與遠見。很少有人能夠像培里克利斯（Pericles）〔譯注9〕或凱撒（Julius Caesar）一樣，既具有權威的必備特質，又具統領眾人的實務技能。他們兩人都能很成功的將政治秩序的願景、推行願景的長才及個人的磁吸魅力，完美地結合在一起。

以上的例子，很接近韋伯所說的「奇魅型權威」（charismatic authority），主要是指：「對特定、異於常人的聖者、英雄或個別人物的範型及其所啟示的種種規範，一種近乎崇拜的信仰。」[4] 韋伯主要是指傑出的宗教領袖或軍事天才，如耶穌與拿破崙等。他們能激起革命的火花，使社會進入傳統或法理的秩序，信徒們完全崇拜其指示。這些人物都會將其理念置於一崇高的境界，其權威的形象同時伴隨著替天行道的天職、各種神蹟與啟示等。這些事蹟處處顯示出，這些奇魅型權威者的言語及行為被賦予無與倫比的地位。人們之所以願意跟隨及信仰他們，是認為這些人異於常人。因此對於這種權威的獲得與維繫而言，成功是至為重要的。因為，在他們建立理性或傳統的規範秩序之前，他們僅賴個人的魅力，藉著此種魅力得以繼續維繫。這在戰爭中尤為明顯，凱撒戰無不勝、攻無不克的傳奇即為顯例。

當然，各種知識的主張，必有其特定實踐的領域，一如宗教或政治，這樣「奇魅」型的形象才得以浮現。在此情形下，某人身為權威者，也同樣掌握了法定權威，純理論的權威則不常如此。例如某人擅於候鳥之遷徙研究，除非他教授此科，他知識上的權威才會同時為他帶來法定權威的地位。

在教學專業的領域中，由權威之人來負責傳遞已被發現的事物，可將各種知識體制化（institutionalized）。在韋伯所關心的許多奇魅式的神祕領域裡，也常常出現類似的體制化。雖然韋伯花了很多的篇幅來探諸如「奇魅」式的體制化問題，像教宗的繼承，或是達賴喇嘛的投胎轉世。他更關懷的重點在於把這種現象視為改革的泉源。那些促成引爆傳統式或理性秩序的火花並建構

4　Webber, M., 前揭書，p. 301。

新規範形態的奇魅型領袖，正是韋伯的興趣所在。當然，通常擁有特質及真知卓見的人，也正是在傳統或理性的體制中實際有效去掌控權威的人，天主教堂正是明顯的代表，在那兒甚至於「奇魅」的特質也已被定型。

　　「奇魅」的概念融合了前面曾經釐清的兩種概念。其一是團體所關切的，在某一領域中成為權威者，例如宗教價值，其二是 P. 246 有關個人的特質，他能在社會控制的領域中執行實際的權威，這包含著某種個人的磁吸力。韋伯所強調的個人特質或成就固然重要，不過他似乎多少忽略了在不同的企業有不同的目的，這些不同的權威領域需要不同的個人特質。革命將軍們與宗教先知並沒有太多共通處。韋伯也並沒有正視領導者與隨從們共同分享的生活形式，這正是隨從們真正體認領袖偉大的地方。耶穌的偉大，畢竟深植著猶太的傳統智慧。他雖然提出許多新的慧見，但如果脫離了他曾汲取養分的傳統，那這些也非真知卓見，正是在那與信徒共享的傳統中，即便耶穌是個孩子，他的言談也能構成「權威」。假使有些聰明才智之士的洞見及對知識的主張，與他所處組織的既定視野沒有太大差異的話，他們能夠成為鼓舞他人的領導者而不汲汲於成為革命者，但是韋伯醉心於對那些可能會打破科層體制的革命者，因此對於這些聰明才智之士缺乏關注。

　　權威，正預設了一種看法，即事物有真假對錯之分[5]。權威是

5　我首先在亞里斯多德學會1958年的會刊上（XXXII）企圖澄清權威概念時，感謝 Peter Winch 評論，對奇魅式權威提供更深入之看法。在 Winch 的評論中，他認為是我提出的看法，這些與我本來的旨趣大相逕庭。例如，Winch 表示我把權威比擬為權力（power），這點我不同意，但我向來贊同 Winch 所強調之論及權威時，預設了生活形式上「規則治理」（rule-governed）的相關背景。然而，我並不太想像 Winch 那樣，將權威過度延伸到正確或錯誤處理

制定正確與否的一種設計，究竟何者為正確，則是由符合韋伯所建構之二種類型的特定人士來決定。個人只要能證明其有能力去論斷是非，他們就有權被視為社會控制或智慧的來源。如果他們的慧見與眾人共同滋長的傳統價值相去不遠，那麼這些人士就可能在傳統或理性的體制中，成為有效的領導者。在另一方面，若有些人之看法極具革命的色彩，他們常能成為新運動的奠基者。

P. 247　這些人士都富有磁石般的個人特質，能夠遂行領導統御以取信其跟隨者。當然，有些人的主張石破天驚，他們可能成為古怪學派的宗師，甚或被視為是現存體制的破壞者。

第三節　權威的證成

只有在封建體制逐漸瓦解的時候，權威才需要做某種的證成（justification）工作，以確保其決斷的有效性。因為在封建體制之下，權威結構本身就被視為事物秩序的一部分。這種傳統盛行的社會控制，規約了人們在社會的地位與其應扮演的社會生活角色。隨著個人主義及新經濟秩序的到來，生活已有了嶄新的風貌，它愈來愈像霍布斯所描繪的，生活就像是競賽[6]。在此種情形下，決定一個人成就的大小，不再是他的傳統出身，而在於他個人的努力。

在這種情形下，努力奮發的公民們以及專業階級者開始會萌

事情的層面上。因為在正確或錯誤與否的問題是在確定的脈絡中，我認為將訴諸權威與運用其他方法以決定何者為真區隔開來是重要的。因此，我強調權威與「原創者」（auctor）的連結，以及將道德、科學和另一方面法令規章領域的權威這兩者之間區分開來。

6　見 Hobbes, T., *English Works*, Vol. IV, p. 53（Molesworth, Ed.）。

生疑問，到底誰才有資格統治大家？權威的理由何在？權威在合
法的範圍內，能運作到何種限度[7]？這些問題在當時的確非常重
要。在第七章「自由」中，我們業已指出，問題不在於社會是否
有控制存在，而在於其社會控制的形式。隨著個人主義的興起，
人們普遍認為，傳統的舊束縛會被國王權力的擴張與強化而取而
代之。因此，那些剛從傳統體制解脫的人們，也仍會擔心社會控
制的高度集權化，可能會帶來一些更具束縛力的法規以取代傳統
體制的禁錮。霍布斯以「巨獸」（Leviathan）來稱呼這種新的社
會組織形式是有相當的道理。霍布斯和其他同時代理性的學者們
都想更精確的界定這個巨獸，以便釐清個人與巨獸之間的關係。
他們所探詢的問題是：為何個人已贏得新的地位，還要服從該體 P. 248
制的領導者？人民的哪些權利是不容侵犯的？在何種條件下，反
抗是合理的？

　　這些都是 17 世紀最熱門的問題，不同的理論提供不同的解
答。當代的政治學家曾質疑這些解答，認為它們都包含「契約」
（contract）與「同意」（consent），這對於人民與政府相互關係的
實際情況提供了誤導的模式。不管學者的看法為何，他們的分歧
處正點出論題的核心，他們共同的預設即是：政治組織是可改變
的，權威結構並不是整個世界秩序的一部分，權威本身需要經過
證成。所有的爭論都認可理性。他們認為只要是理性的人，都能
看出社會生活的要素有賴一些基本法則，他們稱之為「自然律」
（the law of nature）。但他們也正視到了在這些基本法則下，人們
仍會發生爭執。因此，就需要一些權威形式以確保和平或保障個
人的權利。不過，學者們對於這些必要的權威其形式與運用範圍

7　見 Oakeshott. M., *Rationalism in Politics*（London, Methuen, 1962），第一章。

有不同的看法。

我們無須在此贅述權威機制的形成及其限制的種種理由，重要的是大家普遍都認為權威是可以而且必須加以證成。這些哲學家們提出了重要的原則，已浮現了韋伯所稱的法理權威。舉例來說，英國雖然保留了傳統權威的設計，但「國王在議會」的實際功能和法令運作卻是經過相當進步的合理限制。雖然有很多人認為理性化的步伐仍然不足。

不論在政治層面上，理性化帶來了多大的好處。但似乎家庭和學校在理性化的過程中並不很順暢。我曾經在別處[8]論及，父母和子女都體認到，父母在規畫子女的生活及確認其管教權方面，都不再能訴諸傳統的地位。但是這種家庭理性化的現象卻常伴隨著一些父母全然無權干涉子女（至少從子女進入無可避免的叛逆期開始）的偏頗言論。合理的看法並不是要放棄權威，應該是要顧及子女的年齡及責任感而合理的調整家庭的功能。我們爾後也會簡短的討論教師對學生的合理權威。

P. 249

到目前為止，我們對於權威證成的討論多少都和韋伯所做的傳統和法理權威的區分有關。對於權威的理性探討可以用下列較抽象的術語來闡示。乍看之下，權威的樹立對於理性的人是一項侮辱，因為它似乎違反了第七章所談的維護自由的前提，權威似乎也涉及到一種體系的建立，該體系的運作並非訴諸理性，而是訴諸主其事者的意志，其所作所為也許合理，也許根本沒有道理。想對權威體系辯護必須考慮許多層面，諸如自由的弔詭[9]、公

---

8 見 Peters, R. S., *Authority, Responsibility and Education* (London, Allen & Unwin, 1959), 第三章。

9 見本書頁 297。

理正義的伸張（如法律的規則等）、益趣的考量原則（如每一理性者安全的考量）。政治哲學家們對上述根本原則孰輕孰重的看法不一。因此，他們對於權威的形式與其適用範圍也有相左的看法。以霍布斯為例，他把維護社會安全看成是權威運作的第一要務。洛克則不然，他強調對權威設限，必須捍衛人權以防止獨裁者的干預。洛克深深體認，如果沒有健全的法律制度，不管是多理性的人，都會為一己私欲而任意詮釋自然律。

　　在社會控制的領域中關於權威的證成問題，其實是相當明顯，其理由也無須公開加以說明。即使沒有像霍布斯之類的學者提醒，人們也能完全體認國家在社會安全方面所扮演的角色。「人民的健康是第一律令」是也〔譯注10〕。柏克（Burke）指出：「國家沒有建立起常規的明顯症候就是人們訴求理論……當人們被驅使去探究國家的基礎時，是一件很可悲的事！……」難道柏克 P. 250 說得不對嗎？他的看法沒錯，不過也未必然就是他那種保守的反應。因為，當人們建立的行事準則崩潰，或是有人開始脫離既定常規的時候，人們自然會去探索支持權威體系的基本原則。在英國斯圖亞特王朝（the Stuarts）時代，曾企圖將王權由原先傳統的不成文法（Common Law）的範圍加以擴張，正是脫離既定常規的例子。要攻擊或辯護此種脫序的行為，根本的問題仍在於對權威的證成。霍布斯對權威的論證，其實也就等於是說安全是政府存在的唯一理由，傳統賦予君王處理國家安全的特權（prerogative），必須予以無限延伸。不成文法並未限定國王只能依法官的判例（precedents）行事。斯圖亞特王朝法律效力當凌駕於不成文法，君王的權威必須是絕對且明確。霍布斯的反對者不認為安全是唯一的考量。在最近的爭議中，諸如因宗教上的理由反對服兵役，以及沃芬頓報告（Wolfenden Report）討論到如何對

待同性戀及娼妓，也是對國家所應扮演的角色提出疑問[譯注11]。
這說明了如果不去從根本原則來溯源，則根本無法恰當地討論這
些爭議。延伸一個更深遠的看法，即人民期望根本的權利要普遍
加以伸張，而政府的施政要經過理性的討論與辯護，這種看法已
取代了社會的傳統形式。這當然也由之提出了關乎國家施政目標
及其應有限制的根本問題。

在社會控制的領域中，要為權威尋得一理性的答案也並不容
易，因為從不同的根本原則中，對孰輕孰重的考量也會不同。
在知識界中，權威的問題較不嚴重，因為知識充其量只被視為暫
時。這之間的差異，前面已經述及。在法律體制中，其有效的判
決是訴諸最後的權威，而處理知識的問題則沒有如此終極的訴
求。一位沒沒無名考古學的學生，也許可以推翻考古權威所建立
P. 251　的理論。在知識的領域中，當某人聲稱知道某事，必然存在一些
可以討論的理由，也應有一客觀公開的程序以檢測這些理由。人
們當然也在傳統的思想中成長，他們也必須被訓練去詮釋各種證
據，但是並不訴求特定的人以作為最終的判準。

然而，幾乎在每一種知識領域中都會產生權威，這些權威者
以往的紀錄證實其看法會比其他人更正確。雖然權威的看法也常
在之後被推翻，但通常其宣示都會受到相當的尊重。其實，人類
思想史的特徵，也常是針對昔時權威者的主張進行否證而得以進
步。所謂暫時接受權威的理性觀，有下述兩層意思。

首先，人們或政府必須運用有效的知識以處理其事務。雖然
他們也明瞭經濟學者在預測各種走勢時會出錯，心理學者宣稱某
類兒童應該運用某種方法以對待的成效，也常常發生謬誤。但是
除了請教專家以外，又有什麼更好的方法呢？一旦知識開始建
立，人們處理其工作時，問題就不在於其是否應該運用理論的假

定以評估後效，而在於其知識的假定是否被有效的建立。假如，他是理性的人，他必定會運用最好的方法。在現代社會中，可能很少人會同時擁有超過一、二項領域以上的豐富知識，他必須盡可能的接受專家的意見，這也意味著需要請教適當的權威人士。

　　再者，唯有創立機構的目的是為知識而知識，才能真正傳遞知識及發展知識。如果機構的建立是循著理性的基礎，這也確保著在各種知識領域享有權威的人，有機會去教導他人，並參與其機構內的行政事務。權威者在機構中真正占有權威的地位，這也符合公共績效的原則[10]。假如在學術的機構中，外行被賦予了過多的權威，知識的發展必然會受到相當的扭曲，而過分朝向立即性的功利路途。討論至此，我們正好觸及了考量在教育中權威角色的問題。

第四節　教師們的正式權威

P. 252

　　學校在理想上是以執行教育為首要目標的機構，在第一篇中我們業已提及，教育是引領年輕人進入合價值性的生活形式。這涉及一些具有內在價值的思想和認知的形式和活動（如第五章所述）；教育涉及的各式行為模式在道德上也要說得通（見第四、六、七章）；教育的活動也伴隨著政治的延伸，如成為「好公民」；教育也涉及諸如個人衛生、談吐、舉止、衣著等之教養，這些點滴及整體都是人們所認可之生活形式的重要組成部分。教育也涉及讀寫等基本能力，這都又是此種生活形式所必需。前述目的之追求之所以可能，多少是與個人「自我實現」（self-

---

10　見本書第十一章第五節（a）。

realization）相一致，這有賴強調博愛與尊重人的生活形式（見第八章）。中小學、大學與教堂、研究機構、各種自願性的組織一樣，都具有保存和傳遞社會終極價值的功能。即使在「開放社會」中（open society），這種功能也不全然保守。因為我們曾經提過，在開放社會中，價值不只是存在於所傳遞的技術與知識的內容中，也存在於思想的形式與程序原則之中，這能確保知識不斷發展並適應新情境。

然而，社會也需要許多工具性的工作和各種較低微的工作，同樣要靠為數不少而訓練有素的人去完成，否則社會根本無法維繫。雅典的生活方式之所以可能，很大的程度，正是靠許多奴隸和外邦人去擔負這些功能。在現代工業社會，這些任務的完成就有賴一般的公民，針對這些公民加以訓練，就變得非常重要。所以，學校在當代社會中，就負有選擇與訓練的工具性功能。好的學校或大學企圖在教育的過程中就能提供良好的訓練。許多社會高階的工作，也需要學生離開學校後，接受更進一步的訓練。如果這些工作場所只能提供少量的就業機會，像現在英國所面臨的情形，學校就會逐漸發揮其選擇之功能。那日益分化的考試制度就會逐漸阻礙教育本身的效能。

所以，教師基本上有雙重的角色。在現代的法理社會中，教
P. 253 師們已根據大眾所認可的規準而建立起自身的地位，他在社會文化的某些領域是一權威者，所以教師應該享有權威。教育的工作正是引領學生進入一合內在本有價值的生活中。但是從另外一個角度來看，教師的任務也是訓練學生因應日後職業的需求，並作為社會某些行業或是大學的選擇機構。要達成這些任務，也都需要特定的專家知識。不管教師傳遞的是單純的技術，或是知識和認知的形式，都涉及教學方法的問題。某種學科知識的權威，

不見得就是位好老師，他也不見得懂該學科應如何有效的教授。
要叫熟練的工人教別人該種工作技術，他也常不知所云。由上可
知，不管教師擔負何種角色，他都需要特定的知識。

　　不同的國家對於教師角色各有不同的強調。以美國為例[11]，
其學校教師的社會地位遠比英法兩國為低。部分原因是在美國商
業及財富被賦予較高地位的社會歷史因素，部分原因則來自教師
本身的教育程度。雖然，人們仍期待具有較高階專門知識的人來
處理文化事務，但是教師在社會文化層面中「應是權威者」之理
念並未廣泛被接受。美國聯邦憲法制定之時，即早期面對面的民
主生活時，學校教育即被視為是地方的責任。老師是被「雇用」
的，其任期並無保障，家長們也不把教師看在眼裡。教師在學
校內外都必須服膺地方社區的規範。他們常成為地方教育董事會
（local school boards）的犧牲品，因為董事會得以決定教師的薪
資、課程與學科等。而學校的經費來源也大多由地方負責，這使
得地方企業人士藉著提供經費而享有教育事務的發言權。這一切
的一切造成學校高度重視其工具性的目標。的確，美國一般是把
教育看成工具性的術語，即便是大學階段也是如此。教育的重點
在於訓練商業界所需要的技能。

　　美國社會的終極價值很強調社會化，即培育出願意獻身美式
生活的公民。這對美國如此需要融合多種族的國家而言，相當重
要。再者，培養美國師資的教育學院通常都獨立於一般綜合大學　P. 254
之外，學術地位也被一般大學質疑。在這種情形下，把學校老師
視為任教科目的權威者之看法並不容易建立。而且，美國高等教

11　見Baron, G., 'The Social Background to Teaching in the United States: An English
　　Assessment,' in *British Journal of Educational Studies,* May 1956。

育廣泛招生，國力資源豐沛，要求中學學術成就與專業化的壓力也就相對減低。其要求與英國中學第六學級（sixth form）相比，不能同日而語。雖然，也有提高教師學術權威的呼聲，但是一般而言，美國大眾期待教師的並不是要他們成為任教科目的權威，而是要教師成為會教書的專家。教師的文化素養不需高過其他人，但是對於兒童的瞭解，對於文化如何有效傳承，教師必須比別人懂。也就是教師必須是手段的專家（expert on means），而不是目的之權威（authorities on ends）。

英國則是另外一種風貌，地方並不完全握有財政和教育的控制權，教師也不認為是「受雇」於地方政府。傳統古典的文法學校及久負盛名的公學（public school）教師，多數都具有大學學歷，他們提振了英國中等學校教師的「形象」。如同教區牧師一般，教師傳統上是國教（the Establishment）的一部分。他必須有內涵，熟曉歷史，懂得文學（如欣賞羅馬抒情詩人賀瑞斯〔Horace〕）〔譯注12〕，正如同教區牧師被期待要精通經文一般。由於有這樣的傳統，也由於中等學校像文法學校等之高學術成就，教師通常都被視為是某一領域的權威者。就像是大學講師的寫照——旺盛又帶生澀的學術力。第六學級的中學教師們也有機會在大學兼課，而大學的教授（dons），在傳統上也被視為是公學校長的熱門人選。

接下來我們討論一更大的差異，即英國校長的權威遠甚於美國。傳統上，英國父母把小孩送入學校，校長接受此一委託，父母不能任意干涉；幾乎在英國的各級學校，校長的自主範圍涉及課程、教學大綱、紀律、學校組織運作等12。校長自己決定要採

---

12 見Baron, G., 'Some Aspects of the "Headmaster Tradition",' in University of Leeds Institute of Education *Research and Studies*, June 1965。

納教職員的建言到何種程度，是否忍受親師會（Parent-Teacher Association）對學校運作的質疑。校長的這種權威相當程度地擴 P. 255 展到教職員。教師除了以提振學生的學業成就為己任外，只要認為是自己的職責所在，他可能會更重視學生品格的培育，遠勝於對職業的訓練與所謂「英國式生活」的重視。教師所強調的是誠實、堅忍、勇敢、公正等美德，而不是特定社會團體的價值。

雖然中等學校教師的學術權威形象有擴散效果，但就一般而言，英國的小學老師並沒有享有與中等學校教師一樣的地位。傳統上，只把舊式小學教師的工作，視為定位在協助一些不聰明的小孩學習一些基本能力，讓這些孩子能作些卑微工作，也兼及「教化大眾」（gentling the masses），使學生能安於現狀。隨著英國民主化的進展，國小有了驚人的發展，逐漸需要受過高度訓練的優秀教師來勝任，但是傳統的國小教師形象很難改變。由於中小學薪資待遇的不同，而且大多數的國小師資都是由獨立於大學之外的教育學院來培養，中小學教師地位的差異更形惡化。到底這些培育小學師資的教育學院要不要併入一般大學內[13]？如果教育學院仍然獨立於一般大學之外，那它們所培養的國小師資，在英國社會中地位不可能提高。

人們日益體認到，除非老師在兒童心理學及兒童發展層面要是位相當程度的專家，也必須在任教課目方面是位權威，否則教師很難有效執行其工作。這對初等教育來說特別重要，因為兒童的心智異於成人，兒童在不同發展階段中，心智變遷也極為快速。國小老師對國小階段兒童數學、自然等學科理解上的發展，也必須有相當的基礎。不過，許多學生長時間來被不少只會拙

13　見本書第一篇的「附錄」第三節。

劣教學「方法」及略懂學科知識皮毛的教師所誤。也因此滋生了很流行的怪論，認為國小的教師不需要太聰明。人們也逐漸體認到，兒童學習的問題，不能只從兒童在學校環境裡的表現來思考。教師還必須掌握兒童的家庭狀況，與形塑兒童生活種種不可名狀的社會壓力。因此，教師要做好其工作，也必須具備社會學的素養。

P. 256

　　還有一項益增的事實是，社會大眾比以前更關注教育，也更懂得教育。傳統的權威對教師來說已不足恃。針對許多父母的看法，還有各領域的專家對學校應如何運作的建議，老師不能再以常識來捍衛其主張。心理學、社會學以及學科本身的知識對教師而言，就好像生理學、解剖學之於醫師。英國傳統上是把教師視為一權威者，不過，隨著傳統權威形式的逝去，教師的權威也一如其他權威，如果想在社會中繼續保有其地位，必須經由理性化的過程。假如教師想要保持權威者的形象，而不只是像某些人只具有執行社會工具性目的的法定權威，他就必須證明自己的確在某些方面是位權威者，而不能只依賴傳統來合法其主張。

　　過去，培育初等教育師資的教授們已充分體認到，教學方法和理解兒童的專門知識對準教師們相當重要，但對「學科」本身的知識則或許有些不在乎。至於中等教育的師資則相反，大家普遍認為只要準教師們成為學科領域的權威者，即已足夠。教學方法和兒童的知識，只需點綴即可。大學畢業生無須任何訓練，即可成為合格中學教師。一項明顯的事實，更顯示了一般大學與教育學院的師資專業培養的分途發展；一般大學畢業生只要在大學的教育系裡接受學士後一年的師資訓練，即可成為教師，與教育學院毫無瓜葛，而教育學院則進行非大學畢業生（non-graduates）的培育。我們期待大家都能深切體認到，**所有**的老師不僅要在學

科領域成為權威，也必須熟悉教學方法與有關兒童的專門知識。
教師權威的合理性，必須建立在教師對課程與兒童的雙重理解基
礎上。

　　若把教師的角色視為一權威者或是一專家，這種不同的強調
已經假定了教師的基本關注即是為了教育，社會也認定教師致力　P. 257
於此。不過這種看法太過單純樂觀，並不能反映英國的實際情
況。還有許多深層因素影響著教師，使教師不能全力達成上述任
務。例如，教師同時肩負科層體制的功能，為了選才，不能不強
調考試。由於許多學生來自文化不利地位的家庭及學校[14]，教師花
時間對學生進行「再社會化」（resocialization）是必須的。所謂
專門知識，也必須要教師在這些次級角色中不斷吸取經驗，才能
形成。令人擔心的是，增加了教師專業知能的另一層面，例如社
會學層面的專業知能，而排除了強調教師扮演權威者的角色。是
否為了要兼顧這些次級角色，而妨礙教師某種程度被視為社會終
極價值的權威？它們是否有助於使教師不僅成為社會文化的管理
人，而且也是傳遞思想和認知形式的人，藉此這些價值能夠隨時
因應環境變遷而調適？韋伯所正視的社會「奇魅」（charisma）形
象一旦被制度化，教師是否應被視為這些奇魅特徵的世俗形象
呢？也就是，教師在引領他人進入合價值性的生活形式時，是否
應被視為社會目的之暫時性權威？或者是教師只應被視為是手段
的專家以傳遞文化並為國家訓練公民實用的職業技能？

　　以上並不是二擇一的問題。我們已強調很多次，每一個現代
的國家，都必須為學生謀職業的訓練及選拔人才。可以盡可能使
訓練富教育意義的方式來進行。今日的教師，不管角色為何，在

---

14 見本書第一篇的「附錄」第四節（b）。

對教學方法、兒童發展、學習形態以及兒童的社會背景的掌握方面，都必須是相當程度的專家。但是，問題的重點在於教師是否具備**法定權威**的地位，在相當程度上取決於教師是否在該社會所認可之價值中居權威**者**之地位。教師是否具有權威者的地位，從客觀的證據上一方面可以看看社會上大學與教學專業機構的聯繫

P. 258　情形。再者，我們也可探究師資訓練的內容，首先特別是關於使用在學術科目的時間，其次是有關使用在教育哲學和教育觀念史的時間，和使用在方法學與心理學、社會學等輔助科學的時間是否有明顯不同。

　　這種建議並不是要把教師視為哲學王，而是希望藉著教育哲史的訓練，使學生針對教育目標做批判式的歷史探索，更嚴肅的看待教師被視為文化的看護者，並成為文化變遷的泉源。當然，社會學或心理學可以視為博雅式的人文科學，其成果也反映了晚近人們對自身的看法。時至今日，這些學科對「教育人」的掌握，也貢獻卓著。遺憾的是，有些地區，人們對這些學科的看法太工具性了，**僅**著重他們在作為教師專業知能的層面。

第五節　教師的實際權威

　　教師在社會中享有某些「權威者」的地位是一回事，但他們是否能在學校有效的執行權威的形式，則是另一回事。首先，雖然我們希望依照一些適當的規準來聘任教師，但是學生並沒有話語權。所以，教師的權威並沒有獲得學生的同意，這正是許多公共權威委任中重要的要素。再者，學生是被強迫入學，教師的任務是要引領學生進入一些他本來沒有興趣的事務中，即便是父母對這些事務也未必肯支持。或者正是因為學生們所抗拒的父母這

麼看重學習這項任務，因此他們也對學習這項任務心懷怨懟。所以，教師的工作並不是如社會選拔人員進入特定職位般地單純。到底教師應如何適當運用其權威呢？

　　教師的基本工作是要使學生認同其學校目的，去分享、關切其所傳遞的事物。學校並不像集中營，集中營的目標必然被其受刑人所憎惡，其高壓手段也不可能使受刑人認同，因為它增加了施刑人與受刑人的疏離。要期望受刑人認同施刑人，根本緣木求魚。學校的各種工具性技術則較不會造成學生的疏離。假如教師賦予所教授的事物一些外在利益，或是職業的考量，都可以獲得學生的認同，甚至可以利用分數或競爭的考試。不過，運用外 P. 259 在利益的副作用可能會扭曲了學習的內容。學生可能會學習數學和歷史，但更可能只學習有明顯用處的學科，而不能欣賞具有內在價值的事物。學生學到的事物可能很容易忘記，所習得的能力也很容易被淘汰。不過，從另一方面來看，也可能學生最先是被外在利益所吸引，而後逐漸欣賞其內在價值。如果沒有堅實的證據，很難針對學習現象作化約的說明──堅實的證據或許根本不存在。

（a）教師作為一權威者

　　教師的努力之道是使自己的行為成為某一領域的權威者，忠於自己的天職。某一領域貨真價實的權威者會使周遭瀰漫一種氣息（aura），諸如對其工作的投入、認知的形式、精於複雜的內容等，以吸引學生進入此一奧祕探索之途。所以，教師必須體認，他致力的是人類精神的企業，不是一時技癢。在所有的知識或技術的背後，正代表著行動與行為的是非，教師言行影響深遠。教師的提問必須產生學生好奇與驚奇的感覺，才能賦予教學活動意

義，精準地接納或拒絕學生答案時，也必須伴隨著熱情。換言之，教學活動和認知形式的內在價值，必須以很生動的方式切入兒童，教師不能高高在上。當學生開始被刺激所吸引而從事探索時，適當的問題、答案以及一些鼓勵的方式都有助於引導學生。教學方法是隨所教科目而定，藝術的教學技巧不同於歷史教學。

傳統執授業之禮時，教師要穿上長袍，書本以精裝製作，便於長久保存。其他的儀式也都標示著心靈的重要發展。還有許多其他林林總總的外在符號，以彰顯教育所傳遞的內在價值之重

P. 260　要，俾利於引領入門的過程。不同的授課領域有不同的氣氛，每一種企業都會發展自己一套適當的儀式，儀式的重要性在於能帶動氣氛，它們聯繫過去與現在，並且不言可喻地標示著所正被傳遞的價值。

從心理學的觀點來說，教師和學生間要有某種認同，以至於後者能吸收前者所提供的價值。學生會覺得所學的事物非常重要，而在乎是否獲得適當的學術標準。傳統及「校風」（tone of school）對此也有莫大的助益，而認同的過程也經由同儕團體的壓力獲得強化及合法化。各種儀式的設計，藉著符號化的作用與情感的提升，也彰顯了教育過程中傳遞的價值事物。學校課業當然不同於這些引領入門的慶典儀式，不過如果能融入這些氣氛中，一定更有成效。

當然，儀式和教師對學生的吸引，充其量是促進教師工作的外在協助。他們也間接地暗示著或有可能會危及有興趣與價值的事物。這些儀式當然也因此能提供一種氣氛，讓老師能更有助於使學生喜愛所欲學的第一手經驗。假如所有學生的內在動機都得到充分的發展——熱愛發現真理、創造高雅、美好的事物、精確熟練的展現技能。當壓力消失、老師不在場時，學生仍能持續

嚴格的試煉。迄今，教師是否已成功的安排了一些活動，進入了學生的心靈世界，從而長期的轉化了學生的興趣與看待世界的方式？還是老師只像催眠師，將學生置於其影響之下，只引起暫時的改變？

在上述的情境中，其實有很明顯的危險。在討論韋伯的「奇魅型權威」的概念時[15]，我們已強調了韋伯在這個概念底下融合了兩種截然分明的看法。其一是與知識的主張有關，其二是與偉人的特質有關，像某人磁石般的吸引力等。這兩種「奇魅」式的權威層面都各自會引出一些危險，值得加以探討。

第一項危險是教師的知識權威變成了獨斷主義。我們曾反覆 P. 261 提及，在知識界中只有暫時性的權威。不管一個人多博學，他說的不可能永遠都對。知識仰賴的是事實，而非特定的人，也仰賴發現和評估事實的公開程序。在教師與學生之間，永遠存在一個羅倫斯（D. H. Lawrence）所稱的「神聖領域」（the holy ground），以止於至真[16]。教師長期浸染於此，較熟悉其所在範圍；教師也經過學術程序的訓練，這對於欣賞和探索「神聖領域」是不可或缺的。例如，假設教師是一位科學家，他不僅要熟諳各種科學理論和科學事實，他也要接受科學方法的訓練，藉此對這些科學理論進行檢測。科學教師的任務不僅在於強調科學的刺激與重要，從揭示科學理論的進展中，呈顯人們如何逐步地認識外在世界；也必須引領他人進入科學探索的程序之中，藉此包括教師自己看法在內的種種科學假設可以被加以評估。教師的危險之處，在於他會利用既有的優勢行獨斷之實。這樣教師雖

15　見本書頁366。

16　見本書第二章第二節。

然可以贏得弟子,卻違背了其天職。因為知識權威的重點不是取決於個人的思想,而在於何謂真理。如果教師不藉此基礎工具(rudimentary tools)來裝備學生,使學生能發掘真理,那他就是以教學之名行灌輸之實。這對教師而言,似乎面臨了弔詭。一方面教師必須是某一領域的權威者,但在另一方面,他又必須以一種教學方法使學生能推翻其看法。教師同時是文化的保存者,也是挑戰更新文化的代言人。

　　教師的工作是教學,不只是教導,更不是灌輸。在第一章第四節中,我們業已指出,「教學」涉及知識、技能與行為模式的傳遞,其方式是帶領學習者理解並合理地評價所教的內容。灌輸則否,灌輸通常只涉及信念的教誨,它並不鼓勵學生評價其傳輸的信念,例如:訴諸權威作為支持。在較早的教育階段中,無法符合嚴格意義下的教學界定,因為當時並不注重對兒童提供理由,當學生學到金屬遇熱會膨脹或電線非常危險,學生並不知其所以然。在道德教學過程中也一樣,學生學到不可說謊、不可背信,他也不能掌握相當的理由以證明這些行為是錯的。教導作為教學的預備有其必要。但是在教導的過程中,當學生心智的成熟已初具,卻仍不鼓勵兒童對進一步原則的探求,那教導也就淪為灌輸了。兒童通常很容易相信權威人物告訴他們的一切。但是,假如權威人物用獨斷或灌輸的方式教導,那兒童從通過信賴權威的過程中,將很難獲致思想或認知之形式。

　　假如教師具有易於吸引人跟隨的個人特質,跟隨者毫不考慮會被帶往何方,那灌輸或專斷的危險就更為嚴重。學校或青年運動充斥著此類綵衣魔笛手(Pied Pipers)[譯注13],這些人到底是香花還是毒草,取決於他們是否真的有本事,以及他們是否運用其吸引人的特質往正確的目標邁進。他們之中很多熱中權力的滋

P. 262

味，這正使他們加諸於兒童之上。這些人視兒童為禁臠，並且當兒童受其他注意吸引時，會萌生妒意。由於他們對學生有如此大的權力欲，所以常為所欲為，憑著衝動衝撞學校規範，而導致混亂的不良影響。

　　不過，在另一方面，教師們具有吸引人的特質，也常能更有助於達成其目標。他會是理性的教師，完全靠他的投入（drive）、能力與謙卑的態度，並對班級內的一切洞燭機先（acute perception）。也許，在吸引學生方面，他也占了額外的優勢——由於學生打心眼裡喜歡他，這使得教師在課堂中能做到令出必行，也增加了其權威的氣氛。教師因此能掌握班級動態並可把學生對自己的喜愛，導入喜愛學習，這正是他一直致力使學生能做到自我要求。佛洛伊德早就發現類似的範例——移情（transference）。當佛洛伊德與布魯爾（Breuer）共事的時候，布魯爾發現女病人竟然愛上他，嚇得他趕緊停止治療，回去與妻子再重溫蜜月之樂[17]。佛洛伊德則不然，他咬緊牙根，繼續治療。他後來發現，移情是很多病人都會經歷的階段。佛洛伊德利用自己 P. 263 對病人們的吸引力，逐漸地轉移病人去發掘真實有價值的事物。

（b）教師的法定權威

　　教師的工作非常複雜，在很多方面，維持秩序是確保成果的必要條件，傳統上是把教師視為一禁止者。他藉著嚴格的命令與高壓手段使學生臣服。就像是獄卒或軍隊的士官一樣。這種方式運用在學習上已備受質疑，它不一定有效，也違反人的尊嚴。

17　見 Jones, E., *Sigmund Freud, Life and Works* (London, Hogarth Press, 1954), Vol. I, pp. 246-7。

不幸地，傳統高壓的方式近年來已被所謂關心兒童人士（child minder）所取代，他們藉著尊重兒童益趣來解放兒童。換句話說，老師們已自比為消費導向社會的一員，超級市場的技術已承繼了原先監獄的控制方式。

這種對權威的質疑而產生的退卻，其實是把權威看成是特定的壓迫方式。作為一種社會控制的形式，我們並不需要全盤去推翻權威，而是必須使權威的運作更理性化。關於運用權威作為社會控制的典型方式，不在於利用權力或說服，而在於發布命令和制定規範要求。一般說來，命令代表一種循規的發言，並不再需要理由的說明。通常從人們口中所發出的命令，正是有權去控制別人行為的方式。假如其他人視此人口中之話為命令，而不看成是毒蛇猛獸，正代表了其他人被引領進入一種生活的形式，而該生活認可此一命令的形態。命令之於聽覺層面，就好像警察的武器在視覺上的效果一樣。在某些情境中，立即而明確的指示確有必要，這種控制形式的理性例子是無法抗拒的。如果沒有這些命令，實在無法想像在戰爭或球賽中應如何進行。

當然，對許多人而言，下命令（command）代表著某種尊嚴的斷傷。不過，這仍須視發布命令的情境及精神而定。譬如，在私人（personal）關係中，命令就不是很恰當的方式，因為缺乏正式的地位與角色。命令是否會使不同地位關係的人感受到尊嚴問題，在於發令者是否因應情境的特性，或只是個人的興致。有些當權者沾沾自喜於他有權使別人必須服從其意旨，由於占地位之便，權力欲更加滋長，也就恣意而令，毫不考慮實際需求。命令的發布不應是地位導向（status-orientated），而應嚴格以任務為依歸（task-orientated）。

假如命令的發布能夠以任務為依歸，而不是地位導向，就算

P. 264

得上是控制和指導情境的理性設計。明確的指導方針與禁止某些
行為是絕對有必要的。如果命令要能發揮功能，必須令如其人，
在權威的言辭下，伴隨著適當的肢體語言；命令若用之於學生，
也要考慮到該項任務價值的接受性。如果不重視這些，命令也就
與權勢無異。在良好的教學情境中，常需要靠要求來建構情境。
一旦教學成功，常能夠引出學生的內在興趣，也就不太需要這種
外在的命令要求。許多人認為以命令作為社會控制的形式，並不
適用小朋友。但是高德納（D. E. Gardner）與蓋絲（J. Cass）二位
女士的有趣研究指出，即使是針對年紀很小的小朋友，許多優秀
的教師還是常常運用命令以控制班級情境[18]。

　　當然，除了命令之外，還有其他社會控制的方式可以避開
諸如高壓、威脅、賄賂和其他外在誘因的方式。例如，要求
（request），這是一種較有禮貌的命令形式。也可利用道德或謹慎
的方式（moral and prudential appeals），這會使他更像位教師，
因為道德教育正是教師的任務之一。教師在對學生進行勸告、勸
勉、讚美乃至責難時，可能是利用其地位，也可能是就事論事。
例如，教師在班級中可能仿效家長下列語帶恐嚇、違反邏輯的
話語：「我是你的父親，我說你不該抽菸，這就是你不能抽的理
由。」教師也可對其建議的事項，提供適當的理由。例如：抽菸
有害健康。不過，學生是否接受這些理由，則是另外的問題。一
位教師可能告誡學生，要他們在鐵軌上堆放東西看看會有什麼結
果；這是愚蠢的，也是不對的。但是假如學生真的做了，難道教　P. 265
師就這麼算了？教師仍必須思考，除了道德的勸說外，還應該做

18　見 Gardner, D. E. M., and Cass, J., *The Role of the Teacher in the Infant and Nursery
School* (Oxford, Pergamon Press, 1965), pp. 102-15。

些什麼？教師也必須使學生遵守權威下的規範。當然，教師們都期待最好只憑道德的勸說就能竟其功，但教師們也都清楚，當道德勸說的訴求無效時，權威方式也就會加以運作。隨著兒童年齡的增長，外在控制的需求會減少。自我約束（self-discipline）會逐漸取代外在加諸的紀律，內在約束就產生了。不過，如果沒有先經過外在約束的歷程，內在約束也不易產生。因為，心靈的內在結構是公共傳統和制度等外在結構之反映；良心的內在呼聲，是父母和教師等外在聲音的回響。所以那些有權指導兒童的人，應當提供一套典範，使兒童能夠從中發展出自律的約束形態。要使下一代學習不依靠權威而生活，師長的權威是必要的。除非他們在運用權威時，能夠理性化，並且以任務為依歸，否則這一切便都不可能。因為年輕人一定會對於傳統地位的種種非理性表現方式加以對抗。簡而言之，教師和父母們都必須學會有權威而不專斷。

＊本章承蒙林建福教授校閱。

第九章譯注

〔譯注1〕
auctor係拉丁文，係作者（auctor）、原創者（originator）之意，可溯自亞里斯多德的分類學，至今仍主要代表在動植物學分類上有原創貢獻的人。皮氏在本章中很自在的運用此一字，代表原創某種知識的權威者或是信而有徵的權威來源。

〔譯注2〕
皮德思在本章中設法釐清所謂社會政治的權威。即「法定權威」（in authority）與知識專業的權威（the authorieies）。前者通常伴隨著「權力」（power），是指有權力對一政治或法律事務進行最後裁決。在本書中，為了顧及上下文之連貫，譯者將an authority大致譯為「權威者」或「權威人士」。

〔譯注3〕
這裡所言應該是涉及到Thomas Hobbes和John Wallis之間的爭辯，前者於1655年說他自己找到了化圓為方的方法，而後者則加以駁斥，於是兩者展開冗長的論辯。

〔譯注4〕
亞倫是摩西的長兄。摩西自覺不善言辭，特別請能言善道的長兄亞倫來彰顯上帝的旨意。當摩西向埃及法老王請求釋放以色列人時，得力於亞倫與埃及法老王的交涉。摩西帶領以色列人出埃及時，亞倫與摩西為伴。現代主義音樂家荀白克（Arnold Schoenberg, 1874-1951），以此為主題，利用「無調性」的十二音列技法，創作出《摩西與亞倫》之歌劇。

〔譯注5〕
伊莉莎白一世（1533-1603），是英國斯圖亞特王朝最後一位君主，任內英國已處於宗教分裂之狀態，女王以其意志力不僅保持了英格蘭的統一，而且也締造了英國歷史上的黃金時代。

〔**譯注6**〕

在此的克倫威爾應該是指Oliver Cromwell（1599-1658）。艾利頓（Henry Ireton, 1611-1651）是其女婿。

〔**譯注7**〕

威廉・格列斯頓（William Gladstone, 1809-1898）英國自由黨政治家，一生曾四度擔任首相。在他第一任首相任內，1870年樞密院法令確立了英國文官公開考試的範例。

〔**譯注8**〕

馬流士（Gaius Marius, 157BC-86BC）是羅馬政治家、軍事家，被譽為羅馬的第三位創建者，在羅馬從共和到帝政時期，扮演重要的角色。

〔**譯注9**〕

雅典重要政治家（495BC-429BC）。

〔**譯注10**〕

原文是拉丁文 *Saluspopulisupremalexesto*，原意是「人民的健康是第一律令」。洛克在其經典作《政府論次講》也曾揭示此為政府的根本任務。霍布斯在《巨獸》第三十章中的起始，也以此出發，可算是西方世界啟蒙以降的重要概念。

〔**譯注11**〕

英國沃芬頓爵士（John Wolfenden）及十三位成員在1954年接受英國國會委託於1957年提交的《關於同性戀與賣淫問題委員會報告》（*The Report of the Departmental Committee on Homosexual Offense and Prositution*），簡稱《沃芬頓報告》，其精神是指公權力不應該及於個人私領域道德的判定，該報告影響很大，日後許多同性戀等權益爭取，都曾加以援引。

〔**譯注12**〕

羅馬詩人賀拉斯（65BC-8BC），可算是羅馬帝國奧古斯都時期最著名的詩、人文學批評者及翻譯家。

〔**譯注13**〕

源自德國民間故事，相傳德國漢姆林（Hameln）鼠輩肆虐，地方深以為苦。某日一外地人許諾能吹笛誘鼠，約定事成之後，賦予酬金。該吹笛人之笛聲引誘鼠輩投河自盡，可是村民卻拒付酬金，吹笛人大怒，乃吹笛誘童。在此，皮德思是舉Pied Pipers童話為例，代表那些舌粲蓮花、生花妙語的人士可能對學子的巨大影響，亦可能指活躍於1930年代的同名偶像團體。

第十章

懲罰與紀律

導言

　　從理想上看來，兒童應該會很欣喜的趕到學校，接受引導，一窺文明之堂奧。事實上並不盡然。在前一章中，我們已論證教師面臨此一情境，他應該以一權威者的立場，而不要直接依賴賄賂、哄騙，或高壓等方法。教師視自己為某一領域權威之氛圍，將有助於其認同教師之工作。教師將逐漸能體會其所從事工作價值之所在。教師也必須利用其他額外的方法，如儀式的要求以確保學習必要條件的獲致。這些方法若能導入教育的工作中，必然有助益教學情境。

　　然而，即便是最能刺激、鼓舞及勝任教師工作的人也會遇到在學習情境中不受教的學生。或者是甲老師接了乙老師的班級，卻發現原班級根本沒有建立起紀律的傳統。在這種情形下，光靠權威本身無法立竿見影；為了維繫起碼的秩序，可能就會支持權力（power）的運用，否則根本談不上學習的進步。這很自然的使我們面對了懲罰的問題。

　　欲處理懲罰之「問題」，先要梳理眾多討論懲罰而滋生困擾

之處。有些人會認為懲罰是不恰當的，因為犯罪的產生是社會病態的結果，並不能完全要加害人負責。但在另一方面，卻又有許多憤怒的婦女走上街頭大聲疾呼，要成人重拾教鞭，因為社會對年輕人太放縱了。常見的懲罰「理論」有三類。第一是「報復理論」（retributive theory），認為應該「以眼還眼」（an eye for an eye）、「以牙還牙」（a tooth for a tooth），這是野蠻時代的非人性殘遺。第二種是「遏阻理論」（deterrent theory），稍微文明了點。第三種是「感化理論」（reformative theory），這是最進步的看法，也是大家比較重視的理念。許多對懲罰的討論之所以糾纏，是因為不能清楚的區分這些懲罰問題。如果我們先去釐清這些不同問題，那麼所謂不同的懲罰「理論」也就不再不可相容。因為這些理論其實是不同問題的答案[1]。

P. 267 　　要探討懲罰，第一個要面對的問題就是釐清「懲罰」的意義。懲罰與「報仇」（revenge）、「紀律」（discipline）、「遏阻」（deterrence）、「感化」（reform）有何不同？第二個要面對的問題是如何證成懲罰，也就是探討懲罰的理由何在？以上二項問題也都算是哲學課題。第三項問題是檢視可能的懲罰類型。當違反規則時，可以施予何種**一般性**的制裁？這是立法諸公應去思考的問題。最後一項是法官判決的問題，即違反特定的規則時，應給予何種懲罰？本章主要即探討以上四項問題中，特別涉及教育情境的地方。

1　有關此一問題更詳細的討論，見Benn, S. I., and Peters, R. S., *Social Principles and the Democratic State*（London, Allen & Unwin, 1958），第八、九章兩章。也見Hart, H. A. L., 'Prolegomenon to the Principles of Punishment,' in *Proceedings of the Aristotelian Society*, Vol. LX, 1959-60。

第一節　「懲罰」的意義

學校情境中有個傾向，教育者常把對學生的懲罰混同於紀律；但是，這樣錯把維持紀律的一種做法當作了紀律本身。從字源的意義上來看，「紀律」一詞是植基於學習的情境中，它代表著對某種命令或規則的服從。這些規則可能是指學習的內容，如文法規則、道德規範等；也可能是指學習方法，如練習和訓練的方式；或者是對學習內容而言，更為必要的普遍性通則，例如與安靜、姿勢、飲食有關的規則。這些規則可能是經由權威者由外而內加以施行，也可能是學習者之自我要求。無論這些規則或命令系統是外在加諸於心靈的烙印，或者是心靈自我與「紀律」的對談。「紀律」都代表著一種順從規則的普遍概念。

懲罰則不然，它是比較限定的觀念，通常與違反某些規則有 P. 268 關。當某些人違反規則時，特意施予令當事人不快或痛苦的一切。施加者必須握有權威，他有權行之。懲罰者必須握有權威，否則懲罰與「報復」無異。握有權威者也可能任意對他人施加懲罰，但通常這稱之為「找碴」（spite）。權威者要施加懲罰於他人，必須是該人違反了常規。同理，若是某人違反了常規，權威者卻賞他五英鎊，這也不叫做懲罰。懲罰也者，一定要當事人有痛苦或不愉快的感受。換言之，懲罰必須符合下列三項規準，才稱得上是懲罰：（i）是特意的施加痛苦；（ii）施加者必須擁有權威；（iii）被處罰者必須違反某些法規。當然，在平常的用語中，即使未完全符合上述三項規準，我們也會用懲罰一詞。例如，在拳賽中，我們會說某拳手受到對手懲罰，這似乎只符合第一項規準。不過，這只是象徵性的說法，並不是懲罰的核心概念。

在各種懲罰的「理論」中，似乎只有「報復式理論」與「懲罰」的意義有直接的關聯。在概念的設定上，懲罰與「遏阻」、「預防」、「感化」並沒有直接的關聯。因為某人可能被懲罰了，但卻沒有阻止其再犯錯，也並沒有變得更好。是否某人被懲罰了，就能遏阻他或其他人再犯，也是一大問題。但是懲罰**必然**涉及「報復」。報復正意味著根據某人的所作所為，予相等的對待。它可能是指愉快的回饋，如：感謝、酬賞等；也可能涉及不愉快的經驗，例如：懲罰。換言之，懲罰是報復（retribution）的一種形態。在概念的定義上，懲罰必然是報復式的。

在學校的情境裡，也有類似的現象。許多未完全符合三項規準的情形，也常以「懲罰」稱之。例如，學生未完成家庭作業，老師責令其重作。這是一種外在紀律的方式，而不是懲罰。它涉及運用命令以確保學習的順暢，並非特意的施加學生痛苦。當 P. 269 然，除了命令以外，可能也會伴隨著責備或令學生引以為恥。但即便是如此，也應該隸屬道德教誨的範疇，而不是懲罰。如果兒童被棍棒伺候或是被剝奪其應享的權益，則是不折不扣的懲罰。因為這正是有意的施加不愉快的經驗，以作為當事人故態復萌行為（back-sliding）之後果。當然，教師責以學生額外的工作，也可能學生覺得很浪費時間而心生不快。但這並不是重點，老師並不會因為學生覺得浪費時間就不指派這些額外工作。

第二節　懲罰的證成

從定義上來看，懲罰是有報復性的意味。此一術語的意義必然涉及痛苦或不快，也必然是指犯行的後果。不過，以定義來看待懲罰，無法解決實際問題。某位教師發現教室門窗破了，他

打算不讓全班學生外出，這引起了沒有犯錯學生的抗議，學生認為教師以不許外出而懲罰學生。學生指出除非教師發現是誰犯了錯，否則他不應該「懲罰」全班。教師也許會振振有辭的說：「我不在乎你們是否稱它為『懲罰』，反正我就是要留你們下來，不准離開教室。」

　　事實上，「懲罰」的概念已涵蓋了規範性的關係。人們若犯了錯，就必須接受痛苦的制裁，這似乎並不是一個自然律則。這毋寧是因為人們制定了一套法律制度，規定了違者必須受罰。人們是在如此的法律制度下生活，因此自然接受這種違者必罰的理念。不過，身為一個理性的人，必須考慮當有人違規時，一定要施加痛苦嗎？是否一定要懲罰那位違規者呢？對於這些加諸在「懲罰」概念下的規範要求，如何加以證成？瞭解懲罰的意思是一回事，但是探討為何懲罰有其存在的理由，則是另一回事。

　　當然，我們可以用人們所採納的倫理理論來回答懲罰存在之理由。這些倫理理論已在本書第二篇，特別是第三章中加以探討了。倫理學的直覺論者對於為何要施以懲罰之問題，是以報復理論作為答案。他們會說，在效果上，對違規者應施予懲處是 P. 270 合乎道德的。在此，罪有應得也是直覺。如果壞人成群，會肆虐道德，若人們見不及此，真可謂道德盲。這其實有相當直覺的偏好在內。直覺論的反對者認為它過於獨斷，也缺乏客觀性[2]。許多學者，以邊沁為例，就不認為道德與懲罰的關聯是不證自明的。他指出痛苦是邪惡的，懲罰由於涉及痛苦的施加，也是一必然之「惡」（mischief）。施加痛苦於他人，又何來不證自明呢？

　　也有其他的學者捍衛不證自明的理念。例如，威斯特馬克

2　見第三章第三節。

（E. Westermarck）3〔譯注1〕，認為懲罰是一種報復式情緒的表現。這樣的情緒是建立在自然的基礎上，所謂不證自明正是源自於此。許多人反對前述看法，通常反對倫理學上直覺論或情緒論主張的人也大多反對上述看法4。首先，威斯特馬克的看法只不過對懲罰提供了說明，而非證成懲罰的理由。即使懲罰是一種「自然」反應的表現，人們的確受制於許多自然的反應，但人們更需要去抑制，而不是率性而為。我們絕不能只訴求人們的通性，來作為道德判斷的理由。再者，藉著情緒來作為論證道德判斷的理由，會有錯誤。我們已論及，諸如不贊成某事之情緒，其實涉及當事人對該情緒認知因素之評價。

　　關於證成懲罰最為流行的理由，是由效益主義學者所提出。他們認為，雖然施予懲處會帶來痛苦，**乍看之下**，這是一項惡行。但是，對違法者施以懲處所帶來的少量痛苦，較之未斷然對違反社會重要規範者施以懲處致產生更大量的痛苦，前者仍是較少的惡行。所以遏阻及預防是懲罰的基本理由。效益主義者認為少數的懲處所涉及的痛苦，可以獲致較好的效果。由於懲罰的威脅與實際的施罰，會產生遏阻的作用。有些人認為懲罰事實上並不會遏阻其他人再犯。像有些特定的懲罰，如死刑，可能真是如此。但是也不能說懲罰完全沒有遏阻的效果，如果是這樣，那刑法就不用制定了。當人們考量到可能發生的結果，人本身的特性、人類的資源有限，他難道不會同意懲罰嗎？質疑效益主義的另一根本問題是，「痛苦一定是邪惡」此一格律是如何建立起來。這些延伸論證僅能在本書五、六章中加以處理。

P. 271

3　見 Westermarck, E., *Ethical Relativity*（London, Kegan Paul, 1932）。

4　見第三章第四節。

　　一項對效益主義更尖銳的批評，是遏阻僅代表著對痛苦的施加，它尚未解答為何痛苦要施加在違法者身上。「懲罰」意味著在犯罪者身上施加痛苦。其實，更有效的遏阻形式可能是留置可疑者（taking of hostages）或實施團體懲罰。教師為維持整班的秩序，或當老師無法找出犯行的學生時，他們慣長剝奪所有學生的部分權益。受罰的學生通常會大聲說這是不公平的，他們說得當然對，因為施加痛苦，正是對個人或團體中的一種區分行為。如果人們被區分在不同的類別，接受其應有的差別待遇，這才有道理5。當某些人犯了錯，或是成了共犯，這就是他被列入違規者的標準。若是缺乏這種標準卻行差別待遇，或是未違法卻一視同仁，都是不公平的。效益主義者僅視懲罰為一種遏阻，為什麼會被公平性困擾呢？

　　邊沁認為，若懲罰具有公平性，一般說來會是有效的遏阻方法。不過，在一些狀況中，也無法清楚地抉擇，到底要考量公平，還是盡量有效的避免痛苦？在效益主義體系內公平性原則所衍生的問題，無法在此論列。本書要指出的是，公平性和益趣的考量是理性道德的根本原則，二者彼此之間在邏輯上是獨立的。在許多情境中，這些原則會相互衝突，而必須視輕重來抉擇。以前述教師管理為例，他在維持班規上應該更考慮公平性，還是考量全體學生之益趣？

　　當然，從效益主義學者之觀點，或任何視益趣之考量為根本　P. 272
原則者，遏阻不是懲罰的唯一理由，尚有預防的理由。預防涉及以一種孤立違規者的方式，使他無法干擾團體的其他人。如果某項處罰可以使某人變得更好，可稱之為感化。例如：監獄的受刑

5　見第四章第一節。

人接受了監獄的種種懲罰措施,離開監獄後重新做人。不過,這不能因此說是懲罰產生了效果。的確,儘管懲罰有此效果,但不必然是懲罰的要件。感化的案例當然不能作為懲罰的理由,人們反而常說懲罰違反了被視為感化的種種作為。懲罰的基本例子仍在於遏阻與預防。在這些情形中,懲罰是必要的,若在懲罰的過程中,如在限制自由的情境中,加入一些作為,使當事人有可能變得更好,這也值得讚許。

　　許多人認為,處理兒童問題時,將感化作為懲罰的理由,比對成人理由要堅實的多。許多青少年生活在虛幻的世界裡,懲罰所涉及的「當頭棒喝」(sharp shock),可以讓青少年從夢中驚醒,以建立符合社會可欲的行為模式。也有人認為,在學校的情境中,教育是學校的本務所在,應珍視其與感化的關係。因為「教育」與「感化」一樣,正意味著變得更好。任何發生在學校的一切施政,都應從此一層面加以審視。現在的問題是懲罰學生是否會使他們變得更好。

　　「更好」(better)一詞需要進一步的分析。是往哪方面變好呢?教育與感化不同,教育並不是要把一個人從墮落中帶回到正常之中,主要仍是引導一群兒童邁向其不曾夢想過的標準。懲罰是否有助於此,實在大有疑問。在日常學校的工作中,是否小朋友因算錯或不寫數學習作而被懲罰,就會喜愛數學呢?當然,小
P. 273　朋友算錯必須訂正,缺交也必須補寫。但是,我們業已討論過,這是紀律的範圍,而不是懲罰。懲罰是指當事人疏忽或做錯工作而加諸其上的痛苦,是否有充分的證據能支持如此的懲罰有助於學生的表現?反對或責罵也許有助於學習,那也與實質的懲罰不同。酬賞、讚美要比懲罰、斥責更可能有助於學生表現。因為這會使學生更認同教師,並願意遵守學校的規範秩序。而懲罰卻

是最易使學生心生怨懟的方法之一。在學校的日常工作裡，懲罰對教育提供的助益實在有限。當然，懲罰是否有效是一經驗的問題，有些證據也顯示懲罰有其效果〔譯注2〕。但即使研究如此，也應審慎以對，因為它僅能證明在短期內對一些孤立性的課業有效，未必能獲得長期效果。

　　或許懲罰的效果應用在學校的一般校規上，勝於學習的領域。但這只能說它遏阻的功能強化了，而不是個別的懲罰有助於道德提升。為了正視懲罰所引起的爭議，我們必須再去界定三種不同情境的懲罰形態。第一種情形是在教育活動的進行中，破壞其必要的秩序條件，這通常稱之為班級紀律（class-room discipline）；第二種情形是涉及違反整個社會，當然也包括學校在內的種種道德規範，或不見容於法律的行為，如偷竊、說謊、傷害他人、損害財物、違反承諾等。第三種是涉及學校一些局部能順暢進行的規則，如不在走廊奔跑、不在校內用餐時要先告知等。

　　在上述的領域中，我們假定規則之所以必須遵守，並不是因為規則就是規則。它們可能是經過證成過的根本道德原則，也可能是為了機構的特定目的，也可能是若缺乏這些規則，會給機構帶來不便。我們當然希望靠著學校的傳統、教師的權威與道德的 P. 274 教誨，就能確保社會秩序於不墜。但是，卻仍需要懲罰機制以作為遏阻的後盾。這些懲罰雖會帶來不快，但可事先預警。預警愈多，所需要的不快也降至最低。

　　上述看法可以提供吾人一啟示，即懲罰不必建立在可能對受懲者有利的基礎上。這些懲罰存在的理由是保障起碼的秩序，使教育活動能順利進行。教師在此可說陷入了兩難的弔詭。一方面為了班級紀律，他們必須堅持懲罰某位學生（例如：要學生離開

教室）以作為遏阻或預防其他同學再犯；但是教師也明瞭這樣做
對受懲罰的小孩子而言一點好處也沒有。在此情形下，教師其實
要處理兩個問題。第一是他必須無私的貫徹懲罰，第二是教師必
須盡其最大可能去瞭解違規的學生。教師同時扮演法官與緩刑監
督官（probation officer）的角色。教師要讓受罰學生體會到他是
站在學生這一邊，不是毫無同情心的不把學生視為同路人；教師
也必須設計各種方法，廣開大門，使受罰學生有機會彌補，並重
建其在原班級的地位。敬法必須在敬人中實踐，但是敬人卻不能
被敬法取代。機構中如果沒有人際關係的複雜連鎖，根本不可能
運作。

　　也有些人會說，這些懲罰不純粹只是遏阻或預防措施，它們
也有助於道德教育的推展。因為藉著懲罰的規定，可以讓學生區
分是非。假如教師對那些強調的規則，能仔細的說明其理由，就
有助於學生良好習慣的養成，進而為日後理性道德律令的發展奠
定堅實的基礎。懲罰是否有助於這種效果，誠屬經驗上的問題。
許多心理學家在這方面精確的研究，都是以制約動物為藍本，能
否推論至人，猶有疑問。直接以人作為探索對象的研究，如養育
兒童方法的研究，雖然無法做到嚴密的控制，其研究結果也並不
支持懲罰有助於兒童品格的發展[6]。有證據指出：「來自父母懲罰
P. 275　性的打罵會導致兒童的攻擊行為，但無助於道德學習。」[7]用讚美
嘉行和反對偏差行為的方式維持紀律，或是堅持是非標準，會是

6　見 Sears, R. R., Maccoby, E., and Levin, H., *Patterns of Child Rearing*（Evanston, Row, Peterson & Co., 1957）。

7　見 Kohlberg, L., 'Moral Development and Identification,' in *Child Psychology, NSSE Year-book, LXII, Part I, 1963, p. 303*。

另一種風貌。或許，父母與兒童情感的聯繫較之實際的各種技術更為重要[8]。

　　然而，這些通則對年幼兒童和訓練形式而言，是有條不紊的合理行為。前述研究不在於指出各式「當頭棒喝」式的懲罰沒有好的效果。原因不是這些有條不紊的負增強作為，可以抑制多種不可欲的行為形態，而是因為這些方式，可以讓學生警覺，進而幫助他們掌握行為的後果。很多青少年之所以會誤蹈法網，是因為他們生活在一虛幻的世界裡，在恍惚的狀態中魯莽行事。藉著隔離，面對法庭以及權威所支持的公開懲處，的確有溫和的效果。誠然，懲罰的威脅確有助於遏止青少年違規犯過。哈雄與梅（H. Hartshorne & M. A. May）有名的品格發展研究中指出，在迫切的情境中，實際的懲罰是消除欺瞞、引出誠實最重要的變項[9]。青少年的道德行為與他的智力、一般概念發展，包括對社會事物的掌握息息相關[10]。在喚醒青少年關注社會事物的功能方面，「當頭棒喝」的確是好方法。當然，學生可能只是變得更謹慎（prudent）一點，但是謹慎不正是一美德嗎？

　　由於學校和家長都仍把懲罰導入教育之中，這種教育觀仍很盛行，也造成了許多中學教師面臨另一兩難之窘境。缺乏創意的課程、嚴格的分軌制度、頻繁的考試，造成學生毫無學習的欲望。在這種環境下成長的兒童，其心目中的成人形象只不過是一群動不動就訴諸暴力的人。他們所理解的「權威」，竟然是這個

8　見Kohlberg, L., 前揭書，p. 302。

9　Hartshorne, H., and May, M. A., *Studies in the Nature of Character:* Vol. I, *Studies in Deceit* (New York, Macmillan, 1928).

10　見Kohlberg, L., 前揭書，pp. 320-5。

様子，除非教師是個天生的演說家或表演者，否則他如果不訴求
P. 276 高壓的方式，很可能會產生嚴重的紀律問題。教師該怎麼辦呢？
假如教師還想繼續教書，當學生違反常規時，他勢必要動用棍
子，或是把學生送到校長室去接受更進一步的管教。如果教師不
這麼做，他也會受到學生、父母、甚至是其他老師的嘲笑。雖然
這位教師知道這些方法對違規學生一點也沒好處，只會造成學生
的疏離，離真正的教育愈來愈遠。長期的解決之道當然還是要採
取比較大刀闊斧的方法，以扭轉積習已久的學校。雖然《紐森報
告》（*Newsom Report*）〔譯注3〕指出社會大眾已經瞭解教育制度存在
的弊端[11]。但是由於優良師資的缺乏和教育經費的短絀，學校內的
懲罰措施，還會持續相當長的一段時間。在這段時間內，教師們
無可避免地會遭遇許多實際的兩難困境，也沒有哲學家能提供令
人滿意的解答。

第三節　懲罰的形式

懲罰人們時所持的理由會決定懲罰的形式。報復論者認為懲
罰的形式可取決於如何看待所犯之罪行，務使「懲罰與其所犯的
罪相稱」（the punishment fit the crime）。在前面懲罰證成的探討
中，我們已指出了反對報復論者之觀點。除此之外，報復論者對
懲罰形式的看法仍有兩種困難。第一個困難比較實際一點，即到
底應如何定奪懲罰是否與犯罪「相稱」？以牙還牙，以眼還眼當
然很直接。謀殺判死刑，偷竊則應全數充公（如果竊賊還有剩下

---

11 *Half Our Future*. A report of the Central Advisory Council for Education
　（England）.（HMSO 1963）.

財物的話）。但是像縱火、性侵害、公然猥褻又如何使懲罰與犯罪層級相稱呢？這很難加以評量，且這種看法似乎比邊沁對快樂的算計更令人沮喪。假如相稱是指犯大錯（serious offences）大罪，小錯（trivial offences）小罪，那「大」、「小」又是何意義？如果沒有考量效益主義所稱的，之所以懲罰某人是預防別人不要效尤，難道能將這些觀念應用到犯罪上嗎？諸如此類預防或遏阻的考量當然不是「大錯」、「小錯」的意義。懲罰的形式並不是以此方式維繫。除非我們能精確算計一般人打算容忍的程度，否則 P. 277 利用「大錯大罰」、「小錯小罰」的觀念於具體的情境中，確有其困難。

任何接受某種效益主義立場對懲罰所持理由的人，都會著重以一固定的評量標準，來看各種不同的刑罰所產生的效果，他會特別對何種刑罰類型足以有效遏止人們犯下何種犯行了然於心。效益論者希望藉著懲罰形成威脅就足以使人卻步，而不要頻繁使用。如果威脅的效果是百分之百，那麼對所有大小罪行都可加以處死，因為絕對無人敢犯錯。然而，遏阻的制度絕無法十全十美，總有些人思慮欠周而心存僥倖，即使威脅仍發揮效力，實際的懲罰仍無法避免。對於不同罪行該有的刑罰也就會逐步發展。人們希望制定出在受刑人可以容忍的程度上能發揮最大的遏阻力，以預防整個社會蒙受其害。統計數字也許可以有助於社會找到此種平衡，當然這仍須面對道德的抉擇。藉著對少數違法者施以最小的懲處，以平衡整個社會受的傷害。在有些情形中，「預防式的遏阻」（preventive detention）被應用，例如，對一些十惡不赦的壞人，懲罰不僅只發揮遏止他人的效果，也根本可以去除社會的潛在傷害來源。

前面業已提及，對成人而言，將感化視為懲罰他們的理由較

難成立。但為了某些目的而懲罰某人時，仍有相當的理由，如限制其自由。雖然我們期待懲罰的形式在實施後能帶來感化的效果，似乎過度樂觀，但我們仍把感化視為首要。不過，我們仍要確認遏阻式的懲罰形式不會明顯阻礙違規者邁向新生活努力的可能。當然，沒有人可以**使**別人變得更好，變好必定是在歷程中逐步發展而成。但是藉著物理的條件以及處置的方法，確能幫助或阻礙此一發展。

P. 278　　在學校的層級中，其情境必然涉及學生的進步，也不會用很激烈的方式執行懲罰，比較能用感化效果的觀點來看懲罰的形式。學校特別重視是否懲罰會帶給當事人傷害。學校的教師不會一開始就決定要用何種懲罰形態。何者能為，何者不能為，通常是由校長制定。教育當局也明令禁止體罰（corporal punishment）。學校也許有其複雜的評分制度，或是成規的遏阻制度。換言之，學校教師可以直接從學校傳統中運用各種已經成形的方法。

　　常見的懲罰形式中，棍子可算是最有效的遏阻方法。如果用之頻繁，也可能是最傷害學生的懲罰方式。它所能產生的感化價值是建立在「當頭棒喝」之上。由於它對學生有相當不良的影響，也常被視為最後關頭的遏阻。如果把棍子看成最後的殺手鐧，也較可能有效發揮其遏阻作用。前面曾論及，有些學校傳統正是視棍子為唯一有效的遏阻方式。

　　不准放學也是有效的遏阻方式。師生都不喜歡，學生固然痛恨之，教師卻也因為必須留下來監督而不耐。把學生留下來要幹什麼也是一大問題。如果把學生留下來，卻毫無積極性的措施，那也是徒增困擾而貽笑大方，這方式對於教育價值理想的達成助益不大。剝奪違規學生的權利（deprivation of privileges），也是

有效的遏阻方式，且不易造成學生嚴重傷害。不過，學生的權利常常彼此相關，也會影響到學校其他教師。很多教師也會精心設計與「違規行為相稱」的社區服務（community service）的懲罰形式，根據學生違規而對團體造成的損害程度，例如，嚴重損毀公物時，藉著社區服務加以補償。通常，在學生「服務」的同時，教師也必須花時間加以監督。違規學生是否對社區服務有正確的態度殊為疑問，不過，只要小心的選擇，社區服務的懲罰形式的確提供違規學生真正彌補的機會，也能使其重返原團體。特別是某些道德上的違規而明顯損害到團體利益時，社區服務式的懲罰更為恰當。在道德教育上社區服務式的懲罰之所以有效，是　P. 279
因為這麼做，會讓受懲罰的學生能想像到他們的違規行為對別人造成的後果。

　　懲罰在學校裡充其量只是一必要之惡。作為遏阻作用，確有必要，但其積極的教育價值實在令人懷疑。如果沒有起碼的秩序，教育根本不可能進行，懲罰正是在此情形下有其必要性。有經驗的教師都知道在何種突發事件下，最有可能造成班級失序，他們都會盡可能事先防範。教師發揮其教學熱忱，活用各種技術，有效地從事班級經營，都會使懲罰的需求減至最低。無聊可能是造成班級失序的主要原因之一。教師必須有權威及對標準的堅持。他更需要真正的去瞭解並喜愛學生。好教師不會只關心自己的事，他會完全置身於班級。他能掌握班級將發生的一切，兒童也能深深感受教師對他們的觀感，以及教師掌握教材的程度。幽默也是班級氣氛營造的快速催化劑，因為假如人們能相互關懷一笑，他們就會不拘年齡、性別及地位而能融合在一起。他們會視自己為分享經驗的參與者，而不是在教室中冷眼旁觀。

　　前章所討論涉及教育的重點是教育情境的關鍵，懲罰會帶來

怨恨。它使教師和學生之間的「神聖領域」地帶充滿仇恨。如果我們鄙視此一「神聖領域」的話，那就盡量斥責學生好了。教師一旦把自己暫時變成警察角色，他就需要花費相當的時間去重建學習的氣氛。

當然，部分學校會處在很悲慘的情形，教師的工作無異於警察的鎮暴、清潔工清理地面、醫生治療病人，以及受過心理治療訓練的教師照顧病人的「心理健康」，並盡力提供種種病人欠缺的「社會化」（socialization）活動。像這種學校的情形與學生的態度，要奢言「教育」，實在是很不相稱，就像是時尚模特兒在糞堆上走秀。在這種「黑板叢林」（blackboard jungle）的環境下教學的教師，需要特別的天賦與特殊的訓練。與其說像教育專P. 280 家在工作，不如說更像突擊隊員在值勤；因為他們所要做的正是建立起讓正常教育得以運作的條件。在這種險惡、匱乏的環境下，富愛心且頭腦冷靜的教師仍能獲得驚人的教育成就[12]。教育正是充滿信心和熱忱的事業。正需要像「校風」（tone）、「精神」（spirit）等字眼來感召整個氣氛，始能深中人心，源遠流長。可惜有些學校環境注定無法發揮這種影響[13]。

第四節　特定犯行的懲罰

在第二節已指出，當教師面臨兩難時，他必須同時兼顧懲罰的遏阻效果及其對受罰學生的傷害。也就是教師一方面必須公正

12　例子見Farley, R., *Secondary Modern Discipline*（London, Adams & Black, 1960）。

13　見Partridge, J., *Middle School*（London, Gollancz, 1965）對此一例子的說明。

以確保法律校規之執行，但他也同時必須與受罰學生建立關係，以減輕學生因被罰而心生怨懟。此凸顯出法官的問題，是多麼不同於哲學家及立法者截至目前所考慮過的問題。法官以及學校教師都能從一定範圍之懲罰選擇一最適當的懲罰。也許有些特殊的理由可以使法官或教師從輕發落，但要接受或拒絕這些從輕發落理由之準則又何在？

　　首先，要去釐清經過證成的理由和其他一些藉口的差別。例如，一個人辯稱他是因自衛而殺人，這與他辯稱是在意外的情形下致人於死，有不同的理由。在英國法律中，此二種情形都不會被視為犯罪式的謀殺。不過，他們被排除在謀殺罪之外的情況則不相同。在第一種情形，當事人的所作所為不會受到譴責（deplorable）。第二種情形我們雖會加以譴責，但考量到當事人的心理條件，可加以平反。第二種過失殺人下，犯行者並非「蓄意而為」（mens rea）；換個更周延的方式說，犯行者並沒有做出他被描述為殺人的行為。他的過失致死行為不是出自其「意志」（will）。他忽略了一些該注意的地方，以致鑄成大錯（但絕非故 P. 281 意犯行），也許他缺乏對自己身體的控制（非本意的），或是他受制於任何理性之人都無法抗拒的脅迫。因為上述情形而產生的行為結果，無論是在道德和法律上，都不能與真罪行等量齊觀。如果是屬於上述的情況，聲稱當事人無法為其行為負責，實屬合理。

　　平反（exonerate）的條件與減刑（mitigating）的情形不同，必須加以區分。減刑的條件並不是為當事人的罪行平反或免除刑責，而是希望能從輕量刑。例如，某人在盛怒之下的行為，其心智已明顯失去平衡，在此情形下，當說某人對其行為可以負少一

點責任，似乎也是人之常情[14]。

這樣的情形使我們注意到兩個重要的問題。其一是**所有**這些可延伸辯護行動的理由，立基於既然人類的行為像自然界的每一件事物一樣，都受到律則的支配，人類也因此是「被決定的」（determined），他們完全無法為其行為負責。其二是平反或減刑的訴求都有其證成基礎，減刑的情境應予維繫，這些例外的情形又與懲罰的一般理由有何關聯？這兩個問題我們接下來就要作一般性的探討，並應用到學校兒童情境上。

（a）責任的「免除」

要說到有關責任免除之概念，必先處理兩個基本的形態。首先是要確定違規者是否由於「蓄意而為」有其實際困難。在英國法律中，根據「麥克諾頓規則」（McNaughton rules）〔譯注4〕，主要集中在認知的因素。所謂「精神障礙」（guilty but insane）〔譯注5〕，是指當事人的理性功能喪失，他不知道自己做了什麼，也無法明辨是非。但這很難認定。最近更有人認為，即便是當事人具有明辨是非的知識，他明明知道某事是錯的，但他無法抑制自己不去做，這樣也應該獲得責任的免除。如此一來，使得責任免除的認定問題益形複雜。利用高壓和監禁的方法想要掩蓋衝動或當事人意志的缺陷，這對於要建立受罰者之責任有相當之困難，甚至於較過去只強調導正受罰者之認知條件更為困難。因為我們怎麼能說在脾氣與盛怒之下，個人還能約束其行為呢？伍頓女士（B.

P. 282

---

14 見Hart, H. A. L., 'The Ascription of Responsibility and Rights,' in *Proc. Aristotelian Soc.*, Vol. LXIX, 1948-9. Reprinted in Flaw, A. G. N., *Logic and Language,* First Series（Oxford, Blackwell, 1952）。

Wotton）在其著作的一章〈心智脫序與道德和犯罪責任的問題〉中[15]，至少已提到了要去界定並應用「減輕」（diminished）責任之規準，有相當的困難。關於「絕對法律責任」（strict liability）[譯注6]的法律觀念發展，也已受到認可，其旨為被起訴者不能以沒有犯意，也不能以其已採取合理措施試圖避免此一違法情事之後果來辯解[16]。如持過期護照、販賣過期的牛奶或危險駕車等。問題在於，如果「絕對法律責任」在某些情形下得以成立，那它將適用所有案例。我們不應藉著處理這些困擾狀況，而把懲罰問題複雜化，而應該把重點放在那些在傳統上能證明有實際效果的種種懲罰「處遇」（treatment）[譯注7]。

　　支持決定論的人士常常攻擊責任的概念。他們認為人類的行為是「果」（caused），他們無法主控自己所做的一切。假如是如此的話，那也就無法去區分人類「能夠」（can help）與「不得不」（can't help）的差異了。那麼一切探詢、發掘事物之奧祕，都不重要，這只不過是巨大因果系統下無足輕重的細節罷了。

　　關於決定論在人類事務中的種種複雜問題，並不適合在此做全面的探討[17]。在這裡僅提出一些與責任主題有關聯的地方。首　P. 283

15　見Wootton, B., *Social Science and Social Pathology*（London, Allen & Unwin, 1959), 第八章。

16　見Hart, H. A. L., 'Prolegomenon to the Principles of Punishment,' in *Proc Aristotelian Soc.*, Vol. LX, 1959-60, p. 19。

17　此一問題一般性的通俗討論，見Peters, R. S., *Authority, Responsibility and Education*（London, Allen & Unwin, 1959), 第二篇。進一步的討論見Benn, S. I., and Peters, R. S., *Social Principle and the Democratic State*（London, Allen & Unwin, 1959), 第九章。Pears D. F.（Ed.）, *Freedom and the Will*（London, Macmillan, 1963）and Strawson, P. F., *Freedom and Resentment*, Proc. British Academy, Vol. XLVIII（London, Oxford University Press, 1962）。

先，決定論者常混合了原因的解釋（causal explicability）與不可
避免性（unavoidability）兩種應該加以區分的概念。這兩種概念
不必然有關，舉一個常識的例子，在窗戶上拍打蒼蠅，我們可對
此做一個合理的解釋，但如果我們願意的話，也可不這麼做。它
並不像人坐在熱火鉗上，必然會急速跳開。瞭解為什麼人會做他
可能會避免的事，如從他人的批評中變得具批判性，常是真正避
免做此事的必要條件。許多被證明是無可避免的因果因素，其實
只是從一些不尋常的事例中所找到的似真通則而已。例如，經催
眠服從的暗示，某人缺乏母愛是其某種行為的原因等等。在這些
情形下，一些衝動的症候或無可避免的形態就與特定的原因條件
聯繫在一起。

　　這使我們進入第二個重點，即說明行為時，必須釐清各
種不同形態的「原因」。這意味著我們不僅必須區分必要條件
（necessary conditions）和充分條件（sufficient conditions），原因
的說明至少必須是充分條件。除此之外，更必須釐清不同類型的
行為有其不同的適用條件。說話吞吐（a lapse in speech），可能
被歸為生理上的原因；說話時「不經意地」（unintentional）犯了
錯，可能被歸為潛意識的念頭；在英國對法國留學女孩（*au pair*）
說法文，可能被歸為溝通的原因或是想博得女孩之好感。人類的
行為是如此多樣化，有各式各樣的解釋類型，形成不同的概念家
族，必須予以正視。

　　迄今，尚未有人能證明不同邏輯類型的解釋能互相加以還
原，或相互引出 18。我們所做的事，正如同發生在我們身上的

18　見 Hamlyn, D. W., 'Causality and Human Behavior,' in *Proc. Aristotelian Soc.*,
　　Supp. Vol. XXXVIII, 1964, and Taylor, C., *The Explanation of Behavior*（London,

一切，通常都以一種模式來加以解釋，此一模式規畫人類是能
意識行動的情境，能意識藉由手段達到目的，能意識到手段　P. 284
和目的受規則所左右。在此一模式之概念群中，諸如「意向」
（intention）、「深思熟慮」（deliberation）、「預見」（foresight）、
「抉擇」（decision）與「選擇」等等，都有適當的位置，也都能
視為某一行動的原因。正如同在一機械的模式中（如解釋眨眼的
動作），某一動作可以視為另一動作的原因。

　　當我們在一個結構的情境中，諸如在會議、旅館、高爾夫球
場及實驗室中，可以利用上述模式去解釋某人的行為。當然，
我們知道，像作夢、狂言囈語（deliria）、幻覺，無法用上面的模
式加以解釋。我們也知道，在日常生活的一些行為表現中，會不
經意的說溜了嘴、吞吐和錯誤，這稱之為「意外」（accidental）、
「不是故意」（unintentional）、「非自願」（involuntary）等的行
為，也無法用上面的模式加以解釋。佛洛伊德在心理學理論上的
偉大貢獻之一，正是指出了這些現象不是不可說明的。佛洛伊德
發展了一套特別的理論加以解釋「行為倒錯」（parapraxes）〔譯注8〕
以及其他諸如夢、歇斯底里、妄想等現象[19]，這些行為模式都需要
另一不同的解釋形態。事實上，佛氏也盡力以公正精確的方式，
使其特殊的解釋能站得住腳[20]。實際的情形是有些活動界線不明

Kegan Paul, 1963）。

19　見 Peters, R. S., 'Emotions, Passivity and the Place of Freud's Theory in
　　Psychology,' in Wolman, B., and Nagel, E., *Scientific Psychology*（New York,
　　Basic Books, 1965）。

20　見 Freud, S., *The Psycho-pathology of Everyday Life*（London, Ernest Benn,
　　1914）, pp. 192-3。

確，有些活動被過度解讀了[21]，也很難把它歸屬在某一領域，不過這不會減損區分活動形態的普遍性理論的重要。

簡而言之，決定論的主張無助於我們解釋人類行為，因為在決定論的主張中，內部就有不同的因果解釋類型有待釐清。關於我們被動的種種無意識、非有意的行為與直接的行動，有賴不同的解釋類型。它們也各有不同的心理基礎，所以，律師們興訟所應用的規準，無論是草創或已然就緒，都有堅實的心理學理論基礎。

以上理論上的區分在實際的應用上一樣有效，哈特（H. A. L Hart）曾云[22]：

P. 285　　　　人類的社會也就是人的社會，人們不會視自己或其他人只是眾多以一種有害的、需要被預防，或改變的方式在行動的肉體。相反地，通常人們詮釋他人之行動著重在其意向與選擇的宣示，這些主體的因素對人們的社會關係而言，常比人們外顯的動作或結果更為重要。假如甲打了乙，乙並不會馬上認為甲是造成他痛苦的因，對乙而言，此一擊是出於蓄意或無心顯然更為重要。假如甲是蓄意的，雖然打得很輕，但對乙而言所顯示的意義卻要大於無心的重創。這種區分也深深影響到道德判斷。如果你打了我，而我判斷你是蓄意，這會使我恐懼、憤怒、氣憤、怒恨，這些反應都出自於自然，接著我會思考、判斷到底以後要如何跟你相處，這將會為我

21　見Peters, R. S., *The Concept of Motivation*（London, Kegan Paul, 1958），第三章。

22　見Hart, H. A. L., *Punishment and the Elimination of Responsibility*（London, Athlone Press, 1962），pp. 29-30。

倆的社會關係蒙上色彩。到底我們是朋友還是敵人？要講門
面話還是一拳回敬？但是假如你不是蓄意打我，則一切又另
當別論。這就是人類在社會的真實情形，迄今我們仍無力加
以改變。

以上其實也說明了人類的語言描述系統，在我們日常生活中
運用得宜，並歷經幾世紀的進化，仍無法有效加以應用。我們也
不能指出存在一些人類尚無法清楚界定的界線就算了事，這都是
人類企圖去分類的結果。伍頓女士藉著發展心理學理論而引起大
家更關心此一重要區分，開創了一嶄新有意義的路向[23]。而前揭
哈特之文也預設了尊敬人的原則。我們前幾章已提及，一位理
性的人與其他道德主體相處時，必須接受敬人的原則。一旦此一
原則毀滅，一切操控別人的法庭都不會如我們想像的恰當。伍頓
女士已經感受到了在她不凡的評論「存在的道德觀念」（existing
notions of morality）的立場上，可能會引起令人不快的倫理後
果[24]。不過，遺憾的是她並沒有對此一不安作進一步的探討。

（b）維持責任的證成

P. 286

有關於責任免除概念背後的主要理由，似乎比較關切到懲罰
的感化層面而非報復層面。哈特曾指出，人們在討論懲罰問題
時，在所謂法官的宣示令人想起的報復性，以及代表19世紀科學
主義下如伍頓女士之「埃魯皇人」（Erewhonian）〔譯注9〕的視野，
二者之間似乎並沒有折衷的方法。要證成某事必須仰賴不靠直覺

23　見 Austin, J. L., 'A Plea for Excuses,' in *Proc. Aristotelian Soc.*, Vol. LVII, 1956-7。
24　同注15，前揭書，pp. 253, 254。

的區分方法。這種證成可進一步從本書第二篇所討論的根本原則
中來訴求。

　　從公平的角度來看，證成的重點是，無論一個人將接受合
理的懲罰或被施以治療性的「處遇」，他都是受到了差別待遇。
差別待遇的唯一適當理由，在於當事人他**自己置於**何種應該承
擔的懲罰或處置的範疇內。假如行為的初始並非蓄意，最終卻未
得到減刑，顯而易見的是即使有適切的差異性，當事人所受的處
置將一視同仁。如果貫徹「嚴格責任」，不管何種情形，無論是
錯誤、意外或蓄意，當事人都必須為他所犯的錯誤負責。毫無疑
問，心理學家、社會科學家們對於當事人應該如何「處遇」，會
有不同的看法。他們都必須面對嚴格的公平觀念。

　　前述問題也必須以自由的原則嚴肅以對。假如支持讓人們可
自在的主導其生活，若人們真如此做出違反法律的決定，也知道
其行為的後果，但他要隨時擔心因意外或錯誤負責。那所謂自制
（self-restraint）或自主性（autonomy）也將功敗垂成而不會受到
重視。因為我們的體制藉著人們在意外或偶發的錯誤情形中可以
得到減刑，以鼓勵及確保人們能控制自己的衝動並遵守法律。如
果人們只因為違法就會受到「處遇」，那對自主性將無法提供任
何內在的酬賞。的確，任何人若堅持犯錯者必須接受相同的「處
遇」，也是不合邏輯的。精神科的社會工作者，應該為這些可能
違反法律的人事先提供各種淨化的「處遇」措施。對於過度強調
弱者（weaker-brethren）的利益而言，「處遇」的立場確實是建立
在犧牲自由和公平之上。在此，父權主義（paternalism）〔譯注10〕是
以冠冕堂皇的外衣（lab-coat）加以包裝。

　　對違規者減刑與否區分的重要，也同樣可用來辯護懲罰的遏
阻性功能。假如懲罰的主要目的在於遏阻，其效力將只侷限在蓄

P. 287

意性的行為（deliberate acts）。法官在考量行為人犯意，豁免了懲罰，不必然會減低遏阻的效果。從效益主義的立場來看，除非人們蓄意犯行，否則讓人們經歷苦痛是沒有意義的。

效益主義者面對從寬量刑的案例，也會審慎以對。他們對不同情境所涉及的威脅是否有效，會想知道得更多。就此一觀點，有關適用從寬量刑情境的效果也各有不同。舉例言之，嚴厲的威脅將會降低所謂「一時衝動的犯罪」（crimes of passion），然而，對於「有偷竊癖好的人」（stealing for affection）則不具效果。在這些案例中，嚇阻反而與公平背道而馳。這些問題背後所凸顯的問題，仍在於遏阻與先前曾觸及的純然感化式的考量，在懲罰所占的比重問題。值得留意的是伍頓女士早已指出：「最近用在處理犯罪的各種精神病理方法的刑法上的感化，是根本的兩難，人們卻不願意加以正視。」[25]

（c）兒童的情境

我們就以上的討論，可以檢視學校中對兒童的懲罰問題。很明顯地，對於犯罪責任的年齡以及國家對於問題青少年的處置方法等，都還有相當爭論的餘地[26]。有關這些內容可以再寫一本書。我們在此僅把法官對一特定犯罪的判決，和教師處理特定的違規行為加以對照與比較。

第一項差異在於學校的校規雖然很接近法律，但大體上校規是由具有權威地位的師長所制定，藉著道德的約束力而強化，

---

25 同注15，前揭書，p. 337。

26 例子見 *Report of the Committee on Children and Young Persons*（HMSO, October 1960）, pp. 30-2。

其道德的意味比諸一般法律更濃。學校是一教育機構，它的主要功能之一正是道德教育。這意味著學校應更加重視學生的動機問題，而不是在於法律制度的運作。任何關於「嚴格責任」的想法都不適用於學校；因為道德教育的重要層面之一，正是要發展值得讚許的動機，絕不是外在強制的順服。

第二，學校校規不能只看成是遏阻預防的作用，僅是為了教育能順暢進行；校規的教育價值在於發展學生選擇的能力，懂得約束自己，也強調培養學生成為獨立自主的人（見第七章第五節）。如果遵守校規沒有得到獎勵，或是在非故意、非自願及意外的情形下違規卻受到一視同仁的懲罰，都無法達到校規的教育功能。

第三，前文業已提及，教師同時具有法官與緩刑監察官的角色。他必須公正的執行校規並作懲罰的善後，這樣就可調和懲罰的遏阻和感化二方面的衝突。教師比法官更有機會對違規學生真誠開放並利用多種方法對待學生。由於教師懂得很多關於違規學生的一切，他更能站在有利的地位設計各種適合學生補救的方法。

第四，有一項很明顯的事實，即人們的是非觀念和對衝動的控制發展得相當慢，而在發展的速度上也有很大的個別差異。嬰孩絕沒有是非觀念，也無法有效控制自己的本能衝動和肢體動作。他無法預見未來，也無法體會行為可能的長遠後果。他過度專注於恐懼和憤怒，以致影響了其目的之追求。年齡稍增，兒童粗具了是非的觀念，又很容易受到同儕的左右。只有非常不平凡和獨立的兒童才敢公然反對其同儕，而且拒絕去做他認為錯的事。在早期的階段，壓力的類型與高壓方式極其類示，但兒童對其行為不須負完全的責任也是可以接受的。因此，不論是針對何

種年齡層，只要其品格強度未與其認知同步發展，要為學生行為設定相同標準都必須審慎為之。

上述都是事實，任何敏銳的教師對待兒童時都必須牢記在心。教師不僅要充分掌握兒童的道德發展階段，而且必須洞悉學生在這些階段中的個別差異。除了瞭解這些以外，當考量到責任的年齡問題及須斟酌量刑的情境，還必須明白無論怎麼運作仍然有危及尊重人的疑慮。在論謂成年人時，我們都假定成年人理性已臻發展，懂得分辨是非，能夠深思熟慮，能根據行為後果而調適行為。成年人也能瞭解其益趣之所在，在實行時不願意受到干擾。當然，不是每個成年人都被視為能打點自己的人（agents），有些被視為「病人」（patients），因為上述的成年人特徵一點都不適用這些病人。另有些人因為脾氣或憤慨，而被一些衝動征服，以致暫時失去理智。在這種情形下，我們稱這些人為「病人」，通常懲罰時會酌情。究竟孩童要發展到何種階段才可完全被視為人？並沒有一種神奇的臨界年齡，只要一到就立刻轉變為成人，而這種轉變也並不是來自神奇力量。唯有賴成人把兒童看成是一個人，而循序漸進的教育。唯有兒童能認同當成人已習得讓自己成為一個人，並把別人當成人來對待時，兒童才會發展出人觀。成人建構一穩定的規則體系，在這種可預測的環境下，藉著鼓勵兒童計畫自己的生活，在兒童的經驗和能力範圍內，鼓勵兒童去發掘合價值性的事物，兒童才會學到真正成為一個人。當兒童的是非知識和經驗增加，其判斷力也就跟著開展，他們控制自己與環境的能力也跟著強化。如果兒童只是被制約，像海豹的表演，或做任何他們想做的事皆須他人允許，那他們永遠也無法學到上述道理。

關於兒童應該如何才能成為一個人，若想建立許多普遍通則

可能過於唐突，因為此一道德教育的領域，迄今尚未能以任何精確的方式加以完全掌握。不過，我們至少可以承認一項通則，社會信念會改變社會實體，人們的行為端賴他們如何看待自己，這也建立在一般的假定之上。人們是否有能力自我約束或行為自律，也端視是否人們確信人能為其行為負責。這項假定正是我們法律制度的磐石，也是我們在學校對待青少年的立場，如果一旦投降，人將會變得唯他人是從（other-directed），像被操縱的傀儡。如果人類已發展出高舉自由及尊重人的生活形式，因為其細微差異未能被充分理解而致瀕臨危機，那將令人扼腕、不勝唏噓。

P. 290

＊本章承蒙單文經教授校閱。

第十章譯注

〔譯注1〕

威斯特馬克（Edvard A. Westermarck, 1862-1939）。是芬蘭傑出的社會學家。他致力於英國社會學的學術創設，1907年成為倫敦大學第一批社會學教授。所謂「威斯特馬克效應」於1891年首先提出，即近親之間若在小時候住在一起，彼此之間日後不易產生性的相互吸引力，這有別於佛洛伊德對亂倫禁忌的說法。

〔譯注2〕

在皮德思的著作中，他常會說：「……是一經驗性的問題。」這當然是分析哲學對於「分析命題」與「綜合命題」二分之概念。「分析命題」可以從定義、概念、邏輯本身推演而得，「綜合命題」則必須經過後天的檢證。所謂懲罰之效果是一經驗性之問題，意思是這必須經過教育心理學家的實徵研究，哲學工作者不一定有置喙的餘地。皮德思等認為哲學家的工作在於透過概念分析，找到教育概念的充分或必要條件，也就是概念真理（接近分析命題），至於經驗性的問題，並非哲學家關心的重點。當然，後分析或後結構主義則不一定認為有這些概念真理，而經驗性的問題也可以成為哲學家關注的重點。

〔譯注3〕

應該是1963年英國由紐森（John Newsom）主持的官方報告書，該報告書直指一般及低成就的學生才真正影響國家未來的發展，國家應該重視中小學生教育中一般及成就低的學生。該報告書是自1944年巴特勒法（Butler Education Act）確立英國中學區分三類型（文法、技術、現代中學）之後重要的改革報告書，與同年的《羅賓斯報告書》（*Robbins Report*）側重高等教育發展，1972年的《詹姆斯報告書》（*James Report*）以及1967年側重初等教育並引進進步主義教育思潮的《卜勞頓報告書》（*Plowden Report*）齊名。

〔譯注 4〕

也被寫為 M'Naghten，係在 1843 年 Daniel McNaghten 涉嫌謀殺了當時英國首相的祕書 Edward Drummond，Drummond 五日後辭世，上議院要求法官針對人們心神喪失是否有罪加以討論，當時做出的系列討論，即稱之為「麥克諾頓規則」，具體成形為「M'Naghten Case 1843 10C & F200」判例。自此，英國不成文法中，只要被視為心神喪失等精神疾病，都可獲得減刑。時至今日，此一判例精神仍普遍存在於大英國協及美國大部分州之相關法律判例。

〔譯注 5〕

台灣現行刑法第 19 條：「行為時因精神障礙或其他心智缺陷，致不能辨識其行為違法或欠缺依其辨識而行為之能力者，不罪。行為時因前項之原因，致其辨識行為違法或依其辨識而行為之能力，顯著減低者，得減輕其刑。」故，在台灣類似「麥克諾頓規則」的概念的法律用語是「精神障礙」或「心智缺陷」，過去亦有用「心神喪失」稱呼，本章譯為「精神障礙」。

〔譯注 6〕

「絕對法律責任」也可譯為「嚴格責任」。英文也稱為「嚴格責任」（absolute liability）或「無過失責任」（liability without fault），是英美法系的重要特色。大意是指行為人只要具備了犯罪行為的特定要素，就必須承擔責任，其主觀方面的因素不在考慮之內。例如，超速駕駛，行為人並不見得主觀上想要殺人，但他就得負責。

〔譯注 7〕

treatment 為一法律用語，係指從心理學層次上對因類似精神障礙等因素的受刑人特別安置有利於其回復健康的種種行為，譯者原本擬譯為「安置」，或「處理」、「處置」。從教育的觀點來看，也應該是改變違規學生的行為，要比單純的懲罰來得重要。不過，皮德思在本書用語中固有法律用語之意義，也可能泛指對特殊需求學生的安置或對待。歐陽教在其《教育哲學導論》一書中從法界人士的用法譯為「處遇」（p. 131），今從歐陽教的原譯。本書在某些篇章中考慮文意的流暢，也會逕譯為「處置」或「對待」。

〔譯注8〕

parapraxes是佛洛伊德精神分析的用語。是指人格結構中隸屬本我的種種欲望，透過不經意的外顯言語、動作而顯露出來，精神醫師可藉此瞭解當事人的潛在欲望。

〔譯注9〕

是S. Butler在1872年匿名出版的一本著作，被視為是一烏托邦的著作。Butler特別以Nowhere的反拼，來代表該國度不存在，反諷的意味濃厚。該書以一虛構的國度反諷維多利亞時期之不當。該烏托邦國度是把犯人視為病人，把病人視為犯人。

〔譯注10〕

有時譯為「家父長主義」、「家長主義」、「親權主義」、「干涉主義」，不一而足。泛指以成年人的角度為未成年人設想，而作的種種干涉、限制自由的行為。自由主義無法完全排除父權主義。例如，「強迫入學條例」、「騎機車要戴安全帽」、「大學女生宿舍門禁」等的理由，常是援引父權主義。不過，在民主社會中，一般的看法是父權主義雖是必要之惡，但能免則免。但昭偉在〈父權主義、兒童義務與強迫教育〉一文中，有精采的討論，收錄在簡成熙主編《哲學和教育：20世紀末的教育哲學》（高雄：復文圖書出版社，1997）一書。女性主義學者也常在其論述中，批評現存的體制充斥著父權主義，代表著現行文化是以男性為尊，過度限制，甚或歧視、壓制女性的種種行為，較有貶義。

本段對犯行者的「處遇」似有歧義，一方面，皮德思前面主張必須根據行為人的需求，提供適切的處遇，不能刻以嚴格責任，然對其他犯行者而言，並未完全公平。再者，對接受「處遇」的違規者而言，父權主義對其也是一種自由的限制。故在此皮德思提問「處遇」可能犧牲了自由與公平。

第十一章

民主與教育

導言

　　教育應該「民主」，相信生活在民主國度的人們認真思考的話，不會有人加以反對，這就如同在中世紀時宣稱所有的教育都必須是基督教式一樣。但是這樣的宣稱到底會刻以人們何種期許責任，並不明確。部分原因是由於這類普遍又帶有讚許性的詞語都具有曖昧的性質，若想發揮功效以提醒人們常記此終極價值，那麼含糊籠統是免不了的；其次也是因為將「民主」這個名詞附加到「教育」之上，可以產生種種不同的解讀。

　　首先，不管對「民主」作何詮釋，「民主教育」可能意味著一個社會的教育體系必須要民主地加以分配和組織，例如一個制度要是忽視了半數人民的教育，或者「人民」對於自己的組織沒有說話的餘地，通常該地區會被視為「不民主」。其次，這可能暗示著學校組織本身應該是「民主」的，換句話說，成員（inmates）、教職員和學生們都可以有權在機構運作中提出建言。要是有哪一所英國的公學（public school）〔譯注1〕走專制路線，那它就可能被稱為「不民主」。再其次，民主也者，所關注的重點

也可能在於教育的內容，學校在某方面要加強訓練人民的技巧和態度，以便成為民主社會的一分子，這麼一來學校在制度上自然要有一、兩方面（不是全部）必須是「民主」的了。因此，在處理民主和教育時，至少必須區分以上這三種可能的解釋。在我們思考民主應用到教育的問題之前，實有必要對民主的意義及其證成，先審慎地作一般性的探討。現在就讓我加以討論。

P. 292　第一節　「民主」的意義

民主通常被視為是一種特定的社會控制模式，因之，吾人期待民主這個概念本身就顯示出它的獨特性質。希臘字 Sημοκρατια 指的是一種由「人民」（the people）所治理（ruling）的體系，但「人民」何所指？「治理」何所謂？當我們將這兩個名詞從希臘城邦的發源地應用到其他地方時，就發現其概念極不清楚。

先從「人民」談起，這個詞對研究希臘政治的學者而言，是指對比於富人的「窮人」（the poor people），不過奴隸和外邦者（metics，居住地的異族人）〔譯注2〕不包括在內。由這種粗略方式所定義的「人民」來「統治」整個體系，希臘人認為是「不民主的」。希臘理論家們所聲稱的經由同意而產生的政府為「政體」（polity），並不包含窮人等階級。「統治」也是個極度含混的概念，我們必須區分為立法（legislative）、行政（administrative）、司法（judicial）和執行（executive）四種功能，「人民」可能享有其中的數種而非全部，而雅典人則是較他們之前的任何人更普遍參與了每一層面[1]，他們的每一位市民都有權參加群眾大

1　見 Kitto, H. F., *The Greeks*（Harmondsworth, Penguin Books, 1951）, pp. 124-35。

會（Assembly）且有發言權，會議每個月召開，是最高的立法實體。群眾大會的「行政委員會」（Boule），五百位成員是由雅典十大部族，每族五十人由抽籤（lot）產生的代表。會中每五十個人組成「執行委員會」（prytany），每個執行委員會，輪流主持行政委員會，一年十輪，每天由投票選出之人擔任主席主持整個群眾大會，他在那一天便是城邦的統領[譯註3]。

　　整個施政的過程就是以這種極端「民主」的方式來求得正義的作為，法官和律師都不是固定不變的，而是由現任主席召開的群眾大會中選出成員組成審判團，開會以判決案情。唯一不讓外行人插手以及為防危險而不付諸表決的，只有一件事，那就是戰爭。雖然每個人都有服兵役的義務，但每年還是選出十位Strategoi（將軍或司令），不過這些人若由軍職轉任政務，那就必須改選，這很稀鬆平常。正是由於占居政府要津並借助自己在群眾大會上的個人權威，使得培里克利斯（Pericles）領導了雅典好長一段時期。這使得修希德底斯（Thucydides）[譯註4]宣稱雅典只　P. 293 是理論上的民主，實際上則是由一些公民領袖們所統治。這項對專業主義的重大讓步無疑增漲了培里克利斯的氣焰，使他進一步侈言雅典式的生活雖不能令每個人參與政務，但任何人都有能力判斷政治事務。

　　這個令培里克利斯引以為傲，而蘇格拉底和柏拉圖嚴厲抨擊的政府，在每一層面上都是遊刃有餘且無事不包，不過這種方式恐怕只適合那種民眾能面對面商議的小型社群——恰如培里克利斯的雅典城一般。在這樣的小型社群中，「人民治理」（the people ruling）的觀念既具體而又令人興奮地實踐了起來。盧梭（Rousseau）在18世紀的作品中，也曾企圖在瑞士一個州內，重振這種「主權在民」（the sovereignty of the people）的說法。然

而在一個幅員廣闊、源遠流長,並已建立一套固定不移的文官系統(civil service)、司法制度、軍隊衛戍和警察系統的國家中,這些雅典式的觀念又能有什麼作用呢?所以在這樣的條件限制下,民主勢必走向「代議」(representative)之路,就立法層面而言,雅典人恐怕會視其為對民主的一種背叛了。盧梭也承繼此一精神,認為「人民」固可將其「主權」(sovereignty)轉移到代議之團體,但這會有邏輯上的荒謬。他敏銳地指出,這些代議團體會很自然地只在乎自己的利益,而背離了其所代表的「人民」的利益。國家的立法與行政兩功能之間的關係也是個問題,盧梭主張「主權在民」只顯示在群眾大會上、人民的立法決策上,至於行政和執行的細節則委交由「政府」(government)[2]較為安全。當然,所謂的「人民」發聲,其代表的「普遍意志」(general will)必定也必然有其共通性,但是實際運作上,大部分的重要決策不可能由人民事事躬親,雖然他們可以在事後認可或於平常的聚會中提出質疑。

　　當一個國家廣大到無法聚集民眾召開立法大會時,則一切事務還得要遵循「人民治理」的想法嗎?而如果一切都必須遵循「民主」(人民作主)的想法的話,那麼便必須加入「主權」的概念了。當成文法向習慣法(不成文法)的地位挑戰而法律系統P. 294 陷入一片混亂之際,「合乎法理」的想法在基礎上便占優勢。然而這卻使得法律的權威結構產生了不一致,因為一套法律系統必須依循某個程序上的至高原則,以獲得本身的有效性[3]。在大不列

2　見Rousseau, J., *The Social Contract*, Book III。

3　見Benn, S. I., and Peters, R. S., *Social Principles and the Democratic State* (London, Allen & Unwin),第十二和十五章。

顛，「主權原則」（sovereign principle）演變成了不論國王在議會
（Parliament）通過什麼樣的法律，都必須由法院所認可，而「人
民」則毫無插手的餘地。可能有人會不以為然地說現今的議會都
是由「人民」選舉，所以到頭來人民還是有「主權」的。不過要
知道，畢竟是議會制定法律來決定人民的選舉權，並且也是議會
在衡量選舉的目的之後，才決定哪些「人民」有選舉權。而什麼
才算合法的選舉程序，也是議會說了算。

　　如果我們爭辯說「主權在民」只是空洞的口號，雖是個正當
的觀念卻被描述成帶有戲劇性的意味，人民實際上像在政治舞
台中演練著他們最後的權威，儼然他們的意志終能被遵從一般。
而「人民意志」（the people's will）又是被運作成什麼模樣呢？
對於個別的人我們可以說他具有意志，藉此他會思慮事情、決定
所欲，並堅毅地逐步實現。一群具有共同趣好（like-minded）的
團體（例如農夫），比較會被比喻成具有一個「意志」去同意他
們所共同關切的政策並堅定追求之。但是就理智的立場上，我們
可以說「人民」像個人或農夫那樣具有「意志」嗎？或許在國家
遭逢巨變大家同舟共濟以面對共同的危機時會如此吧！但也只有
極少見的情況下「人民」會展現這樣的「意志」；雖然西方世界
不承認共產國家擁有「民主」，但共產國家也宣稱其人民具有共
同、自主意志上的「主權」，看來共產國度在追求他們所認定的
共同益趣上，是比我們團結多了。

　　假如我們仍然想對人民的「意志」、「治理」等概念給予實
質性的詮釋（substantive interpretation），那麼任何想提出具體意
義的企圖都注定要失敗，因為這樣的詮釋正意味著這些概念預設
了「人民」似乎都具有某些既定的共識（existing consensus）或
共同的益趣，並且由政府來促進或實現。有關人民行使「同意」

（consent）權的治理觀念也同樣如此，它是民主意識形態中的另一個標語。無論「同意」是明白地指出一部分公民的責任，或含糊地意謂對政府行為的同意，都無法進一步對這個概念作更具體的詮釋。就算是「來自公民的同意」，我們也無法決定政府是否能經由公共意見的投票。事實上如果我們真這麼做，那麼就會發現希特勒的納粹政府是獲得人民同意的。如此一來，除非是全國的反叛，或人民大量的外移，否則哪種政府不被視為人民的同意呢？

P. 295

　　若採取另一種更適當的實質性民主概念，就是把民主視為「程序性的」（procedural），如此便能做出具體的詮釋，同時也能將民主與其他的治理方式區分開來。民主是一種已建立的程序，經由此程序使遭受國家治理所苦的個人得以有被詢問的機會，人民可藉此表達對政府施政的想法與意見。而「人民意志」正意味著人民得以運用這樣的程序去決定政務。這些決定也許不是大部分人民實際想要的，只不過所謂實際想要的，既非彼又非此，因為「人民意志」與個別心靈所想要的無關，而是經由共同同意的程序所做出的決定，就如大不列顛的「憲政慣例」（convention of the constitution）一樣。至於要依照什麼樣的程序，則又是進一步的問題，譬如可能有的民主國家是由固定的文官系統運作，他們在面臨重大決策時，必須公民投票以確知大多數民眾的意願。電腦和電視的應用使得這種治理的體系成為可能，並且更加「民主」，至於這種方式是否能像代議制那麼令人希冀，又是進一步的問題了。同樣的，我們不能硬性規定過半數、三分之二，或全體一致為一切民主程序的「本質」，這些不同方式的優缺點必須加以討論以確定其價值，而在這幾種方式中，「民主」的概念也同樣是含糊不清的。

　　簡言之，當「民主」的概念跨出希臘城邦式的藩籬，應用到廣大的政治組織時，在組織的動員準備下，絕少有事情容許拖延浪費，這暗示了國家的措施與政策普遍需要循某種程序來詢求國民的意見，這樣我們思索「民主」與教育的關係時，才不致離題太遠，難道還有其他途徑能有助於我們去豐富這個概念的抽象意涵？

第二節　民主論者的預設

P. 296

　　類似「同意」和「主權在民」這樣的名詞必須從其所源出的背景去瞭解，太過形式化的探求方式常會錯失了隱藏在它們背景的一些重要預設。它們都有其具體的歷史背景，極類似布拉德萊（Bradley）的「由具體實務而引出的普遍法則」（concrete universals），而非柏拉圖的「理型」（forms）。那些大肆宣揚「人民同意權」的人，如洛克（Locke），是在「國王想增稅時必須詢求議會的建議與同意」的傳統而立論的，因為增稅影響了人民的財產權。至於認為人民通過代議士便能擁有賦稅的「同意權」，那簡直是癡人說夢。在同一傳統下，寇克爵士（Sir Edward Coke）主張：「『特權』（Prerogative）是法律的一部分，但『主權』（sovereign power）則是個未經議會認可的名詞……《大憲章》（*Magna Carta*）就是這樣一個沒有『主權』的傢伙。」政治事務運作的方式已逐步從慣例（established practices）進步到明確的原則，而得以成長。各項法則要是想具有效力的話，就必須白紙黑字地訂定下來。這些實務的萌芽形式大致要追溯到《大憲章》[譯注5]，它們表現了英國的獨立以及蘊涵在一般法律傳統之下的精神，這種精神強調當國王的權力觸犯到國民的權利時，便須受往昔慣例的限

制,而慣例則清楚地表現了人民的習慣與風俗[4]。由於英格蘭是個島國,故國王只能要求建立一支戍衛領海的常備海軍,這隸屬國王的權限,而非及於整個軍隊;而即使是海軍,也常有反對的聲浪,未能發揮其功用。斯圖亞特王朝(The Stuarts)[譯注6],在內戰時便發現了自己所要付出的代價,因為他們不僅要面對如何成立新式軍隊(the New Model Army),同時也要頭疼掌握資源控制建立新軍之權的國民。而且,國王也無法指望貴族會對他忠心不貳。階級的凝聚意識並未在英格蘭根深柢固,一些能與此頑強傳統與不同利益相容的政治體制,才是唯一適合的制度,這意味著包容衝突意見與討論的重要。議會(parliament)這個字是從法文parlement而來,這明證了「有效的政府只能由討論而來」的看

P. 297 法。伊莉莎白一世(Elizabeth I)頗能察覺這個傳統,並且也很務實地去順應,而蘇格蘭(Scotland)的斯圖亞特王朝則否,他們訴諸的「君權神授」(Divine Right of Kings)是個舶來品,惹人厭惡。當然,這些傳統由清教徒飄洋遠傳至美國,在這個充滿刺激的新大陸上,美國人發展了一種屬於自己的生活。

在第九章曾簡短觸及到傳統權威逐漸理性化的過程,不過由律師(如格勞秀斯,Grotius)[譯注7]所宣揚而普及的理性觀念乃是植根於英格蘭,因為能站在抽象的層面上,對實務中所蘊涵的原則敘說清楚,這些實務改良了「專制」這個絆腳石。凡訴諸政府、被治者之間的「自然法」(natural law)、「自然權利」(natural rights),以及「社會契約」(social contract)等人士無不假設君王的判斷決定標顯了一種「根本法」(fundamental law),

---

4 更進一步的說明可參看 Peters, R. S., *Hobbes* (Harmondsworth, Penguin Books, 1956), 第九章。

它好像就在那兒等著被發現，也等著人們來保衛它的具體權利，如財產權，以及習慣於被君王諮詢時提出的「建議與同意」權等。這些抽象的觀念來自於人們對於既定慣例的鮮明詮釋，這確實有別於法國，法國並沒有根植於個人自由、限制政府權限的傳統。

正由於英美傳統（Anglo-American）中對民主的概念，無論如何選舉，從未把「人民同意」視為加強政府促進人民共善時權威的必要途徑。在這一方面，盧梭或羅伯斯比（Robespierre）[譯注8]其廣為人知的看法，政府是人民「普遍意志」的顯現，這種看法只是異數。假如我們將英美傳統對於民主的預設加以抽象化敘述，那麼大概可以這麼說：首先，「同意」的理論以及伴隨而來的「自然權利」、「契約」等是根植於實踐活動中作為道德化或理性化的視野，可據以發展出對任何政府的**限制**。洛克的基本理論就是：「不經個人的同意，任何人都不能受其他政治力量所支配。」瑞恩保羅夫上校（Rainborough）[譯注9]在1647年就站在更激烈的立場，先一步宣稱：「每一個有生命的個體必須先經過它自己的同意才能將其置於某個政府之下……在英格蘭，即使是最貧困的人，如果他並沒有表明要受治於政府之下，那麼嚴格說來他便不受政府的拘束。」這些訴求的背後預設了政府頂多只是個必要的權宜設施，只能有條件地接受。權威是必要的，但必P. 298須建立在不對個人造成不當壓迫的基礎上，所以權威必須受制於道德評價，並且必須護衛國民的安全。美國的憲法是人類歷史上最偉大的理性遺產之一，它代表了人類企圖以制衡（checks and balances）的體系來有效改進政府的一個精心設計，意味著對於個人權利和少數人反抗行政、議會所可能產生的多數暴力時的保障。

這種有條件的接受合理的權威，指出了更基本的一點，那就是一切都要訴諸理性，並且拒斥所有政治上的終極權威。誇大來說，一切的政治決定都是道德決定。這就是說，雖然政治包含了許多複雜的事項需要專家意見（例如：教育決策便是如此），但也同時必須加上道德的判斷。本書反覆提及，道德判斷是每位理性者的能力所及，並非天賦異能者的特權。如果真像柏拉圖所說，只有少數受過訓練的哲人才能辨識什麼才是良善的社會形態，那麼柏氏所提倡的仁慈的父權主義（benevolent paternalism）〔譯注10〕就該是唯一值得讚賞的治理方式了；同樣的，假如古典的效益主義者是對的，唯有「幸福」（happiness）才是行為和法律的最終正確指引，而且創設幸福的各種方法都可以計算其幸福數值的大小，則所有的政治決策都將為技術因素所決定，可以讓受專門訓練的社會科學家用電腦統計出所需的總值。政府必須公開為其政策付諸討論，也必須用證據為其政策辯護。這不單是對那些獨立思考及坦率直言的人如此（因為他們要是沒有異議便不致熱衷於此），同時也說明了一項基本事實，那就是政治決策主要乃是一種判斷而不是計算，所以遇到難題時唯一最佳的「解決」方式乃是調停（adjustment）與討論（discussion）。

然而這可不是道德的無政府狀態，要是彼此間沒有一些共識，那是不可能討論的，而這共識便是本書第四章到第八章所論述的道德之根本原則。辯護這些平等、自由、益趣考量以及尊重人等根本原則的理由，在於將其視之為運用理性決定事務的先決條件之所在。而平等、自由等，也全都屬於程序性而非實質的性質，所以它們提供了原則性的程序架構，在這個程序架構中，一般視為是道德性或政治性的問題，得以獲得實質性的解決。這些觀點成了英美傳統民主「生活方式」（way of life）之預設，也就

P. 299

是將政治事務的決定訴諸於理性的討論，而非武力壓制或任意的命令。我們說過，這種處理政治的方式，乃是源自我們英國老祖先對實務的處理態度，所以要瞭解英美傳統「民主」概念就必須對這些根本原則有所認識，而這些原則又必須借助實務來點明，大可不必將心思耗費在「人民治理」（the rule of the people）這種純粹抽象的觀念上。

第三節　制度的與心理的需求

在第一節中已論及像「人民意志」和「人民同意」的觀念，必須以程序性而非實質性的辭語加以詮釋，第二節則探討到這些觀念都包含在限縮政府權限這個傳統中。在權威已理性化之後，這種對待政府的傳統態度，可以以道德原則如「自然法」和「自然權利」加以捍衛，而不再訴諸慣例（例如：君主例常性地對《大憲章》表示尊崇之意）。政治責任也因此成為一種特別的道德責任，而非單純地只是一套由實務所建立的成規。然而，問題是政治權威在道德化的過程中是否需要任何的政治程序？有人說，「民主」不是別的，就只是些明確的程序（例如：選舉代議士）罷了，才不是動不動就行使什麼全民公投（referendum）呢！政治程序蘊涵的決定所依據的道德原則，難道不應盡可能訴諸理性嗎？

（a）蘊涵於制度中的程序

基本需求可以確定是一種經由「建議與同意」來顯示的程序，執政者必然會發現，它們必須順應轄域內多數人民的益趣與需求才有辦法治理；被統治的人民也聲稱必須對君主的特權加以

限制。所謂的程序，就是與人民妥協、折衷，為民眾益趣的立法
P. 300 做準備，而這些規條必須具體而不僅是純理念。對於這一點，彌
爾說得好：「唯有每個人在乎自己有能力、習慣去安排，竭力擁
護，他們的權利與益趣才能被確保，不至於被當權者忽視。……
我們無須推斷一旦權力集中於某階級時，這個階級會刻意並有計
畫地犧牲其他階級；不過我們可以明顯地推斷那些不具權力的階
級由於缺乏保護，所以會處於被漠視的危機中，即使他們受到關
注，也絕不同於接受直接眷顧的權力階級。」[5]凡是認為沒有代議
便沒有公義的人，都同樣明確地建議應該促進彌爾所闡明的這項
基本政治程序。選舉代議士或舉行公民投票，這兩者哪一種的效
果較佳，需要詳加討論，但這兩種設計都可以是這項基本政治程
序制度化的可行途徑。

　　當然，從歷史的發展看來，認為每位成年國民都應該有權
商議政務的想法是費了頗長的一段時間才得以成形。例如17世
紀雷恩保羅夫（Colonel Rainborough）所面對的「普遍參政權」
（universal franchise）。然而，洛克認為僅適用於人民對其財產之
「同意權」。所以從歷史發展來看，參政權在起初階段，是經由不
斷的爭取，才侷限於社會的特定成員，而後盧梭一心篤信以確保
參政權要普及於每一個人，不要冒了個人的意見被（代議士所）
錯表（misrepresented）的危險，所以他聲稱如果每位國民不能依
法集會參議，那就沒有完善的民主可言。唯一能確信的是，主權
「既沒有、也不可能與人民的任何益趣相對立」。盧梭主張「主權
集會」（sovereign assembly）本身就是道德責任的標準，所以它
「無須給人民任何保證」、「普遍意志永遠正確，也永遠站在公眾

5　Mill, J. S., *Representative Government*（Everyman ed.），pp. 208-9。

利益的一邊」。盧梭不僅對群眾聚會審議達成共識的方式，看法失之天真；他同時也混淆了理性之人運用道德規準，在道德上可接受的「權威形式」與「做出決定的方式」，他將道德原則和政治程序黏合得太緊。不過有一點是很清楚的，那就是若缺少具體的制度設計以促進協議，那麼公平考量益趣和尊重人這兩項道德 P. 301 原則就都只能用於個人，無法廣泛施行於公共領域。

　　制度化形態的另一個普遍需求，則是對於公開表達意見必須給予具體的安全保護，因為若不如此，那任何形式程序的協議都將宣告流產。無論是個人還是團體若想追求其權益，除非他們保證能獲得表達的自由與機會——公民當然享有此等條件，這在第七章已論及，否則幾乎不會有明確陳述意見而對政府造成壓力的機會。在這樣的國家中，寬容已經成了引導政治生活所必須的基本條件之一，這預設著人民並非漠不在意，反而是一種對於意見的熱切重視。法律的安全保障逐漸在傳統中成為正式的印記，部分原因是基於需求、部分原因則是依於原則。不這樣，講什麼協議都是空談。更不用說這種制度化的規條，正是自由這個根本道德原則所要求的。

　　最後，公共政策還必須講求責任化的程序。辛苦發展了一套讓人民能協議公共政策的制度，而卻沒有同時為政府訂出制度化的程序，以防其失能或其施政不當的取代，這無疑是荒謬的。作為一種治理的方式，民主最大的優點便在於政府不必革命便能輪替。有許多方法可以確保公共決策的績效責任，其優缺點則有待詳細探討，但若沒有這項確保責任的規條，則任何治理系統都不能算是「民主」，這可能是高貴的「主權在民」觀念背後更深一層的基本政治程序。

（b）人民的習慣

　　縱貫本章，我們一再強調像「經由同意而治理」的觀念乃是源自政治活動的傳統，不能只把它當成抽象觀念來理解，應視為由具體實務而引出的普遍法則。我們姑且引用歐克秀（Oakeshott）［譯注11］的話：「……在19世紀美國人與法國人閱讀洛克的〈政治論次講〉時，是把該書視為抽象原則導入具體實踐的陳述，該書旨趣被視為是政治活動的前言。但它遠超過前言之處乃在於它還具有後記的力量，〈政治論次講〉的引導力量是來自原深植英國實際政治的經驗。在它抽象的字辭背後，正是英國人慣常處理事物的精要寫照，是英國人政治習慣的光榮縮影。」6 這是洛克〈政治論次講〉的一個面相，但卻點出了核心，是理解政治觀念所不可或缺的背景。歐克秀同時也敏銳地論述道，這些觀念體系只有在（英國）這種傳統教養下的人們，才能將其應用得高明、有效。洛克的觀點之所以能生根於美國，是由於那些移居美洲的英人已經賦予它們具體的詮釋。反之，它們在法國則未曾有效扎根。這樣的觀念系統若是以「意識形態」的方式飄洋過海，便始終是危險的。較佳的方式是：「成就大不列顛帝國按部就班的方法，但這種方法太花時間且代價太高，特別是對於一些急性子而言，所以做事簡潔明快的人每次都能打動人心；當以往所謂的父母官被視為公僕時，他所提出的口號就更誘人了。」7

　　因此，「民主」政治體系的一個先決條件，是人民應該具有相關的經驗以便能應用它們所秉持的抽象原理，這遠比一些動聽

P. 302 （左側邊註）

6　Oakeshott, M., 'Political Education,' in *Rationalism in Politics* (London, Methuen, 1962), pp. 120-1.

7　Oakeshott, M., 前揭書, p. 122。

的口號來得實際。明確清楚地敘說這些原理是一件工作，而證成它們的則是另一件，這在本書中已反覆不斷地論述。至於第三件工作，則是將道德原理睿智地**應用**到具體的情境中。在抽象道德原理的應用領域上，歐克秀的論著特別能抓到要領。如此一來，便不難引申出為「民主」而「教育」之理念了。

民主生活方式的另一個先決條件，是人們對於程序性原則應該有相當程度的共識。我們在論證平等與自由、益趣考量與尊重人的原則時，總不斷訴諸人類是依理性而生活，所以也必須依理性而與他人互助合作的觀點。倘若民主的生活方式是真實可行，那麼實際上必定有極大數目的人們，會以這種理性的方式來處理他們的事務。否則所謂的討論將淪為宣傳或濫用，而人們也將視那些不順己意的人為惡棍無賴，或是泯沒天良而無可救贖。至於　P. 303「制度」，誠如巴柏（Popper）所云：「就像是座堡壘，必須精心布置與妥善置哨。」[8]然而不管是個人或大眾，都無法像蕈菇般一夜長成，所以訓練就成了一件重大的教育工作。理性的歷程本身就是一種傳統，一種批判傳統的傳統[9]，必須不斷引領新的一代進入此一傳統中。欠缺理性（reasonableness）〔譯注12〕與寬容的有效運作傳統，民主制度將只是金玉其外而已。

最後一個心理上的先決條件更使人有意規避，那就是自動自發地參與公眾生活。這個先決條件與前面的兩個已述及的先決條件有所不同，如果說有政務幹練、理智精明的民主社會成員卻厭

8　Popper, K. R., *The open Society and Its Enemies*（London, Routledge, 1945）, Vol. I, p. 126。

9　見Popper, K. R., 'Towards a Rational Theory of Tradition,' in *Conjectures and Refutations*（London, Kegan Paul, 1963）。

惡參與公眾事務，這恐怕不是常有的現象，這樣的人也許在生命受威脅時會改變自己（不管「閒事」）的堅持，又或許當壓力臨頭時，會心不甘情不願地揀些不痛不癢的職務來做。只是這麼一來，他們將因此感受不到充滿雅典人品味的公眾生活的樂趣。他們所失去的是博愛之情（fraternity）。他們只在乎自己益趣以及視政府為一種必要之惡（necessary nuisance）的健全情感〔譯注13〕，此將導致其忽視博愛之情。

　　對公眾生活的冷漠反應一旦散布開來，則民主制度便岌岌可危了。盧梭也許熱心過頭而想重燃希臘式的公眾生活之愛。的確，有部分是由於他的影響而使得法國人民的齊心齊志有了起色，但卻也因此而造成對個人權益的蔑視。兩個現代的翻版──共產中國與蘇聯──顯示了這麼做之後所產生的威力以及造成的過當，中、蘇兩國不同於英國人民，講求獨立自主和對於博愛情懷的不信任，因為英國人的理智似乎特別清楚，但不管是哪一種，太過了就是失當。英國較像是公司的一群律師（a race of barrack-room lawyer）而不是老闆，英國的傳統保證自由，但可能因此犧牲了同胞情誼作為代價。在美國則兩者較為均衡，自由被看得極其重要而受到關切，而且是體現在鄰里的聚會和對當地P. 304　事務的參與上。美國人不像英國人那麼放心，認為政治事務交給政客或公僕便可高枕無憂。之所以如此，是由於美國人根深柢固不信任政府的習性，同時也部分由於政界的地位比不上商界。美國的高級官員不像英國能夠長居其位，伴隨著新任總統的就職，總有一批新的人事部署。這顯示美國人民比英國人有更高的警覺性，不斷要查核政治人物在做些什麼。不過有一點可能更重要的，就是在美國的一般鄉鎮中，公眾與私人的界域並不那麼明顯，那裡的人們秉持著守望相助的同袍之情，他們的花園也不設

藩籬。就此觀點，人們留意到，美國與蘇聯類似。

第四節　民主的證成

對於證成「民主」，似乎不需要多費唇舌，因為一些基本的論證都已經提及。作為一種生活的方式，民主是將基本的道德原則形成適當的制度而付諸具體實現，關於基本的道德原則已經在本書第二篇論證過了，所以有關民主的倫理基礎我們已經打好根基。在本章第三節（a）的部分曾討論過，民主的生活方式若要公開地推展，至少有三個必須的政治程序：（1）各利益團體的協商；（2）自由討論與集會的保障；（3）公共政策的責任制。至於什麼樣的制度組織最能妥善訂定出這些程序，則要視實際狀況而定。

常會有人說民主是個不切實際的治理方式，因為必須一般民眾的水準高，民主才能施行得好，可是只有少數國民的水準夠資格，所以到頭來民主政治只代表了少數20%人民的意見罷了，因為只有他們知道自己的價值。時至今日，這種情形更加明顯，因為當我們想評估政府的政策時，免不了要對經濟有所瞭解，而這個領域超出了大多數人民的知識範圍，更不用說軍事和外交上的祕密是再怎麼負責的政府也不會公布的。倘若民主得以運作，那只不過是因為社會菁英不太過度受到阻礙，他們不必對無知的偏見做出讓步。

民主有些情況的確像上述的批評，但並不多。我們辯護的基礎在於一個自然直接的觀點，那就是民主要求建立協商的程序和 P. 305 公共政策的責任制。在一個代議式的治理體系中，趨向於將政務運作的程序用一些虛幻神話式的辭語來加以詮釋，包括如「人民

意志」（the will of the people）這樣的實質化詮釋之概念。那些
位高權重者（如議員或官吏）被授命要謀取「所有」大眾的權
益，所以他們便無須表達部分人民的益趣或「意志」，就如柏克
所說：「你的代表對你所做的承諾不只是勤勉任事，還要敏銳判
斷，假使他一味服從你的意見而犧牲了他的判斷，那他便不是在
為你效力，而是背叛了你……如果政府要照顧到各層面的意志，
那麼無疑你的意見照理來說是優先的。只不過政府和法律是以理
性和判斷，而不是以愛好來處理事務；所以你的意見如果合乎理
性，那麼便優先於大眾討論的結果。所以有人謀畫，有人決定，
而做出決定的人可能距離討論的群眾有千里之遠！」[10]

　　高居權位者都很清楚，一般人對於平衡赤字或建立海外軍事
基地的意見都不太具有參考的價值。政治人物的任務不只是單純
依從於大眾的意見，還必須引導大眾的看法。他必須善用自己的
權威，支持那些知道自己在說些什麼的人所提出的方案。而民眾
通常只有在目睹政策的實際後果時，才能判斷出哪個才是睿智的
決策。然而，政治決策的要素便是妥協各種不同的益趣，如果一
名統治者竟然不曾協調各種不同方案所影響的主要利益，那他真
是愚不可及。但是在注意公眾益趣之餘，也應關切到個人和少數
者，雖然他們產生不了強大的壓力，但也不該被忽視。同時也有
些問題（諸如有關性道德和犯罪等等）在制定公共政策時應多考
慮一般的道德觀念而非專家的學識。在這些事務中，「凡夫俗子」
（ordinary man）的看法常常與統治者一樣敏銳。當代民主式政府
最不幸的特徵之一，或許是許多統治者成為民主預設的犧牲品。

10　Burke, E., 'Speech to the Electors of Bristol,' 1774 in *Works* (Bohn ed.), Vol. I,
　　pp. 446-7.

大家普遍接受政府受人民「委託」（mandate），政府也害怕在下
一次選舉時被輪替，政黨勢均力敵時，也常造成政府的癱瘓。許 P. 306
多必要的改革都沒有處理，因為要不是這麼做贏不到選票，就是
勇於改革反而失去了選票。眼前英國的離婚法以及在國辦學校中
宗教教學的光怪陸離現象，就是最好的例子。

在此批評下，或許有人認為存在一些理想的政府，它能將這
些「平等」與「考量益趣」等抽象概念實現得至善至美，這真是
個奇怪的烏托邦美夢。要討論這個問題，我們首先該記得前面討
論過，所謂「政府」這個概念，本身就蘊涵了賦予某些人較其他
人更高的權威地位。乍看之下，這簡直是對理性人的一種侮辱。
所以，民主本身並不能算是理想的狀況，頂多只是無可奈何的權
宜之計罷了。但我們既然說政府是不可免了，那麼我們該問的實
際問題不是民主是否該與一些空想抗爭，而是嚴肅地思考何種狀
態對於理性的人來講是較差的狀態。我們必然會像洛克一樣，認
為最糟的情況可能是：「受別人喜怒、不定、難測、獨斷的意志
所支配。」在專制的體制下，一個人可以循著既定的統治結構往
上攀緣，並且慎重斟酌其潛在的壓制與可能遭受的不幸。一旦他
接觸到民主，可能只會深深感受到其中的挫折、失意與虛偽；但
至少在民主體制中他無須像在其他統治體系一樣去擔憂受到威
脅。民主可以朝向符合多數決的方向而改變，這一點托克維爾
（de Tocqueville）[譯注14] 看得很清楚，只是民主的運作結果不必然
會如此，不過它的最大優點與價值，在於即使當政者變得不如預
期地好——又何必視那些汲營於官位的人為天使呢？——至少人
民可以將其撤換而不致釀成革命。

一個理性者也可能如是反省，民主體制中的權威已經理性
化，而協商、討論和集會的安全，以及公共政策的責任制也都融

入人民的日常事務中，所以民主代表了唯一能與基本道德原則相一致的政治生活形態。理性之士也可以品味在民主生活中才可能的一些公共生活層面。他的同胞之情可能專注在爭取公眾利益之上；甚至他還會覺得盡己之力維繫薄弱的理性外殼要比追求一己私利要來得有意義。他或許不可能像雅典人那樣感受到與城邦緊密相繫之情（πòλις），不過至少可以體驗到參與民主制度的一些樂趣。他能夠與其他理性大眾（無論在世或已故）維持同體之親，共同處理問題而非散播偏見。當然，他將瞭解到任何要徹底解決這些問題的想法都是荒謬的。的確，他會深刻體認用以解決現存問題的內容都只是權宜之計，其所遇到的各種困難是先輩們無法想像的。重點在於應建立一套解決問題的固定程序，不該妄求終極解決問題。所以民主的樂趣在於彼此共享旅程，而非抵達終站。說實在的，何謂終站呢？

第五節　教育中的民主

在上述顯得有些通俗單調及片段零散的論述中，對教育有何種啟示呢？我們在導言中已指出，至少從三種方式來界定教育中的民主意涵，可簡要探討如後。

（a）教育的民主化

要是教育被說成不民主，首先，會遭到那些獻身於民主生活方式的人責難，這些人認為這將違反教育體制內一般的道德要求。缺少了教育，一個生活在現代工業社會的個人，勢必無法充分發展出適合他本人的生活方式。教育體系選擇性授予人民某些在社會生存與發展所必備的知識與技能，從這個觀點說來，無論

對團體或個人，民主機制堅持教育應該有益於全體學生，也必須公平的分配教育資源。這個意涵已經在第四、五、六章論述過。理性的個體應有自由、平等，其益趣應受到考慮，所以理性者也會要求給予父母子女同等的選擇自由，以及追求另外兩個根本原則（按：平等、考量益趣），而這三者都應該以尊重人的原則加以實踐落實。第二篇中已敘述得很清楚，這些普遍原則的宣示，主要是為了得到共通的認可，而較不著眼於提出具體情境中的施行計畫。就此而言，它們類似盧梭所聲稱的「普遍意志」，但我 P. 308 們無須在此時重敘第二篇的理論背景。

　　既然協商與公共責任制是實現民主式生活的要素，那麼設立怎樣的制度以確立這兩者的程序，該是極有討論價值的問題了。由於教育花費了國民稅收的極大部分，所以沒有人會反對教育機構的主事者應與實際教育工作者共同協商，然後兩者對「大眾」負起其所做所行的責任。論述到此，問題便可以換為：我們可以聽任教育專業獨立自主到什麼限度？在英國，雖然大學的極大部分經費是來自中央，但是透過大學撥款委員會（Universities Grant Committee）於各大學以及教育與科學部（Department of Education and Science）之間的協調，以前是協調於各大學與財政部之間，所以各大學本身均享有極大的自主權。另一方面，各教育學院（College of Education）在財政及方針上受制於地方當局，即使是獨立學院也必須向教育與科學部負責，所以也經常因這些限制而阻礙了校務。不過，若與美國的中學相較，還是自由多了，因為美國中學還得依從地方學校董事會的決議。

　　此一問題似乎沒有一套放諸四海、一體適用的方式。由於國情的差別很大，所以各國到底決定採用什麼教育方式，至少得考慮三個因素。首先是衡量自己國內的民主形態，因為這會明顯影

響到教育運作的方式，例如，我們就很難比較出英、美兩國不同的責任制。照情況看來，整個英格蘭接近紐約州的規模，這顯然深深影響英國中央而有別於地方對教育的責任。同時我們也曾指出兩國對於政府的態度有極明顯的不同，這都將影響父母決定將孩子交付給國家教育體制的意願，而不堅持擁有對地方教育層級監督的權利。

P. 309　　其次，不同的教育機構需要不同的控制方式，例如：大學強調研究，所以不同於托兒所或其他地方上的技術學院。最後一點則在第九章已觸及，那就是不同國家的教師有著極其不同的地位，這是個相當重要的差異，教師究竟被視為身負社會最高價值的權威者，抑或大家「雇用」來教授謀生技能，為社會必要的職業有效地選擇適當人選呢？

　　顯然，這三個主要的變數，使得我們幾乎無法論述出公眾責任的形式與層次有什麼普遍的性質。但若針對一些既有的成套制度，就可以較為詳細、具體地討論，例如：法國實行的中央組織與控制體系就不適合美國，因為後者的自由傳統和幅員大小都與前者相差甚遠。只靠哲學的抽象思考並無法演繹出實質的「解決」方案。

　　不過如第九章所說，一般總是習慣於視教師為「權威者」，是人生品質的把關者。在當前的民主狀況下，一切都趨向於由「團體治理」（the rule of groups）而非「民眾治理」（the rule of the people），所以教師們也必須組成團體、凝聚本身的力量，以便有效應付普遍、重大的教育事務。可惜直到今天，人們尚只有在對薪資不滿時才察覺到該運用集體的壓力。

　　人們常會認為，要教師組織團體，正意味著教師應該使自

已更能進入「專業」（profession）之林[11]，但這種說法又是什麼意思呢？對一般人來講，成為「專業」是指以後賺的是「薪資」（salary）而不是「工資」（wage）。不過在醫師、牙醫和律師之間收入所差無幾的情形下，必定有其他的專業特性。大致說來，隸屬專業的成員，其所擔任的工作需要最特殊專門的知識與長期的訓練，同時在其職位和職責上也各有其共通的倫理要求。他們若有「非專業行徑」（unprofessional conduct）發生，那麼是難辭其咎的。一個大學教師與同事的妻子有染是一回事，但他要是引誘學生，那可是另當別論了。專業社群的成員必須時時接觸其特殊知識來源的教學與研究成果，以擴充其專業知識。專業社群也必 P. 310 須在中央和地方之間建立有效的聯繫機制，以制定及推行其集體的決定。就上述第一項專業知識的要求而言，教師因此有兩項義務。一是不斷汲取所教授的科目的新知；其二是對於教育工作的方法論（methodological）層面的發展精熟，諸如：教育哲學、心理學和社會學等。我們可以利用角色對調（role-reversal）的方法讓教師充當學生，使他們能經常站在學生的立場，並增進自己解決教學難題時的視角。至於第二項專業機構的要求，教師應該經常參與本地的教育組織，共同研商彼此關切的問題。在英國，教育機構是依循《馬奈報告》（*McNair Report*）[譯註15]而對第一項要求提供制度上的幫助，教師們藉由教育機構提供的便利與機會在職進修，包括部分時制或全時制等不同進修方式。透過進修方式，教師任教科目的知識得以與時俱進，對於知識的變遷，發展與新觀念也能深植其來源。有跡象顯示，教育現場實務工作者與

11　見 Lieberman, M., *Education as a Profession*（Englewood Cliffs, New Jersey, Prentice Hall, 1956）。

教育學院教授們不食人間煙火的相互敵視已逐漸弭平，至少在許多都會地區是如此。可是教師組織是否也有類似的轉變呢？他們對於與薪資無關的討論，會踴躍參加嗎？教師組織是否受到民主參與的冷漠風氣影響？當然，在美國，教師們的齊心同力似乎有著重大的意義。至於英國，就像我們已經指出的現象，在地方層級上，教師們似乎還未發展出一種手足之情（fraternity）以關注教師專業上的共通事務。

（b）學校作為一種民主的機構

　　自從杜威（John Dewey）以降，便有許多探討學校是個民主機構的說法，不過到底有多少學校在最嚴格的標準下能當得起這種美譽，殊為疑問。即便有些學校符合，為何它們符合呢？在英國，學校校長被委任來擔負學校大大小小的事務，也由校長來決定其授權的多寡，他當然也必須為廣大未成年人的社區組織負責。有些校務並不適合與學生商量，例如：課程的編排、教師能力的考核等，更別說讓學生來決定了。所以任何想討論有關學校民主的問題，首先就必須先對學校校長的正式職權做一務實的定位。

　　要使民主從綺麗的幻想中成真，唯有將空口的承諾化為明確的程序，如：協商與公眾責任制等，同時，參與協商也要能充分瞭解校長是實際作為重要決策的人。校長在重要的事務上應該承擔重任，才是完美無缺；畢竟，這是來自校長本身具有權威地位。不過，校長在決策及協商的過程中，要找哪些人來參與諮詢必須說明清楚，通常都是與學生或教職員商議。會議召開的重點是為使校長能吸納自己沒有想到的意見嗎？或者是要將決議的事項付諸實施呢？假使參加大中小學校務會議的人連這個主要的重

點都搞不清楚,那麼只會助長他們對於開會的譏諷而已。理性的要求不應該只是偶然隨興地祭出人民有「建議與同意權」的法寶,而應該奠基在人民清楚知道自己所在位置的情境中。

一旦前述的通則確立,校務決策程序的形式與內容就可靈活加以權變。這主要還是取決於學生年齡的大小、決策的性質,以及學校的傳統。任何具有民主素養的校長,對於大部分的校務都會諮詢他的同事,並且盡可能擴大共同決策的範圍。他會視活動的性質和學生的年紀,鼓勵學生與教師共同設計活動,甚至由學生獨立負責設計[12];他也可以成立學校會議或議會,當然他在事前必須判斷這樣的組織是否具有價值或效用,這些組織自然只限於處理學校的重大決策。

接下來有關學生紀律和責任的範圍,這些紀律和責任必須由社會來執行。以前的做法乃是為低年級學生指派學長(prefects)以便管理。在這方面,阿諾德(Arnold)[譯注16]的觀念已經廣泛應用到各公學了,他主張將紀律與住宿生活、休閒活動和娛樂遊戲相融合,與學業明顯區隔開來,而一切幾乎全操之於學長的手 P. 312
裡。在住宿學校推展學長制會比一般日校更具有意義。然而,今天一般的看法,是認為學長制是一過時的遺緒。當鼓勵高年級對低年級的頤指氣使,對低年級生而言,也是殘忍的年代。而被欺侮的低年級生將媳婦熬成婆,日後將追隨以前的學長步伐前進,繼續複製此一令人不快的態度。

上述的批評有時確有其道理,這多半取決於各個學校學長制流行程度而定。不過大家雖然批評學長制,倒不是想將其完全廢

---

12 各種可能性的細節部分可參考 Ottaway, A. K. C., *Education and Society*(London, Kegan Pual, 3rd ed., 1962),第四章。

除，因為它畢竟在許多活動與職務上，使得年長的學生擔負起相當的責任。我們衷心期盼的是將這種權威式的制度理性化。在某些特定的階段內，學校可以指派勝任合適的學生來協助辦公室的工作，在職務和責任上則可以輪流更替。我們反對的是，高年級學生因為學業能力及一些遊戲運動的技術，在學長制下被委派某種工作，使得他們享有一些荒謬不當的特權，例如：可以把手插在口袋，或是賦予他們一些青少年的管教工作。合理的學長制在學校不同的工作上有很明顯的必要性，假如學校的一些規定都能經由公開程序（如學校會議）而討論通過、付諸實行，那麼紀律便不再是校長和教師的外在強迫了。作為訓練的基礎，學長制的價值同時在於發展出合理的權威態度及實際去練習它，這已經足夠〔譯注17〕，但這又帶領我們正視民主教育的最後一個面向。

（c）民主化的教育

　　學校進行的一切活動，無論是否與成人所負責創設的一些普遍原則相一致，絕不能只從成人的觀點；還必須考量是否對學生有效，也要能提供一套能激勵生活的發展方式。因而民主社會中的任何一所學校，都必須務實考慮該如何造就出具備民主心靈的公民。這些公民所具有的特徵已經在本章第二節描述過；第二節解釋了何謂民主的生活方式、強調討論和運用理性的重要，以及如何從日常生活中逐漸發展出民主的生活方式。

P. 313　　本書第二篇中已運用抽象的方式證成了一些根本原則，這些根本原則已隱含在日常生活實踐中。當理性主義的新傳統在人們心中萌芽，這些根本原則逐漸以更為抽象的方式被論述及辯護，因為理性主義要求吾人不可只因為某事物屬於傳統便接受它。這並非意味著我們該對日常生活的實踐來個大翻轉，而是回歸到韋

伯的方式，尋找事物的「合理基礎」（ground of legitimacy）。自霍布斯以來，大部分英國的倫理和政治哲學著作，都著眼於提出這種理性生活方式的理論基礎，書中的批評經常意帶嘲諷，像極了打太極拳。這些哲學家對於人們應該處事公平、心懷寬容、考量他人益趣、信守承諾和說實話等等都絕不懷疑，有時甚至認為政府應該由人民同意而產生。他們所爭論的乃是該如何證成這些根本原則。本書的努力也正是眾所期望之處，因為唯有大多數的人對這些根本原則有高度的共識，民主機制方得以運作。

可能有人會說，黑格爾、馬克思和存在主義哲學家的著作只有在這些共識**崩解**（breakdown）之後才可理解。因此，相對主義視這些道德原則純粹只是歷史因素和經濟條件的反映，而存在主義則強調個人的抉擇。這對於德、法兩國來講似乎是對的，也可能是解釋自由主義在這些國家頓挫的重要因素。然而對於英、美則不然。當然，對於賭博、墮胎和婚外性行為等道德問題，大家爭辯得很激烈，不過顯然由於大家共同認可了一套公平、寬容和益趣考量等的程序原則，因而使得這些問題有付諸討論的共通架構，也使我們對於這些尋常事務（lower-level matters）能提出不同的看法，這涉及根本原則的衝突。當然，我們在前面說過，共識並不代表根本原則一定正確，還未予以論證。不過，卻是使民主不致流於形式的必要措施。

那麼學校如何引領每一新生代進入民主的生活方式呢？這是個大課題，因為它涉及了道德教育與政治教育的主要實質內涵，需要用幾個專題論文來處理，而大部分的問題都屬於心理學，而非哲學議題。在這短短篇幅所能做的，乃是帶出一、兩個能貫串 P. 314 民主課題的重點，這在本書前面已有觸及。

民主教育所蘊涵的觀念，必須使學生能簡要掌握前人逐步發

展的成果。學生可以經由引導，進入深藏理性根本原則的傳統
中。他們首先從過來人那兒學會如何行事，不過他們這時還不瞭
解個中原委；慢慢地他們開始掌握隱含在行為中的一些原則，因
此便與理由繫在一起，也將更能理解所從事的活動，並能將經驗
類推到不曾遭遇的情境中。對於那些不再合理的傳統事務，他們
自然也可以提出質疑和挑戰[譯注18]。

　　從心理學觀點來看，依循著歷史傳下來的範式而行，學生所
能做的就是學習用理性的方式過生活。在這整個教育過程中，
面臨了我在別處所提到的「道德教育的弔詭」[13]：想進入理性的殿
堂，首先就得穿越習慣的中庭[譯注19]。縱使在一個鼓勵孩童獨立
自主的社會中，也必須等到七、八歲之後這個獨立的個體才逐漸
成形，各種規則並不是先驗式的既定在社會秩序中，而是有相當
的理由發展出來[14]。所以他們勢必要運用一些方法以學到這些基本
規則[15]的穩固基礎，以便在稍後的階段跟上理性法則的腳步。至
於孩子們究竟是如何學會這些，這仍是心理學上較未有人去發掘
的問題。不過孩童之所以學得這些，與雙親、教師和對他們具有
影響力的權威人物顯然有極大的關係。道德行為就像生命中最艱
難的許多事物一樣，可能在我們見習（apprenticeship）中學會。
只要一切順利的話，那麼他們便能逐漸以更清楚明確的方式，掌
握到這些法則背後所蘊涵的根本原則，而這些道德的基本法則幾
乎已成為孩童們日常生活中的第二天性了。前面說過，關懷一切

13　見 Peters, R. S., 'The Paradox of Moral Education,' in Niblett, W. R.（Ed.）, *Moral Education in a Changing Society*（London, Faber, 1963）。

14　見本書第七章第五節（a），對自主性的討論。

15　見本書第六章第三節，「基本規則」的討論。

真理、尊重人和民胞物與之情的生活方式，背後都會藏著一些基本態度，所以將「理性」與「情感」看成對立是不當的，因為情感少不了認知的內涵，而理性的人也須有適當的態度去維護自己的生活方式。或許，理性的態度，諸如好奇心、憐憫他人有「自然」（natural）的基礎。但為何這些後來都變得不再重要，人們 P. 315 轉而建立起適切、一致和無私等標準呢？這是道德發展中從未被探究的問題。皮亞傑（Piaget）對於道德發展的運思前期到自律期提出了許多寶貴的事實經驗 16，不過要想對其中的事實加以解釋，特別是發展階段中涉及的動機層面，絕非一蹴可幾。

　　前面多次提到，在學得平等、寬容和益趣考量等根本原則的過程中，同儕團體的經驗占有舉足輕重的分量，這正如同獲取基本法則的堅固基礎與權威人物有密切的關係一樣。這是正常的情況，不過除非這些權威人物能提供一種理性行為的範例，有助於青春期男女發展出對於權威的理性態度（這是青春期最困難的任務之一），否則權威人物產生不了重要貢獻。每一個正常方式下成長的青春期男女都必然對權威有一種矛盾交錯的感情。一方面它會加深依賴、順從、甚或崇敬的感情，這是青年男女早年與父母關係的延續；另一方面，它又會含藏著對權威人物的敵意，這種敵意最早滋生於兒童期欲望滿足的受阻。之後，這種敵意再度被燃起，則是當青春期男女追求獨立的時候。敵意的火星常因為團體的壓力和父母的強制或軟弱被煽引成燎原烈焰。

　　教師們經常成為討論權威態度的焦點，因為教師不必做什麼就自然會有許多權威。他們所處位置正如同棒球打擊手一般，可能獲得鼓勵，也可能遭受嚴重責難。所以教師必須培養出公正

---

16 見 Piaget, J., *The Moral Judgment of the Child*（London, Kegan Paul, 1932）。

無私的理性態度來面對許多敵意和固執的反應，因為別人針對的
是他們代表的教師身分，而非他們個人本身。他們同時也須體
認不同社會經濟地位之家庭，其社會控制之形態是不同的。「中
產階級」（middle-class）的家庭多半傾向於使用勸服的方式，
其訓練無不強調個人與尊重個人的精神，這是一種「個人取向」
（person-orientated）而非身分取向（status-orientated）。另一方
P. 316 面，勞工階級（working-class）的家庭則傾向採用身分取向的控
制方式，有身分地位就有權控制他人，否則免談。這種方式乃是
命令與打罵交相為用，並且往往出之以爆裂突然的情緒表現。今
日的教師由於主要來自中產階級前端（lower middle-class），所以
如果他的學生大多來自勞工階級的話，那麼在訓育學生時便經常
要面對許多問題。

　　我們在第四章業已強調，教師必須體認自己乃是學生認同的
對象，他必須要使學生對自己的注意力轉移到他所教授的內容
上，同時在訓練學生的態度方面，教師們也要承認自己可能被
社會視為傳統模式的維護者，這種人通常不是被視為必須全然服
從，就是遭受全然反抗。教師必須從這種對於自己的普遍看法為
起點，逐漸發展出他在工作職場中較具理性的態度。教師必須教
導學生擇取權威的要訣，並要學生在學習的認同對象中，學著去
區分「權威者」與「其個人好惡特定人物」之不同。

　　有關布置民主情境的種種訓練，除了前面所提的重點，並沒
有什麼額外可談的。藉由課堂上的教授、制度的研究、民主歷史
的發展，以及參訪國會或議會開會，都可以使學生學到許多，然
而這些都遠不如實務上的經驗。人們通常會天真地幻想有些人天
生就賦有第六感，能在討論政務或履行職務時使一切難題迎刃而
解，不過亞里斯多德曾指出所有不得不學的事，都不得不從做中

學。再也沒有比政治事務更切合這句話了。施政必須超越一切而下判斷，既要判斷人，又得考慮事情的輕重緩急，這些都只能從實務經驗中學來，最好是在一些老鳥的教導下吸收經驗。而這樣的經驗無法公式化或濃縮成要訣，從做中學比聽演講來得有用。如果學校的同事中有人具備智慧與耐心，能從學校各式會議中察納建言，並充分與學生所參與的活動建立密切的責任管道。那學校確實有可能成為落實民主的起點。

學生之所以有意願參與民主程序並負起義務責任，主要是受到無形的動力，這股動力我們稱之為「校風」（tone）或「學校的社會氛圍」（the social climate of the school）[17]，當然也仰仗領導者的出現。包括卡爾・巴柏（Karl Popper）爵士在內的一些人，都 P. 317 認為民主人士不應該預先就被「如何訓練領導者」的問題給困擾了，因為領導者終歸會產生的，所以該事先設想的反倒是建立一套制度來防止領導者不至於腐化得太專制[18]，這對我們才有保障。巴柏寫作的歷史背景乃是納粹肆虐後的痛定思痛，其反應當可理解。此外，心理學家揭示了所謂的「權威型人格」（authoritarian personality）[譯注20] 以及許多領導者內在的權力欲望，更加助長了這種看法。所以我們也因而假定了「權力導致腐化」這個令人印象深刻的半真理（half-truth），以致在民主制度中若想設計一套訓練領袖的程序，似乎是駭人聽聞的。

然而這樣的反應實在太過驪驢不分，因為一開始就沒有加以區分權威的類型[19]，同時也未能標舉出那種合於民主的理性領導。

17　見 Ottaway, A. K. C., 前揭書，第四章，pp. 176-85。

18　見 Popper, K. R., *The Open Society and Its Enemies*（London, Routledge, 1945），Vol. I, Ch. 7。

19　見本書第九章。

對於一位理智能幹、有責任感和進取心的人，他做的工作雖然和大家相同，但他早就為自己邁向高峰而隨時準備，假如這樣的人經由既定的適當程序且通過能力上的考核而受到重用，相信一般人絕不至於有什麼異議才對。當然他這麼拚力進取背後可能隱藏不為人知的動機，也可能是一股壓抑在內心的支配欲或渴望證明自己的雄風氣概在作祟，但即使如此，那又怎樣？每位教師都可能含藏著上述的動機、潛在的同性戀傾向或嫌惡成人生活，問題在於上述的心態是否扭曲或干擾了個人所應盡的責任。判斷一個人可以根據其內心的意向，也可以著眼其執行責任的能力與舉止。假如我們全憑內在的心靈狀態來評斷人，那麼夠格參與群體生活的人只怕寥寥無幾了。

　　經驗也告訴我們，訓練可以改變一個人對工作抱持的觀念，因為訓練的最後階段要處理的，就是人們的內在動機。通常人們若與經驗豐富的夥伴共事，便能吸取許多的交易策略與判斷能力，這都只能在工作中學得。而執行職務所應具備的態度，也可以透過經驗的綜合與團體的討論而改變，對於教師而言，這是最

P. 318　主要監督教學實踐的價值之一。我們也可循相同的方式，針對學校高年級學生發展其對權威運作中的理性態度。

　　理性的權威態度，絕非純粹是教師提出修正學長制或獎懲班上的風紀事件，我們在傳達「權威」這個觀念時，應使用更巧妙且臻神奇的方式。假如，校長常在學生面前，動輒以權威的方式對待教師，他又有什麼機會能激發出學生對於權威的理性態度呢？假如學校的同事們在彼此交往時極少尊重對方，那麼要學生不受權威的潛移默化恐怕很難了。學校的「社會氣氛」也極受「儀式」（rituals）影響，因為儀式是不必明說就暗示了我們終極價值的最具影響的方式之一，學校中，委員會、審議會和學長制

中各個層面的儀式，和實際訓練學生履行具體責任同等重要。我
們在書中多次指出，無論在一般教育與道德教育這兩方面，學生
們在被引領進入思想認知的形式及行為的模式中，一開始他們並
無法確切理解其中的理由根據。他們必須先探入這些思想和行為
模式的內部，爾後才能適切地理解它們。因此儀式正如同權威的
運用一樣，藉由這樣的方式，實際練習的重點便能被標示出來而
使學童能感受他們應該參與的價值所在。這麼一來，效果的確優
於賄賂收買或鞭策驅使。

　　理性主義者通常攻擊儀式缺乏工具性價值，因為它對於促進
明顯可知的目標並沒有多大俾益。這當然只是理性主義者的觀
點，假如某項練習具有明顯的工具價值，例如：訓練學會某項工
作，那麼它就不需要被儀式化了。然而，若是練習的重心很難領
受，例如：偏屬於心靈層次，那麼儀式在此時不僅可以充當誘力
以吸引門外的初學者，同時也能鞏固門內信奉者的信仰[20]。針對議
會運作所提供的許多譏評，在加入儀式的威嚴之後也受到調和；　P. 319
有關儀式的內涵已成為歷史上許多人埋首的重點。這樣的儀式有
助於將過去統合入未來，並傳達吾人共享的生活形式的情感。儀
式可以發揮效果以沖淡每位理性個體對於世間所可能產生的繁瑣
和虛幻感，儀式也能發展出博愛的感情，這是任何重要制度所不
可或缺的血脈。

　　民主是種極難維續的生活方式，建基其上的道德原則——諸

20　想對儀式的重要性有進一步瞭解，可看 Bernstein, B. B., Peters, R. S., and
　　Elvin, H. L., 'Ritual in Education,' in *Philosophical Transactions of the Royal
　　Society*, Series B, 'Ritualization of Behaviour in Animals and Man,' to be published
　　in 1966 or 1967。

如平等、自由和益趣的考量——都是加諸人類之上最堅實、最原初的趨向。民主生活中尊重人的情感支柱和把其他人視為人的同胞情懷，都只有理性的人才能做到。要成為民主制度下的公民，有賴對公共事務的知識和興趣，也必須要有廣泛的意願為民主體制服務。民主也需要時時惕厲慎防對個人自由的侵犯，也要透過制度以保障這些警惕的言語能夠得到表達。人類可無法像雨後春筍般地無中生有出民主制度，人民必須經由訓練。還有什麼能夠比同胞一體的感情更切中要點，更能對民主的生活形態有所貢獻、更能訓練他人永保民主體制呢？

　　也許我們英國目前感受到一股由於經濟負荷龐大而來的抑鬱難伸之苦，保守人士還一直眷戀著往日光榮的大不列顛帝國，想著當時的日子是那麼地優裕尊寵（至少對一些人而言）！進步人士則覺得幻想破滅，因為他們醒悟到政治這一萬靈丹藥即使夠務實地加以實現，似乎也平淡無奇，還帶出一連串的問題。或許我們從來都不曾真正去體認自己應該感到驕傲的事物——那經由漸次改良而令每個理性人都能接受的政府形態。但那只是接受得還不夠，我們必須學著以熱情和謙遜的態度，更主動積極參與民主生活。我們因此可以揚棄過去的神話以及未來的夢幻，開始體認我們實際擁有的民主體制普遍存在的政治生活的價值之所在。我們的課題是要能說服自己，也要說服我們的下一代。

＊本章承蒙蘇永明教授校閱。

第十一章譯注

〔譯注1〕
前幾章已多次出現，英國的「公學」並不是公立學校，而是私立貴族學校。通常，這些私立的貴族學校，是以管教嚴格著稱，家長們也傾向於支持學校嚴格管教。但即使是如此，也不能不當管教，仍然必須體現民主之價值。已辭世的演員威廉·羅賓斯主演的教育名片《春風化雨》（*Dead Poets Society*, 1989）（直譯應為《死詩人社》），即描述一位有創意的教師在類似公學的一所高中任教，鼓勵學生擺脫傳統菁英桎梏，藉著讀詩開啟心靈成長的教育詩篇。

〔譯注2〕
西元前4、5世紀，雅典鼓勵外國人定居，稱為metics。這些外邦人也許已充分融入雅典城市生活，並在經濟上扮演重要角色，他們並不被視為公民，但有兵役及繳稅的義務。外邦人無法享有集會等政治權利，雖則如此，他們仍可利用雅典的法律爭取自己的權益，地位介於公民與奴隸之間。

〔譯注3〕
希臘「雅典民主之父」克里斯提尼（Cleisthenes），在西元前508年前左右改組行政委員會，原來的行政委員是由四大部落的一百位成員組成。克里斯提尼則重新劃分十大部落，一部落選出五十人代表。每年，十大部落的其中一族代表輪流組成執政團隊，所召開的會議，即為「執行委員會」。皮德思在文內所述，應是克里斯提尼改革後的雅典民主政體。

〔譯注4〕
修希德底斯（460BC-395BC）是希臘著名的歷史學家、軍事家，以《伯羅奔尼撒戰爭史》傳世。

〔譯注5〕
《大憲章》（Magna Carta〔The Great Charter〕）是英國1215年以拉丁文訂

立的政治授權文件。大憲法可算是封建貴族限縮主權，要求王室接受法律限制的濫觴。大憲章而後經過多次修訂或頒布，1225年首次成為法律，1297年的英文版至今形式上仍是英格蘭、威爾斯的有效法律。不過，自13世紀以降，仍有許多強勢英皇不遵守大憲章，17世紀以後，隨著英皇與國會衝突增加，大憲章保障了更多的人民權利，逐漸演化君主立憲，在英國民主發展之中，自有一定的意義。

〔譯注6〕
斯圖亞特王朝（1371-1714），統治蘇格蘭，並曾在1603至1714年間統治英格蘭與愛爾蘭。其王室有羅馬天主教背景，也一直與信仰基督新教的英格蘭民眾有衝突，這種因素不僅造成王室統治的不穩定，也促使議會有更大的發揮空間。

〔譯注7〕
這裡應該是指格勞秀斯（Hugo Grotius, 1583-1645），生於荷蘭，其法學基礎是自然法。格勞秀斯也公認是當今國際法及海洋法的鼻祖。他主張公海可自由航行，為當時荷蘭、英國等新興海權國家突破西班牙貿易壟斷，提供法源基礎。在此皮德思主要是引介其自然法概念。

〔譯注8〕
羅伯斯比（Maximilien Robespierre, 1758-1794），法國大革命前後的政治家，歷史地位頗有爭議，19世紀歐洲的許多革命家都自覺受其影響，但他也要為法國大革命後的恐怖統治負責，自己最後也被送上斷頭台。

〔譯注9〕
瑞恩保羅夫（Thomas Rainsborough, 1609-1648）是英國內戰時傑出的海軍將領，1647年的普尼論辯（Putney Debates）中，他堅持海軍應該擁有選舉議員的權利，開啟了人民有權投票的先鋒。

〔譯注10〕
父權主義意指為別人好而限制、干涉別人自由的做法，參閱前章〔譯注10〕。例如，大學為了女同學的安全著想，實施女生宿舍「門禁」，即為典型的父權主義。父權主義雖然有一些負面的意涵，但在民主社會中，很難

完全避免父權主義的思維。譬如,父母師長行使的監護權,政府為人民安全著想,規定開車必須繫安全帶等,均是接近父權主義的例子。在此,皮氏以柏拉圖哲學王來說明,哲學王如果真如柏拉圖所稱的睿智,那也不用實施民主了,一切由哲學王來決定什麼對人民最好就成了。

〔譯注11〕

歐克秀(M. Oakeshott, 1901-1990),英國20世紀傑出的政治哲學家,其自由主義的主張是以保守主義作基底,也被稱為「保守的自由主義」。歐克秀的教育觀,在其過世後由弟子富勒(T. Fuller)整理輯為《博雅學習的聲音:歐克秀論教育》(*The Voice of Liberal Learing: Michael Oakeshott on Education.* New Heaven: Yale University Press)。歐克秀認為學習是一種與傳統對話的歷程,也重視博雅教育,影響皮德思教育概念甚深。

〔譯注12〕

理性(rationality)或理由(reason)可能是指狹義的邏輯推論程序,也可能是較為廣義的依理而行。至於「合情理」(reasonableness)則是更為擴大理性之視野於社會實踐上。初步的討論可見諸Dearden, R. F. Hirst, P. H. & Peters, R. S.(Eds.)(1972). *Education and the development.* London: Routledge & Kegan Paul之相關論文。中文的討論可以參考簡成熙(2015),《新世紀教育哲學的回顧與前瞻》(台北:高等教育出版社),第八章〈Siegel與Burbules對理性教育目的之論辯及其對臺灣教育的啟示〉。

〔譯注13〕

一般民主政治哲學有時會把政府視為一「必要之惡」(necessary evil),在此皮德思所用的英文是nuisance,應該表達的是類式的意思。我們需要政府提供各項保護,但又害怕其濫權,故視之為「必要之惡」,以提醒自身,隨時監督政府。傳統的「覆巢之下,焉有完卵」,則是看重國家、集體的價值。西方自由主義近年來受到「社群主義」(communitarianism)的挑戰,社群主義認為自由主義並不能賦予團體內在價值,無法凝聚個人與社群團體的關係,也會忽略個人對所處社群的認同。相較於自由主義,社群主義比較重視血濃於水的語言、文化、同胞之愛的情感。不過,1960年代皮德思所處的氛圍,自由主義仍是西方世界標榜的理想政治形態。第八

章論述「尊重人」與「博愛」時,皮德思的立場仍有傳統自由主義的身影。本段落則賦予博愛等情感在民主生活上的積極意義。

〔譯注14〕

托克維爾(Alexis, de Tocqueville, 1805-1859),是19世紀法國重要的社會思想家。

〔譯注15〕

可參考第一篇「附錄」的〔譯注9〕。

〔譯注16〕

阿諾德父子在英國教育史上有其地位。這裡應該是指湯瑪斯・阿諾德(Thomas Arnold, 1795-1842)曾擔任魯格比(Rugby)公學校長,任內不僅改革古典中學課程,更重視學生道德的培養。他雖然重視高年級學生引導低年級學生的學長制傳統,但也盡力革除其弊端,皮德思文中所述,當是指此。馬修・阿諾德(Mathew Arnold, 1822-1888)是湯瑪斯・阿諾德之子,亦是詩人、教育家,也對英國20世紀博雅教育有深遠影響。

〔譯注17〕

在英國,蘭開斯特導生制是由優秀的學長(生)協助一般學生學習,主要在學業學習方面。筆者在1970年代念國小時,導師通常也會指派一些學生擔任「小老師」協助特別有困難的同學。這裡所謂的「學長制」,主要在生活層面。台灣的大學,可能受到集體主義或重視團體生活等的影響,通常也有類似的「學長姊制」或「家族制」,一位新生有其直系的大二、大三、大四之學長姊。一般說來,在藝術、體育、軍警校、師範院校等,學長姊制的傳統濃於一般大學。學長姊有時過度行使其學長姊權威以管教學弟妹,造成不當管教的偏差行為仍時有所聞。皮德思不反對學長姊制有時的確可以促進學生間相互學習,但其慎防負作用的叮嚀,也值得我們警惕。

〔譯注18〕

本段的句式,細心的讀者可以體會到,皮德思試圖將民主的概念融入到「教育即引領入門」的意涵中。

〔譯注19〕

皮德思曾發表〈道德教育的弔詭〉，指出道德教育的重點雖然是理性的自主，但是對兒童而言理性尚未臻成熟，某種習慣的養成有其必要。易言之，此一時期無法完全避免「他律」。自由的弔詭是指：要獲得自由，就必須接受一些限制自由的方式。道德教育的弔詭亦同。

〔譯注20〕

法蘭克福學派的阿多諾（T. W. Adorno, 1903-1969）具猶太裔的背景，對於二次大戰期間納粹德國的種族屠殺深惡痛絕。為什麼當時的德國人會盲目的支持納粹黨？這也是法蘭克福學派成員的佛洛姆（E. Fromn, 1900-1980）提出的疑問，他以「逃避自由」的概念（見本書第七章），嘗試說明當時德國人集體授挫而產生的一種崇拜集體、放棄個人自由的心態。權威人格亦同。阿多諾嘗試說明受到制式化的影響，極易產生盲目、刻板、頑固的持守特定教條，而這些人一旦獲得權力，又會繼續以此牽制他人，他稱之為權威人格。皮德思在分析「教育」概念時，也曾去區分「教育」與「灌輸」（indoctrination）之差別，想必也是對權威性人格的反思。

人名索引

主題索引

* 1.各條目後之頁碼為原書頁碼；2.難以單獨譯成中文特定詞彙者，保留
英文。

現代名著譯叢
倫理學與教育

2017年11月初版　　　　　　　　　　　　　　　　定價：新臺幣590元
有著作權・翻印必究
Printed in Taiwan.

著　者	R. S. Peters		
譯注者	簡　成　熙		
總編輯	胡　金　倫		
總經理	羅　國　俊		
發行人	林　載　爵		

科技部經典譯注計畫

出　版　者	聯經出版事業股份有限公司	叢書編輯　黃　淑　真
地　　　址	新北市汐止區大同路一段369號1樓	封面設計　ZOZO DESIGN
編輯部地址	新北市汐止區大同路一段369號1樓	校　對　吳　淑　芳
叢書主編電話	(02)86925588轉5322	
台北聯經書房	台北市新生南路三段94號	
電　　　話	(02)23620308	
台中分公司	台中市北區崇德路一段198號	
暨門市電話	(04)22312023	
台中電子信箱	e-mail：linking2@ms42.hinet.net	
郵政劃撥帳戶第0100559-3號		
郵撥電話	(02)23620308	
印　刷　者	世和印製企業有限公司	
總　經　銷	聯合發行股份有限公司	
發　行　所	新北市新店區寶橋路235巷6弄6號2樓	
電　　　話	(02)29178022	

行政院新聞局出版事業登記證局版臺業字第0130號

本書如有缺頁，破損，倒裝請寄回台北聯經書房更換。　　ISBN　978-957-08-4983-7 (平裝)
聯經網址：www.linkingbooks.com.tw
電子信箱：linking@udngroup.com

Ethics and Education
© 1966 George Allen & Unwin Ltd.
© Complex Chinese edition © 2017 Linking Publishing Company.
All rights reserved.

Authorized translation from English language edition published by Routledge, part of Taylor & Francis Group LLC; All rights reserved; 本書原版由 Taylor & Francis 出版集團旗下，Routledge 出版公司出版，並經其授權翻譯出版。
版權所有，侵權必究。
Linking Publishing Company is authorized to publish and distribute exclusively the Chinese (Complex Characters) language edition. No part of the publication may be reproduced or distributed by any means, or stored in a database or retrieval system, without the prior written permission of the publisher. 本書繁體中文翻譯版授權由聯經出版事業股份有限公司獨版。
未經出版者書面許可，不得以任何方式複製或發行本書的任何部分。
Copies of this book sold without a Taylor & Francis sticker on the cover are unauthorized and illegal. 本書封面貼有 Taylor & Francis 公司防偽標籤，無標籤者不得銷售。

國家圖書館出版品預行編目資料

倫理學與教育／R. S. Peters著．簡成熙譯．初版．
臺北市．聯經．2017年11月（民106年）．488面．
14.8×21公分（現代名著譯叢）
譯自：Ethics and education
ISBN　978-957-08-4983-7（平裝）

1.教育哲學　2.教育倫理學

520.11　　　　　　　　　　　　　　　106012500